华东政法大学
课程和教材建设委员会

主　任　何勤华
副主任　杜志淳　顾功耘　刘晓红　林燕萍　唐　波
委　员　刘宪权　吴　弘　刘宁元　罗培新　杨正鸣
　　　　　沈贵明　余素青　范玉吉　张明军　高富平
　　　　　何明升　杨忠孝　丁绍宽　闵　辉　焦雅君
　　　　　陈代波　金其荣　贺小勇　徐永康
秘书长　唐　波（兼）

人文素質教育教材系列

古代漢語讀本

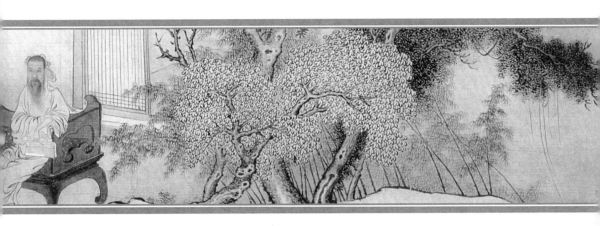

主　編　陳重業
參　編　吳　橋　沈天水

人文素质教育教材系列编委

（按姓氏笔画为序）

编委会主任：岳川夫

编委会成员：沈济时　陈重业　陈亚平

　　　　　　岳川夫　范玉吉　金其荣

　　　　　　胡克培　梁永春

序

  当代大学生是祖国的未来,培养合格的大学毕业生是高校的天职。那么,高等学校应当培养什么规格的学生才能真正适合社会发展的需要呢?现在我们国家在现代化发展的道路上正面临着极大的机遇和巨大的挑战。要应对挑战就必须使未来的建设者们具备全面的素质;不但要有自然科学的知识,同时也必须掌握人文科学的知识。只有具备这两方面知识素养的人,才能称得上是合格的人才。

  一个多世纪以来,中国为了摆脱国家积贫积弱的落后局面,从提出"师夷长技以制夷"的口号起,就把技术教育当成了教育的全部——至少是重要内容。由于人文教育相对技术教育来说,立竿见影的效果不明显,所以人文学科的教育在过去没有得到应有的重视。后来的教育方针实质上大多把高等教育的目标定在了知识教育和技能教育上,这种教育模式是功能性的和功利性的,对当下的经济发展、社会发展会产生巨大的推动作用,但从长期来看却会产生人文危机。

  我国现有的大学教学模式在专业划分上过于细化,出现了许多专科性学校(学院),这在当时的条件下为国家培养了大批急需的专业技术人才,但这种教育模式忽视了学生的人文素质教育。可喜的是,在当今社会转型之际,国家已不失时机地在进行着高等教育的改革,以改变旧有的单一学科教学模式,增加人文教育的比重。许多知名的理工科院校和单一的文科院校都先后开设了人文教育类的学科和专业,以改善他们的人文教学生态环境。

  人文学科的灵魂、人文精神的真谛,是对人的命运的关怀,对人的价值的肯定,以及对人生和生命意义的探寻。大学不仅是知识的殿堂、人才的摇篮,它更是"精神的家园",是弘扬人文精神的一面旗帜,是精神培育的园地。一个民族的全体国民要想全面提高人文素质,就必须从大学教育上寻找突破口。这个突破口不在于一个大学有多少应用性、实用性的学科,而在于一个大学的学科结构中有多少可以体现人文关怀的科目。

  人文学科没有直接的功利性,也不可能产生直接的经济效益,但它却是一个大学可以称之为大学的支撑点。因为,人文教育可以为大学生提供正确的价值体系和人生方向,可以帮助他们摆脱工具理性和价值理性的失衡状态,所以,人文教育在素质教育中的地位是不可替代的。具有全面的人文素养的大学生,往往拥有远大的理想,宽阔的胸怀;既有智者的机智,也有仁者的儒雅,他们不但可以出色地完成某一件工作,而且可以在单一的工作中胸怀全局。能培养出有这样素质的大学生,就是一所大学的成功所在。

现在国内外的许多著名的单科大学都十分重视对学生进行人文教育,他们的理念是:不学习人文学科就不懂得什么是真正意义的人,就不懂得怎样尊重和实现人的价值,也就不会在工作中真正做到以人为本。我们已经意识到了学科单一对学生素质培养所造成的不利影响,正在努力改变这种局面。我校是一所以法律学科为主、其他学科兼容的高等院校,我们的学生学的是法律和经济、政治、管理、外语、知识产权、新闻等学科和知识,他们将来从事的工作或多或少都与法律有关,即使将来不能全部成为政治人,部分成为经济人或是文化人,人文素养的提高也将会使他们受用终身,获益匪浅。

我校人文学院2003年组织教师编写出版的第一套"人文素质教育教材系列"在我校及其他高校中使用,得到了较好的评价,为大学生人文素质教育起了积极作用。人文学院教师在总结教学经验基础上,结合全国高校政治理论课改革新的课程设置及"教学大纲"要求,又出版了第二套"人文素质教育教材系列"。这套丛书包括了《马克思主义原理》、《毛泽东思想、邓小平理论和"三个代表"重要思想概论》、《中国近代史纲要》、《思想品德修养与职业道德》、《古代汉语读本》、《实用写作基础》、《逻辑学新编》和《体育与健康·实践教程》八种,这其中包含了人文学院广大教师近年来在教学科研中探索出的优秀成果,比如《毛泽东思想、邓小平理论和"三个代表"重要思想概论》阐述了中国共产党人科学地把马克思主义与中国实际相结合,在中国革命和建设实践中继承和发展马克思主义、毛泽东思想、邓小平理论和"三个代表"重要思想是马克思主义中国化的理论成果,而且还有党的"十六大"以来,特别是十六届三中、四中全会的精神,以及党中央领导集体提出的科学发展观、和谐社会等方面的重要内容,体现了理论的时代性。再比如《古代汉语读本》一书,结合我校特点,注意学生使用的要求,在内容和文选上都做了较大的努力,探索出了一条有法学院校特点的新思路。除了这套"人文素质教育教材系列"之外,人文学院还将出版一套"人文科学研究丛书",包括文、史、哲、艺术等方面的内容,这些完全是人文学院教师科研和教学的结晶,将用作全校公共选修课的教材,对提高学生的人文素养大有裨益。

在此第二套"人文素质教育教材系列"出版之际,我对这套教材的出版表示祝贺,同时也借这个机会对人文学院的全体教师提点希望,希望大家在科研上不断探索,多出成果,出好成果,为我校的人文素质教育作更多贡献,把我校的人文教育推上一个新的台阶。

华东政法大学校长 何勤华
2005年6月

目　　錄

先　秦

詩經
　　靜女 …………………………………………………… (9)
　　相鼠 …………………………………………………… (9)
　　氓 ……………………………………………………… (10)
　　七月 …………………………………………………… (12)

屈原
　　離騷(節選) …………………………………………… (15)

左傳
　　鄭伯克段于鄢 ………………………………………… (19)
　　殽之戰 ………………………………………………… (21)

國語
　　叔向賀貧 ……………………………………………… (24)
　　句踐滅吳 ……………………………………………… (25)

戰國策
　　蘇秦始將連橫 ………………………………………… (29)
　　齊宣王見顏斶 ………………………………………… (32)

論語
　　鄉黨 …………………………………………………… (35)

孟子
　　寡人之於國也 ………………………………………… (39)
　　齊桓晉文之事 ………………………………………… (40)

莊子
　　逍遙遊 ………………………………………………… (44)
　　養生主 ………………………………………………… (49)

練習一 ……………………………………………………… (51)

1

秦 漢

李斯
　諫逐客書 ……………………………………………… (59)

鄒陽
　獄中上梁王書 ………………………………………… (62)

司馬遷
　張釋之列傳 …………………………………………… (68)
　魏公子列傳 …………………………………………… (72)
　報任安書 ……………………………………………… (75)

路溫舒
　尚德緩刑書 …………………………………………… (82)

班固
　蘇武傳 ………………………………………………… (86)

張衡
　歸田賦 ………………………………………………… (93)

漢樂府詩
　上邪 …………………………………………………… (95)
　飲馬長城窟行 ………………………………………… (95)
　十五從軍征 …………………………………………… (96)

古詩十九首
　冉冉孤生竹 …………………………………………… (97)
　迢迢牽牛星 …………………………………………… (98)
　生年不滿百 …………………………………………… (99)

練習二 …………………………………………………… (99)

魏晉南北朝

曹操
　短歌行 ………………………………………………… (108)
　步出夏門行(龜雖壽) ………………………………… (109)

王粲
　登樓賦 ………………………………………………… (110)

曹丕
　燕歌行 ………………………………………………… (112)

曹植
　　白馬篇 ……………………………………………… (114)
李密
　　陳情表 ……………………………………………… (115)
干寶
　　董永與織女 ………………………………………… (117)
　　三王墓 ……………………………………………… (118)
王羲之
　　《蘭亭集》序 ………………………………………… (119)
陶淵明
　　歸去來兮辭並序 …………………………………… (121)
　　歸園田居(其一) …………………………………… (124)
　　詠荊軻 ……………………………………………… (124)
謝靈運
　　登池上樓 …………………………………………… (126)
　　石壁精舍還湖中作 ………………………………… (127)
劉義慶
　　華歆、王朗俱乘船避難 …………………………… (129)
　　桓南郡好獵 ………………………………………… (129)
　　魏武常言 …………………………………………… (130)
鮑照
　　擬行路難(其四) …………………………………… (131)
　　擬行路難(其六) …………………………………… (131)
孔稚珪
　　北山移文 …………………………………………… (132)
謝朓
　　之宣城郡出新林浦向板橋 ………………………… (137)
　　晚登三山還望京邑 ………………………………… (138)
練習三 ………………………………………………… (139)

隋唐五代

王勃
　　送杜少府之任蜀川 ………………………………… (151)
　　秋日登洪府滕王閣餞別序 ………………………… (152)

3

張若虛
　　春江花月夜 …………………………………… (157)
孟浩然
　　望洞庭湖贈張丞相 ……………………………… (159)
　　宿建德江 ………………………………………… (159)
王昌齡
　　從軍行(其一) …………………………………… (160)
　　從軍行(其五) …………………………………… (161)
王維
　　輞川閒居贈裴秀才迪 …………………………… (162)
　　山居秋暝 ………………………………………… (163)
李白
　　行路難 …………………………………………… (164)
　　聞王昌齡左遷龍標遙有此寄 …………………… (165)
　　宣州謝朓樓餞別校書叔雲 ……………………… (165)
　　登金陵鳳凰臺 …………………………………… (166)
杜甫
　　兵車行 …………………………………………… (168)
　　新婚別 …………………………………………… (169)
　　天末懷李白 ……………………………………… (170)
　　登高 ……………………………………………… (170)
高適
　　燕歌行 …………………………………………… (172)
岑參
　　走馬川行奉送出師西征 ………………………… (173)
韓愈
　　答李翊書 ………………………………………… (175)
　　《張中丞傳》後敘 ……………………………… (177)
　　左遷至藍關示侄孫湘 …………………………… (180)
柳宗元
　　始得西山宴遊記 ………………………………… (181)
　　段太尉逸事狀 …………………………………… (182)
　　登柳州城樓寄漳汀封連四州 …………………… (186)
劉禹錫
　　西塞山懷古 ……………………………………… (187)

酬樂天揚州初逢席上見贈 …………………… (188)
白居易
　　　杜陵叟 ………………………………………… (189)
　　　長恨歌 ………………………………………… (190)
　　　長相思(汴水流) ……………………………… (195)
白行簡
　　　李娃傳 ………………………………………… (195)
李賀
　　　雁門太守行 …………………………………… (203)
　　　南園十三首(其五) …………………………… (204)
杜牧
　　　將赴吳興登樂遊原一絕 ……………………… (205)
　　　赤壁 …………………………………………… (205)
李商隱
　　　無題(相見時難別亦難) ……………………… (206)
　　　馬嵬 …………………………………………… (207)
溫庭筠
　　　菩薩蠻(小山重疊金明滅) …………………… (208)
　　　夢江南(梳洗罷) ……………………………… (209)
李煜
　　　虞美人(春花秋月何時了) …………………… (210)
　　　浪淘沙(簾外雨潺潺) ………………………… (210)
練習四 ……………………………………………… (211)

宋　代

范仲淹
　　　漁家傲(塞下秋來風景異) …………………… (220)
歐陽修
　　　與高司諫書 …………………………………… (221)
柳永
　　　雨霖鈴(寒蟬淒切) …………………………… (225)
　　　八聲甘州(對瀟瀟暮雨灑江天) ……………… (226)
蘇軾
　　　定風波(莫聽穿林打葉聲) …………………… (227)

水龍吟(似花還似非花) ……………………………………(228)
　　江城子(十年生死兩茫茫) …………………………………(228)
　　前赤壁賦 ……………………………………………………(229)
　　文與可畫篔簹谷偃竹記 ……………………………………(231)
秦觀
　　滿庭芳(山抹微雲) …………………………………………(233)
李清照
　　聲聲慢(尋尋覓覓) …………………………………………(234)
　　武陵春(風住塵香花已盡) …………………………………(235)
張孝祥
　　六州歌頭(長淮望斷) ………………………………………(236)
辛棄疾
　　永遇樂(千古江山) …………………………………………(237)
　　南鄉子(何處望神州) ………………………………………(238)
　　摸魚兒(更能消幾番風雨) …………………………………(239)
陸游
　　訴衷情(當年萬里覓封侯) …………………………………(240)
姜夔
　　揚州慢(淮左名都) …………………………………………(241)
文天祥
　　正氣歌 ………………………………………………………(243)
謝翱
　　登西臺慟哭記 ………………………………………………(246)
話本
　　錯斬崔寧 ……………………………………………………(248)
練習五 ………………………………………………………………(259)

元明清

關漢卿
　　[南呂]一枝花　不伏老(節選) ……………………………(269)
馬致遠
　　[越調]天淨沙　秋思 ………………………………………(270)
　　[雙調]夜行船　秋思 ………………………………………(271)

睢景臣
　　［般涉調］哨遍　高祖還鄉 ……………………………………（272）
張養浩
　　［中呂］山坡羊　潼關懷古 ……………………………………（275）
張可久
　　［中呂］賣花聲　懷古 …………………………………………（276）
蒲松齡
　　胭脂 ………………………………………………………………（277）
紀昀
　　賣花養親 …………………………………………………………（284）
　　假雷殺人 …………………………………………………………（285）
練習六 …………………………………………………………………（286）

附錄一　歷代判詞選

張鷟
　　吳淳造城妨農作之判 ……………………………………………（288）
白居易
　　丁爲郡專命之判 …………………………………………………（290）
王回
　　出妻告甲之判 ……………………………………………………（292）
李清
　　佔産之判 …………………………………………………………（293）
于成龍
　　欠債誣陷之判 ……………………………………………………（295）
清刑部審結楊乃武案奏摺 ……………………………………………（297）
　　附：刑部奏摺人物介紹 …………………………………………（305）

附錄二　古代漢語通論

第一章　文字
　　第一節　"六書"理論的形成 ……………………………………（307）
　　第二節　"六書"例釋 ……………………………………………（308）
　　第三節　"六書"理論的一些問題 ………………………………（314）
第二章　詞彙
　　第一節　單音詞和複音詞 ………………………………………（315）

第二節　單純詞和合成詞 ………………………………………（317）
　　第三節　古今詞義的異同 ………………………………………（321）
　　第四節　詞的本義和引申義 ……………………………………（324）
　　第五節　同義詞和同源詞 ………………………………………（328）
　　第六節　文言文中的法律詞語 …………………………………（331）
第三章　語法
　　第一節　詞類活用和特殊的動賓關係 …………………………（333）
　　第二節　判斷句和被動句 ………………………………………（336）
　　第三節　古代漢語語序 …………………………………………（337）
第四章　音韻
　　第一節　音韻知識的應用 ………………………………………（338）
　　第二節　古代漢語的聲、韻、調 ………………………………（341）
　　第三節　古代詩詞的格律 ………………………………………（343）

後記 ………………………………………………………………（347）

先　秦

《詩經》

《詩經》是我國古代最早的一部詩歌總集，它收集了上自西周初年（公元前 11 世紀），下迄春秋中葉（公元前 6 世紀）約五百年間的詩歌三百零五篇。《詩經》由風、雅、頌三部分組成，其中"風"一百六十篇，"雅"一百零五篇，"頌"四十篇。《詩經》中的詩都是配樂的歌詞，後來音樂失傳，只剩下歌詞，便以它們作爲詩類的名稱。

關於《詩經》產生的時間，一般認爲《周頌》、《大雅》是西周的作品，《小雅》中多數是西周後期和東周初期的作品，《魯頌》、《商頌》和《國風》的大部分產生於春秋時期。《詩經》產生的地域十分廣闊，以十五國風而言，它遍佈黃河中下游流域及江漢地區，包括今陝西、山西、山東、河南、河北、湖北等省的全部或一部分。可見，《詩經》是衆多無名氏作者經歷漫長時間的創作而形成的。

《詩經》中有很多民歌，也有出自貴族之手的作品。這些詩篇之所以能夠集中起來，一般認爲有兩條渠道。一是采詩，周王朝設有專門采詩的"行人"，他們四出收集民歌，以供朝廷考察民情風俗、政治得失。一是獻詩，據《國語·周語》載："天子聽政，使公卿至於列士獻詩"，規定公卿大夫在特定場合給天子獻詩，以便瞭解下情、考察政治得失。

《詩經》中的詩流傳時間很早，春秋時代部分詩篇已廣爲流傳，特別在外交場合，往往引詩明志，詩歌成爲不可缺少的交際工具。春秋末期，孔子已把《詩經》作爲教育弟子的主要教材，他說："不學詩，無以言。"（《論語·季氏》）戰國時代，《詩經》已成爲儒家學派的主要典籍之一。

《國風》保存了相當數量的民歌，這些民歌原來都是勞動人民集體的口頭創作，廣泛地反映了當時人民的勞動和生活，表達了他們的要求願望和悲歡苦樂，具有豐富的思想內容：

人民大衆控訴剝削壓迫的詩篇。由於當時剝削壓迫的普遍存在和階級矛盾的加劇，勞動人民逐步覺醒，他們開始認識到自身的價值，表現出對統治階級的不滿，發出了憤怒的控訴，如《七月》、《伐檀》、《碩鼠》等詩篇就是反映這方面內容的代表性作品。《豳風·七月》是西周初年的作品，它在不很長的篇幅裏反映了當時奴隸充滿血淚的生活，是那個時代社會的一個縮影。《伐檀》、《碩鼠》則是《七月》主題的深化。《伐檀》寫勞動者對統治者不勞而獲的不滿，他們質問："不稼不穡，胡取禾三百廛兮？不狩不獵，胡瞻爾庭有縣貆兮？"《碩鼠》把統治者比作"貪而畏人"的大老鼠，表達了人民對他們的蔑視和仇視。

反映人民不堪忍受戰爭和徭役的詩篇。統治階級除了直接對人民進行殘酷壓榨外，還經常強迫人民當兵服役，戰爭和徭役給人民帶來的巨大痛苦在《國風》中亦得到了充分反映。《魏風・陟岵》寫役人思念親人，以至登上高崗遙望，仿佛聽到了父母兄長的歎息和叮嚀。《唐風・鴇羽》則進一步揭露了徭役致使生産荒廢，父母無人奉養，役人只好向天提出了沈痛的控訴："悠悠蒼天，曷其有所！"

《國風》關於戰爭題材的詩篇，除了反映人民反戰情緒的以外，也有支援正義戰爭的，如《秦風・無衣》表現了人民同仇敵愾的精神；《衛風・伯兮》和《王風・君子于役》這些思婦詞則從另一個側面反映了人民的真切感受，有其特定的思想意義。

反映愛情生活與婚姻問題的詩篇。這類題材的詩歌在《國風》中數量最多，內容也最豐富，既表現了熱戀中的歡樂，也表現了失戀後的痛苦；既有新婚後的和諧，也有棄婦的哭訴。如《邶風・靜女》、《鄭風・褰裳》、《鄭風・狡童》等，儘管有歡樂，也有痛苦，但總的格調則是明朗歡快的，說明在當時環境下男女相愛還是比較自由的。更值得重視的是其中還有一些反映女子不幸命運的棄婦詩，《衛風・氓》是這類詩歌的代表性作品。

《雅》大部分是貴族在舉行各種典禮和宴會時演唱的樂歌，《頌》全是上層貴族在祭祖祭天時演唱的樂歌，這兩部分詩歌的思想內容，總的說來趕不上《風》。

《大雅》中的《生民》、《公劉》、《緜》、《皇矣》、《大明》五篇是周民族史詩。這組詩系統地追述了自周始祖后稷建國至武王滅商的全部歷史，是研究周民族歷史的重要資料。《生民》敍述周始祖后稷的誕生、開創農業，並在各地建立家業的歷史。《公劉》敍述后稷曾孫公劉率領部族從有邰遷豳（今陝西旬邑縣、彬縣一帶），在豳開墾荒地、營建居室的歷史。與《生民》相比，公劉身上已經沒有了神話色彩，而完全是一個歷史人物。《緜》敍述了公劉十世孫、周文王的祖父古公亶父因受戎狄逼迫遷都岐下（今陝西岐山）直到文王受命為止的歷史。《皇矣》寫文王伐密、伐崇，安定四方。《大明》寫武王滅商。後兩首緊承前三首，不同的是，它們更接近於歷史的記載。

關於《詩經》的表現手法，《詩・大序》已提出"六義"之說，其中的風、雅、頌一般被認爲是詩歌的類型，而賦、比、興則被認爲是詩歌的表現手法。對於賦、比、興的解釋很多，宋代朱熹如是說："賦者，敷陳其事而直言之也"，"比者，以彼物比此物也"，"興者，先言他物以引起所詠之詞也"。朱熹對賦、比、興的概括，突出了《詩經》藝術手法的基本特徵，比興手法的成功運用，使《詩經》增添了含蓄、形象的藝術美。從《詩經》開始，比興手法成了中國詩歌史上重要的藝術傳統之一。

《詩經》是以四言爲主的詩體，在五言、七言詩興起之前，四言是最有生命力的一種詩體。《詩經》的結構，一般以重章疊句爲主要特色。《詩經》各篇大都分章，除《周頌》二十一篇、《商頌》三篇不分章外，每詩少則兩章，多至六章。分章的詩篇，特別是民歌，各章句數、字數基本相同，因而具有整齊、勻稱的形式美。

歷史散文

《尚書》是中國上古歷史文件和部分追述古代事迹作品的彙編，春秋戰國時稱《書》，到了漢代才稱《尚書》。《尚書》據說原有一百篇，秦代焚書後，漢初經師所保存的二十九篇，用當時通行的隸書寫定，稱爲今文《尚書》。漢武帝時，孔子故宅中發現用古文字寫的《尚書》，比今文《尚書》多十六篇，稱爲古文《尚書》。今存《尚書》共五十八篇，除三十三篇爲今古文《尚書》所共有，其餘都是東晉人偽造的古文《尚書》。《尚書》包括虞、夏、商、周書。《虞書》、《夏書》非虞夏時作，乃後世儒家根據古代傳聞編寫的假託之作。《商書》是殷王朝史官所記的誓、命、訓、誥。其中，《湯誓》按時代來說應爲最早的作品，但這篇文章語言流暢，可能經過後人的潤色；《盤庚》三篇古奧難讀，較多地保留了原貌。《周書》包括周初到春秋前期的文獻。其中，《牧誓》是武王伐紂時的誓師之詞；《多士》是周公以王命訓告殷遺民之詞；《無逸》是周公告誡成王不要貪圖享受之詞。這些作品敍事清晰，而且能表達出人物的情感口吻。寫于春秋前期的《秦誓》，是秦穆公伐晉失敗後的悔過自責之詞，比起《商書》和周初的文字要流暢得多，標誌着散文在當時得到了進一步的發展。

《春秋》是我國編年體史書之祖，自魯隱公元年（前722）起，迄於魯哀公十四年（前481），共記載了二百四十二年間的歷史。《春秋》是綱目式的記載，文句極簡短，幾乎沒有描寫的成分。它最突出的特點就是暗寓褒貶的"春秋筆法"，相傳孔子按照自己的觀點對一些歷史事件和人物作了評判，並選擇他認爲恰當的字眼來暗寓褒貶之意。因此，《春秋》被後人看做是一部具有"微言大義"的經典。

《左傳》原名《左氏春秋》，後來有人認爲此書是解釋《春秋》的，便將其稱爲《春秋左氏傳》，簡稱《左傳》。《左傳》與《春秋公羊傳》、《春秋穀梁傳》合稱"春秋三傳"。《左傳》的作者，司馬遷和班固都說是左丘明，並有人認爲這個左丘明就是《論語》中提到的與孔子同時的左丘明。對此說法，唐以後學者多持異議。《左傳》記事年代大體與《春秋》相當，只是後面多了十七年。與《春秋》大事記形式不同，《左傳》相當系統而具體地記述了這一時期各國的政治、軍事、外交等方面的許多重大事件,其中關於戰爭的描寫,尤爲後人稱道。《左傳》所記外交辭令也很精彩,最突出的例子要數"燭之武退秦師"一節。整篇說辭不到二百字,卻抓住秦國企圖向東發展而受到晉國阻遏的處境,剖析在秦、晉、鄭三國關係中,秦唯有保全鄭國作爲在中原的基地,才最符合秦國的國家利益,輕而易舉地瓦解了秦晉兩大國的聯盟,挽救了處於重兵威脅之下的鄭國。

《國語》是我國第一部國別史,記事年代起自周穆王(前1000),止於魯悼公(前440),內容涉及周、魯、齊、晉、鄭、楚、吳、越八國,以記言爲主。這部書不是系統完整的歷史著作,除《周語》略爲連貫外,其餘各國只是重點記載了個別事件。"左丘失明,厥有《國語》。"(《報任安書》)司馬遷認爲《國語》與《左傳》爲同一人所作,後人多有異議。《國語》所記,多與《左傳》重復、牴觸,彼此之間又往往詳略互異,說明《國語》和《左傳》並非出自一人之手,其作者應該是戰國初年一個熟悉歷史掌故的人。《國語》也包含了許多政治經驗的總結,其思想傾向略近於《左傳》,只是不像《左傳》那樣鮮明突出。總體上說,《國語》的文字質樸,不如《左傳》有文采。

《戰國策》是彙編而成的歷史著作,總共三十三篇,按國別雜記東西周及秦、齊、楚、趙、魏、韓、燕、宋、衛、中山諸國之事,記事年代上接春秋,下迄秦并六國,約二百四十年。此書作者不詳,經西漢劉向考訂整理後,定名爲《戰國策》。《戰國策》的基本內容以謀臣策士的遊說活動爲中心,反映出這一時期各國政治、外交的情狀,其中保存了不少縱橫家的著作和言論。雖然人們習慣上把《戰國策》歸爲歷史著作,但它與《左傳》、《國語》有很大不同。書中有許多記載,作爲史實來看並不可信。如《魏策》中寫唐且在秦廷中持劍脅迫秦王嬴政,就是根本不可能發生的事情。又如1973年底長沙馬王堆三號漢墓出土了《戰國策》帛書,共二十七章、一萬一千多字,其中十六章是佚書。出土帛書中有關於蘇秦的書信和談話,書信中提到他出生時,張儀已去世。而據《戰國策》通行本記載,蘇秦和張儀是秦惠文王時的兩名說客。《戰國策》的文章長於說事,無論是個人陳述還是雙方辯論,總喜歡誇張渲染,盡情發揮,具有很強的說服力。如蘇秦說趙王、張儀說秦王等,就歷史散文的明白流暢來說,已達到了前所未有的高度。由於《戰國策》突破了舊的思想觀念的束縛,又不完全拘泥於史實,所以就顯得比一般歷史著作更加活潑而富有生氣。《戰國策》說事時常常喜歡引用寓言故事進行說理,寓意深刻而又淺顯易懂,諸如"鷸蚌相爭,漁翁得利"、"畫蛇添足"、"狐假虎威"、"亡羊補牢"、"南轅北轍"等。從文學角度來看,《戰國策》在所有歷史著作中是最具文學色彩的。與《左傳》相比,《戰國策》的語言更爲明快流暢,縱橫開闔。

諸子散文

　　先秦諸子包括各種不同的學術流派和政治觀點,據《漢書·藝文志》記載,有儒、道、陰陽、法、名、墨、縱橫、農、雜、小說十家,其中最重要的是儒、墨、道、法四家。《論語》、《孟子》、《荀子》、《墨子》、《老子》、《莊子》、《韓非子》是儒、墨、道、法諸家的代表性著作。

　　《論語》一書是孔子及其門人言行的記錄,其原始記錄當雜出衆手,後來才由弟子或再傳弟子編訂成集。孔子是儒家學派的開創者,其學說的核心是"仁",同時又很重視"禮"。所謂"禮"乃是一種等級制度的規範,不過孔子說的"禮",主要指"周禮",即西周的典章制度。孔子生逢一個"禮崩樂壞"的時代,因此他以恢復西周的典章制度爲己任,這是他思想中保守的一面。孔子所謂的"仁"與"禮"是有聯繫的,他曾說:"克己復禮爲仁。"但他的"仁"最簡單、最基本的解釋是"愛人"。儘管孔子所謂的"愛人"有種種限制,但他承認奴隸也是人,反對用人來殉葬,表現了早期的人道主義思想。《論語》爲語錄體散文,主要記言,雖然篇幅不長,但具有一定的文學性,有些章節的文學色彩還頗濃。孔子的語言多用比喻,富有生活哲理,如"歲寒,然後知松柏之後彫也"(《子罕》)、"子在川上曰:逝者如斯夫,不舍晝夜"(《子罕》),文字雖短,卻蘊含着一種深刻的人生體驗。

　　《孟子》是記載孟子言行的書。據《史記·孟子荀卿列傳》載:"退而與萬章之徒序詩書,述仲尼之意,作《孟子》七篇。"可見,《孟子》一書是孟子在門人參與下親手編訂的。孟子的政治主張是"仁政",基本內容是"省刑罰,薄稅斂",使民有"恒產","養生喪死無憾"。孟子認識到了人民的重要性,認爲"民爲貴,社稷次之,君爲輕"(《盡心》下)。從這種"民貴君輕"的思想出發,他揭露了"庖有肥肉,廐有肥馬;民有飢色,野有餓莩"(《滕文公》下)的悲慘現實。孟子可謂將我國古代的民本思想發展到了頂峰。《孟子》散文的特點是氣勢充沛,感情強烈,富於鼓動性,有縱橫家、雄辯家的氣概。《孟子》散文在辯論中產生,雖爲對話體,但卻具備了論說文的特徵。孟子好辯,他說:"予豈好辯哉?予不得已也。"(《滕文公》下)他以辟楊墨爲己任,體現了一種強烈的社會使命感。

　　《莊子》一書是莊子及其後學的文集。莊子的思想源於老子而有所發展,他生活在戰國中期,當時各諸侯國已先後進入封建社會,他常以憤世嫉俗的態度揭露社會弊端,但又感到無力抗爭,最終採取了消極逃避的態度。他把智慧、文明看成是社會動亂的根源,主張"絕聖棄智",把社會理想寄託於"小國寡民,雞犬相聞,老死不相往來"的愚昧時代。莊子繼承了老子的本體論,認爲"道"是宇宙的主宰,天地萬物都是由"道"產生出來的。莊子思想也有積極方面,主要表現在:一、對現實的批判精神。他揭露黑暗,罵諸侯爲竊國大盜,"竊鈎者誅,竊國者爲諸侯,諸侯之門而仁義存焉"。(《胠篋》)二、在認識領域,莊子某些相對論的觀點,儘管其歸宿是相對主義,但包含了樸素辯證法的因素。《莊子》的散文在先秦諸子中具有獨特的風格,大量採用並虛構寓言故事作爲論證的根據,因此想像奇幻,最富於浪漫主義色彩。《莊子》的寓言絕大多數是作者虛構的,其中最多的是神話故事,這些神話有的在其他書中有原型,有的則完全是作者的杜撰。在莊子的筆下,蟬、斑鳩、小鳥都會說話,蝦蟆、甲魚也會辯論、講道理,這比起《戰國策》中某些寓言故事又有了進一步的發展,使邏輯思維的理論文章更加形象化。在先秦諸子中,《莊子》散文是文學成就最高的。

《韓非子》是韓非的作品。韓非是法家的集大成者,他的法治思想批判和綜合了商鞅的"法"、申不害的"術"和慎到的"勢",從而建立了完整的法治思想體系。韓非在批判吸收他們三家的基礎上,對法、術、勢作了明晰完備的解釋。韓非從"性惡論"出發,批判儒家的"仁政",強調法令、手段、權勢對於人君的重要性,主張把一切權力集中于君主一人之手,實行極權主義,以適應地主階級中央集權政治的需要。《韓非子》中的多數文章是比《荀子》更爲成熟的論說文,不僅每篇有論題,有中心論點,有翔實的論據,而且說理嚴密透徹,邏輯性強;同時,內容豐富,篇幅加長。如《五蠹》,長達七千字,旁徵博引,縱論古今,氣勢逼人。其他如《顯學》、《孤憤》等,也都是剖析入微之作。《韓非子》中也大量使用寓言作爲論據,這些寓言不少帶有諷刺或批判意義。《莊子》中的寓言多爲馳騁奇想,充滿神異色彩,而《韓非子》中的寓言一般比較平實,多半是一些歷史傳說、民俗故事,如"南郭吹竽"、"鄭人買履"、"買櫝還珠"等都是膾炙人口的寓言故事。

楚辭

楚辭是戰國時期以屈原爲代表的楚國詩人創造的一種新的詩歌樣式,它具有鮮明的楚國地域文化色彩,就如宋人黃伯思所說:"皆書楚語,作楚聲,紀楚地,名楚物。"(《東觀餘論》)"楚辭"一名首見於《史記·張湯傳》,漢成帝時,劉向整理古文獻,把屈原、宋玉的作品和漢代人仿寫的作品彙編成集,稱爲《楚辭》。從此,"楚辭"既是一部詩歌總集的名稱,也是一種詩體的名稱。

楚辭是《詩經》之後的一種新詩體,但它與《詩經》相比,具有很大的不同。從創作方法看,《詩經》主要反映中原地區的風土民情和社會生活,開創了詩歌史上現實主義的創作傳統,是我國早期中原文化的代表;楚辭則具有鮮明的南方地方色彩,在風俗習慣、地理名物等方面,無不帶有楚國文化的特徵,又由於楚辭作者想像豐富,長於抒情,從而開創了詩歌史上浪漫主義的創作傳統。從表現手法看,《詩經》多用比興手法,以增強詩歌的形象性;楚辭除了繼承《詩經》的比興手法外,還進一步把比興發展爲象徵手法。從句式和篇章結構看,楚辭突破了四言形式,形成了以雜言爲主、參差自由的新句式,大大增強了詩歌的表現力。楚辭大都以"兮"字或"些"字作爲語氣詞,這成爲它語言上的重要標誌。《詩經》大多爲集體創作,而楚辭則多爲文人的獨立創作,且在我國文學史上第一次出現像屈原這樣傑出的詩人。

楚辭的產生有其複雜的社會和文化淵源。楚國是一個具有悠久歷史的國家,有自己的文化傳統,這些文化傳統對楚辭影響較深。首先是楚聲和楚歌,如春秋中期楚樂官鍾儀在晉鼓琴而"操南音"(《左傳·成公九年》),這"南音"便是楚地的音樂;其次,楚地巫風對楚辭也有明顯影響,楚國巫風盛行,民間祭祀時,必使巫覡"作歌樂鼓舞以樂諸神"。楚辭的產生也是當時南北兩種文化相互交融的產物。屈原作品中所引用的歷史故事和神話傳說,不少屬於中原文化的範疇;屈原詩中大量採用比興手法,更是直接繼承和發揚了《詩經》的傳統。正是在南北文化合流的基礎上,屈原等人才創造出了新的詩體——楚辭。

偉大的愛國詩人屈原

屈原作品的注本,現存最早的當推王逸的《楚辭章句》,王逸所選定屬於屈原的作品爲二十五篇:《離騷》、《九歌》(11篇)、《九章》(9篇)、《天問》、《遠遊》、《卜居》、《漁父》,而將《招魂》定爲宋玉之作。漢代以後,不斷有人對屈原作品進行甄別。現代的楚辭研究者多認爲《遠遊》、《卜居》、《漁父》三篇並非屈原本人所作,而《招魂》卻屬於屈原的作品。這樣,屈原的作品總共是二十三篇。這二十三篇作品大致可以分爲三類:第一類是政治抒情詩,如《離騷》、《九章》;第二類是借祭歌以抒情的詩,如《九歌》、《招魂》;第三類是偏於哲理的抒情詩,如《天問》。

《離騷》是屈原的代表作,它既是詩人思想、品格的直接體現,也是詩人藝術才能和風格的集中反映。全詩三百七十三句,二千四百九十字,是我國古代詩歌史上空前絕後的長篇政治抒情詩。文學史上常以"風"、"騷"並稱,可見《離騷》在楚辭中的重要地位。

《離騷》的思想內容極其豐富,大略可分爲三部分。第一部分,詩人介紹了自己的家世出身、德才兼備的品質和爲楚王"導夫先路"的抱負和理想,回顧了自己在輔助楚王進行政治改革過程中受讒被疏的遭遇。詩人通過理性的審視,認識到遭讒被謗乃在於自己品質的超異和所走政治道路的不同,因而決意堅持節操和理想,表現了"九死未悔"的堅定信念。中間部分是詩人對未來所走道路的探索,在黨人得勢的形勢下,詩人有悔於過去所走的道路,因而設想:或者回車復路,退隱獨善;或者聽從女嬃的勸告,隨俗從流。然而經過重華陳辭,詩人對自己過去的鬥爭進行反省,又打消了這些念頭。於是,詩人通過上下求索、三度求女,打算在楚國再度爭取楚王的信任,然而這一切努力都失敗了。最後部分是在上下求索不得之後,轉請靈氛占卜、巫咸降神,詢問出路,反映出詩人去國自疏和懷戀故土的思想矛盾;而在升騰遠遊之時,"忽臨睨夫舊鄉",他發現自己最終根本無法離開故土,於是決心面對現實,以生命殉自己的理想。詩人在這首長詩裏,依據自己在政治鬥爭中的深切感受,以理想與現實的矛盾衝突爲中心,揭露並批判了楚國統治的黑暗,表現了詩人進步的政治理想及濃烈的愛國激情。

《離騷》在藝術方面的成就也是十分突出的。首先表現在塑造了一個高大峻潔的抒情主人公的形象,亦即詩人的自我形象。另一特色是大量使用比喻和象徵手法,構成絢麗多彩的意象。這種寫法已不是簡單的修辭手段,而是把比喻和象徵寓於整體的構思之中。如詩人自喻高潔,則餐菊飲露;欲遇明君,則托於婚約;欲求賢臣,則三求下女。此外,《離騷》雖爲抒情詩,但其中夾有不少敍事和議論的成分,結構恢宏嚴密,抒情線索清楚。屈原是我國文學史上偉大的愛國詩人,也是詩歌史上浪漫主義傳統的開創者,他開創了詩歌由民間集體創作到作家個人獨立創作的新時代。

詩 經

《詩經》是我國現存最早的一部詩歌總集,存詩三百零五篇,分風、雅、頌三類。風按地區分為十五國,所收大部分是民間歌謠,也有一些是貴族作品。雅分為大雅、小雅,大部分是貴族作品,而大雅則全都是貴族歌詩。頌分為周頌、魯頌、商頌,基本上是一些具有史詩性質的頌歌,常用於宗廟祭祀。《詩經》大多數作品作于周初至春秋之間,從各方面反映了周人的社會生活狀況。原來只稱爲《詩》,孔子曰:"詩三百,一言以蔽之,曰思無邪。"(《論語‧為政》)經秦際兵燹,漢人尊其為經。

作為起點,《詩經》在中國文學史上的地位不可動搖,一直被視為中國現實主義文學的源頭。《詩經》多數作品句式以四字格為主,採用人稱賦、比、興之類的表現手法;語句樸實無華,韻律自然優美,筆觸真摯感人,文學語言的辭彙很是豐富,感染了一代又一代的詩人。

漢代《詩經》傳本有四家,分別簡稱為齊(齊轅固)詩、魯(魯申培)詩、韓(燕韓嬰)詩、毛(魯毛亨)詩。四家所解各有春秋,皆得以列為政府的博士官。東漢鄭玄為毛詩作箋注後,毛詩大行於世,餘三家漸衰以至於先後亡佚。如今所見諸多版本的《詩經》皆同出一源,均爲毛詩所傳。

通行注本為《十三經註疏‧毛詩正義》(漢毛亨詁訓傳,東漢鄭玄箋注,唐孔穎達疏)。

靜　女

【題解】

本篇選自《詩經·邶風》,刻畫了一男子赴情人約會時,因女子調皮未現身而焦躁的心理,以及與女子見面後的表現。

> 靜女其姝,俟我於城隅(1)。
> 愛而不見,搔首踟躕(2)。
> 靜女其孌,貽我彤管(3)。
> 彤管有煒,說懌女美(4)。
> 自牧歸荑,洵美且異(5)。
> 匪女之爲美,美人之貽(6)。

【注釋】

(1)靜:閒雅,貞靜。　其:形容詞詞頭。　姝(shū):美好貌。　城隅:城之一角的幽僻之處。

(2)愛:通"薆",隱蔽。　見:通"現"。不見,指期而不至。　踟躕(chí chú):心神不定,走來走去。

(3)孌(luán):嬌媚,美好貌。　貽(yí):饋遺。　彤管:箋云:"彤管,筆赤管也。彤,赤也。管,筆管也。"一說是草。朱熹《集傳》:"未詳何物,蓋相贈以結慇懃之意耳。"

(4)煒:赤貌。　說懌:即"悅懌",表示因喜愛而歡愉。　女:通"汝",指彤管,一說指女子。

(5)牧:郊外田野也。　歸:通"饋",贈與。　荑(tí):茅之始生者。　洵(xún):的確,確實。

(6)女:通"汝",指荑。

相　鼠

【題解】

本篇選自《詩經·鄘風》。這是一首諷刺詩,以鼠對比無恥之人,用嚴厲的口氣指責無恥之人連老鼠都不如,老鼠至少有做老鼠的原則,"有皮、有齒、有體",而無恥之人卻連靈魂都可以出賣。

相鼠有皮,人而無儀⁽¹⁾。
人而無儀,不死何爲。

相鼠有齒,人而無止⁽²⁾。
人而無止,不死何俟。

相鼠有體,人而無禮。
人而無禮,胡不遄死⁽³⁾。

【注釋】

(1) 相(xiàng):視,仔細看。 儀:儀表舉止。
(2) 止:容止,一說通"恥"。
(3) 遄(chuán):速。

氓

【題解】

本篇選自《詩經·衛風》。這是一首棄婦詩,寫了從戀愛到被棄的大致經過,感情悲憤,反映了被丈夫拋棄的婦女心中的哀痛。

氓之蚩蚩,抱布貿絲⁽¹⁾。
匪來貿絲,來即我謀⁽²⁾。
送子涉淇,至於頓丘⁽³⁾。
匪我愆期,子無良媒⁽⁴⁾。
將子無怒,秋以爲期⁽⁵⁾。

乘彼垝垣,以望復關⁽⁶⁾。
不見復關,泣涕漣漣⁽⁷⁾。
既見復關,載笑載言⁽⁸⁾。
爾卜爾筮,體無咎言⁽⁹⁾。
以爾車來,以我賄遷⁽¹⁰⁾。

桑之未落,其葉沃若⁽¹¹⁾。
于嗟鳩兮,無食桑葚⁽¹²⁾。
于嗟女兮,無與士耽⁽¹³⁾。
士之耽兮,猶可說也。

女之耽兮,不可說也⁽¹⁴⁾。

桑之落矣,其黃而隕⁽¹⁵⁾。
自我徂爾,三歲食貧⁽¹⁶⁾。
淇水湯湯,漸車帷裳⁽¹⁷⁾。
女也不爽,士貳其行⁽¹⁸⁾。
士也罔極,二三其德⁽¹⁹⁾。

三歲爲婦,靡室勞矣⁽²⁰⁾。
夙興夜寐,靡有朝矣⁽²¹⁾。
言旣遂矣,至於暴矣⁽²²⁾。
兄弟不知,咥其笑矣⁽²³⁾。
靜言思之,躬自悼矣⁽²⁴⁾。

及爾偕老,老使我怨⁽²⁵⁾。
淇則有岸,隰則有泮⁽²⁶⁾。
總角之宴,言笑晏晏⁽²⁷⁾。
信誓旦旦,不思其反⁽²⁸⁾。
反是不思,亦已焉哉⁽²⁹⁾。

【注釋】

(1) 氓(méng):民,指稱那不願提的男子,追述往事。 蚩蚩(chī chī):敦厚之貌,一說無知之貌。 布:幣。 箋云:"幣者,所以貿買物也。" 貿:買。

(2) 匪:通"非"。 即:就,靠近。

(3) 淇:河名。 頓丘:地名。

(4) 愆(qiān)期:錯過時間。愆,過。

(5) 將(qiāng):願、請。

(6) 乘:登上。 垝(guǐ)垣:已毀塌的牆。垝,毀、塌。 復關:男子之所居,此處代指男子。

(7) 漣漣:流淚的樣子。

(8) 載:則,一說爲動詞詞頭。

(9) 卜、筮:龜曰卜,蓍曰筮。 體:兆卦之體。 咎言:兆卦之凶咎之辭。

(10) 賄:財產,此指陪嫁。

(11) 沃若:猶沃沃然,潤澤的樣子,比喻少婦當時年輕貌美或男女正情深意濃。

(12) 于(xū)嗟:歎詞。 鳩:鶻鳩。 桑葚(shèn):桑的果實。鶻鳩"食桑葚過,則醉而傷其性",比喻女子不該沈溺於情感。

(13) 耽:沈溺於喜樂、歡愛。

(14) 說:解,一說通"脫"。
(15) 隕:落下,比喻女子色衰或男子情遷。
(16) 徂(cú):往。 三歲:不一定是實指,或指多年。 食貧:食物短缺。
(17) 湯湯(shāng shāng):水盛大的樣子。 漸:動詞,浸濕。 車帷裳:車上用的布幔。
(18) 爽:過錯。 貳:二心;一說當為貣,古"忒"字,差錯。
(19) 罔極:反復無常,不可測。極,中。 二三:用如動詞。
(20) 靡室勞矣:沒有不幹的家務活。
(21) 夙:早。 興:起。 靡有朝矣:天天如此。
(22) 言:句首語氣詞。 既:已經。 遂:稱心滿意。
(23) 咥(xì):咥咥然,笑的樣子。
(24) 言:動詞詞頭。 躬自:自己。 悼:傷心。
(25) 老使我怨:現在提到與你共同生活到老就讓我感到怨恨。
(26) 隰(xí):低窪濕地,一說河名。 泮(pàn):通"畔",水的邊沿。 箋云:"言淇與隰皆有厓岸,以自拱持。今君子放恣心意,曾無所拘制。"
(27) 總角:結髮,指未成年人。 宴:快樂,歡樂。 言笑晏晏:溫和柔順的樣子。
(28) 信誓:誠摯的誓言。 旦旦:誠懇殷切的樣子。 不思其反:沒有設想過誓言有可能被違反。
(29) 反是:違背這誓言。 亦已焉哉:罷了,無可奈何。

七 月

【題解】

本篇選自《詩經·豳風》。這是一首敘事詩,通篇以時間節令為序,描寫周民一年四季的生產生活狀況,展現了勞動者繁重的勞作、艱辛的境況,剝削與壓迫,歷歷在目。每章時序獨立,基本上是分類敘述,立體感很強。

七月流火,九月授衣⁽¹⁾。一之日觱發,二之日栗烈⁽²⁾。無衣無褐,何以卒歲⁽³⁾?三之日于耜,四之日舉趾⁽⁴⁾。同我婦子,饁彼南畝,田畯至喜⁽⁵⁾。

七月流火,九月授衣。春日載陽,有鳴倉庚⁽⁶⁾。女執懿筐,遵彼微行,爰求柔桑⁽⁷⁾。春日遲遲,采蘩祁祁⁽⁸⁾。女心傷悲,殆及公子同歸。

七月流火,八月萑葦⁽⁹⁾。蠶月條桑,取彼斧斨,以伐遠揚,猗彼女桑⁽¹⁰⁾。七月鳴鵙,八月載績⁽¹¹⁾。載玄載黃,我朱孔陽,為公子裳⁽¹²⁾。

四月秀葽,五月鳴蜩⁽¹³⁾。八月其穫,十月隕蘀⁽¹⁴⁾。一之日于貉,取彼狐狸,為公子裘⁽¹⁵⁾。二之日其同,載纘武功⁽¹⁶⁾。言私其豵,獻豜於公⁽¹⁷⁾。

五月斯螽動股,六月莎雞振羽⁽¹⁸⁾。七月在野,八月在宇,九月在戶,十月蟋蟀入我牀下⁽¹⁹⁾。穹窒熏鼠,塞向墐戶⁽²⁰⁾。嗟我婦子,曰為改歲,入此室處⁽²¹⁾。

六月食鬱及薁,七月亨葵及菽⁽²²⁾。八月剝棗,十月穫稻⁽²³⁾。為此春酒,以介眉壽(24)。七月食瓜,八月斷壺,九月叔苴(25)。采荼薪樗,食我農夫(26)。

九月築場圃,十月納禾稼。黍稷重穋,禾麻菽麥(27)。嗟我農夫,我稼既同,上入執宮功(28)。晝爾于茅,宵爾索綯(29)。亟其乘屋,其始播百穀(30)。

二之日鑿冰沖沖,三之日納于凌陰(31)。四之日其蚤,獻羔祭韭(32)。九月肅霜,十月滌場(33)。朋酒斯饗,曰殺羔羊(34)。躋彼公堂,稱彼兕觥,萬壽無疆(35)。

【注釋】

(1) 七月:夏曆(下同)。周兼用夏曆,見《逸周書·周月》。流火:大火星向下行。大火星,我國古天文二十八宿中的東方七宿之一心宿的主星。箋云:"大火者,寒暑之候也。"流,下行,因爲夏曆六七月間心宿到達南天最高點,以後就開始向偏西方向下行。九月授衣:霜始降,可以安排婦女趕制冬衣,所以下文有"八月載績"。授,交給。

(2) 一之日:是爲周曆,周正月,值夏曆十一月。二之日:殷曆正月,值夏曆十二月。觱(bì)發:風寒。栗烈:即凜冽,寒氣逼人。

(3) 褐:毛布短衣。

(4) 三之日:夏正月。于:爲,此指修理。耜(sì):耒耜。四之日:周四月,夏二月。舉趾:舉足下田耕種。

(5) 饁(yè):送飯。南畝:農田的泛稱。田畯(jùn):田大夫,農官。

(6) 春:夏三月。載:開始。陽:溫和,暖和。有鳴倉庚:可蠶之候也。倉庚,黃鸝。

(7) 懿筐:深筐。遵:循着,沿着。微行:小逕,小路。爰:於是,乃。采桑:桑之嫩葉也,初生的幼蠶適宜飼食嫩桑葉。

(8) 遲遲:日長而暄,舒緩的樣子。蘩(fán):白蒿,用煮過白蒿的水潤濕蠶子,幼蠶易出;一說還不能飼食桑葉的幼蠶就用蘩飼之,今人猶用之。祁祁:衆多,形容采蘩的人多。

(9) 萑(huán)葦:用如動詞,指收穫萑葦製作蠶箔。

(10) 蠶月:夏三月,養蠶的時節。條桑:爲桑樹修枝。斨(qiāng):斧柄孔圓的爲斧,方的爲斨。遠揚:高揚的枝條。猗:通"掎"(jǐ),牽拉。女桑:即柔桑。

(11) 鵙(jú):伯勞。箋云:"伯勞鳴,將寒之候也。"

(12) 載:則,今語"又是"。玄:黑而有赤。朱:深纁、大紅。孔:很。陽:鮮明。箋云:"祭服,玄衣纁裳。凡染者,春暴練,夏纁玄,秋染,夏爲公子裳。"

(13) 秀:不開花就結子。葽:植物名。蜩:蟬。

(14) 其:動詞詞頭。穫:收穫禾稼。隕蘀(tuò):草木落葉。箋云:"秀葽也,鳴蜩也,穫禾也,隕蘀也,四者皆物成而將寒之候。物成自秀葽始。"

(15) 于:動詞詞頭。貉:狐、狸之類,此時的皮毛最佳,用如動詞,指狩獵。

(16) 箋云:"其同者,君臣及民因習兵俱出田也。"纘(zuǎn):繼續。武功:此指狩獵。

(17) 言:動詞詞頭。私:用如動詞,指私人佔有。豵(zōng):豕生三日豵,豕一歲曰豵。豜(jiān):豕三歲曰豜。公:公家。

(18) 斯螽(zhōng)動股、莎(suō)雞振羽:蟲發聲的自然現象,暗指季節的轉換。斯螽、莎雞,蟲名。

13

(19) 箋云:"自'七月在野'至十月'入我牀下',皆謂蟋蟀也。"
(20) 穹窒熏鼠:堵住所有的鼠洞然後用煙熏。毛傳:"穹,窮。窒,塞也。" 塞向墐戶:填充門窗的縫隙。向,本義即朝北的窗。墐(jǐn),塗泥。
(21) 曰:句首語氣詞。 爲:是。 改歲:過年。
(22) 鬱(yù)、薁(yù):皆果樹名,果實可食用。 葵:菜蔬一種。 菽:豆。
(23) 剝(pū):擊打。
(24) 以介眉壽:用飲酒來求得保健長壽。介,求助。眉壽,因長壽之人眉有長毛而得名。
(25) 壺:即葫蘆。 叔:撿拾。《說文》:"叔,拾也。" 苴(jū):麻的種子,可食用。
(26) 荼(tú):一種苦菜。 薪樗(chū):用樗當作薪。薪,用如動詞。
(27) 黍、稷、重(tóng)、穋(lù)、禾、麻、菽、麥:皆穀物名。重,同"種"。禾,專指某種穀物。
(28) 同:聚集,指將糧食收入公倉。 上:通"尚",還要。 執宮功:為公家服務。
(29) 爾:語助詞,無義。 于:見注(15)。 茅:用如動詞,收割茅草。 索:用如動詞,搓繩。 綯(táo):繩。
(30) 亟:急。 乘屋:上屋頂修葺。 其始:開春。
(31) 冲冲:象聲詞。 凌陰:冰窖,一說陰同"窨"。
(32) 蚤:一種祭禮。 獻羔祭韭:以羔、韭獻祭。
(33) 肅霜:一說即肅爽,指秋高氣爽。
(34) 朋酒:兩樽酒。朋,古量詞,一般指成雙的東西。 斯:復指酒。 饗(xiǎng):飲酒。 曰:句首語氣詞。
(35) 公堂:公共場所。 稱:舉起。 兕觥:酒具。

屈　　原

屈原(前340?—前278?),名平,字原。與楚同姓,仕於楚懷王,歷任左徒、三閭大夫。"博聞彊志,明於治亂,嫺於辭令。入則與王圖議國事,以出號令;出則接遇賓客,應對諸侯。王甚任之。"(《史記·屈原列傳》)後遭大夫上官、靳尚等譖毀。約公元前304年,楚懷王放逐屈原於漢北。頃襄王在位時,屈原遭更殘酷的排擠,約公元前286年,被放逐於江南。公元前278年,秦將白起攻破郢都,據說就在這一年的陰曆五月初五,屈原悲憤憂鬱,自沈汨羅江。

屈原是我國文學史上偉大的浪漫主義詩人,他的作品運用了大量的神話,想像豐富,文辭絢爛,洋溢着強烈的感情。屈原的主要作品有《離騷》、《九歌》、《九章》、《天問》等。"楚辭"就是由屈原等人在楚國民間歌謠的基礎上加工創造而成的一種新的詩歌樣式,"書楚語、作楚聲、紀楚地、名楚物"(《東觀餘論·翼騷序》),其句法参差錯落,突破了四言格調;篇幅較長,有利於表現更為複雜的思想感情。漢代稱這種別具風格的樣式為"楚辭",也因屈子《離騷》而稱"楚辭"為"騷體",後也有稱詩人為"騷人"。

西漢劉向編輯屈原等人的楚辭成《楚辭》十六卷。東漢時,"楚地遺民"王逸附加自己的《九思》一卷,增為十七卷,並作注,編成《楚辭章句》。《楚辭章句》是現存完整的《楚辭》注本中最古老,最接近屈原生活時代的注本,至今仍是研究《楚辭》的起點站,是"《楚辭》研究"中最重要的一部書。宋洪興祖為《楚辭章句》作補注成《楚辭補注》,是今天較通行的讀本。

離騷(節選)

【題解】

本篇是屈子作品中篇幅最長的,全詩三百七十三句,二千四百九十字。太史公曰:"離騷者,猶離憂也。"《離騷》是詩人被放逐時的傑作,它表現了詩人對祖國命運的擔憂和為自身政治理想不能實現的悲憤,是詩人思想、情感、人格精神以及想像力的集中體現。詩人通過"引類譬諭,……善鳥香草,以配忠貞;惡禽臭物,以比讒佞;靈脩美人,以媲於君;宓妃佚女,以譬賢臣;虬龍鸞鳳,以託君子;飄風雲霓,以為小人"(王逸語)。全詩的結構可分為三部分,本教材節選了第一部分。

帝高陽之苗裔兮[1],朕皇考曰伯庸[2]。攝提貞于孟陬兮,惟庚寅吾以降[3]。皇覽揆余初度兮,肇錫余以嘉名[4]。名余曰正則兮,字余曰靈均[5]。紛吾既有此內美兮,又重之以脩能[6]。扈江離與辟芷兮,紉秋蘭以為佩[7]。汨余若將不及兮,恐年歲之不吾與[8]。朝搴阰之木蘭兮,夕攬洲之宿莽[9]。日月忽其不淹兮,春與秋其代序[10]。惟草木之零落兮,恐美人之遲暮[11]。不撫壯而棄穢兮,何不改此度[12]?乘騏驥以馳騁兮,來吾道夫先路[13]。

昔三后之純粹兮,固衆芳之所在[14]。雜申椒與菌桂兮,豈維紉夫蕙茝[15]?彼堯舜之耿介兮,既遵道而得路[16]。何桀紂之猖披兮,夫唯捷徑以窘步[17]。惟夫黨人之偷樂兮,路幽昧以險隘[18]。豈余身之憚殃兮,恐皇輿之敗績[19]。忽奔走以先後兮,及前王之踵武[20]。荃不察余之中情兮,反信讒而齌怒[21]。余固知謇謇之為患兮,忍而不能舍也[22]。指九天以為正兮,夫唯靈脩之故也[23]。曰黃昏以為期兮,羌中道而改路[24]。初既與余成言兮,後悔遁而有他[25]。余既不難夫離別兮,傷靈脩之數化[26]。

余既滋蘭之九畹兮,又樹蕙之百畝[27]。畦留夷與揭車兮,雜杜衡與芳芷[28]。冀枝葉之峻茂兮,願竢時乎吾將刈[29]。雖萎絕其亦何傷兮,哀衆芳之蕪穢[30]。衆皆競進以貪婪兮,憑不猒乎求索[31]。羌內恕己以量人兮,各興心而嫉

15

妒⁽³²⁾。忽馳騖以追逐兮,非余心之所急⁽³³⁾。老冉冉其將至兮,恐脩名之不立⁽³⁴⁾。朝飲木蘭之墜露兮,夕餐秋菊之落英⁽³⁵⁾。苟余情其信姱以練要兮,長顑頷亦何傷⁽³⁶⁾?擥木根以結茝兮,貫薜荔之落蕊⁽³⁷⁾。矯菌桂以紉蕙兮,索胡繩之纚纚⁽³⁸⁾。謇吾法夫前脩兮,非世俗之所服⁽³⁹⁾。雖不周於今之人兮,願依彭咸之遺則⁽⁴⁰⁾。長太息以掩涕兮,哀民生之多艱⁽⁴¹⁾。余雖好脩姱以鞿羈兮,謇朝誶而夕替⁽⁴²⁾。既替余以蕙纕兮,又申之以攬茞⁽⁴³⁾。亦余心之所善兮,雖九死其猶未悔⁽⁴⁴⁾。怨靈脩之浩蕩兮,終不察夫民心⁽⁴⁵⁾。衆女嫉余之蛾眉兮,謠諑謂余以善淫⁽⁴⁶⁾。固時俗之工巧兮,偭規矩而改錯⁽⁴⁷⁾。背繩墨以追曲兮,競周容以為度⁽⁴⁸⁾。忳鬱邑余侘傺兮,吾獨窮困乎此時也⁽⁴⁹⁾。寧溘死以流亡兮,余不忍為此態也⁽⁵⁰⁾。鷙鳥之不群兮,自前世而固然⁽⁵¹⁾。何方圜之能周兮,夫孰異道而相安⁽⁵²⁾?屈心而抑志兮,忍尤而攘詬⁽⁵³⁾。伏清白以死直兮,固前聖之所厚⁽⁵⁴⁾。

悔相道之不察兮,延佇乎吾將反⁽⁵⁵⁾。回朕車以復路兮,及行迷之未遠⁽⁵⁶⁾。步余馬於蘭皋兮,馳椒丘且焉止息⁽⁵⁷⁾。進不入以離尤兮,退將復脩吾初服⁽⁵⁸⁾。製芰荷以為衣兮,集芙蓉以為裳⁽⁵⁹⁾。不吾知其亦已兮,苟余情其信芳⁽⁶⁰⁾。高余冠之岌岌兮,長余佩之陸離⁽⁶¹⁾。芳與澤其雜糅兮,唯昭質其猶未虧⁽⁶²⁾。忽反顧以遊目兮,將往觀乎四荒⁽⁶³⁾。佩繽紛其繁飾兮,芳菲菲其彌章⁽⁶⁴⁾。民生各有所樂兮,余獨好脩以為常⁽⁶⁵⁾。雖體解吾猶未變兮,豈余心之可懲⁽⁶⁶⁾。

【注釋】

(1) 高陽:顓頊。苗裔:遠系子孫。

(2) 朕:我。皇:美,大。考:父死稱考。伯庸:屈原父親的名字。

(3) 攝提:太歲在寅曰攝提格。貞:正。孟:始。陬(zōu):正月為陬。庚寅:庚寅日。

(4) 皇:即皇考。揆:推想。度:出生的時間。肇:始。嘉:善。

(5) 正則、靈均:詩人解釋自己的名和字。

(6) 紛:多的樣子。內美:忠貞之心。重(chóng):復加。脩:長。能:才幹。

(7) 扈:被(披),楚人名被為扈。江離、芷:皆香草名。辟:幽暗之處,"僻"的本字。辟芷,生在幽僻之处的白芷。紉:編綴。秋蘭:香草,秋芳。佩:妝飾。

(8) 汩(yù):疾若水流之貌。

(9) 搴(qiān):撷取。阰(pí):山名。攬:採。宿莽:冬生不死之草。

(10) 忽:短暫,《釋文》作"曶"。代:代謝、輪換。序:次第。

(11) 惟:思念。零、落:皆衰落之義,草曰零,木曰落。美人:喻指楚懷王。

(12) 撫:持、把握。穢:以喻讒佞惡行。此度:現在的法度。

(13) 騏驥:以駿馬喻賢智。道:導,《文選》作"導夫先路"。

(14) 三后:禹、湯、文王。純粹:用物之美好喻品德之崇高。衆芳:喻群賢。

(15) 申椒、菌桂:皆香木。維:通"唯",只、獨。蕙、茝(zhǐ):皆香草,以喻賢者。

(16) 耿:光。介:大。

16

先　秦

(17) 猖披:衣不系帶的樣子,喻亂。　捷徑:邪道。　窘:窮迫的樣子。

(18) 黨人:朋比為奸者。　偷:苟且。　幽昧:不明。　險隘:喻傾危。

(19) 皇輿:君之所乘,喻國家。

(20) 踵:用如動詞,跟着。　武:足跡。

(21) 荃:香草,喻君。　中情:內心。　齋(jì):疾速。

(22) 謇謇(jiǎn jiǎn):忠貞貌。　舍:停止。

(23) 九天:謂中央與八方之天。　靈脩:能神明遠見者,喻君。

(24) 羌:楚人語詞也。

(25) 成言:議定。　遁:隱。

(26) 數(shuò):屢次。　化:變。

(27) 滋:栽種。　畹(wǎn):十二畝曰畹,或曰田之長為畹(王逸語)。

(28) 畦(qí):用如動詞,種一畦。　留夷、揭車、杜衡、芳芷:皆香草。

(29) 竢:通"俟",等待。　刈:收割,草曰刈,穀曰穫。

(30) 萎:枯。　絕:零落。

(31) 貪婪:愛財曰貪,愛食曰婪。　憑:楚人名滿曰憑(王逸語)。

(32) 內恕己:對自己寬恕。　量人:揣摩別人,量,度量。　興:起。

(33) 騖:與"馳"同義。

(34) 老:七十曰老。　脩名:好名聲。

(35) 英:花。

(36) 其:語氣詞。　信:確實。　姱(kuā):美好。　練要:擇要道而行。　顑頷(kǎn hàn):因飢餓而面黃肌瘦的樣子。

(37) 擥(lǎn):同"攬",持。　薜荔(bì lì):緣木而生的香草。

(38) 矯:舉起。　索:用如動詞,撐繩子。　胡繩:香草。　纚纚(xǐ xǐ):漂亮的樣子。

(39) 謇(jiǎn):句首語氣詞。　法:效法。　前脩:前代脩習道德者。　服:佩用。

(40) 周:合。　彭咸:殷賢大夫,諫其君不聽,投水而死。　則:法。

(41) 艱:難。

(42) 羈(jī)靮:韁在口曰羈,革絡頭曰靮。　諑(suì):諫。　替:廢。

(43) 纕(xiāng):裝飾性的佩帶。　申:重復。

(44) 九:極言次數的多。

(45) 浩蕩:猶浩浩蕩蕩,指不加思慮的樣子。

(46) 衆女:衆臣。　蛾眉:指面貌美好。　諑(zhuó):誣衊。

(47) 工巧:佞臣巧於言語。　偭(miǎn):違背。　規矩:法則。　錯:置。

(48) 背:違反。　追:隨。　周容:苟合取容。　度:法則。

(49) 忳(tún):憂愁的樣子。　鬱邑:憂愁的樣子。　侘傺(chà chì):失志的樣子。

(50) 溘(kè):忽然。

(51) 鷙(zhì):猛禽。　群:用如動詞,合群。

(52) 圜:通"圓"。

(53) 抑:與"屈"互文。　尤:罪過。　攘:與"忍"互文。　詬(gòu):恥辱。

17

(54) 伏：承受，一說通"服"。 死直：為直而死。 厚：看重，激賞。

(55) 相(xiàng)：察看。 察："相"的結果。 延：長久。 佇：一種立姿。 反：即"返"。

(56) 復：回復。

(57) 步：徐行。 皐：澤曲曰皐，九折澤也（洪興祖補注）。 椒丘：土高四墮曰椒丘。五臣云：丘上有椒也。

(58) 進不入：踏上仕途卻不同流合污。 離：通"罹"。 尤：問罪。 初服：要像當初一樣脩德。

(59) 芰(jì)荷：荷葉。 集：即"集"。 芙蓉：蓮花。 衣、裳：上曰衣，下曰裳。

(60) 亦已：罷了。

(61) 岌岌：高高聳起的樣子。 陸離：美好的樣子。

(62) 芳：以香草之芬芳喻品行。 澤：以玉質之潤喻外貌。 唯：只。 昭：明亮光潔。

(63) 四荒：四方邊遠之地。 荒，邊遠。

(64) 繽紛繁飾：盛裝。 芬菲菲：香氣彌漫的樣子。 彌章：即"彌彰"。

(65) 民生：即人生。 脩：潔身自好的操守。

(66) 體解：即肢解，古酷刑，此極言結果之嚴重。 懲：因恐懼害怕而停止行動。

左　傳

《左傳》是我國現存最早的編年體史書之一，其敘事詳細而完整，也是上古史傳文學的經典之作。此書相傳是與孔子同時的左丘明所作，原名《左氏春秋》。經歷代大家考證，作者應是一個充分掌握春秋時代各國史料的戰國初期的學者。

全書以春秋時期魯國國君隱、桓、莊、閔、僖、文、宣、成、襄、昭、定、哀、悼等十三公的次序編排記錄了自公元前722年至公元前453年間的各國史事，較詳盡地反映了春秋列國政治、經濟、軍事、外交、文化各方面的活動，記錄了各方面的代表人物的言行，在一定程度上真實地表現了時代風貌，是今天研究春秋歷史文化最有價值的歷史文獻。

《左傳》在文學上和語言上的成就很大，它善於用簡潔的語言描述繁複的歷史事件；在人物刻畫上擅長通過摹寫事主的內心活動和細微動作來突顯其心理，為後世敘事散文立範；所記錄的外交辭令很是出色，令今人歎為觀止。

西晉杜預在注解《左傳》時將其內容按時序依附於《春秋》正文之後，由此始稱之為《春秋左氏傳》。

通行注本為《十三經註疏·春秋左傳正義》（晉杜預集解，唐孔穎達疏）。

鄭伯克段于鄢

【題解】

本篇節選自《左傳·隱公元年》,"鄭伯克段于鄢"取自《春秋》經文。全文表現了鄭莊公與其胞弟共叔段之間的政治傾軋,突出表現了鄭莊公的陰毒與虛偽,對其野心勃勃的胞弟的活動基本上是通過莊公君臣間的對話來襯托的。

初,鄭武公娶于申,曰武姜,生莊公及共叔段[1]。莊公寤生,驚姜氏,故名曰寤生,遂惡之[2]。愛共叔段,欲立之。亟請於武公,公弗許[3]。

及莊公即位,爲之請制[4]。公曰:"制,巖邑也,虢叔死焉[5]。佗邑唯命[6]。"請京,使居之,謂之京城大叔[7]。祭仲曰:"都城過百雉,國之害也[8]。先王之制:大都不過參國之一;中,五之一;小,九之一[9]。今京不度,非制也,君將不堪[10]。"公曰:"姜氏欲之,焉辟害[11]?"對曰:"姜氏何厭之有?不如早爲之所,無使滋蔓[12]!蔓,難圖也。蔓草猶不可除,況君之寵弟乎[13]?"公曰:"多行不義,必自斃,子姑待之。"

既而大叔命西鄙、北鄙貳於己[14]。公子呂曰:"國不堪貳,君將若之何[15]?欲與大叔,臣請事之;若弗與,則請除之,無生民心[16]。"公曰:"無庸,將自及[17]。"大叔又收貳以爲己邑,至於廩延[18]。子封曰:"可矣!厚將得衆[19]。"公曰:"不義不暱,厚將崩[20]。"

大叔完、聚,繕甲、兵,具卒、乘,將襲鄭,夫人將啓之[21]。公聞其期,曰:"可矣。"命子封帥車二百乘以伐京[22]。京叛大叔段。段入于鄢。公伐諸鄢[23]。五月辛丑,大叔出奔共[24]。

書曰:"鄭伯克段于鄢。"段不弟,故不言弟;如二君,故曰克;稱鄭伯,譏失教也;謂之鄭志。不言出奔,難之也[25]。

遂寘姜氏於城潁[26],而誓之曰:"不及黃泉,無相見也!"既而悔之。

潁考叔爲潁谷封人,聞之,有獻於公[27]。公賜之食。食舍肉。公問之。對曰:"小人有母,皆嘗小人之食矣;未嘗君之羹,請以遺之[28]。"公曰:"爾有母遺,繄我獨無[29]!"潁考叔曰:"敢問何謂也[30]?"公語之故,且告之悔。對曰:"君何患焉?若闕地及泉,隧而相見,其誰曰不然[31]?"公從之。公入而賦:"大隧之中,其樂也融融。"姜出而賦:"大隧之外,其樂也洩洩[32]。"遂爲母子如初。

君子曰:"潁考叔,純孝也,愛其母,施及莊公[33]。《詩》曰:'孝子不匱,永錫爾類',其是之謂乎[34]!"

【注釋】

(1) 鄭武公:鄭莊公之父。 申:姜姓國。 武姜:武公去世後對於其未亡人的稱法。 共叔段:史書因段出奔共(gōng)而稱。
　　(2) 寤(wù)生:通說難產。寤,通"啎"。
　　(3) 亟(qì):屢次。
　　(4) 制:地名,又名虎牢,今河南鞏縣東。
　　(5) 巖:險要。　虢叔:東虢國君。　焉:兼詞,於此。
　　(6) 佗:同"他"。　唯命:"唯命是聽"的省略説法。
　　(7) 京:地名,鄭大邑,今滎陽東南。　大(tài):同"太"。
　　(8) 祭(zhài)仲:鄭大夫。　都:城邑。　城:城牆。　雉:古量詞,方丈曰堵,三堵曰雉,一雉之牆長三丈高一丈。
　　(9) 參國之一:首都城牆的三分之一。　參,通"三"。　國,首都,古代諸侯首都城牆為三百雉。
　　(10) 度:用如動詞,合法度。　不堪:受不了,無法控制。堪,經得起。
　　(11) 辟:同"避"。
　　(12) 厭:滿足。　不如早爲之所:不如早給他安排個地方。　所:名詞,地方。
　　(13) 圖:謀取,設法對付。　寵:嬌縱。
　　(14) 既而:不久。　鄙:邊邑。　貳:兩屬。
　　(15) 公子呂:字子封,鄭大夫。　國不堪貳:國家不能忍受兩屬的狀況。
　　(16) 想要(把鄭國)送給太叔的話,就請您允許我去侍奉他;假如不給,就請您消除這種情況,不要讓老百姓產生對國家的不信任感。
　　(17) 庸:用。　自及:禍將自及。
　　(18) 廩延:鄭邑,今河南延津北。
　　(19) 厚:土地廣大。
　　(20) 不義:不義於君,或言不合道義。　不暱:不親於兄,或言不能團結友愛。暱,親近。
　　(21) 完:修葺,指修理城牆。　聚:聚集力量,指人力。　繕:修理製造。　具:準備。　夫人:指武姜。　啓之:為之開門。
　　(22) 帥:通"率"。　乘:春秋都是車戰,兵車一乘,甲士三人,步卒七十二人。
　　(23) 鄢:鄭地名,今河南鄢陵。
　　(24) 辛丑:古人干支紀日法,甲、乙、丙、丁、戊、己、庚、辛、壬、癸為天干,子、丑、寅、卯、辰、巳、午、未、申、酉、戌、亥為地支,干支相配為周而復始的六十組組合,用來作為排序的符號。共:國名,今河南輝縣。
　　(25) 書:指《春秋》。"不弟"之弟:通"悌",指兄弟倫常。　鄭志:鄭莊公的居心。　難:責難。
　　(26) 寘:安置,安頓,有"流放"之意。　城潁:鄭地名,今河南臨潁縣西北。
　　(27) 潁考叔:鄭大夫。　潁谷:鄭地名,今河南登封西南。　封人:典封疆者。
　　(28) 羹:肉湯。　遺(wèi):給。
　　(29) 繄:句首語氣詞。
　　(30) 敢:表謙敬。
　　(31) 闕:通"掘"。　隧:用如動詞,建隧道。　其誰曰不然:誰說不是這樣?其,加強反問語氣。

(32) 賦:賦詩作歌。 融融、洩洩:快樂舒暢的樣子。
(33) 君子:作者假托。 純:篤,專一的。 施(yì):擴展。
(34) 引自《詩·大雅·既醉》,大意為:純篤的孝子啊!(你的)孝心無窮無盡,永久地影響着你的同類。 其是之謂乎:大概說的就是這件事吧。

殽 之 戰

【題解】

本篇節選自《左傳·僖公三十二年、三十三年》。值晉文公去世之際,秦穆公不聽蹇叔之諫,驕狂輕敵,襲鄭滅滑。晉國為了削弱秦,主動尋戰,在殽設伏,與回國途中的秦軍大戰了一場。秦軍大敗,三員大將在文嬴幫助下逃回國。本文刪繁就簡,着重敍述戰場之外的片斷,語言生動,人物形象鮮明,此為《左傳》戰爭敍事的特色所在。

冬,晉文公卒。庚辰,將殯于曲沃(1)。出絳,柩有聲如牛(2)。卜偃使大夫拜,曰:"君命大事;將有西師過軼我,擊之必大捷焉(3)。"

杞子自鄭使告于秦,(4)曰:"鄭人使我掌其北門之管,若潛師以來,國可得也(5)。"穆公訪諸蹇叔。蹇叔曰:"勞師以襲遠,非所聞也(6)。師勞力竭,遠主備之,無乃不可乎(7)? 師之所為,鄭必知之,勤而無所,必有悖心(8)。且行千里,其誰不知?"公辭焉(9)。召孟明、西乞、白乙,使出師於東門之外(10)。蹇叔哭之,曰:"孟子! 吾見師之出而不見其入也!"公使謂之曰:"爾何知? 中壽,爾墓之木拱矣(11)。"蹇叔之子與師,哭而送之,曰:"晉人禦師必於殽(12)。殽有二陵焉,其南陵,夏后皋之墓也;其北陵,文王之所辟風雨也(13)。必死是間,余收爾骨焉!"秦師遂東。

三十三年春。秦師過周北門,左右免冑而下,超乘者三百乘(14)。王孫滿尚幼,觀之,言於王曰:"秦師輕而無禮,必敗(15)。輕則寡謀,無禮則脫(16)。入險而脫,又不能謀,能無敗乎?"

及滑,鄭商人弦高將市於周,遇之,以乘韋先,牛十二犒師(17),曰:"寡君聞吾子將步師出於敝邑,敢犒從者(18)。不腆敝邑,為從者之淹,居則具一日之積,行則備一夕之衛(19)。"且使遽告於鄭(20)。

鄭穆公使視客館,則束載、厲兵、秣馬矣(21)。使皇武子辭焉(22),曰:"吾子淹久於敝邑,唯是脯資餼牽竭矣(23)。為吾子之將行也,鄭之有原圃,猶秦之有具囿也(24)。吾子取其麋鹿,以閒敝邑,若何(25)?"杞子奔齊,逢孫、揚孫奔宋。

孟明曰:"鄭有備矣,不可冀也(26)。攻之不克,圍之不繼,吾其還也。"滅滑而還(27)。

晉原軫曰:"秦違蹇叔,而以貪勤民,天奉我也(28)。奉不可失,敵不可縱。縱敵,患生;違天,不祥⁽²⁹⁾。必伐秦師!"欒枝曰:"未報秦施而伐其師,其爲死君乎⁽³⁰⁾?"先軫曰:"秦不哀吾喪而伐吾同姓,秦則無禮,何施之爲⁽³¹⁾?吾聞之:'一日縱敵,數世之患也。'謀及子孫,可謂死君乎⁽³²⁾!"遂發命,遽興姜戎⁽³³⁾。子墨衰絰,梁弘御戎,萊駒爲右⁽³⁴⁾。

夏四月辛巳,敗秦師於殽,獲百里孟明視、西乞術、白乙丙以歸。遂墨以葬文公,晉於是始墨⁽³⁵⁾。

文嬴請三帥⁽³⁶⁾,曰:"彼實構吾二君,寡君若得而食之,不厭,君何辱討焉⁽³⁷⁾?使歸就戮于秦,以逞寡君之志,若何⁽³⁸⁾?"公許之。先軫朝,問秦囚。公曰:"夫人請之,吾舍之矣⁽³⁹⁾。"先軫怒,曰:"武夫力而拘諸原,婦人暫而免諸國⁽⁴⁰⁾。墮軍實而長寇讎,亡無日矣⁽⁴¹⁾!"不顧而唾⁽⁴²⁾。公使陽處父追之,及諸河,則在舟中矣。釋左驂,以公命贈孟明⁽⁴³⁾。孟明稽首曰:"君之惠,不以纍臣釁鼓,使歸就戮于秦⁽⁴⁴⁾。寡君之以爲戮,死且不朽。若從君惠而免之,三年將拜君賜⁽⁴⁵⁾。"

秦伯素服郊次,鄉師而哭⁽⁴⁶⁾,曰:"孤違蹇叔,以辱二三子,孤之罪也。不替孟明,孤之過也。大夫何罪?且吾不以一眚掩大德⁽⁴⁷⁾。"

【注釋】

(1) 殯:下葬,舊稱"窆棺"。 曲沃:地名,今山西聞喜縣,曲沃武公奪晉的發祥地。

(2) 絳:地名,今山西翼城縣。 柩:棺,《禮記·曲禮下》:"在牀曰屍,在棺曰柩。"

(3) 卜偃:名叫偃的卜筮官。 君命大事:假借晉文公發出戰爭令。大事,戎事。 西師:秦軍。 過軼:過境。過,越過。軼,後超前。

(4) 杞子:秦將,僖公三十年,秦晉伐鄭,燭之武退秦師,秦使大夫杞子戍鄭。

(5) 管:鑰匙。 潛師:秘密發兵。

(6) 蹇(jiǎn)叔:秦大夫。

(7) 遠主:指被襲國國君。 無乃:恐怕。

(8) 勤而無所:辛勞而無所得。 悖心:怨恨心。

(9) 辭:拒絕。

(10) 孟明、西乞、白乙:皆秦將,即百里孟明視、西乞術、白乙丙。

(11) 孟子:百里孟明視。 中壽:指一般老年人的壽命;一說六七十歲。 爾墓之木拱:意其如果只活到中壽的話,葬時所栽樹已快合抱粗了。

(12) 與(yù)師:參加這支軍隊。 禦師:伏兵。 殽:本作"崤",今河南洛寧縣北,東接澠池。

(13) 二陵:殽地的兩座山,也稱"二殽",古道蜿蜒其間。 夏后皋:夏桀之祖父。

(14) 周:周都洛邑。 左右免冑而下:戰車上的武士向周王表示敬意,御手不必下車致敬,左右衛皆脫下頭盔下車步行致敬。 超乘者三百乘:禮畢之時,秦軍很多下車致敬的武士都是躍上戰車的,顯得輕狂失禮。

(15) 王孫滿:周襄王之孫。 輕:輕狂。

(16) 脫:粗略,即今言粗心大意。
(17) 滑:姬姓國。 市:做生意。 乘韋:四張熟牛皮。乘,古量詞,因一車駟馬為一乘,故四件即為一乘。 先:古者,將獻遺於人,必有以先之。
(18) 出:進入。 從者:以犒勞從者對對方表示敬意。
(19) 腆:豐厚。 淹:留。 居:住下。 行:路過。言外之意,鄭國已準備好了。
(20) 遽:驛車。
(21) 客館:指秦三大夫之舍。 束載、厲兵、秣馬:指捆紮好行李,磨礪了武器,喂飽了戰馬。
(22) 皇武子:鄭大夫。 辭:交涉。
(23) 吾子:指對方。 脯:幹肉。 資:通"粢",糧食。 餼(xì):已宰殺的牲畜的肉。 牽:尚未宰殺的牲畜。
(24) 原圃、具囿:兩國的獵場名稱。
(25) 以閒敝邑:讓我們國家放鬆一下。
(26) 冀:希望,此指野心。
(27) 繼:指後勤供給。 還:回師。
(28) 原軫:晉大夫,即先軫,因食采于原,故稱。 以貪勤民:因一己貪心而使百姓勞作。
(29) 奉:給與的機會。
(30) 欒枝:晉大夫,即欒成子。 施:指恩德。 其為死君乎:心中哪里有先君啊。為,訓有,以俞樾說;死君,指在殯的晉文公。
(31) 同姓:指滑。 何施之為:何恩之有。為,訓同前注。
(32) 謀及子孫:替後世子孫打算。 可謂死君乎:能告慰先君了吧。
(33) 遽:驟然。 興:起。 姜戎:秦晉之間的姜姓部落,為秦所逐,故聽命於晉。
(34) 子墨衰(cuī)絰(dié):晉襄公染黑了喪服。 子:指晉襄公,晉文公未葬,故襄公稱子。 墨:用如動詞,染黑。 衰絰:古喪服。襄公居喪當喪服,喪服為白色,不宜從戎,故墨之。 梁弘,萊駒為右:國君登車居中,所以御手換到了右側。梁弘、萊駒,皆晉大夫。
(35) 遂墨以葬文公:就穿着染黑的喪服出殯。
(36) 文嬴:晉文公夫人,襄公嫡母,秦穆公女兒。 請三帥:請襄公放孟明等回國。
(37) 構:挑撥離間。 寡君:指晉襄公。 厭:滿足。
(38) 就戮:受死。 逞:得意,快意,滿足。 若何:如何。
(39) 朝:面見國君。 秦囚:指三帥。
(40) 力:指拼死。 原:指戰場。 暫:時間短促,指輕易而為;一說通漸,詐。
(41) 墮:毀,糟蹋。 軍實:軍中的輜重,此指戰果。 長:助長。
(42) 不顧而唾:先軫因氣憤而面對國君吐痰。不顧,表示不旋轉其頭。古禮,在尊長面前吐痰是嚴重失禮的行為。以後的一戰中,先軫為這次失禮付出了性命。
(43) 陽處父:晉大夫。 及:趕上。 以公命贈:以國君的名義饋贈,欲使還拜謝,因而執之。
(44) 纍臣:以俘虜自稱。 釁鼓:一種祭儀,以犧牲之血塗抹新製成的鼓;這裏還是指稱殺人。

(45) 寡君：指秦穆公。　三年將拜君賜：言外之意就是要來報仇的。
(46) 素服：喪服。　郊次：等候在郊外。　鄉：同"向"。
(47) 参楊伯峻《春秋左傳注》，補脫並標點，"孤違蹇叔，以辱二三子，孤之罪也。"不替孟明，曰："孤之過也。大夫何罪？且吾不以一眚掩大德。"眚，過失。

國　　語

《國語》是我國現存最早的國別體史書，全書共二十一卷七萬餘字，分別記載西周末年至春秋時期（約公元前 976 年—前 453 年）周、魯、齊、晉、鄭、楚、吳、越八國故事，敍事以對話為主，較詳細生動。《國語》大致成書於戰國初年，從各國史事的敍事詳略各異、手法各異的情況看，似非出自一人之手，很可能是各國史官所記的記錄經後人潤色整理而成，總體上的筆調樸素而簡括。

全書通過歷史人物的言論或互相辯論來反映歷史事件，其文學成就雖不及《左傳》，但也頗有可觀者。

自漢以來不少學者為《國語》作注解。三國韋昭的注本為現存最早的注本，它保留了較多的前人的成果，也是目前較通行的讀本。上海古籍出版社於 1978 年出了點校本，書後附有《國語人名索引》。

叔向賀貧

【題解】

本篇選自《國語·晉語》。通過一番對話，叔向借欒氏、郤氏家族的興亡，向韓宣子表明為富不仁的可怕和安貧樂道的可喜可賀。貧富原本是相對而言的，有德之人才能不憂貧，無德之人雖富也不能長久。可見，單單是貧並無可賀之處，賀的是貧而不憂的品格。

叔向見韓宣子，宣子憂貧，叔向賀之[1]。宣子曰："吾有卿之名，而無其實，無以從二三子，吾是以憂，子賀我何故[2]？"對曰："昔欒武子無一卒之田，其宮不備其宗器，宣其德行，順其憲則，使越于諸侯，諸侯親之，戎、狄懷之，以正晉國，行刑不疚，以免於難[3]。及桓子驕泰奢侈，貪慾無藝，略則行志，假貸居賄，宜及於難，而賴武之德以沒其身[4]。及懷子改桓之行而修武之德，可以免於難，而離桓之罪，以亡於楚[5]。夫郤昭子，其富半公室，其家半三軍，恃其富寵，以泰於國，其身屍於朝，其宗滅於絳[6]。不然，夫八郤，五大夫三卿，其寵大矣，一朝而滅，莫之哀也，唯無德也[7]。今吾子有欒武子之貧，吾以為能其德矣，是以賀[8]。若

24

不憂德之不建，而患貨之不足，將弔不暇，何賀之有？"宣子拜稽首焉，曰："起也將亡，賴子存之，非起也敢專承之，其自桓叔以下嘉吾子之賜(9)。"

【注釋】

(1) 叔向：羊舌肸，春秋晉貴族，曾任晉平公傅。 韓宣子：韓起，春秋晉六卿之一韓厥韓獻子之子。

(2) 賓：財。 無以：無所憑藉。 二三子：泛指賓客。 子賀我何故：子何故賀我。

(3) 欒武子：欒書，春秋晉文公時欒枝之孫，欒枝之祖為晉靖侯之孫。 一卒之田：指古代貴族上大夫所受的采邑的大小。 備其宗器：擁有全套的祭器。 宣：布。 順：遵從。 懷：歸依。 疚：病，此指執法時的偏差。

(4) 桓子：欒書之子欒黶。 藝：極點。 略：侵犯。 則：法。 行志：放縱自己的意志。 假貸居賄：指斂財的各種手段。居，蓄。 宜及於難：應該遭到覆滅之災。 而賴武之德以沒其身：但是仰仗其父親所積之德而得以善終。 武，欒武子。

(5) 懷子：欒黶之子欒盈。 改桓之行而修武之德：欒懷子修正桓子的惡行而操持武子的德政。 可以免於難，而離桓之罪：按說原本是應該免於災禍的，但是卻遭遇到了桓子本該遭遇的災難。 離，通"罹"，遭遇。 亡：奔。

(6) 郤昭子：郤至，晉卿，與欒書同時。 公室：指國君。 三軍：晉有三軍，後建六軍。 恃：依仗。 泰：大，指坐大。 屍：刑後陳屍示眾。 滅：滅族。 絳：晉地名。

(7) 八郤：指郤氏宗族。 五大夫三卿：三卿，郤錡、郤犨、郤至；又有五人為大夫。

(8) 能其德：能行其德。

(9) 起：宣子自稱。 專：獨自。 承：受。 桓叔：韓氏之祖曲沃桓叔。 嘉：念好。

句　踐　滅　吳

【題解】

本篇選自《國語·越語上》，敘述了越王句踐戰敗後如何委曲求全、處心積慮、奮發圖強，最後得以報仇雪恥的經過。通篇以對話為主，依次表現了越王用賢、文種求和於吳、吳王拒諫、吳權臣受賄、越王勤民圖強等細節。

越王句踐棲於會稽之上，乃號令於三軍(1)，曰："凡我父兄昆弟及國子姓，有能助寡人謀而退吳者，吾與之共知越國之政(2)。"大夫種進對曰(3)："臣聞之賈人，夏則資皮，冬則資絺，旱則資舟，水則資車，以待乏也(4)。夫雖無四方之憂，然謀臣與爪牙之士，不可不養而擇也(5)。譬如蓑笠，時雨既至必求之(6)。今君王既棲於會稽之上，然後乃求謀臣，無乃後乎(7)？"句踐曰："苟得聞子大夫之言，何後之有？"執其手而與之謀。

遂使之行成於吳(8)，曰："寡君句踐乏無所使，使其下臣種，不敢徹聲聞於天王，私於下執事曰(9)：寡君之師徒不足以辱君矣，願以金玉、子女賂君之辱(10)。

25

請句踐女女於王,大夫女女於大夫,士女女於士(11);越國之寶器畢從。寡君帥越國之衆,以從君之師徒,唯君左右之(12)。若以越國之罪為不可赦也;將焚宗廟,係妻孥,沈金玉於江,有帶甲五千人將以致死,乃必有偶(13)。是以帶甲萬人事君也,無乃即傷君王之所愛乎(14)?與其殺是人也,寧其得此國也,其孰利乎(15)?"

夫差將欲聽與之成。子胥諫曰(16):"不可。夫吳之與越也,仇讎敵戰之國也;三江環之,民無所移,有吳則無越,有越則無吳,將不可改於是矣(17)。員聞之,陸人居陸,水人居水。夫上黨之國,我攻而勝之,吾不能居其地,不能乘其車(18)。夫越國,吾攻而勝之,吾能居其地,吾能乘其舟。此其利也,不可失也已,君必滅之。失此利也,雖悔之,必無及已。"

越人飾美女八人納之太宰嚭(19),曰:"子苟赦越國之罪,又有美於此者將進之。"太宰嚭諫曰:"嚭聞古之伐國者,服之而已。今已服矣,又何求焉。"夫差與之成而去之。

句踐說於國人曰:"寡人不知其力之不足也,而又與大國執讎,以暴露百姓之骨於中原,此則寡人之罪也(20)。寡人請更。"於是葬死者,問傷者,養生者,弔有憂,賀有喜,送往者,迎來者,去民之所惡,補民之不足(21)。然後卑事夫差,宦士三百人於吳,其身親為夫差前馬(22)。

句踐之地,南至於句無,北至於禦兒,東至於鄞,西至於姑蔑,廣運百里(23)。乃致其父母昆弟而誓之曰:"寡人聞,古之賢君,四方之民歸之,若水之歸下也。今寡人不能,將帥二三子夫婦以蕃(24)。"令壯者無取老婦,令老者無取壯妻。女子十七不嫁,其父母有罪;丈夫二十不娶,其父母有罪(25)。將免者以告,公令醫守之(26)。生丈夫,二壺酒,一犬;生女子,二壺酒,一豚。生三人,公與之母;生二人,公與之餼(27)。當室者死,三年釋其政;支子死,三月釋其政(28)。必哭泣葬埋之,如其子(29)。令孤子、寡婦、疾疹、貧病者,納宦其子(30)。其達士,絜其居,美其服,飽其食,而摩厲之於義(31)。四方之士來者,必廟禮之(32)。句踐載稻與脂於舟以行,國之孺子之遊者,無不餔也,無不歠也,必問其名(33)。非其身之所種則不食,非其夫人之所織則不衣,十年不收於國,民俱有三年之食(34)。

國之父兄請曰:"昔者夫差恥吾君於諸侯之國,今越國亦節矣,請報之(35)。"句踐辭曰:"昔者之戰也,非二三子之罪也,寡人之罪也。如寡人者,安與知恥?請姑無庸戰。"父兄又請曰:"越四封之內,親吾君也,猶父母也。子而思報父母之仇,臣而思報君之讎,其有敢不盡力者乎?請復戰。"句踐既許之,乃致其衆而誓之曰:"寡人聞古之賢君,不患其衆之不足也,而患其志行之少恥也(36)。今夫差衣水犀之甲者億有三千,不患其志行之少恥也,而患其衆之不足也(37)。今寡人將助天滅之。吾不欲匹夫之勇也,欲其旅進旅退(38)。進則思賞,退則思刑,如此則有常賞;進不用命,退則無恥,如此則有常刑。"果行,國人皆勸(39)。父勉其子,兄勉其弟,婦勉其夫,曰:"孰是君也,而可無死乎(40)?"是故敗吳於囿,又敗之於沒,又郊敗之⁽⁴¹⁾。

　　夫差行成,曰:"寡人之師徒,不足以辱君矣。請以金玉、子女賂君之辱。"句踐對曰:"昔天以越予吳,而吳不受命;今天以吳予越,越可以無聽天之命,而聽君之令乎！吾請達王甬句東,吾與君為二君乎⁽⁴²⁾。"夫差對曰:"寡人禮先壹飯矣,君若不忘周室,而為弊邑宸宇,亦寡人之願也⁽⁴³⁾。君若曰:'吾將殘汝社稷⁽⁴⁴⁾,滅汝宗廟。'寡人請死,余何面目以視於天下乎？越君其次也⁽⁴⁵⁾！"遂滅吳。

【注釋】

　　(1) 越王句踐之父允常與吳王闔閭相怨相攻,允常死後,闔閭乘越居喪,起兵伐越,為句踐所敗。公元前496年,越王句踐乘吳王闔閭伐楚之際發兵攻入吳國,使得吳軍迅速回師,後在檇李決戰時,吳王闔閭因傷將指以致喪命,事見《左傳·定公十四年》。闔閭臨終遺命其子夫差必報此仇。苦心準備了三年,吳王夫差伐越,大敗越軍,攻入越國,越王句踐率殘軍五千人退守會稽山。會稽:山名,在今浙江紹興東南。

　　(2) 昆弟:兄弟。　子姓:猶子民,即百姓。　知:主持、過問、參與。

　　(3) 大夫種:即越國大夫文種。

　　(4) 韋昭注:"賈人,買賤賣貴者。"　資:買進。　絺(chī):較精細的葛布。

　　(5) 爪牙之士:指勇敢的將士和得力的助手。

　　(6) 蓑笠:古雨具,蓑衣笠帽。

　　(7) 後:晚。

　　(8) 行成:求和。

　　(9) 乏無所使:缺乏可充任談判使節的人才。　下臣:指奴僕。　徹:達、通。　天王:指吳王夫差。　私:低聲下氣地私語。　下執事:手下管事的人。

　　(10) 師徒:軍隊。　不足以辱君:韋昭注:"不足以屈辱君親來討也。"　略:奉獻財物。

　　(11) 請句踐女女於王:請求吳王允許進獻句踐之女作為吳王的女奴。"大夫……"、"士……"兩句句義同前,只是體現級別差異而已。

　　(12) 唯君左右之:一切都由您任意處置。左右,用如動詞,處置。

　　(13) 係妻孥:綁住妻兒。　沈金玉於江:拋棄國寶。　帶甲:指戰士。　致死:拼死命。　偶:對,有"加倍"義。

　　(14) 是以帶甲萬人事君也:韋昭注:"言赦越罪,是得帶甲萬人事君。"一說事君就是與君戰,五千士兵個個拼死,一人得兩人之用,所以說帶甲萬人。　無乃即傷君王之所愛乎:恐怕要損傷您最喜愛的將士了。

　　(15) 與其……寧其……:表示權衡利害擇其利。

　　(16) 子胥:即伍子胥,名員(yún)。

　　(17) 三江:長江、吳淞江、浙江(錢塘江)。《水經注》引郭璞曰:"三江者,岷江、松江、浙江也。"　民無所移:吳越兩國人民邊不出這樣的三江環繞的狹窄空間。

　　(18) 上黨之國:猶言高鄰,指少水而多陸的中原。

　　(19) 太宰嚭:吳太宰伯嚭。

　　(20) 執讎:結仇。　中原:此指原野。

(21) 問:慰問。 弔:弔唁。

(22) 宦:用如動詞,做奴隸,"若宦豎然"(韋昭注)。 前馬:"前驅在馬前也。"(韋昭注)

(23) 句無:地名,今浙江諸暨南五十裏有句無亭。 禦兒:地名,今浙江崇德東南有語溪語兒鄉。 鄞:地名,今浙江寧波鄞縣。 姑蔑:地名,今浙江龍游北。 廣運百里:"言取境內近者百里之中。東西為廣,南北為運。"(韋昭注)

(24) 蕃:繁殖。

(25) 韋昭注:"禮,三十而娶,二十而嫁。今不待禮者,務育民也。"

(26) 免:通"娩"。 醫:乳醫,如今之接生婦。

(27) 丈夫:此指男嬰。 "二壺酒,一犬"、"二壺酒,一豚":公家供給食物補貼民用以示鼓勵。之所以男女有別,如所謂"犬,陽畜,知擇人。豚,主內,陰類也"。 母:乳母。 餼(xì):糧食,給養。

(28) 當室者:"嫡子也。"(韋昭注) 三年釋其政:"禮,父為嫡子喪三年",三年之中免其徭役。政,徭役。 支子:庶子。

(29) 必哭泣:國君必致哀悼。

(30) 納宦其子:把孩子交與官府撫養。

(31) 達士:國中的通達之士。 摩厲:同"磨礪",切磋。

(32) 廟禮:"禮之於廟,告先君也。"(韋昭注)

(33) 稻:糜。 脂:膏。 孺子之遊者:流浪兒童。 餔:給……吃。 歠(chuò):給……喝。

(34) 韋昭注:"古者三年耕,必餘一年之食。"

(35) 節:有節度,意謂國家走上正軌。

(36) 四封:四境。 少恥:"謂進不念功,臨難苟免。"(韋昭注)

(37) 水犀:犀牛的一種。 億有三千:"言多也。"(韋昭注)

(38) 匹夫之勇:指個人的血氣之勇。 旅進旅退:指作戰時的軍隊的整體性。"旅,俱也。"(韋昭注)

(39) 常賞:常規的獎勵。 勸:勉勵。

(40) 孰是君也,而可無死乎:"誰有恩惠如是君者,可不為之死乎?"(韋昭注)

(41) 囿:吳地名,今太湖一帶。 沒:吳地名,不詳所在。 郊:指姑蘇城外。

(42) 達:送至,遣送。 甬句:甬江,句章。

(43) 寡人禮先壹飯矣:"言己年長於越王,覺差一飯之間,欲以少長求免也。"(韋昭注) 一說"壹飯"指小小的恩惠,即會稽赦免越王之事。 不忘周室:顧及周王室的顏面。 弊邑宸宇:以房屋指稱地盤之小。

(44) 殘:用如動詞,滅。

(45) 次:駐紮。

戰 國 策

《戰國策》是戰國時期史料的彙編,初無定名,或稱為《國策》、《國事》、《短長》、《事語》、《長書》、《修書》等，經西漢學者劉向整理編定，"以為戰國遊士輔所用之國，為之策謀，宜為《戰國策》"（劉向《戰國策書錄》），才有了如今之名。作者失考，一說是漢初的蒯徹。

《戰國策》分記西周（戰國時）、東周（戰國時）、秦、齊、楚、趙、魏、韓、燕、宋、衛、中山等國史事，紀事跨度大致為公元前453年三家分晉始，至公元前209年秦二世即位止。此書涉及諸侯各國的政治、軍事、外交，突出了當時"士"這一階層的活動情況，反映了當時各國、各階層之間尖銳複雜的矛盾；採錄了大量當時被稱為"縱橫家"的一班謀臣、策士遊說各國或相互辯論時的言論。《戰國策》言語流暢犀利，不受拘束，是論辯的典型。每一論述，皆誇張渲染，反復縱橫，暢所欲言，說服力很強；又常常運用比喻、寓言故事來加強論理說服的效果。

東漢高誘的注本早已殘缺，所以《戰國策》尚無較好的注本。今通行讀本為上海古籍出版社1985年版標點本。

蘇秦始將連橫

【題解】

本篇選自《戰國策·秦策》，主要敘述了蘇秦先以連橫之策說秦，被秦惠王拒絕，經一番艱苦琢磨後，又以合縱之策遊說趙國等，大獲成功。本篇在表現蘇秦對於各國政治洞若觀火的同時，也揭示了社會世態炎涼以及缺失了良知的典型說客的嘴臉。

蘇秦始將連橫說秦惠王[1]，曰："大王之國，西有巴、蜀、漢中之利，北有胡貉、代馬之用，南有巫山、黔中之限，東有肴、函之固[2]；田肥美，民殷富，戰車萬乘，奮擊百萬[3]；沃野千里，蓄積饒多，地勢形便；此所謂天府，天下之雄國也[4]。以大王之賢，士民之衆，車騎之用，兵法之教，可以并諸侯，吞天下，稱帝而治[5]。願大王少留意，臣請奏其效[6]。"

秦王曰："寡人聞之，毛羽不豐滿者不可以高飛，文章不成者不可以誅罰，道德不厚者不可以使民，政教不順者不可以煩大臣[7]。今先生儼然不遠千里而庭教之，願以異日[8]。"

蘇秦曰："臣固疑大王之不能用也。昔者神農伐補遂，黃帝伐涿鹿而禽蚩尤，堯伐驩兜，舜伐三苗，禹伐共工，湯伐有夏，文王伐崇，武王伐紂，齊桓任戰而伯天下[9]。由此觀之，惡有不戰者乎[10]？古者使車轂擊馳，言語相結，天下為一；約從連橫，兵革不藏[11]；文士並飭，諸侯亂惑[12]；萬端俱起，不可勝理[13]；科條既備，民多偽態[14]；書策稠濁，百姓不足[15]；上下相愁，民無所聊[16]；明言章理，兵甲愈起[17]；辯言偉服，戰攻不息[18]；繁稱文辭，天下不治[19]；舌弊耳聾，不見成功[20]；行義約信，天下不親[21]。於是，乃廢文任武，厚養死士,綴甲厲兵,效勝於戰場(22)。夫徒處而致利,安坐而廣地,雖古五帝、三王、五伯,明主賢君,常欲坐而致之,其勢不能,故以戰續之(23)。寬則兩軍相攻,迫則杖戟相橦,然後可建大功(24)。是故兵勝於外,義強於內,威立於上,民服於下(25)。今欲并天下,凌萬乘,詘敵國,制海內,子元元,臣諸侯,非兵不可(26)！今之嗣主,忽於至道,皆惛於教,亂於治,迷於言,惑於語,沈於辯,溺於辭(27)。以此論之,王固不能行也。"

　　說秦王書十上而說不行(28)。黑貂之裘弊,黃金百斤盡,資用乏絕,去秦而歸(29)。羸縢履蹻,負書擔囊,形容枯槁,面目犂黑,狀有歸色(30)。歸至家,妻不下紝,嫂不為炊,父母不與言(31)。蘇秦喟歎曰:"妻不以我為夫,嫂不以我為叔,父母不以我為子,是皆秦之罪也(32)。"乃夜發書,陳篋數十,得太公《陰符》之謀,伏而誦之,簡練以為揣摩(33)。讀書欲睡,引錐自刺其股,血流至足(34)。曰:"安有說人主不能出其金玉錦繡,取卿相之尊者乎(35)?"期年,揣摩成,曰:"此真可以說當世之君矣(36)!"

　　於是乃摩燕烏集闕,見說趙王於華屋之下,抵掌而談(37)。趙王大悅,封為武安君。受相印,革車百乘,錦繡千純,白璧百雙,黃金萬溢,以隨其後,約從散橫,以抑強秦(38)。

　　故蘇秦相於趙而關不通(39)。

　　當此之時,天下之大,萬民之眾,王侯之威,謀臣之權,皆欲決蘇秦之策(40)。不費斗糧,未煩一兵,未戰一士,未絕一絃,未折一矢,諸侯相親,賢於兄弟(41)。夫賢人在而天下服,一人用而天下從。故曰:"式於政,不式於勇;式於廊廟之內,不式於四境之外(42)。"當秦之隆,黃金萬溢為用,轉轂連騎,炫熿於道,山東之國,從風而服,使趙大重(43)。且夫蘇秦特窮巷掘門、桑戶棬樞之士耳,伏軾撙銜,橫歷天下,廷說諸侯之王,杜左右之口,天下莫之能伉(44)。

　　將說楚王,路過洛陽,父母聞之,清宮除道,張樂設飲,郊迎三十里(45)。妻側目而視,傾耳而聽;嫂蛇行匍伏,四拜自跪而謝(46)。蘇秦曰:"嫂何前倨而後卑也(47)?"嫂曰:"以季子之位尊而多金(48)。"蘇秦曰:"嗟乎!貧窮則父母不子,富貴則親戚畏懼。人生世上,勢位富貴,蓋可忽乎哉(49)!"

【注釋】

　　(1) 蘇秦:戰國時洛陽人。　連橫:"連關中之為橫,合關東之為從。"(高誘注)一說指"以利合曰從,以威勢相脅曰橫"。　說:勸說。　秦惠王:秦國國君。

　　(2) 巴、蜀、漢中:地名。　胡貉、代馬:指胡、代的產出。　巫山、黔中:地名。　限:屏障。　肴、函:崤山、函谷關。　固:牢不可破。

　　(3) 奮擊:指武士。

　　(4) 形便:"攻之不可得,守之不可壞,故曰形便也。"(古注)　天府:取之不竭的天然府庫。

(5) 教:習練。 稱帝而治:帝的本義是神,戰國時各國已稱王,更高的就得稱帝了。

(6) 效:成效,結果。

(7) 文章:法令。 厚:廣大。 使:役使。 政教:政令教化。 順:遵從。

(8) 儼然:矜莊貌。 願以異日:婉拒,猶今言"改日再說"。

(9) 神農:傳說中的炎帝。 補遂:古國名。 黃帝:傳說中的五帝之首。 涿鹿:地名。 蚩尤:傳說中的九黎氏之後。 堯:傳說中的五帝之一。 驩兜:古部族或國名。 舜:傳說中的五帝之一。 三苗:古部族或國名。 禹:傳說中治水的英雄,夏之祖先。 共工:古部族或國名。 湯:商之開國者。 有夏:夏桀。 文王:周文王,周之奠基人。 崇:商紂卿士崇侯虎。 武王:周武王,周之開國者。 齊桓:齊桓公小白。

(10) 惡:安,哪里。

(11) 轂(gǔ):容車軸且車輻湊其上。 兵革不藏:戰亂不斷。

(12) 文士:辯士。 餙:即"飾",指修飾文辭。 亂惑:被惑亂。

(13) 萬端俱起:即所謂"百家爭鳴"。

(14) 科條:制度。 偽態:下位的對策。

(15) 書策:記錄所謂"科條"的文獻。 稠濁:繁重而混亂。 不足:沒有足夠的智力和精力。

(16) 上下:君臣。 相愁:因刑罰失中而相互埋怨。

(17) 言、理:指法令。 章:通"彰"。 兵甲:指戰爭。

(18) 辯言:雄辯的言論。 偉服:華美的服飾。

(19) 繁稱文辭:"明言者,教令;辯言者,遊說;文辭者,書策。明言章理,即科條既備;辯言偉服,即言語结縝;繁稱文辭,即書策稠濁。"(古注)

(20) 舌弊耳聾:說的人與聽的人都受累。

(21) 親:使相親近。

(22) 任武:用武力。 死士:願出死力的人。 綴甲厲兵:製備甲胄,磨礪兵器。 效勝:一爭勝負。

(23) 徒處:無所事事地待着。 五帝、三王、五伯:古之聖王賢君。

(24) 寬:兩軍之間距大。 迫:兩軍之間距小。 杖戟相撞:短兵相交。 撞,一本作"撞"。

(25) 是故:所以。

(26) 凌:超越。 詘:通"屈"。 制:控制。 元元:指百姓。

(27) 嗣:繼承。 忽:疏忽。 言、語、辯、辭:說客的言論。

(28) 說不行:蘇秦之言論不見用。

(29) 黑貂之裘:指服飾。 弊:壞。

(30) 羸(léi):同"縲",纏繞。 縢(téng):綁腿的布。 蹻(jué):麻鞋或草鞋。 橐(tuó):袋囊之類。 形容:體形和容貌。 犁:同"黧",黑色。 歸:通"愧"。

(31) 妻不下紝:其妻不下織機相見。 紝(rèn),同"絍"(rèn),紡織。

(32) 喟(kuì):太息。

(33)篋(qiè):箱子。 太公《陰符》:即太公兵法。 簡練:精選熟讀。 揣摩:鑽研探索。

(34)足:依王念孫說當作"踵"。

(35)出:使動用法。

(36)期年:滿一年。

(37)摩:切近而過。 燕烏集:闕名。 抵掌而談:表示談得投機。抵掌,擊掌。

(38)武安:趙地名。 革車:兵車。 純(tún):量詞。 溢:通"鎰",量詞。

(39)相:動詞,擔任相國。 關不通:指秦不敢出函谷關。

(40)決:言用之不疑。 策:謀略。

(41)賢:指情誼之厚,一說"勝"。

(42)式:用。 政:政治。 勇:勇力,武力。 廊廟:指朝廷。

(43)當秦之隆:指蘇秦正得意之時。 轉轂連騎:形容車騎之盛。 炫熿(huáng):光耀。

(44)窮巷:指逼仄。 掘門:鑿垣為門。 桑戶:以桑木板做門扉。 棬樞:棬桑條,假以為戶樞耳。 軾:車前橫木。 撙(zǔn):控制。 銜:馬具。 橫歷:橫行。 伉:通"抗"。

(45)清宮:清潔房屋。 除道:修治道路。 張樂:安排樂隊。 設飲:備辦酒宴。 郊迎三十里:遠迎於郊。

(46)側目而視:不敢正視。 傾耳而聽:也是極其恭敬的樣子。 她:即蛇,做狀語。

(47)倨:傲慢。

(48)季子:蘇秦字季子,一說嫂呼小叔為季子。

(49)蓋:盍。 忽:輕忽,輕視。

齊宣王見顏斶

【題解】

本篇選自《戰國策·齊策四》。通篇以對話的形式表現顏斶與齊宣王君臣之間的論戰。顏斶不畏權貴,直言士貴於王,並正反對比,引經據典,雄辯立言。齊宣王服膺斯言,甘心拜師,而顏斶正色辭歸,將士之貴申發到了極致。

齊宣王見顏斶[1],曰:"斶前[2]!"斶亦曰:"王前!"宣王不悅。左右曰:"王,人君也。斶,人臣也。王曰'斶前',斶亦曰'王前',可乎?"斶對曰:"夫斶前為慕勢,王前為趨士[3]。與使斶為慕勢,不如使王為趨士[4]。"

王忿然作色,曰:"王者貴乎?士貴乎?"對曰:"士貴耳,王者不貴。"王曰:"有說乎?"斶曰:"有。昔者秦攻齊,令曰:'有敢去柳下季壟五十步而樵采者,死不赦[5]。'令曰:'有能得齊王頭者,封萬戶侯,賜金千鎰。'由是觀之,生王之頭,曾不若死士之壟也[6]。"宣王默然不悅。

左右皆曰:"斶來,斶來!大王據千乘之地,而建千石鐘,萬石簴[7]。天下之士,仁義皆來役處[8];辯知並進,莫不來語[9];東西南北,莫敢不服;求萬物無不備具,而百姓無不親附[10]。今夫士之高者,乃稱匹夫,徒步而處農畝;下則鄙野、監門、閭里[11]。士之賤也亦甚矣!"

觸對曰:"不然。觸聞古大禹之時,諸侯萬國。何則?德厚之道,得貴士之力也。故舜起農畝,出於野鄙,而為天子。及湯之時,諸侯三千。當今之世,南面稱寡者乃二十四。由此觀之,非得失之策與[12]?稍稍誅滅,滅亡無族之時,欲為監門、閭里,安可得而有乎哉[13]?是故《易傳》不云乎,'居上位,未得其實,以喜其為名者,必以驕奢為行[14],據慢驕奢,則凶必從之[15]。'是故無其實而喜其名者削,無德而望其福者約,無功而受其祿者辱,禍必握[16]。故曰:'矜功不立,虛願不至[17]。'此皆幸樂其名華而無其實德者也[18]。是以堯有九佐,舜有七友,禹有五丞,湯有三輔[19]。自古及今而能虛成名於天下者,無有。是以君王無羞亟問,不愧下學[20];是故成其道德而揚功名於後世者,堯、舜、禹、湯、周文王是也。故曰:'無形者,形之君也。無端者,事之本也[21]。'夫上見其原,下通其流,至聖人明學,何不吉之有哉[22]!老子曰:'雖貴,必以賤為本;雖高,必以下為基。是以侯王稱孤、寡、不穀。是其賤之本與[23]?'夫孤寡者,人之困賤下位也,而侯王以自謂,豈非下人而尊貴士與?夫堯傳舜,舜傳禹,周成王任周公旦,而世世稱曰明主,是以明乎士之貴也[24]。"

宣王曰:"嗟乎!君子焉可侮哉,寡人自取病耳!及今聞君子之言,乃今聞細人之行,願請受為弟子[25]。且顏先生與寡人遊,食必太牢,出必乘車,妻子衣服麗都[26]。"

顏觸辭去,曰:"夫玉生於山,制則破焉,非弗寶貴矣,然大璞不完[27]。士生乎鄙野,推選則祿焉,非不得尊遂也,然而形神不全[28]。觸願得歸,晚食以當肉,安步以當車,無罪以當貴,清靜貞正以自虞[29]。制言者,王也;盡忠直言者,觸也。言要道已備矣[30]!願得賜歸,安行而反臣之邑屋。"則再拜而辭去也。

君子曰:"觸知足矣,歸真反璞,則終身不辱也。"

【注釋】

(1) 齊宣王:齊威王之子。 顏觸(chù):齊國高士。
(2) 前:命令語。
(3) 慕勢:貪慕勢位。 趨士:禮賢下士。
(4) 與……不……:表比較選擇的關係連詞。
(5) 柳下季:魯展禽,字季,食邑柳下。 壟:墳墓。
(6) 曾(zēng):乃,竟然,還是。
(7) 石:一石,百二十斤。 簴(jù):懸掛鐘磬的架子。
(8) 一本作"天下仁義之士皆來役處"。
(9) 辯知:有口才、有智慧的"士"。 來:一本作"為"。
(10) 求萬物不備具:一本作"求萬物無不備具",意為齊王的欲求都能得到滿足。

(11) 乃:才。 鄙野、監門、閭里:古注:"鄙,五百家。""五鄽為鄙,郊外曰野"《周禮·大司徒》:"五家為比,五比為閭。"《遂人》:"五家為鄰,五鄰為里。閭、里皆二十五家。鄉謂之閭,遂謂之里,二十五家共有巷,巷首有門。"

(12) 非得失之策與:夏商之時之所以諸侯衆多是因為各路諸侯國君執行貴士策略,而現今諸侯的數量越來越少是因爲國君不能貴士。

(13) 稍稍:漸漸。 誅滅:諸侯國君被消滅。

(14) 實:真本事。 名:虛名。 必以驕奢為行:過分地講究排場以滿足其虛榮心。

(15) 倨:通"倨"。 凶:災禍。

(16) 削:被削弱。 約:陷於困窘。 辱:蒙受恥辱。 握:如影隨形,緊跟著;一說同"渥",作"厚"解。

(17) 矜功:好大喜功。 虛願:空幻的理想。

(18) 華:一本無此字。

(19) 九佐、七友、五丞、三輔:都是說明賢君皆由高士輔佐才成就一番事業。

(20) 亟:屢次。 媿:同"愧"。

(21) 無形者,形之君也。無端者,事之本也:無形是有形的主宰,未開始才是成功的根本。

(22) 夫上見其原,下通其流:向上探究事物的本原,向下就能得知事物的變遷。 至聖人:一本無"人"字。 明學:搞懂。 不吉:即前文所謂"約、削、辱"。

(23) 《老子》三十九章:"故貴以賤爲本,高以下爲基,是以侯王自稱孤、寡、不穀,此非以賤爲本邪?"

(24) 周成王:武王子。 周公旦:武王弟。

(25) 自取病:猶今言"自討沒趣"。 細人:小人。 受:一本無此字。

(26) 太牢:具牛、羊、豕。 麗都:華美。

(27) 制則破焉:加工就會破壞其本色。 大樸不完:本色的東西已不能保全了。

(28) 推選:被用。 尊遂:勢位與成功。

(29) "晚食以當肉"四句:士之全神完形。

(30) 備:全。

論　　語

《論語》是孔子門人及其再傳弟子所集的語錄,記錄了孔子和一些弟子的言行,後位列儒家經典系統十三經之中,是孔子思想的重要載體。

孔丘(前551—前479),字仲尼,魯國陬邑(今山東曲阜)人,儒家學派的創始人。值社會極度動盪之際,人心思變,許多人提出了各不相同的政治主張,孔子也提出了"仁政"的主張,並創辦私學,主張"有教無類",打破了貴族對於教育的壟斷。孔子曾周遊列國,宣傳其政治主張,但不被信用。據說孔子歸國後編訂六經等重要文獻,其中影響至深者為《春秋》,留下所謂"春秋筆法"為後世效法,行文中的"微言大義"被後儒認為是實施"口誅筆伐"的有力手段。有關孔子的具體事例可以參閱《史記》中的《孔子世家》和《仲尼弟子列傳》。

《論語》語言簡潔而含蓄,是語錄體作品的典範,其中很多關於社會關係的至理名言至今仍有現實意義。

《論語》通行注本爲《十三經註疏》本(魏何晏集解,宋邢昺疏)、《論語集解》(宋朱熹)、《論語正義》(清劉寶楠)。

鄉　　黨

【題解】

本篇記孔子日常生活,簡潔明瞭地表現了他在言語、容貌、衣服、飲食以及應事接物等方面的諸多情狀,向我們展示了一個活生生的孔子,他不是不食人間煙火的神,而是可敬可愛的長者、老者。"聖人之所謂道者,不離乎日用之間也。故夫子之平日,一動一靜,門人皆審視而詳記之。"(朱熹集注楊氏語)"今讀其書,即其事,宛然如聖人之在目也。"(朱熹集注尹氏語)

孔子於鄉黨,恂恂如也,似不能言者[1]。其在宗廟朝廷,便便言,唯謹爾[2]。

朝,與下大夫言,侃侃如也[3];與上大夫言,誾誾如也[4]。君在,踧踖如也,與與如也[5]。

君召使擯,色勃如也,足躩如也[6]。揖所與立,左右手,衣前後,襜如也[7]。趨進,翼如也[8]。賓退,必復命曰:"賓不顧矣[9]。"

入公門,鞠躬如也,如不容[10]。立不中門,行不履閾[11]。過位,色勃如也,足躩如也,其言似不足者[12]。攝齊升堂,鞠躬如也,屏氣似不息者[13]。出,降一等,逞顏色,怡怡如也[14]。沒階,趨進,翼如也[15]。復其位,踧踖如也[16]。

執圭,鞠躬如也,如不勝[17]。上如揖,下如授[18]。勃如戰色,足蹜蹜如有循[19]。享禮,有容色[20]。私覿,愉愉如也[21]。

君子不以紺緅飾,紅紫不以爲褻服[22]。當暑,袗絺綌,必表而出之[23]。緇衣,羔裘;素衣,麑裘;黃衣,狐裘[24]。褻裘長,短右袂[25]。必有寢衣,長一身有半[26]。狐貉之厚以居[27]。去喪,無所不佩[28]。非帷裳,必殺之[29]。羔裘玄冠不以弔[30]。吉月,必朝服而朝[31]。

齋,必有明衣,布[32]。齋必變食,居必遷坐[33]。

食不厭精,膾不厭細[34]。食饐而餲,魚餒而肉敗,不食[35]。色惡,不食[36]。臭惡,不食[37]。失飪,不食[38]。不時,不食[39]。割不正,不食[40]。不得其醬,不食⁽⁴¹⁾。肉雖多,不使勝食氣⁽⁴²⁾。唯酒無量,不及亂⁽⁴³⁾。沽酒市脯不食⁽⁴⁴⁾。不撤薑食,不多食⁽⁴⁵⁾。

祭於公,不宿肉⁽⁴⁶⁾。祭肉不出三日⁽⁴⁷⁾。出三日,不食之矣。

食不語,寢不言。

雖疏食菜羹,瓜祭,必齊如也⁽⁴⁸⁾。

席不正,不坐。

鄉人飲酒,杖者出,斯出矣⁽⁴⁹⁾。

鄉人儺,朝服而立於阼階⁽⁵⁰⁾。

問人於他邦,再拜而送之⁽⁵¹⁾。

康子饋藥,拜而受之。曰:"丘未達,不敢嘗⁽⁵²⁾。"

廄焚。子退朝,曰:"傷人乎?"不問馬。

君賜食,必正席先嘗之。君賜腥,必熟而薦之⁽⁵³⁾。君賜生,必畜之⁽⁵⁴⁾。侍食於君,君祭,先飯。

疾,君視之;東首,加朝服,拖紳⁽⁵⁵⁾。

君命召,不俟駕行矣。

入太廟,每事問⁽⁵⁶⁾。

朋友死,無所歸。曰:"於我殯⁽⁵⁷⁾。"

朋友之饋,雖車馬,非祭肉,不拜。

寢不尸,居不客⁽⁵⁸⁾。

子見齊衰者,雖狎,必變⁽⁵⁹⁾。見冕者與瞽者,雖褻,必以貌⁽⁶⁰⁾。凶服者式之⁽⁶¹⁾。式負版者⁽⁶²⁾。有盛饌,必變色而作⁽⁶³⁾。迅雷風烈必變⁽⁶⁴⁾。

升車,必正立,執綏⁽⁶⁵⁾。車中,不內顧,不疾言,不親指⁽⁶⁶⁾。

色斯舉矣,翔而後集⁽⁶⁷⁾。曰:"山梁雌雉,時哉時哉!"子路共之,三嗅而作⁽⁶⁸⁾。

【注釋】

(1) 鄉黨:父兄宗族之所在,一般言宗族聚居地。 恂恂如:溫良恭順的樣子。如,詞尾。

(2) 便(pián)便:形容說話明白流暢的樣子。 謹:少言。

(3) 侃侃如:溫和愉悅的樣子。 下大夫:職稱。

(4) 誾(yín)誾如:中正敢言的樣子。 上大夫:職稱。

(5) 君在:國君視朝。 踧踖(cù jí)如:恭敬不寧的樣子。 與與如:合乎禮儀、中規中矩的樣子。此節記孔子在朝廷事上接下之不同也。

(6) 擯:此指國君迎賓的擯相。 勃如:變得莊重矜持的樣子。 躩(jué)如:加快速度的樣子。

(7) 揖:致敬。 前後:俯仰,指衣裳隨身體動作而動的情形。 襜(chān)如:整齊不亂的樣子。

(8) 趨進:快步迎上前,表示敬意。 翼如:動作輕快靈動的樣子。

(9) 復命:告白,回報。此節記孔子為君擯相之容。

(10) 鞠躬如:歛身恭敬的樣子。 如不容:好像不能容身,表示敬之至。

(11) 中門:門的中間。 履:腳踏。 閾:門限。

(12) 過位:過君之空位。君雖不在,過之必敬,不敢因虛位而慢之。 言似不足:不敢放肆說話,好像中氣不足。

(13) 攝齊(zī):提起衣裳的下擺。攝,抓住、提起。齊,衣下擺。 屏:藏。 息:鼻息出入。

(14) 等:臺階之級。 逞:放鬆。先屏氣,下階舒氣,漸遠所尊,舒氣解顏。 怡怡如:和悅自得的樣子。

(15) 沒階:走完臺階。沒,盡。 趨:快步歸位。趨進,一本無"進"字。

(16) 復:回歸。此節記孔子在朝之容。

(17) 圭:玉器。 勝(shēng):能負擔。

(18) "上如"二句:描述執圭的樣子。"上如揖,授玉宜敬也。下如授,不敢忘禮。"(鄭玄)

(19) 戰色:戰而色懼。 蹜蹜:舉足行於狹窄之處的樣子。

(20) 享:獻。 有容色:和滿之色。

(21) 私覿(dí):私禮相見。 愉愉:顏色之和。此節記孔子為君聘於鄰國之禮也。

(22) 君子:謂孔子。 紺(gàn):深青中透紅,類今之天青色。 緅(zōu):絳色,青多紅少。 飾:領緣之類的鑲邊。 紅:古稱大紅色為"朱",是很貴重的顏色,紅、紫也很受重視。 褻服:私居之服。

(23) 袗(zhěn):單,用如動詞。 絺(chī):細葛布。 綌(xì):粗葛布。 必表而出之:先着裏衣,外着絺綌。

(24) 緇:黑色。 羔裘:黑羊皮。 素:白色。 麑(ní)裘:色白。 狐裘:色黃。孔安國曰:"服皆中外之色相稱也。"

(25) 孔安國曰:"私家裘長,生溫也。短右袂者,便作事也。"

(26) 寢衣:猶今之被子。

(27) 居:坐。

(28) 去:除去。

(29) 惟裳:"朝祭之服,裳用正幅如帷,要有襞積,而旁無殺縫。"(朱熹集注) 殺(shài):減少,裁去。

(30) 孔安國曰:"喪主素,吉主玄,吉凶異服,故不相弔也。"

(31) 吉月:諸說不定。此節記孔子衣服之制。

(32) 孔安國曰:"以布為沐浴之衣也。"齋必沐浴。 此下脫前章"寢衣"一簡。

(33) 孔安國曰:"改常饌也。""易常處也。"此節記孔子謹齋之事。

(34) 不厭:不滿足。

(35) 饐、餲:飯食變味。 餒、敗:魚爛曰餒,肉腐曰敗。

(36) 色惡：食品顏色不正。
(37) 臭惡：食品氣味不正。
(38) 孔安國曰："失飪，失生熟之節也。"
(39) 不時：沒到吃飯的時間，一說食品不合時令。
(40) 割不正，不食：割肉不方正者不食。
(41) 醬：調味料。
(42) 食氣：以穀為主食。
(43) 亂：酒醉。
(44) 沽、市：買。
(45) 薑：通神明，去穢惡，故不撤。
(46) 祭於公：各自帶肉助祭。 不宿肉：肉不能再放一宿。
(47) 出：超過。
(48) 齊如：嚴敬之貌。此節記孔子飲食之節。謝氏曰："聖人飲食如此，非極口腹之欲，蓋養氣體，不以傷生，當如此。然聖人之所不食，窮口腹者或反食之，欲心勝而不暇擇也。"
(49) 杖者：老人。
(50) 儺：驅逐疫鬼的儀式。此節記孔子居鄉之事。
(51) 問：問好。
(52) 達：通達瞭解。
(53) 腥：生肉。 熟：煮熟。 薦：進奉。
(54) 生：活物。 畜：同"蓄"。
(55) 東首：表敬意。 加：覆蓋。 紳：大帶。
(56) 此節記孔子事君之禮。
(57) 歸：饋。此節記孔子交朋友之義。
(58) 尸：謂偃臥似死人。孔安國曰："不客，為家室之敬難久也。"
(59) 狎：常常親近的。
(60) 褻：多次相見而親近。 貌：禮貌。
(61) 凶服：著送死之衣物。
(62) 式：車前橫木，用如動詞，指伏於車前橫木，表敬意。孔安國曰："負版者，持邦國之圖籍者也。"
(63) 盛饌：豐盛的食物。 變色而作：表敬意，"敬主人之禮，非以其饌也"。作：起。（朱熹集注）
(64) 鄭玄曰："敬天之怒。"此節記孔子容貌之變。
(65) 綏：挽以上車之索。
(66) 苞氏曰："車中不內顧者，前視不過衡扼，傍視不過輢轂之也。"此節記孔子升車之容。
(67) 馬融曰："見顏色不善則去之也。" 周生烈曰："迴翔審觀而後下止也。"
(68) 何曰："言山梁雌雉得其時，而人不得時，故歎之。子路以其時物，故供具之。非其本意，不苟食，故三嗅而作。作，起也。" 嗅：當作"狊"（jù），張開兩翅的樣子。 此段疑有闕文。

孟　子

孟軻(前372？—前289？，一說前385？—前304？)，字子輿，戰國時鄒(今山東鄒縣)人。他受業於孔子之孫子思，基本上繼承了孔子的"仁政"思想，提倡民本主義，周遊列國而未受聘用。

《孟子》保存了孟子的思想，主張"民貴君輕"，反對戰爭，以"平治天下"為己任，提倡"仁"、"義"，宣揚"王道"。因為戰國時代戰亂頻繁，人們渴望安定，加之勞動力的缺乏，迫使統治者作出一定的讓步，有些也大致接受了"民貴君輕"這樣的主張，如《戰國策》中所記錄的"趙威后問齊使"一事就是很有趣的實例。

孟子文章擅長用譬於辯，氣勢磅礴，奔放無礙；他主張行文立言要"養浩然正氣"，對後世散文影響深遠。

《孟子》至宋始收入儒家經典系統十三經之中，朱熹修四書並作《孟子集注》，孟子地位日崇。

《孟子》通行注本爲《十三經註疏·孟子》(東漢趙岐注，宋孫奭疏)、《孟子集注》(宋朱熹)、《孟子正義》(清焦循)。

寡人之於國也

【題解】

本篇是《孟子》第一篇"梁惠王章句"中的第三章。孟子指出梁惠王自認所謂的"愛民"與一般的政治沒什麼兩樣，"五十步笑百步"之比相當有說服力，進而指出治國之本在於實施"仁政"，並大體上談了施行仁政的措施。

梁惠王曰："寡人之於國也，盡心焉耳矣[1]：河內凶，則移其民於河東，移其粟於河內；河東凶亦然[2]。察鄰國之政，無如寡人之用心者。鄰國之民不加少，寡人之民不加多，何也[3]？"

孟子對曰："王好戰，請以戰喻。填然鼓之，兵刃既接，棄甲曳兵而走[4]。或百步而後止，或五十步而後止。以五十步笑百步，則何如？"

曰："不可；直不百步耳，是亦走也[5]。"

曰："王如知此，則無望民之多於鄰國也。

"不違農時，穀不可勝食也[6]；數罟不入洿池，魚鱉不可勝食也[7]；斧斤以時入山林，材木不可勝用也[8]。穀與魚鱉不可勝食，材木不可勝用，是使民養生喪死無憾也(9)。養生喪死無憾,王道之始也。

"五畝之宅,樹之以桑,五十者可以衣帛矣(10)。雞豚狗彘之畜,無失其時,七十者可以食肉矣(11)。百畝之田,勿奪其時,數口之家可以無飢矣。謹庠序之教,申之以孝悌之義,頒白者不負戴於道路矣(12)。七十者衣帛食肉,黎民不飢不寒,然而不王者,未之有也(13)。

"狗彘食人食而不知檢,塗有餓莩而不知發(14);人死,則曰,'非我也,歲也。'是何異於刺人而殺之,曰,'非我也,兵也。'王無罪歲,斯天下之民至焉(15)。"

【注釋】

(1) 梁惠王:即魏(戰國國名)惠王,因遷都大樑(今河南開封),故稱。 盡心焉耳矣:趙岐注:"言寡人於治國之政,盡心欲利百姓。"焉:兼詞,於此。耳、矣:皆句尾語氣詞。

(2) 河內:黃河以北,殷墟安陽一帶。 河東:應是指河東郡,位黃河以東,即今山西西南部。

(3) 加:更。

(4) 填(tián):象鼓音。 然:詞尾。 走:跑,此指"逃跑"。

(5) 直:通"特",獨。

(6) 趙岐注:"使民得三時務農,不違奪其要時,則五穀饒穰不可勝食。" 勝(shēng):盡。

(7) 數(cù):密。 罟(gǔ):網。 洿(wū)池:"窊下之地,水所聚也。"(朱熹集注)

(8) 斤:砍樹的工具。

(9) 養生:供養活着的人。 喪死:爲死者辦喪事。

(10) 帛:絲織品的一種。上古國人一般衣麻,孟子的理想,如果家家養蠶的話,五十歲的人就可以穿着絲織的衣物了。

(11) 豚(tún):小豬。 彘(zhì):豬。 畜(xù):養殖,養育。 時:繁殖的季節。

(12) 謹:恭敬,此指對待某事的態度。 庠、序:古指學校,"殷曰序、周曰庠。"(趙岐注) 申:重複,叮嚀,反復之意,此指反復進行某活動。 頒:同"斑",指老人頭髮半白黑。 負:用背承重物。 戴:用頭頂承重物。

(13) 黎:衆。

(14) 檢:通"斂",收積,儲藏。 塗:通"途",指道路上、野地裏。 莩(piǎo):原指花葉零落,此指餓死之人。 發:打開倉廩以賑災。

(15) 罪歲:歸罪於歲。歲,謂歲之豐凶。

齊桓晉文之事

【題解】

孟子認爲他主張的"王道"之所以沒法得以實現,不是因爲統治者"不能",而是因爲統治者"不爲",統治者只要設身處地地爲人民考慮,推己及人,就可以實現"王道"理想。

齊宣王問曰:"齊桓、晉文之事,可得聞乎[1]?"

孟子對曰:"仲尼之徒無道桓文之事者,是以後世無傳焉,臣未之聞也。無以,則王乎?[2]"

曰:"德何如則可以王矣?"

曰:"保民而王,莫之能禦也。"

曰:"若寡人者,可以保民乎哉?"

曰:"可。"

曰:"何由知吾可也?"

曰:"臣聞之胡齕曰[3],王坐於堂上,有牽牛而過堂下者,王見之,曰:'牛何之?'對曰:'將以釁鐘[4]。'王曰:'舍之!吾不忍其觳觫[5],若無罪而就死地。'對曰:'然則廢釁鐘與?'曰:'何可廢也?以羊易之!'——不識有諸?"

曰:"有之。"

曰:"是心足以王矣。百姓皆以王爲愛也[6],臣固知王之不忍也。"

王曰:"然;誠有百姓者。齊國雖褊小,吾何愛一牛?即不忍其觳觫,若無罪而就死地,故以羊易之也。"

曰:"王無異於百姓之以王爲愛也[7]。以小易大,彼惡知之?王若隱其無罪而就死地[8],則牛羊何擇焉?"

王笑曰:"是誠何心哉?我非愛其財而易之以羊也。宜乎百姓之謂我愛也。"

曰:"無傷也。是乃仁術也,見牛未見羊也。君子之於禽獸也,見其生,不忍見其死;聞其聲,不忍食其肉。是以君子遠庖廚也。"

王說,曰:"《詩》云:'他人有心,予忖度之。'[9]夫子之謂也。夫我乃行之,反而求之,不得吾心[10]。夫子言之,於我心有戚戚焉[11]。此心之所以合於王者,何也?"

曰:"有復於王者曰:'吾力足以舉百鈞,而不足以舉一羽[12];明足以察秋毫之末,而不見輿薪。'則王許之乎[13]?"

曰:"否!"

"今恩足以及禽獸,而功不至於百姓者,獨何與?然則一羽之不舉,爲不用力焉;輿薪之不見,爲不用明焉;百姓之不見保,爲不用恩焉。故王之不王,不爲也,非不能也。"

曰:"不爲者與不能者之形[14],何以異?"

曰:"挾太山以超北海[15],語人曰:'我不能。'是誠不能也。爲長者折枝[16],語人曰:'我不能。'是不爲也,非不能也。故王之不王,非挾太山以超北海之類也;王之不王,是折枝之類也。"

"老吾老以及人之老,幼吾幼以及人之幼,天下可運於掌。《詩》云:'刑于寡妻,至於兄弟,以御於家邦(17)。'言舉斯心加諸彼而已(18)。故推恩足以保四海,不推恩無以保妻子。古之人所以大過人者,無他焉,善推其所爲而已矣。今恩足以及禽獸,而功不至於百姓者,獨何與?權(19),然後知輕重;度,然後知長短。物皆然,心爲甚(20)。王請度之!抑王興甲兵,危士臣,搆怨於諸侯,然後快於心與?"

王曰:"否,吾何快於是?將以求吾所大欲也。"

曰:"王之所大欲,可得聞與?"

王笑而不言。

曰:"爲肥甘不足於口與?輕煖不足於體與?抑爲采色不足視於目與(21)?聲音不足聽於耳與?便嬖不足使令於前與(22)?王之諸臣,皆足以供之,而王豈爲是哉?"

曰:"否,吾不爲是也。"

曰:"然則王之所大欲可知已:欲辟土地,朝秦楚,蒞中國,而撫四夷也(23)。以若所爲,求若所欲,猶緣木而求魚也(24)。"

王曰:"若是其甚與(25)?"

曰:"殆有甚焉。緣木求魚,雖不得魚,無後災;以若所爲,求若所欲,盡心力而爲之,後必有災。"

曰:"可得聞與?"

曰:"鄒人與楚人戰(26),則王以爲孰勝?"

曰:"楚人勝。"

曰:"然則小固不可以敵大,寡固不可以敵衆,弱固不可以敵彊。海內之地,方千里者九,齊集有其一;以一服八,何以異於鄒敵楚哉?蓋亦反其本矣(27)?今王發政施仁,使天下仕者皆欲立於王之朝,耕者皆欲耕於王之野,商賈皆欲藏於王之市,行旅皆欲出於王之塗,天下之欲疾其君者,皆欲赴愬於王(28)。其若是,孰能禦之?"

王曰:"吾惛,不能進於是矣(29)。願夫子輔吾志,明以教我。我雖不敏,請嘗試之。"

曰:"無恒產而有恒心者(30),惟士爲能。若民,則無恒產,因無恒心。苟無恒心,放辟邪侈,無不爲已(31)。及陷於罪,然後從而刑之,是罔民也(32)。焉有仁人在位,罔民而可爲也!是故明君制民之產,必使仰足以事父母,俯足以畜妻子(33),樂歲終身飽,凶年免於死亡;然後驅而之善,故民之從之也輕。今也制民之產,仰不足以事父母,俯不足以畜妻子,樂歲終身苦,凶年不免於死亡。此惟救死而恐不贍(34),奚暇治禮義哉?王欲行之,則盍反其本矣?五畝之宅,樹之以桑,五十者可以衣帛矣。雞豚狗彘之畜,無失其時,七十者可以食肉矣。百畝之田勿奪其時,八口之家可以無飢矣。謹庠序之教,申之以孝悌之義,頒白者不負戴於道路矣。老者衣帛食肉,黎民不飢不寒,然而不王者,未之有也。"

【注釋】

(1) 齊宣王:戰國時齊國君,姓田氏,名辟疆,僭稱王。 齊桓、晉文:齊桓公、晉文公,皆春秋時期稱霸諸侯者。
(2) 以:通"已",止。 則王(wàng):那就談談王道吧。
(3) 之:指代下面的關於王有仁心的話語。 胡齕(hé):宣王近臣。
(4) 釁(xìn):上古祭禮,趙岐注:"新鑄鐘,殺牲以血塗其釁郤,因以祭之,曰釁。"
(5) 觳觫(hú sù):恐懼的樣子。
(6) 愛:吝嗇,吝惜。
(7) 異:以……為怪。
(8) 隱:哀憐。
(9) 引自《詩·小雅·巧言》。 忖(cǔn):揣測。 度(duó):衡量。
(10) "夫我"三句:我竟那麼做了,回頭尋思那次行為,自己也不能瞭解自己的想法。
(11) 戚戚:心動的樣子。
(12) 百鈞:極言其重,至重難舉。鈞,三十斤。 一羽:一根羽毛,極言其輕,至輕易舉。
(13) 許:信。
(14) 形:具體表現。
(15) 太山:即泰山。 北海:或指渤海。
(16) 長者:年紀大的人。 折枝:按摩。一說為彎腰行禮,枝通"肢"。一說為摘取樹枝。
(17) 引自《詩·大雅·思齊》。 刑:通"型",用如動詞,合規範。 寡妻:謙稱,即嫡妻。 御:治理,掌控。
(18) "舉斯"句:把這種愛自家人的心推廣到愛他人罷了。
(19) 權:秤砣,用如動詞,稱量輕重。
(20) "物皆然"二句:物的大小長短須稱量才能知曉,人的心理更是需要揣摩才能把握。
(21) 抑:還是。 采色:各種裝飾品。
(22) 便嬖(pián bì):可以親幸的男女人等。
(23) 辟(pì)土地:開拓疆土。 朝:使……臣服。 涖:臨,有"佔據"的意思。 中國:中原一帶。
(24) 緣:攀援。
(25) 若是其甚與:即"其甚若是與"。
(26) 鄒:喻小國。 楚:喻大國。
(27) 蓋:同"盍",何不。 本:本原,此指仁政。
(28) 愬:通"訴"。
(29) 惛:同"昏",思想混亂。 進:進一步。 是:指代仁政。
(30) 恆產:老百姓藉以長期維持生計的產業。 恆心:恆定不變的理念,指一定的道德標准和行為准則。
(31) 放:放縱。 辟:同"僻",行為不端。 邪:與"辟"同義。 侈:與"放"同義。 已:通

"矣"。

(32) 罔：通"網"，猶羅網，用如動詞，設置法網。

(33) 制：規定，規劃。 畜：同"蓄"，養活，撫養。

(34) 贍(shàn)：足。

莊　子

　　莊子(前369？—前286)，名周，戰國時宋國蒙(約今河南省商丘東北)人，曾做過蒙漆園吏，大約與孟子同時或稍後。"莊周家貧"(《莊子·外物》)，"處窮閭陋巷"(《莊子·列禦寇》)，值諸子競起爭鳴之際，他繼承並發展了道家老子的學說，為道家之集大成者，與老子同是道家學派的代表人物，後人並稱他們為"老莊"。

　　莊子哲學的顯著特點是把世間事物都看做是相對的，一切事物都是在變化之中的，世人對此是無可奈何的。因此，他主張順應自然，提倡"無為而無不為"，甚至於要求社會毀掉一切文明。這也許是莊子在悟到所謂"竊鉤者誅，竊國者侯"之後的極端觀念。莊周拒絕與統治者合作，"其言洸洋自恣以適己，故自王公大人不能器之"(《史記·老子韓非列傳》)，他曾嘲弄楚王派來要他為官的使者說："千金，重利；卿相，尊位也。子獨不見郊祭之犧牛乎？養食之數歲，衣以文繡，以入大廟。當是之時，雖欲為孤豚，豈可得乎？子亟去，無汙我。我寧遊戲汙瀆之中自快，無為有國者所羈，終身不仕，以快吾志焉。"(同前)

　　莊子運用文學形式表達其哲思，文風獨特，開浪漫主義創作之先河；其行文構思奇特，變化多端，大量吸收神話精神，浪漫之中不乏幽默諷刺之機鋒。

　　今本《莊子》有三十三篇，包括內篇七篇、外篇十五篇、雜篇十一篇。傳統看法，內篇是莊子自撰，外篇、雜篇則是莊子後學所追記。魏晉以降，為莊書作注的很多，其中晉人郭象的注較完整地保存了下來。唐人的也只留下了陸德明的《莊子音義》和成玄英的《莊子註疏》。宋人較多的是從哲理上理解莊子，如焦竑的《莊子翼》。如今較為通行的讀本有王先謙的《莊子集解》和郭慶藩的《莊子集釋》。另外，今人陳鼓應《莊子今注今譯》也有很多獨到的看法。

逍　遙　遊

【題解】

　　本篇位列《莊子·內篇》之首，是莊子的代表作。《逍遙遊》著重闡明了莊子嚮往絕對自由的觀念,追求無所待的逍遙境界;指出世間之物無論大小皆有所待而與自由無緣,只有做到了物我兩忘,達到無己、無功、無名的無所待的境界,方臻於絕對的自由,即所謂"逍遙遊"。全篇主要運用寓言故事闡述觀念,展現了作者無邊無際的想像力,同時也讓讀者感覺到了所謂"無所待"這樣一個極其抽象的概念。

北冥有魚,其名爲鯤[1]。鯤之大,不知其幾千里也。化而爲鳥,其名爲鵬。鵬之背,不知其幾千里也;怒而飛,其翼若垂天之雲[2]。是鳥也,海運則將徙於南冥[3]。南冥者,天池也。

齊諧者,志怪者也[4]。諧之言曰:"鵬之徙於南冥也,水擊三千里,摶扶搖而上者九萬里[5],去以六月息者也[6]。"野馬也[7],塵埃也,生物之以息相吹也[8]。天之蒼蒼,其正色邪[9]?其遠而無所至極邪[10]?其視下也,亦若是則已矣[11]。

且夫水之積也不厚,則其負大舟也無力。覆杯水於坳堂之上,則芥爲之舟[12];置杯焉則膠,水淺而舟大也[13]。風之積也不厚,則其負大翼也無力。故九萬里則風斯在下矣,而後乃今培風[14];背負青天而莫之夭閼者,而後乃今將圖南[15]。

蜩與學鳩笑之曰[16]:"我決起而飛,搶榆、枋,時則不至而控於地而已矣。奚以之九萬里而南爲?[17]"

適莽蒼者,三飡而反,腹猶果然[18];適百里者,宿舂糧[19];適千里者,三月聚糧。之二蟲又何知[20]!小知不及大知,小年不及大年[21]。奚以知其然也?朝菌不知晦朔,蟪蛄不知春秋:此小年也[22]。楚之南有冥靈者,以五百歲爲春,五百歲爲秋[23];上古有大椿者,以八千歲爲春,八千歲爲秋[24]。而彭祖乃今以久特聞,衆人匹之,不亦悲乎[25]!

湯之問棘也是已[26]:"窮髮之北,有冥海者,天池也[27]。有魚焉,其廣數千里,未有知其修者,其名爲鯤[28]。有鳥焉,其名爲鵬,背若泰山,翼若垂天之雲,摶扶搖羊角而上者九萬里,絕雲氣,負青天,然後圖南,且適南冥也[29]。斥鴳笑之曰[30]:'彼且奚適也?我騰躍而上,不過數仞而下,翺翔蓬蒿之間,此亦飛之至也。而彼且奚適也?'"此小大之辨也。

故夫知效一官,行比一鄉,德合一君,而徵一國者,其自視也亦若此矣[31]。而宋榮子猶然笑之[32]。且舉世而譽之而不加勸,舉世而非之而不加沮,定乎內外之分,辯乎榮辱之境,斯已矣[33]。彼其於世,未數數然也[34]。雖然,猶有未樹也[35]。夫列子御風而行,泠然善也,旬有五日而後反[36]。彼於致福者,未數數然也[37]。此雖免乎行,猶有所待者也[38]。

若夫乘天地之正,而御六氣之辯,以遊無窮者,彼且惡乎待哉[39]!故曰:至人無己,神人無功,聖人無名[40]。

堯讓天下於許由[41],曰:"日月出矣,而爝火不息,其於光也,不亦難乎[42]!時雨降矣,而猶浸灌,其於澤也,不亦勞乎[43]!夫子立而天下治,而我猶尸之,吾自視缺然,請致天下⁽⁴⁴⁾。"許由曰:"子治天下,天下既已治也。而我猶代子,吾將爲名乎?名者,實之賓也,吾將爲賓乎⁽⁴⁵⁾?鷦鷯巢於深林,不過一枝⁽⁴⁶⁾;偃鼠飲河,不過滿腹⁽⁴⁷⁾。歸休乎君!予無所用天下爲⁽⁴⁸⁾。庖人雖不治庖,尸祝不越樽俎而代之矣⁽⁴⁹⁾。"

肩吾問於連叔曰⁽⁵⁰⁾:"吾聞言於接輿⁽⁵¹⁾,大而無當,往而不返⁽⁵²⁾。吾驚怖其言,猶河漢而無極也,大有逕庭,不近人情焉⁽⁵³⁾。"連叔曰:"其言謂何哉?"曰:"'藐姑射之山,有神人居焉⁽⁵⁴⁾。肌膚若冰雪,淖約若處子,不食五穀,吸風飲露,乘雲氣,御飛龍,而遊乎四海之外⁽⁵⁵⁾。其神凝,使物不疵癘而年穀熟⁽⁵⁶⁾。'吾以是狂而不信也⁽⁵⁷⁾。"連叔曰:"然。瞽者無以與乎文章之觀,聾者無以與乎鐘鼓之聲⁽⁵⁸⁾。豈惟形骸有聾盲哉?夫知亦有之。是其言也,猶時女也⁽⁵⁹⁾。之人也,之德也,將磅礴萬物以爲一,世蘄乎亂,孰弊弊焉以天下爲事⁽⁶⁰⁾!之人也,物莫之傷,大浸稽天而不溺,大旱、金石流、土山焦而不熱⁽⁶¹⁾。是其塵垢粃糠,將猶陶鑄堯、舜者也,孰肯分分然以物爲事⁽⁶²⁾!宋人資章甫而適諸越,越人斷髮文身,無所用之⁽⁶³⁾。堯治天下之民,平海內之政,往見四子藐姑射之山、汾水之陽,窅然喪其天下焉⁽⁶⁴⁾。"

惠子謂莊子曰⁽⁶⁵⁾:"魏王貽我大瓠之種,我樹之成而實五石⁽⁶⁶⁾。以盛水漿,其堅不能自舉也。剖之以爲瓢,則瓠落無所容⁽⁶⁷⁾。非不呺然大也,吾爲其無用而掊之⁽⁶⁸⁾。"莊子曰:"夫子固拙於用大矣⁽⁶⁹⁾。宋人有善爲不龜手之藥者,世世以洴澼絖爲事⁽⁷⁰⁾。客聞之,請買其方百金。聚族而謀曰:'我世世爲洴澼絖,不過數金;今一朝而鬻技百金,請與之。'客得之,以說吳王。越有難⁽⁷¹⁾,吳王使之將。冬,與越人水戰,大敗越人,裂地而封之。能不龜手一也⁽⁷²⁾,或以封,或不免於洴澼絖,則所用之異也。今子有五石之瓠,何不慮以爲大樽而浮於江湖,而憂其瓠落無所容?則夫子猶有蓬之心也夫⁽⁷³⁾!"

惠子謂莊子曰:"吾有大樹,人謂之樗⁽⁷⁴⁾。其大本擁腫而不中繩墨,其小枝卷曲而不中規矩⁽⁷⁵⁾。立之塗,匠者不顧。今子之言,大而無用,衆所同去也。"莊子曰:"子獨不見狸狌乎⁽⁷⁶⁾?卑身而伏,以候敖者⁽⁷⁷⁾;東西跳梁,不辟高下;中於機辟,死於罔罟⁽⁷⁸⁾。今夫斄牛,其大若垂天之雲⁽⁷⁹⁾。此能爲大矣,而不能執鼠。今子有大樹,患其無用,何不樹之於無何有之鄉,廣莫之野⁽⁸⁰⁾;彷徨乎無爲其側,逍遙乎寢臥其下⁽⁸¹⁾?不夭斤斧,物無害者。無所可用,安所困苦哉!"

【注釋】

(1) 北冥:即北海。冥,一作"溟"。 鯤:魚名。
(2) 鵬:即古"鳳"字,一種大鳥。 怒:有"振作"義。 垂天:猶天邊。垂,同"陲"。
(3) 海運:行於海上。運,行。下云"水擊",亦如是。
(4) 齊諧:人名,一說書名。 志:記載。

(5) 摶(tuán):環繞,一說拍擊。 扶搖:旋風。《爾雅》:"扶搖謂之飆。"郭注:"暴風從下上。"

(6) 六月息:六月風。

(7) 野馬:"春月澤中游氣也。"(司馬彪)

(8) "生物"句:都是由於生物氣息的吹拂而在空中游動的。

(9) 蒼蒼:深藍色。 正色:真正的顏色,本色。

(10) 無所至極:不能到達盡頭的地方。極,盡。

(11) 其:指代鵬。 則已:等於說"而已"。"借人視天喻鵬視下,極言摶上之高。"(王先謙《莊子集解》)

(12) 坳:窪下。 芥:小草。

(13) 膠:粘住,指擱淺不能動。

(14) 斯:於是。 在下:指風在鵬翼之下。 培風:即乘風,王念孫曰:"培,馮也。周禮馮相氏注:'馮,乘也。'鵬在風上,故言馮。培、馮聲近義通。"

(15) 夭閼:攔阻。 圖南:謀向南行。

(16) 蜩(tiáo):蟬。 學鳩:小鳥。學,本又作"鷽",一說作"鸒"(yù)。

(17) 決(xuè):迅疾的樣子。 搶(qiāng):突,此指沖高到某一高度。 榆、枋:樹木名。 則:王念孫云:"則,猶或也。" 控:投,此指落下。 奚:表疑問的句末語氣詞。

(18) 適:到……去。 莽蒼:草野之色。 三飡:猶言一整日。飡,同"餐"。 果然:飽的樣子。

(19) 宿舂糧:隔宿舂米儲食,或指花一晚上準備乾糧。

(20) 之:這。

(21) 知(zhì):同"智"。 年:壽命。

(22) 朝菌:只有一天壽命的真菌。"生於朝,死於晦。"(《列子·湯問》) 晦朔:夜晚和白天,一指月末和月初。 蟪蛄:寒蟬,一名螇螰,春生夏死,夏生秋死。

(23) 冥靈:一說大樹,一說大龜。

(24) 椿:一種高大喬木。

(25) 彭祖:古注稱:"彭祖,名鏗,堯臣,封彭城,歷虞、夏至商,年七百歲,故以久壽見聞。"言壽者必舉彭祖為比。 乃今:如今。 久:長壽。 特:獨異。

(26) 湯:商湯。 棘:湯大夫(參《列子·湯問》)。 已:同"矣"。

(27) 窮髮:不毛之地。

(28) 廣:寬。 修:長。

(29) 羊角:"風曲上行若羊角。"(司馬彪)

(30) 斥鴳(yàn):即小雀。

(31) 知(zhì):同"智"。 效:效用,此作"勝任"解。 行(xìng):品行。 比:合。 而:郭慶藩云:"而讀為能。能、而,古字通用。官、鄉、君、國相對,知、行、德、能亦相對。" 徵:信,取信。 其:指代上述四種人。 此:謂斥鴳。

(32) 宋榮子:時宋國賢者。 猶然:笑的樣子。 之:指代上述四種人。

(33) 之:代宋榮子,下"之"同。 加:更。 勸:鼓勵,此作被動解,因被鼓勵而努力奮鬥。

47

定:認清。 內外:相對於自我而言。 分、境:分、境互文,指邊界。 斯已矣:如此而已。

(34) 彼:代宋榮子。 數數(shuò):頻頻,一說着急的樣子。

(35) 未樹:至德未立。

(36) 列子:鄭人列禦寇,傳說能御風而行。 泠(líng)然:輕妙的樣子。

(37) 致福:得風仙之福。致,得。

(38) 所待:仍然要憑藉風力。

(39) 郭注:"天地者,萬物之總名也。天地以萬物為體,而萬物必以自然為正。自然者,不為而自然者也。故大鵬之能高,斥鷃之能下,椿木之能長,朝菌之能短,凡此皆自然之所能,非為之所能也。不為而自能,所以為正也。故乘天地之正者,即是順萬物之性也;御六氣之辯者,即是遊變化之塗也;如斯以往,則何往而有窮哉!所遇斯乘,又將惡乎待哉!此乃至德之人玄同彼我者之逍遙也。苟有待焉,則雖列子之輕妙,猶不能以無風而行,故必得其所待,然後逍遙耳,而況大鵬乎!"無所待而遊於無窮,方是《逍遙遊》一篇綱要所在。 乘:駕御,此指"順應"。 正:本性,自然本性。 御:義同"乘"。 六氣:陰、陽、風、雨、晦、明。 辯:通"變"。

(40) 至人:修養最高的人。 無己:順任自然,物我兩忘。 神人:修養達神化不測境界的人。 無功:無意求功利。 聖人:幾乎就是完人。 無名:無意成名。

(41) 堯:傳說中的五帝之一。 許由:傳說中的隱者。

(42) 爝:炬火。

(43) 浸灌:灌溉。

(44) 夫子:即許由。 尸:徒居其位。 缺然:不足。 請致天下:請您容我把天下奉讓於您。

(45) 賓:附屬品。

(46) 鷦鷯:小鳥名。

(47) 偃鼠:《本草》陶注:"一名鼢鼠,常穿耕地中行。"

(48) 歸休乎君:即"君歸休乎"。 予無所用天下為:我對於天下無所作為。

(49) 尸祝:主管傳遞神諭的人,"傳鬼神言曰祝"。 樽俎:古盛器,樽盛酒,俎擺牲。

(50) 肩吾、連叔:"並古之懷道者。"(成疏)

(51) 接輿:楚之賢人,與孔子同時,佯狂不仕。(參見《獄中上梁王書》注(9))

(52) 大而無當:言語弘大,沒有邊際。 往而不返:不着邊際,形容人說話時說到那裏是那裏。

(53) 驚怖:此為意動用法。 猶河漢而無極:喻其言如天上銀河般漫無邊際。 大有逕庭:表示差別很大。逕,門外路。庭,堂外地。

(54) 藐:遠。 姑射(yì)山:《山海經》中的山名。

(55) 綽約:柔美的樣子。 處子:未嫁女。

(56) 其神凝:非遊物外者,不能凝於神。 疵癘:疾病。

(57) 以是狂而不信:將這些話當作誑語而不予置信。

(58) 與:參與。 文章:有文采的東西。

(59) 其言:即上述接輿的話。 猶時女:好像就是現在的你。女,通"汝"。一說"時"同"是"或通"之"。

(60) 磅礴：形容無所不包、無所不及。 蘄：通"祈"，求也。 亂：治，一说作常義解（參陳鼓應《莊子今注今譯》）。 弊弊：經營貌。

(61) 物莫之傷：物不能傷害他。 大浸：大洪水。 稽：至。

(62) 塵垢粃糠：糟粕或煩碎之物。 陶鑄："鎔金曰鑄，范土曰陶。" 分分然：依《淮南子·俶真訓》補正文之缺（參陳鼓應《莊子今注今譯》），與上文"弊弊焉"成對文。

(63) 資：買進，販賣。 章甫：衣冠。

(64) 四子：道家所謂四德，即一本，二跡，三非本非跡，四非非本非跡。一说指許由等四人。 汾水之陽：堯都。 窅(yáo)然：悵然。 喪：忘。

(65) 惠子：宋人，姓惠，名施，為梁國相。

(66) 魏王：梁惠王。 瓠：葫蘆瓜。 樹：種植。 成而實五石：成熟結果時，葫蘆中可容納五石的東西。

(67) 瓠落：猶廓落，物體的大小模樣。 無所容：因物體太大而沒有容納的地方，或因物體太大而沒有足夠的東西放進去。

(68) 呺(xiāo)然：虛而大。 掊(pǒu)：打破。

(69) 固拙於用大矣：原本就是不善於使用大的東西。

(70) 龜(jūn)：通"皸"，皮膚凍裂。 洴(píng)澼(pī)絖(kuàng)：漂洗細綿絮。

(71) 越有難：越國入侵。

(72) 一：意謂藥的功效對雙方是一樣的。

(73) 慮：以繩結縛。 樽：酒器。 蓬：草名，此喻見識迂曲淺陋。

(74) 樗(chū)：樹名，材質粗劣。

(75) 大本：主幹。 擁腫：同"臃腫"，樹體多節。 中：合。

(76) 狸狌：野貓、黃鼠狼之類。

(77) 敖者：來往的獵物。 敖：同"遨"。

(78) 中：陷入，遭遇。 機辟：機關之類。

(79) 犛(lí)牛：即旄牛。

(80) 無何有之鄉：沒有任何東西的地方。 廣莫：寬曠無人之處。 莫，大而無形。

(81) 彷徨：縱橫任意的樣子。 無為：無所事事。

養　生　主

【題解】

"主"即關鍵所在，本篇主要談論有關養生的關鍵問題，揭示養生的方法沒有比順任自然更好的了。結構上：首先，提出順任自然這一養生正道；然後，藉庖丁解牛的故事喻養生之理；最後，用三個小故事加以深化。

吾生也有涯，而知也無涯。以有涯隨無涯，殆已；已而為知者，殆而已矣[1]。為善無近名，為惡無近刑[2]。緣督以為經，可以保身，可以全生，可以養親，可以盡年[3]。

庖丁為文惠君解牛[4],手之所觸,肩之所倚,足之所履,膝之所踦[5],砉然嚮然,奏刀騞然,莫不中音[6]。合於《桑林》之舞,乃中《經首》之會[7]。文惠君曰:"譆!善哉!技蓋至此乎?[8]"庖丁釋刀對曰:"臣之所好者道也,進乎技矣[9]。始臣之解牛之時,所見無非牛者。三年之後,未嘗見全牛也。方今之時,臣以神遇,而不以目視,官知止而神欲行[10]。依乎天理,批大郤,道大窾,因其固然[11]。技經肯綮之未嘗,而況大軱乎[12]!良庖歲更刀,割也[13];族庖月更刀,折也[14]。今臣之刀十九年矣,所解數千牛矣,而刀刃若新發於硎[15]。彼節者有間,而刀刃者無厚;以無厚入有間,恢恢乎其於遊刃必有餘地矣[16]!是以十九年而刀刃若新發於硎。雖然,每至於族,吾見其難為,怵然為戒,視為止,行為遲[17]。動刀甚微,謋然已解,如土委地[18]。提刀而立,為之四顧,為之躊躇滿志,善刀而藏之[19]。"文惠君曰:"善哉!吾聞庖丁之言,得養生焉。"

公文軒見右師而驚曰[20]:"是何人也?惡乎介也[21]?天與,其人與[22]?"曰:"天也,非人也。天之生是使獨也,人之貌有與也[23]。以是知其天也,非人也。"

澤雉十步一啄,百步一飲,不蘄畜乎樊中[24]。神雖王,不善也[25]。

老聃死,秦失弔之,三號而出[26]。弟子曰:"非夫子之友邪?"曰:"然。""然則弔焉若此,可乎?"曰:"然。始也,吾以為至人也,而今非也。向吾入而弔焉,有老者哭之,如哭其子;少者哭之,如哭其母。彼其所以會之,必有不蘄言而言,不蘄哭而哭者[27]。是遁天倍情,忘其所受,古者謂之遁天之刑[28]。適來,夫子時也;適去,夫子順也[29]。安時而處順,哀樂不能入也,古者謂是帝之縣解[30]。"

指窮於為薪,火傳也,不知其盡也[31]。

【注釋】

(1) 已而為知:如此卻仍自以為聰明。

(2) 為善無近名,為惡無近刑:即"無為善近名,無為惡近刑"。

(3) 緣督:順應自然的中道。緣,順。督,原指頭中央之脈,此指中、中道。 生:通"性",天性。 親:雙親,一說指身體、精神。

(4) 庖丁:廚工。 文惠君:即梁惠王,一說未詳其人。 解:宰割。

(5) 履:踏,踩。 踦(yǐ):用膝頂住。

(6) 砉(huā):皮骨相離聲。 嚮:通"響"。 奏:進。 騞(huō):象聲詞,其聲大於砉。

(7) 桑林:殷湯樂名。 經首:堯樂名。 會:節奏,韻律。

(8) 蓋:通"盍",義同"何"。

(9) 道:事物发展变化的规律。 进:超过。

(10) 神:內心,心神。 遇:體會,感覺。 官:感覺器官。

(11) 天理:天然的組織結構。 批:擊。 郤(xì):空隙,此指筋骨間的空隙。 道:同"導",把刀引導入筋骨的空竅間隙。 窾(kuǎn):筋骨間的空竅。

先　秦

(12) 技：蓋"枝"之誤。枝，枝脈。　經，經脈。　肯綮(qìng)：筋肉結節處。肯，附在骨頭上的肉。綮，結節處。　軱(gū)：大骨。

(13) 良庖：水平高的廚子。　割：沒能依循筋骨之理用刀。

(14) 族庖：水平一般的廚子。族，群，衆。　折：用刀斷骨。

(15) 硎：磨刀石。

(16) 閒：間隙。　恢恢：寬大、有餘地的樣子。

(17) 族：節骨交聚磐結之處。　怵然為戒：謹慎而警惕的樣子。

(18) 謋(zhé、huò)然已解：依楊樹達說，"謋"當假為"挮(chì、huò)"，"赫然"之"赫"亦"挮"字之假。《公羊傳·宣公六年》何注："赫然，已支解之貌。"此與"謋然已解"義正同。

(19) 善：猶拭，即擦乾淨。

(20) 公文軒：宋人名。　右師：官名。

(21) 介：一本作"兀"，一足。

(22) 其：猶言"抑"，還是。

(23) 與：并，共，此指兩脚并存。

(24) 澤雉：野生鳥類。　蘄：通"祈"，求。　樊：鳥籠。

(25) 王：通"旺"。

(26) 老聃：即老子。　秦失(yì)：一作"秦佚"，老子的朋友。

(27) 會：聚集。　不蘄言而言：本不想說話，卻傾訴了真情。

(28) 遯：同"遁"，違反。　天：自然。　倍：通"背"，違背。　情：真情，此指真理。　忘其所受：意指他們忘了人是受命於天的。　古者謂之遁天之刑：因過分傷心而使精神受損，古之得道之人稱此為"遁天之刑"，即違反自然之道而招致的懲罰。

(29) 適：偶然。　來、去：人的生和死。　時：順：自然規律。

(30) 哀樂不能入也：無論是哀還是樂，都不能驚擾人的心境的自然平和。　古者謂是帝之縣解：古代的得道之人認為這就是"帝之縣解"，即所謂來於自然、歸於自然的達觀。　帝，天。　縣解，即"懸解"，天然的解脱。　懸，系，栓綁。

(31) 指：通"脂"。　窮：盡。　全句以火比作老子的精神，以薪比作老子的肉體，肉體可以消滅，但精神會一直流傳下去，即所謂"薪盡火傳"。

練　習　一

一、解釋下列各詞在句中的詞義

以　1. 百里奚乞食於路，繆公委之以政。(《獄中上梁王書》)
　　2. 欲將以有為也。公有言，雲敢不死！(《〈張中丞傳〉後敘》)
　　3. 小人有母……未嘗君之羹。請以遺之。(《鄭伯克段于鄢》)
　　4. 以巡，初嘗得臨渙縣尉。(《〈張中丞傳〉後敘》)
　　5. 不以風俗既美，而臣民儼然戴上，不待刑也。(《出妻告甲之判》)

51

6. 不以此時引維綱,盡思慮……不亦輕朝廷,羞當世之士邪?(《報任安書》)
7. 陛下以絳侯周勃何如人也?(《張釋之列傳》)
8. 但以劉日薄西山,氣息奄奄。(《陳情表》)
9. 使以未有君命,何其速歟？郡以苟利國家,專之可也。(《丁爲郡專命之判》)
10. 命子封帥車二百乘以伐京。(《鄭伯克段于鄢》)
11. 僕終已不得舒憤懣以曉左右,則長逝者魂魄私恨無窮。(《報任安書》)
12. 今寡人不能,將帥二三子夫婦以蕃。(《句踐滅吳》)
13. 夫人臣出萬死不顧一生之計,赴公家之難,斯以奇矣。(《報任安書》)
14. 及以至是,言不辱者,所謂強顏耳,曷足貴乎！(《報任安書》)

以爲 15. 顧自以爲身殘處穢,動而見尤,欲益反損,是以獨鬱悒而與誰語。(《報任安書》)
16. 曩者辱賜書,教以順於接物,推賢進士爲務。(《報任安書》)
17. 大叔又收貳以爲己邑。(《鄭伯克段于鄢》)
18. 市人皆以嬴爲小人,而以公子爲長者能下士也。(《魏公子列傳》)

乃 19. 太尉大泣曰:"乃我困汝。"(《段太尉逸事狀》)
20. 越王句踐棲於會稽之上,乃號令於三軍曰……(《句踐滅吳》)
21. 中郎將袁盎知其賢,惜其去,乃請徙釋之補謁者。(《張釋之列傳》)
22. ……有帶甲五千人將以致死,乃必有偶。(《句踐滅吳》)
23. 句踐既許之,乃致其衆而誓之曰……(《句踐滅吳》)
24. 令他馬,固不敗傷我乎？而廷尉乃當之罰金。(《張釋之列傳》)

無乃 25. 是以帶甲萬人事君也,無乃即傷君主之所愛乎？(《句踐滅吳》)
26. 今君王既棲於會稽之上,然後乃求謀臣,無乃後乎？(《句踐滅吳》)

二、標點下文

1. 清靜無爲則天與之時恭廉守節則地與之財君子雖富貴不以養傷身雖貧賤不以利毀廉知爲吏者奉法以利人不知爲吏者枉法以侵人理官莫如平臨財莫如廉廉平之德吏之寶也非其路而行之雖勞不至非其有而求之雖強不得知者不爲非其事廉者不求非其有是以遠害而名彰也故君子行廉以全其真守清以保其身富財不如義多高位不如德尊季文子相魯妾不衣帛馬不食粟仲孫忌諫曰子爲魯上卿妾不衣帛馬不食粟人其以子爲吝且不顯國也文子曰然吾觀國人之父母衣粗食蔬吾是以不敢且吾聞君子以德顯國不聞以妾與馬者夫德者得

之於我又得於彼故可行也若獨貪於奢侈好文章是不德也何以相國仲孫慚而退韓宣子憂貧叔向賀之宣子問其故對曰昔欒武子貧而能貧故能垂德於後今吾子之貧是武子之德能守廉靜者致福之道也吾所以賀宣子再拜受其言宋人或得玉獻諸司城子罕子罕不受獻玉者曰以示玉人玉人以爲寶故敢獻之子罕曰我以不貪爲寶爾以玉爲寶若以與我皆喪寶也不若人有其寶公儀休爲魯相使食公祿者不得與下人爭利受大者不得取小客有遺相魚者相不受客曰聞君嗜魚故遺君魚何故不受公儀休曰以嗜魚故不受也今爲相能自給魚今受魚而免相誰復給我魚者吾故不受也(《臣軌》下《廉潔章》)

2. 董宣字少平陳留圉人爲洛陽令時湖陽公主蒼頭白日殺人因匿主家吏不能得及主出行而以奴驂乘宣候之駐車叩馬以刀畫地大言數主之失叱奴下車因格殺之主即還宮訴帝帝大怒召宣欲棰殺之宣叩頭曰陛下聖德中興而從奴殺人將何以治天下乎臣不須棰請自殺即以頭擊楹流血被面帝令小黃門持之使宣叩頭謝主宣不從強使頓之宣兩手據地終不肯俯主曰文叔爲白衣時臧亡匿死吏不敢至門今爲天子威不能行一令乎帝笑曰天子不與白衣同因敕強項令出賜錢三十萬由是豪強震栗京師號爲臥虎歌之曰枹鼓不鳴董少平(《後漢書·董宣傳》)

秦　漢

秦代和漢初散文

秦滅六國，一統天下，建立起我國歷史上第一個大一統的帝國。秦代的統治只有短短的十幾年，沒有什麽文學成就可言。秦代惟一的作家是李斯，其作於秦王政十年的《諫逐客書》是一篇名作。文章運用大量的事實，反復採用對比論證的方法，以證明下達逐客令的錯誤。《諫逐客書》運用鋪張排比的手法，以加強文句的氣勢，明顯受到了戰國縱橫說辭之風的影響。

代表西漢前期散文創作成就的是一些具有強烈時代特徵的政論散文。這一時期的政論家生於新王朝建立之初，胸懷雄才大略，其文章的中心論題是總結秦王朝覆滅的教訓，爲新王朝的長治久安提供良策。

賈誼是西漢前期政論散文的代表性作家，他對秦漢之際的歷史以及當時國家的政治、經濟、軍事諸方面的問題，提出了尖銳而獨到的見解，並爲鞏固西漢王朝的統治提出了一系列具體的建議。他的文章洋溢着對國家前途的擔憂，表現出作爲一名政治家所具有的睿智。後人將賈誼的文章輯爲《新書》，其中以《過秦論》、《治安策》最爲著名。《過秦論》分上、中、下三篇，上篇突出"不施仁義"則必然敗亡的道理，中篇和下篇提出秦二世和子嬰應該採取何種措施才能挽回敗局，實際是提出了西漢王朝應該實行什麽樣的政策。文章多鋪張渲染，有戰國縱橫家的遺風。《治安策》，又名《陳政事疏》，詳盡、具體地討論了國家所面臨的各種危機和應採取的對策。賈誼極力主張削弱諸侯以加強中央集權、重視仁義教化、減輕人民的負擔等，這些主張大部分在賈誼死後陸續得到了實行。

稍後的景帝時代，出現了另一位重要的政論散文作家晁錯。晁錯政治觀點與賈誼相近，其代表作有《賢良文學對策》、《言兵事疏》、《守邊勸農疏》、《論貴粟疏》等。晁錯在《論貴粟疏》等文章中主張重農抑商，他預見到商人的暴富會損害農業的發展，農業經濟的停滯不前會威脅到封建統治的穩固。在中國以後長期的封建社會中，重農抑商成爲基本的國策。

西漢中期的散文，以司馬遷的成就最高。除《史記》外，司馬遷還有一篇抒情散文《報任安書》。這篇文章直抒胸臆，表現出作者在遭受宮刑之後爲了實現自己的理想而忍辱偷生的巨大的內心痛苦，是漢代散文中難得的抒情之作。在中國文學史上,純粹的抒情散文,是從私人書信體中開始形成的,《報任安書》可以說開創了這一傳統的先河。

漢賦的興盛

漢初的文學成就除了散文之外,主要表現在辭賦的發展上。賈誼的《鵩鳥賦》採用問答形式,首開漢賦問答體的先河。枚乘的《七發》正式採用客主問答展開描寫,寓諷諫於鋪敘之中,標誌着漢代新賦體的正式形成。這一時期的代表性辭賦作家是賈誼、枚乘和司馬相如。

《弔屈原賦》、《鵩鳥賦》是賈誼辭賦的代表作。《弔屈原賦》是賈誼謫往長沙、途經湘水時,感念屈原的生平而作。由於賈誼與屈原有相同遭遇,名爲弔屈原,實爲自弔。賈誼雖對屈原以身殉國表示不贊成,但對屈原的不幸遭遇則深表同情,對賢愚顛倒的社會提出了強烈的抗議。《鵩鳥賦》作於賈誼謫居長沙時。某日一隻鵩鳥(貓頭鷹)飛入室內,賈誼想到世事無常、人生短促,便作此賦以自慰。此賦重在說理,直接抒情成分大大減少,已經脫離了楚辭的風格。從文體特徵看,《鵩鳥賦》可以說是楚辭體向漢賦的一種過渡。

枚乘辭賦以《七發》最負盛名。此賦假設楚太子有疾,吳客往問,分析太子的病根乃是腐化享樂、安逸懶惰,言此病非藥石針灸所能治,只有停止其聲色犬馬、淫靡安逸的享樂生活才能醫治。這顯然是針對當時貴族的腐朽生活而提出的諷諭勸戒。枚乘認爲,腐朽生活導源於腐朽的思想作風,要治這種病,最好從思想入手,這是有深刻的意義的。《七發》在藝術上的特色是鋪張,它不像後來的大賦那樣堆砌奇僻辭彙,讀起來較爲平易,但同時不乏精彩的片段。《七發》是標誌着新體賦——漢賦正式形成的第一篇作品。

司馬相如辭賦的代表作是《子虛賦》、《上林賦》。二賦(一說本是一篇,後分割爲二)借子虛、烏有、亡是三人的對話,對諸侯與天子宮闕遊獵的盛況竭力鋪張。作品歌頌了大一統中央皇朝無可比擬的氣魄和聲威,體現了中央皇朝對諸侯王分裂割據勢力的勝利。在賦的末尾,作者還略帶諷諫,要天子認識到過分奢侈,"非所以爲繼嗣創業垂統",於是"省刑罰,改制度,易服色,革正朔,與天下爲更始"。《子虛賦》、《上林賦》的出現,不僅奠定了"勸百諷一"的賦頌傳統,同時也確立了鋪張揚厲的大賦體制。

司馬遷和《史記》

《史記》是我國第一部紀傳體通史,記載了從傳說中的黃帝到漢武帝太初年間大約三千年的歷史。全書以本紀爲綱,互相配合,體制嚴密,既反映出三千年間政治、經濟、文化等方面錯綜複雜的歷史風雲,又刻畫出一批栩栩如生的歷史人物。司馬遷寫《史記》的目的,據他自己說是:"欲以究天人之際,通古今之變,成一家之言。"(《報任安書》)所以,我們不應僅僅把《史記》看做是單純的歷史記錄,它在史學上、文學上都有極高的成就。

　　《史記》不僅首創了以"紀傳"爲主的史學體裁,同時也開創了我國古代傳記文學的先河。《史記》的本紀、世家、列傳中所描寫的一系列歷史人物,如同一幅歷史人物畫卷,生動地展現了廣闊的社會生活場面。《史記》第一次以人爲本位來記載歷史,表現出對人在歷史中的地位與作用的高度重視。它所記述的人物,雖然仍以上層政治人物爲主,但其範圍已擴大到整個社會。在《史記》中,帝王、諸侯、農民領袖、卿相、將帥、后妃、宦官、文人、刺客、遊俠、商人、戲子等形形色色的人物都有自己的活動舞臺,共同上演着一出出人生的悲喜劇,這種現象在"正史"中很難見到。

　　《史記》的文學成就突出地表現在它塑造了許多栩栩如生的藝術形象。司馬遷爲了寫好歷史人物,在歷史題材的提煉、人物性格的描寫等方面都積累了豐富的經驗,表現了他獨特的審美觀念和審美趣味。司馬遷對歷史人物絕不是有事必錄,而是選擇這些人一生中最有意義的事件以突現他們某一方面的特點。如《魏公子列傳》,存魏救趙是信陵君一生中的重大事件,司馬遷沒有過多地寫他在這一事件中的政治、軍事活動,而把重點放在敬迎侯生、竊符救趙幾件事上。通過這幾個故事,突出信陵君禮賢下士、急人之難、爲國忘身的性格特點。又如《廉頗藺相如列傳》,主要選擇了"完璧歸趙"、"澠池會"、"廉藺交歡"等故事,突出藺相如爲維護趙國尊嚴而勇敢機智地和秦王鬥爭的英勇行爲、"先國家之急而後私仇"的高貴品質以及廉頗勇於改過的精神。

　　《史記》描寫人物時,善於通過許多緊張鬥爭的場面,將人物置於複雜的矛盾衝突的旋渦中,讓人物表現出他們各自的性格特徵。如《鴻門宴》,整個故事鬥爭尖銳、矛盾交雜,而在司馬遷筆下卻寫得井井有條,一波未平,一波又起。各種人物的形象,如項羽的妄自尊大、坦率粗直,劉邦的圓滑柔韌,張良的沈着機智、從容不迫,范增的老謀深算,樊噲的忠誠勇猛、臨危不懼,無不鮮明地呈現在我們眼前。故事化的手法和生動的場面描寫,使《史記》的人物傳記饒有波瀾,人物形象各具特徵,成爲史學與文學相結合的典範之作。

　　《史記》是我國古代散文的典範,對後世散文發展影響深遠,唐宋以後的散文家無不推崇《史記》。《史記》對我國古典小說影響也十分巨大,它以人物傳記的形式塑造人物形象,爲我國古典小說、特別是唐人傳奇所承襲。《史記》同時也是我國古典戲曲題材的重要來源,元雜劇、明清傳奇多從其中取材。

樂府民歌

　　"樂府"一名最早見於秦朝。"樂府"本指音樂機關,樂即音樂,府即官府。但魏晉六朝卻將樂府所唱的詩也稱爲"樂府",於是所謂樂府便由機關的名稱一變而爲一種帶有音樂性的詩體的名稱。六朝人雖把樂府看成一種詩體,但着眼還是在音樂上。至唐,則已撇開音樂,而注重其社會内容,如元結《系樂府》、白居易《新樂府》、皮日休《正樂府》等都未入樂,但都自名爲樂府,於是所謂樂府又一變而爲一種批判現實的諷刺詩。宋元以後,也有稱詞、曲爲樂府的,則又離開了唐人所揭示出來的樂府的精神實質,而單從入樂這一點出發,這是對"樂府"一詞的濫用。漢時樂府的任務,除了將文人歌功頌德的詩製成曲譜並製作、演奏新的歌舞外,一項最有意義的工作便是採集民歌。據《漢書·藝文志》所載,西漢樂府民歌有一百三十八首,但現存的總共不過三四十首。

樂府民歌廣泛地反映了兩漢人民的痛苦生活,同時還深刻地反映了兩漢人民的思想感情。

樂府民歌有對階級剝削和壓迫的反抗。《東門行》寫的是一個"犯上作亂"的窮老漢。"出東門,不顧歸。來入門,悵欲悲。盎中無斗米儲,還視架上無懸衣。拔劍東門去,舍中兒母牽衣啼:'他家但願富貴,賤妾與君共餔糜。上用倉浪天故,下當用此黃口兒。'"《陌上桑》則歌頌了一個反抗荒淫無恥的五馬太守的採桑女子——秦羅敷,塑造了一個美麗、勤勞、機智、勇敢、堅貞的女性形象。

樂府民歌有對戰爭和徭役的揭露。《戰城南》通過戰死者的現身說法,揭露了戰場的慘象和統治階級的殘忍與昏庸。《十五從軍征》則是通過一個老兵的自述,揭露了當時兵役制度的黑暗。《悲歌》更明言"欲歸家無人",只能是"悲歌可以當泣,遠望可以當歸"。

樂府民歌有對封建禮教和封建婚姻制度的抗議。在漢樂府民歌中,我們很少讀到像《詩經》"國風"中常見的那種輕鬆愉快的男女相悅之詞,更多的是棄婦和怨女的悲訴與抗議。有的因無辜被棄,對喜新厭舊的"故夫"提出了責難,如《上山採蘼蕪》。有的爲了追求愛情理想,用火一般的熱情和實際行動大膽地衝破禮教束縛,如《上邪》。

《孔雀東南飛》是漢樂府敘事詩發展的高峰,它通過焦仲卿、劉蘭芝的婚姻悲劇,有力地揭露了封建禮教、封建家長制的罪惡,熱烈地歌頌了蘭芝夫婦忠於愛情、寧死不屈的鬥爭精神。由於《孔雀東南飛》提出的是封建社會裏一個極其普遍的社會問題,這就使得這一悲劇具有了高度的典型意義。《孔雀東南飛》最大的藝術成就是成功地塑造了幾個鮮明的人物形象。作者寫劉蘭芝如何聰明美麗、勤勞能幹,自始至終突出了她那當機立斷、永不向惡勢力示弱的倔強性格。另一個正面人物焦仲卿,受封建禮教影響較深,性格比較軟弱,但他是非分明,忠於愛情,不爲母親的脅迫利誘所動搖,最終走上了以死殉情的反抗道路。

漢樂府民歌最大、最基本的藝術特色是它的敘事性,它標誌着敘事詩已發展到了成熟階段。五言詩是漢樂府民歌的新創。在此以前,還沒有完整的五言詩,而漢樂府卻創造了像《陌上桑》這樣完美的長篇五言。

五言詩的起源和發展

　　五言詩從民間傳入文人手中,經歷了一個漫長的發展過程。遠在四言詩盛行時代,五言詩即已萌芽。例如,《詩經》中的《行露》、《北山》等篇已有半章或全章都是五言形式。春秋末期的楚國民歌《孺子歌》和秦始皇時的《長城歌》,雖然前者還帶有語助詞,但已經是獨立成篇的五言詩雛形。及至西漢,五言的歌謠、諺語越來越多。自漢武帝以後,五言歌謠被採入樂府,成爲樂府歌辭,逐漸引起了文人們的注意和愛好,於是就有了文人的五言詩。

　　現存東漢文人五言詩,雖然數量不多,但大體上可以看出文人五言詩形成和發展的過程。東漢班固寫過一首《詠史》詩,內容是詠緹縈救父、漢文帝除肉刑的事,質木無文,缺乏形象性。其後,張衡作《同聲歌》,感情真摯,詞采綺麗,表達技巧已有一定的進步。東漢末桓、靈之際的五言詩作者有秦嘉、蔡邕、酈炎、趙壹、辛延年、宋子侯等。東漢的文人五言詩日趨成熟,是與學習樂府民歌分不開的,從文人五言詩的語言風格,比興手法的運用,都可以看出樂府民歌的影響。東漢末年還有數量不少的無名氏"古詩",標誌着東漢文人五言詩進入了成熟的階段。

古詩十九首

　　無名氏"古詩"以《古詩十九首》爲代表,《古詩十九首》載于《文選》,因爲作者姓名失傳,時代不能確定,故《文選》題其名爲"古詩"。這些古詩雖不是一人所作,但風格、內容大體相同,其產生的時代,估計在順帝末年至獻帝以前(約公元 140—190)。

　　《古詩十九首》反映的思想內容是很複雜的。"今日良宴會"、"西北有高樓"等寫熱衷仕宦,"明月何皎皎"、"青青河畔草"、"冉冉孤生竹"等寫遊子思歸,"青青陵上柏"、"生年不滿百"寫人生短促、及時行樂,"明月皎夜光"寫世態炎涼。《古詩十九首》的思想感情雖然複雜,但對人生苦短、節序如流的感傷,是這些古詩的共同特徵。

　　《古詩十九首》的藝術成就是很突出的,在我國早期的五言抒情詩中,這樣優秀的作品也是比較少見的。自魏晉以來,評論家對它的評價都極高,稱其爲"驚心動魄,一字千金"(《詩品》),"五言之冠冕"(《文心雕龍》)。《古詩十九首》從樂府民歌汲取營養,形成了獨特的藝術風格,成爲我國文學史上早期抒情詩的典範。《古詩十九首》的高度藝術成就正是五言詩已經達到成熟階段的標誌。

　　《古詩十九首》的主要藝術特色是長於抒情,融情入景,寓景於情,二者密切結合,達到天衣無縫、水乳交融的境界。它的另一個顯著的藝術特點是,善於通過某種典型的生活情節來抒寫作者的心理活動,使詩中主人公的形象更鮮明突出。例如,"西北有高樓"寫一個追求名利的失意者的心情,並不抽象地寫他如何懷才不遇,而通過高樓聽曲這一具體事件的描繪,表明了主人公對那個聞聲而未見面的人而言是一個曠世知音。《古詩十九首》還有一個藝術特點,就是善於運用比興手法,映襯烘托,着墨不多,卻言近旨遠,語短情長。語言不假雕琢,淺近自然。

李　斯

　　李斯(？—前208),戰國時楚國上蔡(今屬河南)人。初爲郡小吏,後拜荀卿爲師,與韓非一起學"帝王之術"。戰國末入秦,爲相國呂不韋舍人。後得秦王政賞識,拜爲客卿,在輔佐秦王統一六國的事業中起過重大作用。公元前221年,秦建立起我國第一個統一的中央集權的封建國家,李斯官至丞相。他積極主張廢諸侯、設郡縣、書同文、車同軌,對社會進行了一系列的改革,爲鞏固新興的中央集權制作出了很大的貢獻;但他的收詩書愚百姓、嚴刑苛法等主張,也給秦王朝帶來極壞的後果。秦始皇死,趙高謀立胡亥,李斯被迫脅從,後爲趙高譖害,腰斬咸陽,夷滅三族。

　　李斯是秦代作家中的代表人物,除代表作《諫逐客書》外,還有在泰山等幾處留有的刻石文。

諫逐客書

【題解】

　　本篇選自《史記·李斯列傳》,是李斯勸諫秦王政(即後來的秦始皇)不要驅逐客卿而上的一篇奏章。奏章寫于秦王政十年(前237),當時秦國勢力強大,外來客卿增多,因此,受此影響而權力旁落的秦國貴族,就借韓人鄭國爲秦修渠而消耗秦國力、使秦無暇東征的事例挑唆秦王下令逐客。作者針對秦王急於統一天下的心願,以大量的事實作依據,反復採用對比論證的方法,結果說服秦王撤銷了逐客令。奏章除了開門見山提出"驅逐客卿是錯誤的"這一中心論點以及結尾照應開頭的收束,中間部分,一段以歷史事實說明客卿對秦國的重大貢獻,一段用秦王喜好其他國家的"色樂珠玉"卻排斥其他國家人才來說明秦王對待人才的做法絕對錯誤,一段על納客和逐客的利害關係從理論上進行深刻闡述。奏章中心突出,結構嚴謹,論辯有力,說理透闢。全文設比喻、用排偶、重鋪敍,句式上整齊錯落,音節上抑揚頓挫,對後來漢代的散文和辭賦產生了一定的影響。

臣聞吏議逐客,竊以爲過矣。

昔繆公求士,西取由余於戎,東得百里奚于宛,迎蹇叔于宋,來丕豹、公孫支於晉[1]。此五子者,不產于秦,而繆公用之,并國二十,遂霸西戎。孝公用商鞅之法,移風易俗,民以殷盛,國以富強,百姓樂用,諸侯親服,獲楚、魏之師,舉地千里,至今治強[2]。惠王用張儀之計,拔三川之地,西并巴、蜀,北收上郡,南取漢中,包九夷,制鄢、郢,東據成皋之險,割膏腴之壤,遂散六國之從,使之西面事秦,功施到今[3]。昭王得范雎,廢穰侯,逐華陽,強公室,杜私門,蠶食諸侯,使秦成帝業[4]。此四君者,皆以客之功。由此觀之,客何負于秦哉?嚮使四君卻客而不內[5],疏士而不用,是使國無富利之實,而秦無強大之名也。

今陛下致昆山之玉[6],有隨、和之寶[7],垂明月之珠[8],服太阿之劍[9],乘纖離之馬[10],建翠鳳之旗[11],樹靈鼉之鼓[12]。此數寶者,秦不生一焉,而陛下說之,何也?必秦國之所生然後可,則是夜光之璧不飾朝廷;犀、象之器不爲玩好[13];鄭、衛之女不充後宮[14];而駿良駃騠不實外廄[15];江南金錫不爲用,西蜀丹青不爲采[16]。所以飾後宮、充下陳[17]、娛心意、說耳目者,必出於秦然後可,則是宛珠之簪、傅璣之珥、阿縞之衣、錦繡之飾不進於前[18];而隨俗雅化、佳冶窈窕趙女不立於側也[19]。夫擊甕叩缶,彈箏搏髀,而歌乎嗚嗚快耳者,真秦之聲也[20]。《鄭》、《衛》、《桑間》、《韶虞》、《武象》者,異國之樂也[21]。今棄擊甕叩缶而就《鄭》、《衛》,退彈箏而取《韶虞》,若是者何也?快意當前,適觀而已矣[22]。今取人則不然,不問可否,不論曲直,非秦者去,爲客者逐[23]。然則是所重者,在乎色、樂、珠、玉,而所輕者,在乎民人也。此非所以跨海內、制諸侯之術也。

臣聞地廣者粟多,國大者人衆,兵強則士勇。是以泰山不讓土壤,故能成其大;河海不擇細流,故能就其深[24];王者不卻衆庶,故能明其德。是以地無四方,民無異國,四時充美,鬼神降福,此五帝三王之所以無敵也。今乃棄黔首以資敵國,卻賓客以業諸侯[25],使天下之士退而不敢西嚮,裹足不入秦,此所謂"藉寇兵而齎盜糧[26]"者也。

夫物不產于秦,可寶者多;士不產于秦,而願忠者衆。今逐客以資敵國,損民以益仇,內自虛而外樹怨于諸侯,求國無危,不可得也。

【注釋】

(1) 繆(mù)公:即秦穆公(前659—前621在位),春秋五霸之一。 由余:春秋時人,其祖先是晉人,後入居戎地。由余奉命出使秦國,秦穆公以女樂贈戎王,戎王樂而受之。由余屢諫不聽,遂奔秦。秦用由余謀伐戎,遂滅十二戎國,稱霸西戎。事見《史記·秦本紀》及《淮南子·精神訓》。 百里奚:春秋時楚國宛(yuān,今河南南陽)人,曾任虞國大夫,晉滅虞後成了晉國的俘虜。晉獻公嫁女,將他作爲陪嫁奴隸送入秦,後逃回楚。秦穆公聽說他是位賢人,用五張公羊皮將他贖回,任爲相。他與蹇叔、由余等盡心輔佐,成就了秦穆公的霸業。 蹇(jiǎn)叔:岐(今陝西境內)人,客居於宋,百里奚的好友。經百里奚推薦,秦穆公把他從宋國請來,聘爲上大夫。 丕豹:晉國大夫丕鄭之子,因其父被殺逃到秦國,被秦穆公任爲大將。 公孫支:岐人,居於晉,秦穆公任他爲大臣。

(2) 孝公:秦孝公(前361—前338在位)。 商鞅:戰國時衛國人,姓公孫,名鞅,又稱衛鞅。任秦相十年,兩度變法,奠定秦統一六國的基礎。封地于商,故稱商鞅。 殷:富足,富裕。 獲楚、魏之師:秦孝公二十二年(前340),秦封衛鞅于商,戰勝楚、魏,俘魏公子卬。 舉:攻佔。 治:安定。

(3) 惠王:秦惠王(前337—前311在位),也稱秦惠文王,秦孝公之子。 張儀(?—前310):戰國時魏國貴族後代,縱橫家代表人物之一。秦惠王時曾任秦相,力主"連橫",使秦國破壞了六國的"合縱"而將六國各個擊破。 拔:攻取。 三川之地:今河南洛陽一帶。三川,黃河、伊水、洛水。 巴、蜀:當時的兩個小國,分別在今重慶、成都一帶。 上郡:魏地,今陝西、寧夏、內蒙一帶。 漢中:楚地,在今陝西南部。 包:囊括,吞併。 九夷:當時屬於楚國的少數民族地區。 鄢(yān):楚地,今湖北宜城一帶。 郢(yǐng):楚國國都,今湖北江陵。 成皋:著名的軍事要塞,又名虎牢關,在今河南滎陽。 六國之從:韓、趙、魏、齊、燕、楚六國合縱抗秦的聯合計劃。從,通"縱"。 事:侍奉。 施(yì):延續。

(4) 昭王:秦昭襄王(前307—前251在位),秦惠王之子。 范雎(jū):魏國人,昭王時任秦相,封應侯。 穰(ráng)侯:即魏冉,秦昭王母親宣太后的異父弟,封于穰,曾作秦相,擅權三十多年。 華陽:即羋(mǐ)戎,秦昭王母親宣太后的同父弟,封于華陽,因宣太后的關係,同穰侯一起專權。 公室:王室。 私門:貴族豪門。

(5) 嚮使:當初假如。 卻:拒絕。 內:通"納"。

(6) 致:取得。 昆山:昆侖山。古時傳說昆侖山產美玉。

(7) 隨、和之寶:隨侯珠、和氏璧。 隨:周初小國,在今湖北境內。傳說隨侯用藥敷治了一條受傷的大蛇,後來此蛇在夜間銜來一珠報恩,故稱"隨侯珠"。事見《淮南子·覽冥訓》漢高誘注。 和:春秋時楚國人卞和。傳說他在山裏得到一塊璞玉,獻給楚王,琢成美玉,因此稱爲"和氏之璧"。

(8) 明月之珠:夜間亮如明月的寶珠,一說即隨侯珠。

(9) 服:佩帶。 太阿(ē):利劍名,相傳爲春秋時吳國名匠干將和歐冶子鍛造。

(10) 纖離:古駿馬名。

(11) 建:樹立。 翠鳳之旗:用翠鳳鳥羽毛裝飾的旗幟。翠鳳,一種珍奇的鳥。

(12) 樹:設置。 靈鼉(tuó):即鼉龍,鱷魚類,皮可製鼓。

(13) 犀、象之器:用犀牛角、象牙製作的器物。 玩好:玩賞、喜好之物。

(14) 鄭、衛之女:據說鄭、衛之地多美女。

(15) 駃騠(jué tí):駿馬名。 實:充滿。

(16) 丹青:丹砂和青䕞,繪畫的顏料。 采:彩飾。

(17) 充下陳:古代統治者將財物、姬妾充實府庫、後宮。下陳,陳放財物之處位於堂下,故稱"下陳"。

(18) 宛珠:宛(今河南南陽)地出產的珠。 傅璣之珥:附有璣珠的耳飾。傅,通"附"。

阿(ē):齊國東阿(今屬山東)。　縞(gǎo):白色絲織品。
(19) 隨俗雅化:隨著時尚打扮得時髦漂亮。　佳冶:美好豔麗。　窈窕:體態優美。
(20) 甕(wèng)、缶(fǒu):皆爲瓦器,古時秦地用作樂器。　搏:拍擊。　髀(bì):大腿。
(21)《鄭》、《衛》:鄭、衛兩國的樂曲。《桑間》:衛國濮水之濱(今河南濮陽地區)的樂曲。《韶虞》:相傳舜時的樂曲。《武象》:相傳周初的樂曲。
(22) 適觀:適於觀賞。
(23) 不問可否:不問這個人才能不能用。　不論曲直:不討論一下逐客有沒有道理。
(24) 不擇細流:對大小水流不加選擇,一律容納。
(25) 黔首:秦時對百姓的稱呼,此指客卿、人才。　業:用作動詞,使……成就功業。
(26) 藉:借。　齎(jī):贈送,給予。

鄒　　陽

　　鄒陽(？—前129),西漢臨淄(今山東淄博)人。早年與枚乘等人在吳王劉濞手下任職,以文辯著名。漢景帝時,吳王蓄謀反叛,鄒陽曾上書諫阻,勸誡吳王勿以"一縷之任繫千鈞之重",因不見用而改投梁孝王門下。梁孝王劉武是景帝的同母弟,與舊臣羊勝謀,求立爲太子,其母竇太后也主張傳位給梁孝王。鄒陽爲人有謀略,慷慨不苟合,遂力爭以爲不可,爲羊勝所讒而下獄。鄒陽上書自明,終被赦免。

獄中上梁王書

【題解】

　　本篇選自《史記·魯仲連鄒陽列傳》。《漢書》、《文選》所載略有不同。鄒陽投梁孝王後,因爲人正直而見讒下獄。將死,鄒陽寫下這篇《獄中上梁王書》自陳冤屈,終獲釋而被奉爲上客。文中列舉大量史實,說明賢主和忠臣只有彼此"剖心坼肝相信",不爲"浮辭"所惑,才能成功業於天下。作者反復強調,君主要"公聽並觀,垂明當世",要"去驕傲之心",要"不牽於卑亂之語",臣下才會"盡忠竭誠","輔人主之治"。文章雖是在獄中所寫,但通篇感情真切,有拳拳之忠,而無乞憐之意。

　　臣聞"忠無不報,信不見疑",臣常以爲然,徒虛語耳。昔者荆軻慕燕丹之義[1],白虹貫日[2],太子畏之[3];衛先生爲秦畫長平之事[4],太白食昴[5],而昭王疑之。夫精誠變天地,而信不諭兩主,豈不哀哉!今臣盡忠竭誠,畢議願知,左右不明,卒從吏訊,爲世所疑,是使荆軻、衛先生復起,而燕、秦不悟也。願大王孰察之。

昔卞和獻寶,楚王刖之[6];李斯竭忠,胡亥極刑[7]。是以箕子詳狂[8],接輿辟世[9],恐遭此患也。願大王孰察卞和、李斯之意,而後楚王、胡亥之聽,無使臣爲箕子、接輿所笑。臣聞比干剖心[10],子胥鴟夷[11],臣始不信,乃今知之。願大王孰察,少加憐焉。

諺曰:"白頭如新,傾蓋如故。"[12]何則?知與不知也。故樊於期逃秦之燕,藉荆軻首以奉丹之事[13];王奢去齊之魏,臨城自剄以卻齊而存魏[14]。夫王奢、樊於期非新于齊、秦而故于燕、魏也,所以去二國死兩君者,行合於志而慕義無窮也。是以蘇秦不信於天下,而爲燕尾生[15];白圭戰亡六城,爲魏取中山[16]。何則?誠有以相知也。蘇秦相燕,燕人惡之于王,王按劍而怒,食以駃騠[17];白圭顯於中山,中山人惡之于魏文侯,文侯賜以夜光之璧。何則?兩主二臣,剖心坼肝相信[18],豈移於浮辭哉!

故女無美惡,入宮見妒;士無賢不肖,入朝見嫉。昔者司馬喜臏腳于宋,卒相中山[19];范雎摺脅折齒于魏,卒爲應侯[20]。此二人者,皆信必然之畫,捐朋黨之私,挾孤獨之位,故不能自免於嫉妒之人也。是以申徒狄自沈於河[21],徐衍負石入海[22],不容於世,義不苟取比周於朝[23],以移主上之心。故百里奚乞食于路,繆公委之以政[24];甯戚飯牛車下,而桓公任之以國[25]。此二人者,豈借宦於朝,假譽於左右,然後二主用之哉?感於心,合於行,親於膠漆,昆弟不能離,豈惑於衆口哉?故偏聽生奸,獨任成亂。昔者魯聽季孫之說而逐孔子[26],宋信子罕之計而囚墨翟[27]。夫以孔、墨之辯,不能自免於讒諛,而二國以危。何則?衆口鑠金[28],積毀銷骨也[29]。是以秦用戎人由余而霸中國[30],齊用越人子臧而強威、宣[31]。此二國豈拘於俗,牽於世,繫阿偏之辭哉[32]?公聽並觀[33],垂明當世。故意合則胡越爲昆弟,由余、子臧是矣;不合則骨肉爲仇敵,朱、象、管、蔡是矣[34]。今人主誠能用齊、秦之明,後宋、魯之聽,則五伯不足稱,三王易爲也。

是以聖王覺寤,捐子之之心[35],而不說田常之賢[36],封比干之後[37],修孕婦之墓[38],故功業復就於天下。何則?欲善無厭也。夫晉文公親其讎而強霸諸侯[39],齊桓公用其仇而一匡天下[40]。何則?慈仁殷勤,誠加於心,不可以虛辭借也[41]。至夫秦用商鞅之法,東弱韓、魏,兵強天下,而卒車裂之[42];越用大夫種之謀,禽勁吳,霸中國,而卒誅其身[43]。是以孫叔敖三去相而不悔[44],於陵子仲辭三公爲人灌園[45]。今人主誠能去驕傲之心,懷可報之意,披心腹,見情素[46],墮肝膽[47],施德厚,終與之窮達[48],無愛於士[49],則桀之犬可使吠堯,蹠之客可使刺由[50],何況因萬乘之權,假聖王之資乎?然則荆軻之湛七族[51],要離之燒妻子[52],豈足道哉?

臣聞明月之珠,夜光之璧,以闇投人於道,人無不按劍相眄者[53],何則?無因而至前也[54]。蟠木根柢[55],輪囷離詭[56],而爲萬乘器者,何則?以左右先爲之容也。故無因而至前,雖出隨侯之珠(57)、夜光之璧,猶結怨而不見德;故有人先談(58),則以枯木朽株樹功而不忘。今天下布衣窮居之士,身在貧賤,雖蒙堯、舜之術,挾伊、管之辯(59),懷龍逢、比干之意(60),欲盡忠當世之君,而素無根柢之容,雖竭精思,欲開忠信(61),輔人主之治,則人主必有按劍相眄之迹,是使布衣不得爲枯木朽株之資也。

是以聖王制世御俗,獨化于陶鈞之上(62),而不牽於卑亂之語,不奪於衆多之口(63)。故秦皇帝任中庶子蒙嘉之言,以信荊軻之說,而匕首竊發(64);周文王獵涇、渭,載呂尚而歸,以王天下(65)。秦信左右而亡(66),周用烏集而王(67)。何則?以其能越攣拘之語(68),馳域外之議(69),獨觀於昭曠之道也(70)。今人主沈於諂諛之辭,牽於帷牆之制(71),使不羈之士與牛驥同皁(72),此鮑焦所以憤於世也(73)。

臣聞盛飾入朝者,不以私汙義;砥厲名號者(74),不以欲傷行。故里名勝母而曾子不入(75),邑號朝歌而墨子回車(76)。今欲使天下寥廓之士(77),攝於威重之權(78),脅於權勢之貴(79),回面汙行以事諂諛之人(80),而求親近於左右,則士伏死堀穴巖藪之中耳(81),安有盡忠信而趨闕下者哉(82)?

【注釋】

(1) 荊軻:戰國時衛人。 燕丹:燕太子丹,曾在秦爲人質,後逃歸。當時秦蠶食諸侯,且將至燕。燕丹厚養荊軻,並派其至秦刺秦王,未遂,荊軻被殺。事見《史記·刺客列傳》。

(2) 白虹貫日:有白虹貫穿於太陽。白虹,白氣。白虹貫日被認爲是大變將發的徵兆。

(3) 畏之:怕荊軻不願赴秦。荊軻臨行時曾等一預約同行的人,"太子遲之,疑其改悔"。

(4) 衛先生:戰國時秦人。 長平之事:秦將白起在長平大敗趙軍,坑降卒四十萬。白起派衛先生去說服秦昭王增加兵糧,以一舉滅趙。因秦相范雎與白起素有積怨,從中阻撓破壞,事未成。下文"昭王疑之"即指此事。

(5) 太白食昴(mǎo):言衛先生精誠上達於天,因而產生了太白星遮住了昴星這一天象,暗指趙地將遭兵禍。太白,即金星。傳說太白星主殺伐,故詩文中多以此比喻兵戎。昴,星宿名,趙地分野。

(6) 刖(yuè):古代砍掉腳的酷刑。相傳楚人和氏得了一塊玉璞(未經治理的玉),先後獻給楚厲王和楚武王,都被認爲是欺詐,被砍去雙腳。到了楚文王時,和氏抱着玉璞在郊外痛哭,文王讓工匠加以治理,果然得到了寶玉。事見《韓非子·和氏》。

(7) 胡亥:即秦二世。秦始皇死後,李斯與趙高定謀,立少子胡亥爲帝。二世即位後,荒淫無道,李斯上書諫戒,二世反而聽信趙高讒言,腰斬李斯。事見《史記·李斯列傳》。

(8) 箕子:紂王同族伯叔。紂王暴虐,箕子諫不聽,乃披髮佯狂爲奴,爲紂所囚。事見《論語·微子》。 詳:通"佯"。

(9) 接輿:傳說中春秋時楚國隱士,因迎孔子的車而歌,故得名。他對世道不滿,遂佯狂避世。事見《論語·微子》魏何晏注。 辟:通"避"。

(10) 比干:紂王的叔父。傳說紂淫亂,比干犯顏強諫,"紂怒,曰'吾聞聖人心有七竅',遂剖比干觀其心"。事見《書·泰誓下》漢孔安國傳及《論語·微子》。

（11）子胥：伍子胥，春秋時楚人。曾佐吳伐楚，後助吳王夫差攻越，越請和，子胥諫不從。夫差卻信讒言逼子胥自盡，並將其屍體用皮袋裝了拋入江裏。事見《國語·吳語》及《史記·伍子胥傳》。 鴟夷：用皮革製的鴟鳥形口袋。

（12）"白頭"二句：雖相識多年卻不相知，即使頭髮白了，仍與新交無異；而相知者哪怕路上初次見面，停車而語，卻車蓋接近，仿佛有多年交情一樣。傾蓋，兩車緊靠以致把車蓋都擠歪了。

（13）樊於期：戰國時秦將，因得罪秦王而出逃燕國，秦王殺其全家並懸賞千金購其首級。荊軻要刺秦王，計劃用樊於期頭及督亢地圖進獻秦王，以便接近秦王后伺機行刺。樊於斯聽說這一計劃後，遂自刎身亡。事見《史記·刺客列傳》。奉：助。

（14）王奢：戰國齊臣，逃亡至魏。後齊伐魏，王奢登城表示不願因苟且活命而連累魏國，於是自刎。事見《漢書音義》。

（15）蘇秦：戰國縱橫家。 尾生：古代傳說中極守信用的人。據說魯國尾生與一女子相約於橋下，女子未到而河水已漲，尾生抱橋柱淹死。事見《戰國策·燕一》及《莊子·盜跖》。蘇秦初說秦惠王吞併天下，不用，後遊說燕、趙等六國合縱抗秦，佩六國相印。但後來失去諸侯信任，唯獨燕國仍任他為相。

（16）白圭：戰國時中山國將領。因失六城，將被斬，逃亡入魏。魏文侯待他極厚，終為魏取中山。事見《戰國策》。

（17）駃騠(jué tí)：一種駿馬。

（18）剖心坼肝：披肝瀝膽，赤誠相見。坼(chè)，裂。

（19）司馬喜：戰國時人，在宋曾遭臏刑，後來三次為中山國之相。事見《戰國策》。 臏：古代削去膝蓋骨的酷刑。一說即刖刑。

（20）范雎：戰國時魏人。初事魏國中大夫須賈，曾隨須賈出使齊國。因魏相懷疑范雎通齊，"使舍人笞擊雎，折脅摺齒"，范雎佯死得免。范雎逃到秦國，拜為秦相，封為應侯。事見《史記·范雎蔡澤列傳》。 摺：通"拉"(lā)，折斷。

（21）申徒狄：殷末世人。相傳不忍見紂亂，"負石自沈於淵"。事見《淮南子·說山訓》。

（22）徐衍：周末世人。因厭惡亂世，投海自盡。

（23）"義不"句：按照道義不願隨便採取在朝廷結黨營私的手段。苟，隨便。比周，結黨營私。

（24）百里奚：見《諫逐客書》注(1)。

（25）甯戚：春秋時衛人。家貧，為人挽車。一次在齊國餵牛於車下，擊牛角而歌。齊桓公以為非常人，召拜上卿。事見《呂氏春秋·舉難》。

（26）季孫：季桓子，魯國上卿。齊人送季桓子女樂，季桓子"使定公受齊之女樂。君臣相與觀之，廢朝禮三日"，孔子便離開了魯公。事見《論語·微子》。魯國信任季孫，就等於是逐孔子。

（27）子罕：宋國賢臣。此事出處未詳。

（28）眾口鑠金：古諺語。言眾口所毀，雖金石猶可銷也，喻輿論影響的強大。鑠(shuò)，熔化。

(29) 積毀:日積月累的讒毀之言。

(30) 由余:見《諫逐客書》注(1)。

(31) 子臧:人名。 威宣:齊威王、齊宣王。此事出處未詳。

(32) 阿:曲從迎合。 偏:不公正,片面。

(33) 公聽:公正地聽取。 並觀:各方面都觀察。

(34) 朱:丹朱,堯之子,不肖。 象:舜的異母弟,曾謀害舜。 管、蔡:管叔和蔡叔,周武王弟。武王死,周公攝政,管叔和蔡叔聯合紂王之子武庚作亂,周公起兵平定叛亂,殺武庚和管叔,放逐蔡叔。事見《史記·管蔡世家》。

(35) 捐:棄。 子之:戰國時燕王噲之相。噲極信任子之,讓國給他,結果僅過三年,燕國大亂。事見《史記·燕召公世家》。

(36) 田常:春秋時齊簡公的大臣。田常殺簡公,立平公,自任齊相,齊國政權盡歸田氏。事見《史記·齊太公世家》。 賢:才幹。

(37) 據說武王伐紂後,曾封比干之子。另據《書·武成》、《淮南子·主術訓》及《呂氏春秋·慎大覽》,稱武王伐紂後,"封比干之墓"。封墓,對死者之墳加土以表達敬意。

(38) 紂王曾剖孕婦之腹,事見《書·泰誓上》。據說後來武王爲其修墓。

(39) 雔:雔人,指寺人(宮廷內近侍)披。晉文公重耳爲公子時,晉獻公使寺人披刺殺重耳,斬去重耳的袖子。重耳爲晉文公後,不予追究。晉臣呂甥等人密謀弒君,寺人披告密,使晉文公免難。事見《史記·晉世家》。

(40) 仇:指管仲。管仲初事公子糾。齊襄公死後,魯送公子糾回齊,公子小白由莒入齊。雙方交戰中,管仲發箭射中公子小白的帶鉤。公子小白先入齊,立爲齊桓公。後伐魯得管仲,任爲國相,富國強兵,齊桓公成了春秋五霸之一。事見《史記·齊太公世家》。

(41) 以盧辭借:借用浮辭空話。

(42) 商鞅變法對貴族宗室傷害很大。秦孝公死後,公子虔等誣陷商鞅謀反,秦惠王將商鞅車裂。事見《史記·商君列傳》。

(43) 種:春秋時越國大夫文種。與范蠡同事越王勾踐,滅吳後,范蠡勸其引退,不聽,結果勾踐賜劍,讓其自殺。事見《史記·越王勾踐世家》。

(44) 孫叔敖:春秋時楚令尹。"三得相而不喜,知其材自得之也;三去相而不悔,知非己之罪也。"事見《史記·循吏列傳》。

(45) 於陵子仲:戰國時齊人。因住於陵,故號於陵子仲。據說楚王使者曾用重金請他出任楚相,他卻帶着妻子逃走,替人灌園。 三公:輔助國君掌握軍政大權的最高官員。 灌園:從事田園勞動。

(46) 見(xiàn):表現。 情素:忠誠,本心,真情。

(47) 墮肝膽:猶言把心交出來。 墮:輸,送。

(48) 終與之窮達:始終與士同甘共苦。窮達,窮困與顯達。

(49) 愛:吝嗇。

(50) "桀之犬"二句:比喻人臣各爲其主。古書上常有"桀犬吠堯"或"蹠狗吠堯"的說法。 蹠,盜蹠。他"從卒九千人,橫行天下,侵暴諸侯","驅人牛馬,取人婦女","萬民苦之"。事見《莊子·盜蹠》。 由:許由,相傳爲堯時隱士。堯知其賢,讓以帝位,他聽說後認爲這沾汙了他的耳朶,"乃臨河洗耳"。事見《莊子·逍遙遊》。

(51) 湛(chén):通"沈",誅殺。 七族:親族的統稱。一說上起曾祖,下至曾孫。

(52) 要離:春秋時吳國人。吳公子光(即吳王闔廬)殺吳王僚後,使要離去衛殺僚之子慶忌。要離獻計,讓吳公子光殺其妻子,然後詐以負罪出奔,以便接近慶忌而行刺。事見《呂氏春秋·忠廉》。

(53) 眄:斜視。

(54) 無因:沒有緣由。

(55) 蟠木:屈曲的樹。 根柢:樹根。

(56) 輪囷(qūn)、離詭:屈曲、盤錯的樣子。

(57) 隨侯之珠:見《諫逐客書》注(7)。

(58) 談:一本作"遊"。遊、談,意同"遊說"。

(59) 伊、管:伊尹,管仲。

(60) 龍逄:關龍逄,傳說爲夏代賢臣。夏桀無道,關龍逄盡誠極諫,竟遭桀斬首。事見《莊子·人間世》。

(61) 開:展示,表現出。

(62) 化:調節,控制。 陶鈞:製陶器的轉輪。工匠把製陶器時用以旋轉的器具稱作鈞,蓋取"周回調鈞"之意。

(63) 奪:失誤。

(64) 中庶子:太子的屬官。 蒙嘉:秦王的寵臣。荆軻入秦後贈蒙嘉重禮,通過他的介紹推薦,得以面見秦王。事見《史記·刺客列傳》。

(65) 呂尚:即姜太公。姜姓,呂氏,名尚,號太公望。相傳呂尚在渭水釣魚,周文王出獵而遇,相談甚歡,便同載而歸,立以爲師。後呂尚輔佐武王滅殷,周朝建立後封於齊。事見《史記·齊太公世家》。

(66) "秦信"句:此爲誇大之辭。

(67) 烏集:如烏鴉一樣猝然聚合之人,即素不相識、萍水相逢之人。此指呂尚。《漢書音義》曰:"太公望塗覯卒遇,共成王功。若烏鳥之暴集也。"塗,通"途";覯,通"遘"。

(68) 攣拘:又作"拘攣",拘束。

(69) 域外之議:沒有疆域界限的議論。

(70) 昭曠:寬宏豁達。

(71) 帷牆:帳幕垣牆,此指左右臣妾。

(72) 不羈:不甘受約束。 皁:通"槽",牛馬食槽。

(73) 鮑焦:傳說中的周代隱士,因不滿世道,乃抱木而死。事見《莊子·盜跖》。

(74) 砥礪:同"砥礪",磨刀石。細者爲砥,粗者爲礪,引申爲"磨煉"之義。 名號:名聲。

(75) 曾子極孝,以爲"勝母"(勝過母親)之名不順,故不入。

(76) 墨子主張兼愛、非攻,提倡薄葬、非樂,他認爲殷都城"朝歌"(早晨唱歌)之名與己義不合,故掉轉車頭而離去。

(77) 寥廓之士:器度寬洪曠達之士。寥廓:曠遠,廣闊。

(78) 讋:通"慴",畏懼。
(79) 脅:迫。
(80) 回面:邪惡的面目。回,邪僻。一說改變態度。
(81) 堀:通"窟"。 巖(yán):石窟,山洞。 藪(sǒu):湖澤。
(82) 闕下:宮闕之下,此指朝廷。

司 馬 遷

　　司馬遷(前145—前86?),字子長,西漢夏陽(今陝西韓城)人。司馬遷生活在西漢王朝的強盛時期。他幼年好學,受學於當時著名的儒學大師董仲舒、孔安國等人。年輕時曾遊歷各地,後在任郎中、太史令、中書令期間又多次出使各地或陪駕巡幸,對民情風俗及社會現實多有瞭解。元封三年(前108),繼父職任太史令,接觸了朝廷衆多史料,爲實現其父著述歷史的遺願作了充分準備。太初元年(前104),開始撰寫《史記》。天漢二年(前99),因李陵事獲罪受腐刑。太始元年(前96),出獄後任中書令,"隱忍苟活",發憤完成了《史記》的著述。

　　《史記》是司馬遷編寫的我國第一部紀傳體史書,它開創的以人爲經、以事爲緯、以人物爲中心的編寫體例對我國史書的編寫影響極爲深遠。

　　《史記》記載了上自黃帝、下至漢武帝,長達三千餘年的歷史,是二十四史中惟一的一部通史。全書一百三十篇,其中"本紀"十二篇,"世家"三十篇,"列傳"七十篇,"表"十篇,"書"八篇。"本紀"敘帝王,"世家"記諸侯,"列傳"志人物,"表"繫時事,"書"詳制度。

　　《史記》所體現的"其文直,其事核,不虛美,不隱惡"的"實錄"精神歷來爲人們所稱道。

　　《史記》是史學名著,也是文學名著,它對古代的小說、戲劇、傳記文學、散文都有廣泛的影響。魯迅"史家之絕唱,無韻之離騷"的評價,正指出了《史記》的特點。

　　《史記》現在的通行本爲中華書局點校的三家注本《史記》(南朝宋裴駰《史記集解》、唐司馬貞《史記索隱》、唐張守節《史記正義》)。

張釋之列傳

【題解】

　　張釋之,西漢時人,曾在漢文帝時官至九卿之一的廷尉。本篇通過一些事例,表現了張釋之秉公執法、不畏權勢的精神面貌。難怪司馬遷在《史記·張釋之列傳》篇末的評論中認爲，像張釋之這樣"守法不阿意"而值得"稱誦"之處，完全"可著廊廟"。

　　張廷尉釋之者，堵陽人也[1]，字季。有兄仲同居[2]。以訾爲騎郎[3]，事孝文帝，十歲不得調，無所知名。釋之曰："久宦減仲之產，不遂。"欲自免歸。中郎將袁盎知其賢，惜其去，乃請徙釋之補謁者[4]。釋之既朝畢，因前言便宜事[5]。文帝曰："卑之，毋甚高論，令今可施行也[6]。"於是釋之言秦漢之間事，秦所以失而漢所以興者久之。文帝稱善，乃拜釋之爲謁者僕射。

　　釋之從行，登虎圈。上問上林尉諸禽獸簿，十餘問，尉左右視，盡不能對[7]。虎圈嗇夫從旁代尉對上所問禽獸簿甚悉，欲以觀其能口對響應無窮者[8]。文帝曰："吏不當若是邪？尉無賴[9]！"乃詔釋之拜嗇夫爲上林令。釋之久之前曰："陛下以絳侯周勃何如人也[10]？"上曰："長者也。"又復問："東陽侯張相如何如人也[11]？"上復曰："長者。"釋之曰："夫絳侯、東陽侯稱爲長者，此兩人言事曾不能出口，豈斅此嗇夫諜諜利口捷給哉[12]！且秦以任刀筆之吏，吏爭以亟疾苛察相高[13]，然其敝徒文具耳[14]，無惻隱之實。以故不聞其過，陵遲而至於二世，天下土崩。今陛下以嗇夫口辯而超遷之，臣恐天下隨風靡靡[15]，爭爲口辯而無其實。且下之化上疾于景響[16]，舉錯不可不慎也。"文帝曰："善。"乃止不拜嗇夫。

　　上就車，召釋之參乘[17]，徐行，問釋之秦之弊。具以質言[18]。至宮，上拜釋之爲公車令[19]。

　　頃之，太子與梁王共車入朝，不下司馬門[20]。於是釋之追止太子、梁王，無得入殿門。遂劾不下公門不敬[21]，奏之。薄太后聞之[22]，文帝免冠謝曰："教兒子不謹。"薄太后乃使使承詔赦太子、梁王[23]，然後得入。文帝由是奇釋之，拜爲中大夫[24]。

　　頃之，至中郎將。從行至霸陵，居北臨廁[25]。是時慎夫人從，上指示慎夫人新豐道[26]，曰："此走邯鄲道也。"使慎夫人鼓瑟，上自倚瑟而歌[27]，意慘淒悲懷，顧謂群臣曰："嗟乎！以北山石爲椁，用紵絮斮陳，蕠漆其間，其可動哉[28]？"左右皆曰："善。"釋之前進曰："使其中有可欲者，雖錮南山猶有郤[29]；使其中無可欲者，雖無石椁，又何戚焉！"文帝稱善。其後拜釋之爲廷尉。

　　頃之，上行出中渭橋，有一人從橋下走出，乘輿馬驚[30]。於是使騎捕，屬之廷尉。釋之治問。曰："縣人來，聞蹕，匿橋下[31]。久之，以爲行已過，即出，見乘輿車騎，即走耳。"廷尉奏當，一人犯蹕，當罰金[32]。文帝怒曰："此人親驚吾馬。吾馬賴柔和[33]，令他馬，固不敗傷我乎？而廷尉乃當之罰金！"釋之曰："法者天子所與天下公共也。今法如此而更重之，是法不信於民也。且方其時，上使立誅之則已。今既下廷尉，廷尉，天下之平也，一傾而天下用法皆爲輕重，民安所措其手足？唯陛下察之。"良久，上曰："廷尉當是也。"

　　其後有人盜高廟坐前玉環[34]，捕得，文帝怒，下廷尉治。釋之案律盜宗廟服御物者爲奏,奏當棄市⁽³⁵⁾。上大怒曰:"人之無道,乃盜先帝廟器,吾屬廷尉者,欲致之族⁽³⁶⁾,而君以法奏之,非吾所以共承宗廟意也⁽³⁷⁾。"釋之免冠頓首謝曰:"法如是足也。且罪等,然以逆順爲差⁽³⁸⁾。今盜宗廟器而族之,有如萬分之一,假令愚民取長陵一抔土⁽³⁹⁾,陛下何以加其法乎?"久之,文帝與太后言之,乃許廷尉當。是時,中尉條侯周亞夫與梁相山都侯王恬開見釋之持議平⁽⁴⁰⁾,乃結爲親友。張廷尉由此天下稱之。

後文帝崩,景帝立,釋之恐,稱病。欲免去,懼大誅至;欲見謝,則未知何如。用王生計,卒見謝,景帝不過也。

王生者,善爲黃老言,處士也⁽⁴¹⁾。嘗召居廷中,三公九卿盡會立,王生老人,曰:"吾襪解。"顧謂張廷尉:"爲我結襪!"釋之跪而結之。既已,人或謂王生曰:"獨奈何廷辱張廷尉,使跪結襪?"王生曰:"吾老且賤,自度終無益于張廷尉。張廷尉方今天下名臣,吾故聊辱廷尉,使跪結襪,欲以重之。"諸公聞之,賢王生而重張廷尉。

張廷尉事景帝歲餘,爲淮南王相,猶尚以前過也⁽⁴²⁾。久之,釋之卒。其子曰張摯,字長公,官至大夫,免。以不能取容當世,故終身不仕。

【注釋】

(1) 廷尉:九卿之一,掌刑獄。 堵陽:地名,故城在今河南方城縣東。

(2) 仲:張釋之哥哥的名字。

(3) 貲(zī):通"資",錢財。 騎郎:郎中令屬官,掌守門戶,出充車騎。

(4) 中郎將:西漢時皇帝的衛侍分置五官、左、右三署,各設中郎將統率之,位次於將軍。 袁盎:西漢時人,景帝時曾任吳相,爲張釋之的長官。 謁者:負責接待事務的低級官員,其長官爲僕射,亦爲郎中令屬官。

(5) 便宜:應辦的事,特指對國家有利的事。

(6) 司馬貞《史記索隱》:"卑,下也。欲令且卑下其志,無甚高談論,但令依時事,無說古遠也。"

(7) 上林:供皇帝打獵遊玩的上林苑。當時上林苑的官員有令一人,丞八人,尉十二人。 禽獸簿:本指禽獸登記簿冊,此指登在簿冊的禽獸準確數字及相關情況。 盡不能對:文帝問的問題都答不上。一說文帝對諸尉提問,偏問十二尉,都不能對。

(8) 嗇夫:負責具體工作的專業人員。 悉:詳盡。 觀:給人看,顯示。 口對響:隨口馬上應答,如回聲那麼快。

(9) 無賴:裴駰《史記集解》引張晏曰:"才無可恃。"

(10) 周勃:漢初功臣。劉邦曾說周勃厚重少文,然安劉氏者必勃。劉邦死後,太后呂氏家族專權,周勃與陳平等共誅諸呂,迎文帝即位。文帝曾問他決獄錢穀事,他卻不能回答。

(11) 張相如:漢初功臣,因功封東陽侯,文帝時爲太子太傅。

(12) 曾(zēng):乃,卻。 斅(xiào):學。 諜諜:說話沒完沒了,同"喋喋"。 利口:能言善辯。 捷給:應對敏捷,同"捷急"。

(13) 任:信任。"吏爭"句:官吏爭着以辦事急速、督責苛刻來取勝。亟,緊急,急速。苛,煩瑣苛刻。察,督責。

(14) 司馬貞《史記索隱》:"謂空具其文而無其實也。" 敝:流弊。

(15) 靡靡:相隨,一說不振貌。

(16) 下之化上:下面受到上面的感化、影響。 景響:如影隨形,如響應聲。景,"影"的本字。

(17) 參乘:陪乘。古代乘車,尊者在左,御者在中,又一人在右,稱參乘。

(18) 質:誠信,真實。

(19) 公車令:官名,負責警衛司馬門(皇宮的外門)和夜間宮中巡邏。

(20) 太子:即文帝長子、日後的漢景帝劉啟。 梁王:即文帝次子、漢景帝的同母兄弟劉武。 不下司馬門:按漢《宮衛令》:"諸出入殿門公車司馬門,乘軺傳(使者所乘之車)者皆下。"

(21) 劾:揭發。

(22) 薄太后:漢文帝之母。

(23) 承詔:謂傳太后的旨意。

(24) 中大夫:官名,掌論議。

(25) 霸陵:漢文帝陵。 廁:通"側"。

(26) 慎夫人:文帝寵妃,邯鄲人。 新豐:地名,故城在今陝西臨潼東北。

(27) 倚瑟而歌:和着瑟調而唱。

(28) 椁:外棺,亦作"槨"。 紵:苧麻。 絮:粗絲綿。 斮(zhuó):斬,切碎。一說通"錯"。 絮(rú):粘着。

(29) 有可欲者:墓葬中含有能引起盜墓欲望的值錢的東西。 錮:鑄塞,指熔銅鐵以填縫。 郄(xì):通"隙"。

(30) 中渭橋:漢時渭水上有三座橋,中渭橋正對皇城北門。 乘(shèng)輿:皇帝乘坐的車子。

(31) 縣人:裴駰《史記集解》引如淳曰:"長安縣人。" 蹕:古代帝王出行時清道,禁止他人行走。

(32) 當:前一"當"爲判決,後一"當"爲應當。 罰金:裴駰《史記集解》引如淳曰:"乙令'蹕先至而犯者,罰金四兩。'"

(33) 賴:幸虧。

(34) 高廟:漢高祖之廟。

(35) 案:通"按"。 棄市:一種死刑。

(36) 族:族刑(刑及父母妻子)。

(37) 共:通"恭"。

(38) "且罪等"兩句:裴駰《史記集解》引如淳曰:"俱死罪也,盜玉環不若盜長陵土之逆也。" 差(cī):等級。

(39) 取長陵一抔土:盜墓的委婉說法。長陵,漢高祖陵。

(40) 周亞夫:周勃之子,封條侯,時任中尉,後任過太尉、丞相。 王恬開:即王恬啟,爲避景帝(劉啟)諱而改,封山都侯,時任梁相。

(41) 處士:有學行而隱居不仕之人。
(42) 淮南王相:由廷尉外調爲淮南王相,等於貶職。 猶:仍然。 尚:還是。 以:因爲。

魏公子列傳

【題解】

本篇節選自《史記·魏公子列傳》,敍述的是"信陵君竊符救趙"一事。作者以具體生動的事例,刻畫了有謙遜下士之誠、急人危難之義、爲國忘身之忠的信陵君崇高、豐滿的形象。文章開頭是概寫,接下來,一部分寫信陵君禮賢下士,一部分寫信陵君得士之用,下士是爲了用士,用士是爲了國家安危,是要存趙抗秦。文章敍事的中心是"救趙",並通過這一事件突出了信陵君的愛國者形象。

魏公子無忌者,魏昭王少子,而魏安釐王異母弟也[1]。昭王薨,安釐王即位,封公子爲信陵君[2]。

是時,范雎亡魏相秦[3],以怨魏齊故,秦兵圍大梁,破魏華陽下軍,走芒卯[4]。魏王及公子患之。

公子爲人仁而下士,士無賢不肖皆謙而禮交之,不敢以其富貴驕士。士以此方數千里爭往歸之,致食客三千人。當是時,諸侯以公子賢,多客,不敢加兵謀魏十餘年。

公子與魏王博,而北境傳舉烽[5],言"趙寇至,且入界"。魏王釋博,欲召大臣謀。公子止王曰:"趙王田獵耳,非爲寇也。"復博如故。王恐,心不在博。居頃,復從北方來傳言曰:"趙王獵耳,非爲寇也。"魏王大驚,曰:"公子何以知之?"公子曰:"臣之客有能深得趙王陰事者。趙王所爲,客輒以報臣,臣以此知之。"是後魏王畏公子之賢能,不敢任公子以國政。

魏有隱士曰侯嬴,年七十,家貧,爲大梁夷門監者[6]。公子聞之,往請,欲厚遺之。不肯受,曰:"臣修身潔行數十年,終不以監門困故而受公子財。"公子於是乃置酒大會賓客。坐定,公子從車騎,虛左[7],自迎夷門侯生。侯生攝敝衣冠[8],直上載公子上坐,不讓,欲以觀公子。公子執轡愈恭。侯生又謂公子曰:"臣有客在市屠中,願枉車騎過之[9]。"公子引車入市。侯生下見其客朱亥,俾倪[10],故久立與其客語,微察公子。公子顔色愈和。當是時,魏將相宗室賓客滿堂,待公子舉酒。市人皆觀公子執轡,從騎皆竊罵侯生。侯生視公子色終不變,乃謝客就車。至家,公子引侯生坐上坐,遍贊賓客[11],賓客皆驚。酒酣,公子起,爲壽侯生前[12]。侯生因謂公子曰:"今日嬴之爲公子亦足矣[13]!嬴乃夷門抱關者也[14],而公子親枉車騎自迎嬴;於衆人廣坐之中,不宜有所過,今公子故過之。然嬴欲就公子之名,故久立公子車騎市中,過客,以觀公子,公子愈恭。市人皆以嬴爲小人，而以公子爲長者能下士也。"於是罷酒。侯生遂爲上客。

侯生謂公子曰："臣所過屠者朱亥，此子賢者，世莫能知，故隱屠間耳。"公子往數請之，朱亥故不復謝，公子怪之。

魏安釐王二十年，秦昭王已破趙長平軍，又進兵圍邯鄲[15]。公子姊爲趙惠文王弟平原君夫人[16]，數遺魏王及公子書，請救於魏。魏王使將軍晉鄙將十萬衆救趙。秦王使使者告魏王曰："吾攻趙旦暮且下，而諸侯敢救者，已拔趙，必移兵先擊之。"魏王恐，使人止晉鄙，留軍壁鄴[17]，名爲救趙，實持兩端以觀望。

平原君使者冠蓋相屬於魏[18]，讓魏公子曰[19]："勝所以自附爲婚姻者，以公子之高義，爲能急人之困。今邯鄲旦暮降秦而魏救不至，安在公子能急人之困也[20]！且公子縱輕勝，棄之降秦，獨不憐公子姊邪？"公子患之，數請魏王，及賓客辯士說王萬端。魏王畏秦，終不聽公子。

公子自度終不能得之于王，計不獨生而令趙亡；乃請賓客，約車騎百餘乘[21]，欲以客往赴秦軍，與趙俱死。

行過夷門，見侯生，具告所以欲死秦軍狀。辭決而行[22]，侯生曰："公子勉之矣！老臣不能從。"公子行數里，心不快，曰："吾所以待侯生者備矣，天下莫不聞；今吾且死，而侯生曾無一言半辭送我，我豈有所失哉[23]？"復引車還，問侯生。侯生笑曰："臣固知公子之還也。"曰："公子喜士，名聞天下。今有難，無他端[24]，而欲赴秦軍，譬若以肉投餒虎，何功之有哉？尚安事客[25]？然公子遇臣厚[26]，公子往而臣不送，以是知公子恨之復返也。"公子再拜，因問。侯生乃屏人閒語[27]，曰："嬴聞晉鄙之兵符常在王臥內，而如姬最幸，出入王臥內，力能竊之。嬴聞如姬父爲人所殺，如姬資之三年[28]，自王以下欲求報其父仇，莫能得。如姬爲公子泣，公子使客斬其仇頭，敬進如姬。如姬之欲爲公子死，無所辭，顧未有路耳。公子誠一開口請如姬，如姬必許諾，則得虎符奪晉鄙軍，北救趙而西卻秦，此五霸之伐也[29]。"公子從其計，請如姬。如姬果盜晉鄙兵符與公子。

公子行，侯生曰："將在外，主令有所不受，以便國家。公子即合符，而晉鄙不授公子兵而復請之，事必危矣。臣客屠者朱亥可與俱，此人力士。晉鄙聽，大善；不聽，可使擊之。"於是公子泣。侯生曰："公子畏死邪？何泣也？"公子曰："晉鄙嚄唶宿將[30]，往恐不聽，必當殺之，是以泣耳，豈畏死哉？"於是公子請朱亥。朱亥笑曰："臣乃市井鼓刀屠者[31]，而公子親數存之[32]，所以不報謝者，以爲小禮無所用。今公子有急，此乃臣效命之秋也。"遂與公子俱。公子過謝侯生。侯生曰："臣宜從，老不能。請數公子行日，以至晉鄙軍之日，北鄉自剄，以送公子。"公子遂行。

至鄴，矯魏王令代晉鄙[33]。晉鄙合符，疑之，舉手視公子曰："今吾擁十萬之衆，屯於境上，國之重任。今單車來代之，何如哉[34]？"欲無聽。朱亥袖四十斤鐵椎，椎殺晉鄙。

公子遂將晉鄙軍。勒兵(35)，下令軍中曰："父子俱在軍中，父歸；兄弟俱在軍中，兄歸；獨子無兄弟，歸養。"得選兵八萬人，進兵擊秦軍。秦軍解去，遂救邯鄲，存趙。趙王及平原君自迎公子于界，平原君負韊矢爲公子先引(36)。趙王再拜曰："自古賢人未有及公子者也！"當此之時，平原君不敢自比於人。

　　公子與侯生決，至軍，侯生果北鄉自剄。

【注釋】

　　(1) 魏昭王：公元前295—前277年在位。　魏安釐王：公元前276—前243年在位。

　　(2) 信陵：魏邑，今河南寧陵西。

　　(3) 范雎：見《獄中上梁王書》注(20)。

　　(4) 魏齊：人名，即曾使人笞擊范雎的魏相。　大梁：魏都(今河南開封)。　華陽：山名，今河南新鄭東南。　芒卯：魏將，爲秦所敗走。

　　(5) 博：賭棋。　舉烽：報警。古時邊境有敵情，即燃烽火告警。

　　(6) 夷門：大梁東門名。

　　(7) 虛左：空出左邊座位。古代乘車以左位爲尊。

　　(8) 攝：整理。

　　(9) 過：探望，拜訪。

　　(10) 俾倪：同"睥睨"，斜視，旁若無人。

　　(11) 遍贊賓客：向賓客一一介紹侯生。贊，告訴。

　　(12) 爲壽：舉杯祝福。

　　(13) 爲：難爲。一本作"羞"。

　　(14) 抱關者：守門人。關，門栓。

　　(15) 魏安釐王二十年：公元前257年。　破趙長平軍：公元前260年，秦軍攻佔趙上黨(今山西長治一帶)，後圍長平(今山西高平一帶)。趙國讓趙括代廉頗守長平，結果趙括被射殺，秦將白起坑趙降卒四十餘萬。

　　(16) 平原君：原名趙勝，戰國趙武靈王之子，惠文王之弟，號平原君。與齊孟嘗君(田文)、魏信陵君(魏無忌)、楚春申君(黃歇)合稱爲"戰國四公子"。秦圍趙都邯鄲，平原君用毛遂計與楚訂盟約，楚春申君帶兵來救，平原君又求救于魏。"楚、魏救至，秦兵遂罷。邯鄲復存。"(《史記·平原君列傳》)

　　(17) 壁鄴：駐紮在鄴(今河北臨漳)。壁，築營壘，駐守。

　　(18) 冠蓋相屬：喻指使者往來不絕。冠，冠冕。蓋，車蓋。屬(zhǔ)，連結，跟隨。

　　(19) 讓：責備。

　　(20) "安在"句：什麼地方能表現公子是關心別人困難的呢？一說"在"爲"察"義。

　　(21) 約：束，備。

　　(22) 決：絕，完畢。

　　(23) "我豈"句：難道我有什麼過失嗎？

　　(24) 無他端：沒別的辦法。

　　(25) 尚安事客：還用得着我這賓客嗎？事，任用。

(26) 遇:相待。

(27) 閒(xián)語:私下裏說,悄悄地說。

(28) 貲之三年:積恨三年。貲,積。之,代殺父之仇。

(29) 伐:功業。

(30) 嚄(huò)唶(zè)宿將:猶言叱吒風雲的老將。嚄,大笑。唶,大呼。嚄唶,高聲呼叫,形容氣勢盛。宿,陳、老。

(31) 鼓刀:屠宰時屠夫敲擊其刀而有聲,故稱。

(32) 存:問候。

(33) 代晉鄙:叫公子代替晉鄙爲將軍。

(34) 何如哉:怎麼回事呀?

(35) 勒兵:治軍,統率軍隊。

(36) 負韊(lán)矢:背著箭袋,形容平原君卑躬屈膝之狀。韊,革製的箭筒。

報任安書

【題解】

　　本篇選自《昭明文選》。《漢書·司馬遷傳》所載與此略有不同。《報任安書》是司馬遷在漢武帝太始四年(前93)給他朋友任安的回信。不過,回信中並沒有太多答覆任安的話,更多的是在抒憤懣、鳴冤屈、辨事理、表心態。司馬遷在信中以無比激憤的心情訴說了自己爲主上分憂、爲李陵辨冤的初衷及因李陵事而下獄受刑的奇恥大辱,傾吐了內心鬱積已久的痛苦與憤懣,揭露了封建刑獄制度的黑暗殘酷和朝廷大臣的自私冷漠,表達了自己"隱忍苟活"、發憤著書以死得"重於泰山"的決心。《報任安書》有助於我們瞭解司馬遷的思想及其寫作《史記》的動機和完成過程,同時也稱得上是文學史上不可多得的散文傑作。全文感情強烈、氣勢磅礴、周迴往復、淋漓悲壯,歷來爲人們所稱道。《古文觀止》於篇末贊曰:"此書反覆曲折,首尾相續,敍事明白,豪氣逼人。其感慨嘯歌,大有燕趙烈士之風;憂愁幽思,則又直與《離騷》對壘。文情至此極矣!"

　　太史公牛馬走司馬遷再拜言(1)。少卿足下:曩者辱賜書,教以順於接物(2),推賢進士爲務。意氣勤勤懇懇,若望僕不相師(3),而用流俗人之言。僕非敢如此也。僕雖罷駑,亦嘗側聞長者之遺風矣(4);顧自以爲身殘處穢,動而見尤,欲益反損,是以獨鬱悒而與誰語(5)。諺曰:"誰爲爲之?孰令聽之?(6)"蓋鍾子期死,伯牙終身不復鼓琴(7)。何則?士爲知己者用,女爲說己者容。若僕大質已虧缺矣,雖才懷隨和,行若由夷,終不可以爲榮,適足以見笑而自點耳(8)。書辭宜答,會東從上來,又迫賤事,相見日淺,卒卒無須臾之閒,得竭至意(9)。今少卿抱不測之罪,涉旬月,迫季冬(10),僕又薄從上雍,恐卒然不可爲諱,是僕終已不得舒憤懣以曉左右,則長逝者魂魄私恨無窮(11)。請略陳固陋。闕然久不報,幸勿爲過。

　　僕聞之:修身者,智之符也;愛施者,仁之端也;取與者,義之表也;恥辱者,勇之決也;立名者,行之極也⁽¹²⁾。士有此五者,然後可以托於世,而列于君子之林矣。故禍莫憯於欲利,悲莫痛於傷心,行莫醜於辱先,詬莫大於宮刑⁽¹³⁾。刑餘之人,無所比數⁽¹⁴⁾,非一世也,所從來遠矣。昔衛靈公與雍渠同載,孔子適陳⁽¹⁵⁾;商鞅因景監見,趙良寒心⁽¹⁶⁾;同子參乘,袁絲變色⁽¹⁷⁾:自古而恥之。夫以中才之人,事有關於宦豎,莫不傷氣,而況於慷慨之士乎?如今朝廷雖乏人,奈何令刀鋸之餘,薦天下之豪俊哉!僕賴先人緒業⁽¹⁸⁾,得待罪輦轂下二十餘年矣。所以自惟,上之不能納忠效信,有奇策才力之譽,自結明主;次之又不能拾遺補闕,招賢進能,顯巖穴之士⁽¹⁹⁾;外之又不能備行伍⁽²⁰⁾,攻城野戰,有斬將搴旗之功;下之不能積日累勞,取尊官厚祿,以爲宗族交遊光寵⁽²¹⁾。四者無一遂,苟合取容,無所短長之效,可見如此矣⁽²²⁾。向者僕常廁下大夫之列,陪外廷末議⁽²³⁾,不以此時引維綱⁽²⁴⁾,盡思慮,今以虧形爲掃除之隸,在闒茸之中⁽²⁵⁾,乃欲仰首伸眉,論列是非,不亦輕朝廷、羞當世之士邪?嗟乎!嗟乎!如僕尚何言哉!尚何言哉!

且事本末未易明也。僕少負不羈之行,長無鄉曲之譽⁽²⁶⁾。主上幸以先人之故,使得奏薄伎,出入周衛之中⁽²⁷⁾。僕以爲戴盆何以望天,故絕賓客之知,亡室家之業,日夜思竭其不肖之才力,務一心營職,以求親媚於主上⁽²⁸⁾。而事乃有大謬不然者!夫僕與李陵俱居門下⁽²⁹⁾,素非能相善也。趨舍異路⁽³⁰⁾,未嘗銜盃酒,接殷勤之餘懽。然僕觀其爲人,自守奇士⁽³¹⁾;事親孝,與士信,臨財廉,取與義,分別有讓⁽³²⁾,恭儉下人,常思奮不顧身,以殉國家之急。其素所蓄積也,僕以爲有國士之風。夫人臣出萬死不顧一生之計,赴公家之難,斯以奇矣⁽³³⁾。今舉事一不當,而全軀保妻子之臣隨而媒孽其短⁽³⁴⁾,僕誠私心痛之。且李陵提步卒不滿五千⁽³⁵⁾,深踐戎馬之地,足歷王庭⁽³⁶⁾,垂餌虎口,橫挑彊胡,仰億萬之師,與單于連戰十有餘日,所殺過半當⁽³⁷⁾。虜救死扶傷不給,旃裘之君長咸震怖⁽³⁸⁾。乃悉徵其左右賢王,舉引弓之人⁽³⁹⁾,一國共攻而圍之。轉鬭千里,矢盡道窮,救兵不至,士卒死傷如積。然陵一呼勞軍,士無不起,躬自流涕,沬血飲泣,更張空拳,冒白刃,北嚮爭死敵者⁽⁴⁰⁾。陵未沒時,使有來報,漢公卿王侯皆奉觴上壽。後數日,陵敗書聞,主上爲之食不甘味,聽朝不怡,大臣憂懼,不知所出。僕竊不自料其卑賤,見主上慘愴怛悼⁽⁴¹⁾,誠欲效其款款之愚,以爲李陵素與士大夫絕甘分少,能得人之死力,雖古之名將,不能過也。身雖陷敗,彼觀其意,且欲得其當而報於漢⁽⁴²⁾。事已無可奈何,其所摧敗,功亦足以暴於天下矣。僕懷欲陳之而未有路,適會召問,即以此指推言陵之功⁽⁴³⁾。欲以廣主上之意,塞睚眥之辭⁽⁴⁴⁾。未能盡明,明主不曉,以爲僕沮貳師,而爲李陵遊說,遂下於理⁽⁴⁵⁾。拳拳之忠,終不能自列,因爲誣上,卒從吏議。家貧,貨賂不足以自贖;交遊莫救,左右親近不爲一言⁽⁴⁶⁾。身非木石,獨與法吏爲伍,深幽囹圄之中,誰可告愬者!此真少卿所親見,僕行事豈不然乎?李陵既生降,隤其家聲,而僕又佴之蠶室,重爲天下觀笑⁽⁴⁷⁾。悲夫!悲夫!事未易一二爲俗人言也。

仆之先非有剖符丹书之功⁽⁴⁸⁾；文史星历，近乎卜祝之间，固主上所戏弄，倡优所畜，流俗之所轻也⁽⁴⁹⁾。假令仆伏法受诛，若九牛亡一毛，与蝼蚁何以异？而世又不与能死节者⁽⁵⁰⁾，特以为智穷罪极，不能自免，卒就死耳。何也？素所自树立使然也。人固有一死，或重于泰山，或轻于鸿毛，用之所趋异也⁽⁵¹⁾。太上不辱先，其次不辱身，其次不辱理色⁽⁵²⁾，其次不辱辞令；其次诎体受辱，其次易服受辱⁽⁵³⁾，其次关木索、被箠楚受辱⁽⁵⁴⁾，其次剔毛发、婴金铁受辱⁽⁵⁵⁾，其次毁肌肤、断肢体受辱，最下腐刑极矣。传曰："刑不上大夫。"⁽⁵⁶⁾此言士节不可不勉励也。猛虎在深山，百兽震恐，及在槛阱之中，摇尾而求食，积威约之渐也⁽⁵⁷⁾。故有画地为牢，势不可入；削木为吏，议不可对，定计于鲜也⁽⁵⁸⁾。今交手足，受木索，暴肌肤，受榜箠，幽于圜墙之中⁽⁵⁹⁾。当此之时，见狱吏则头枪地，视徒隶则正惕息⁽⁶⁰⁾。何者？积威约之势也。及以至是⁽⁶¹⁾，言不辱者，所谓强颜耳，曷足贵乎！且西伯，伯也，拘于羑里⁽⁶²⁾；李斯，相也，具于五刑⁽⁶³⁾；淮阴，王也，受械于陈⁽⁶⁴⁾；彭越、张敖，南面称孤，系狱抵罪⁽⁶⁵⁾，绛侯诛诸吕，权倾五伯，囚于请室⁽⁶⁶⁾；魏其，大将也，衣赭衣，关三木⁽⁶⁷⁾；季布为朱家钳奴⁽⁶⁸⁾；灌夫受辱于居室⁽⁶⁹⁾。此人皆身至王侯将相，声闻邻国，及罪至罔加，不能引决自裁⁽⁷⁰⁾。在尘埃之中，古今一体⁽⁷¹⁾，安在其不辱也？由此言之，勇怯，势也；强弱，形也⁽⁷²⁾。审矣，何足怪乎？夫人不能早自裁绳墨之外，以稍陵迟至于鞭箠之间，乃欲引节，斯不亦远乎⁽⁷³⁾！古人所以重施刑于大夫者，殆为此也⁽⁷⁴⁾。夫人情莫不贪生恶死，念父母，顾妻子。至激于义理者不然，乃有所不得已也。今仆不幸，早失父母，无兄弟之亲，独身孤立，少卿视仆于妻子何如哉⁽⁷⁵⁾？且勇者不必死节，怯夫慕义，何处不勉焉⁽⁷⁶⁾？仆虽怯懦，欲苟活，亦颇识去就之分矣⁽⁷⁷⁾，何至自沈溺缧绁之辱哉！且夫臧获婢妾由能引决，况仆之不得已乎⁽⁷⁸⁾？所以隐忍苟活，幽于粪土之中而不辞者，恨私心有所不尽，鄙陋没世而文彩不表于后世也。

古者富贵而名摩灭，不可胜记，唯倜傥非常之人称焉⁽⁷⁹⁾。盖文王拘而演《周易》⁽⁸⁰⁾；仲尼厄而作《春秋》⁽⁸¹⁾；屈原放逐，乃赋《离骚》；左丘失明，厥有《国语》⁽⁸²⁾；孙子膑脚，《兵法》修列；不韦迁蜀，世传《吕览》⁽⁸³⁾；韩非囚秦，《说难》、《孤愤》；《诗》三百篇，大底圣贤发愤之所为作也⁽⁸⁴⁾。此人皆意有所郁结，不得通其道，故述往事，思来者⁽⁸⁵⁾。乃如左丘无目，孙子断足，终不可用，退而论书策以舒其愤，思垂空文以自见⁽⁸⁶⁾。仆窃不逊，近自托于无能之辞，网罗天下放失旧闻⁽⁸⁷⁾，略考其行事，综其终始，稽其成败兴坏之纪⁽⁸⁸⁾，上计轩辕⁽⁸⁹⁾，下至于兹，为十表、本纪十二、书八章、世家三十、列传七十，凡百三十篇。亦欲以究天人之际⁽⁹⁰⁾，通古今之变，成一家之言。草创未就，会遭此祸。惜其不成，已就极刑而无愠色⁽⁹¹⁾。仆诚以著此书，藏诸名山，传之其人通邑大都⁽⁹²⁾，则仆偿前辱之责，虽万被戮，岂有悔哉！然此可为智者道，难为俗人言也。

且负下未易居，下流多谤议⁽⁹³⁾。仆以口语遇此祸，重为乡党所笑，以污辱先人,亦何面目復上父母丘墓乎?雖累百世,垢彌甚耳!是以腸一日而九迴,居則忽忽若有所亡,出則不知其所如。每念斯恥,汗未嘗不發背霑衣也!身直爲閨閤之臣,寧得自引於深藏巖穴邪(94)?故且從俗浮沈,與時俯仰,以通其狂惑(95)。今少卿乃教以推賢進士,無乃與僕之私心刺謬乎(96)?今雖欲自雕琢,曼辭以自飾(97),無益,於俗不信,適足取辱耳。要之,死日然後是非乃定。書不能悉意,略陳固陋。謹再拜。

【注釋】

(1) 牛馬走:自謙之詞,本指在皇帝之前如牛馬供奔走的人。又,此信系司馬遷受刑後爲中書令時所寫,《漢書》中無此句。

(2) 順:《漢書》作"慎"。 接物:待人接物。

(3) 望僕不相師:怨我不效法你的話。望,怨恨,責怪。

(4) 罷駑:自喻才能庸劣。罷,通"疲"。駑,能力低下的馬,喻平庸之人。 長者:有德行的人。

(5) 顧:只是。 鬱悒:愁悶。 與誰語:《漢書》作"無誰語",《昭明文選》五臣注本作"誰與語"。

(6) "誰爲"兩句:我爲誰去做"推賢進士"的事,又能讓誰聽我的呢?司馬遷意謂自己雖欲有所爲,但君非賢君,沒有人能理解自己。第一個"爲"是介詞,"誰爲"猶言"爲誰";第二個"爲"是動詞。

(7) 鍾子期、伯牙:皆爲春秋時楚人。伯牙鼓琴,志在高山流水,精於音律的鍾子期是惟一能瞭解伯牙琴音的知己。鍾子期死,伯牙謂世無知音者,乃破琴絕絃,終身不再鼓琴。事見《呂氏春秋·本味》。

(8) 大質:身體。 隨和:隨侯珠、和氏璧,本指貴重的寶物,今喻指人的才能。 由夷:許由、伯夷。許由之事見《獄中上梁王書》注(50)。伯夷因和弟弟叔齊互相推讓國君的繼承權而逃走,事見《史記·伯夷列傳》。 點:汙,意通"玷"。

(9) 東從上來:指司馬遷與漢武帝從甘泉宮(今陝西淳化縣)往東回長安。 迫賤事:爲賤事所迫。賤事,謙稱自己所供職之事。 竭至意:竭盡自己心意,指回信。至意,《漢書》作"指意"。指意,意旨。

(10) 抱不測之罪:任安當時因罪下獄,可能會被處決。不測,深不可測,指深。 旬月:滿月。 迫:近。 季冬:農曆十二月。漢律,季冬處決犯人。

(11) 薄:迫,近。一說爲逼迫,引申爲不得不、必須。 雍:地名,古時築有祭天地五帝的祭壇,漢武帝常去那裏祭祀。 不可爲諱:婉指任安被處死。 左右:即任安。不直稱對方而稱對方爲左右之人,表示尊敬。 長逝者:死者,指任安。 私恨無窮:意謂任安因得不到復信,死後會抱恨無窮。

(12) 符:符信,憑證,徵兆。 決:判斷,判別。此指判斷的標準、先決條件。 極:頂點,行爲的最高準則。

(13) 慘:通"憯"。 詬:恥辱。

(14) 無所比數:沒法列入常人之間來計算,意即低人一等。比,並列。

(15) 衛靈公與夫人同車出遊,讓宦者雍渠參乘,孔子居後。孔子以爲恥,去衛適陳。事見《史記·孔子世家》。

(16) 商鞅因宦者景監推薦而被秦孝公重用,秦國賢士趙良認爲他不走正道,不足以慰民望。事見《史記·商君列傳》。

(17) 漢文帝使宦者趙談與自己同車,袁盎(字絲)曾伏在文帝車前諫阻。事見《漢書·袁盎傳》。司馬遷爲避父諱,改稱趙談爲同子。

(18) 緒業:遺業,指司馬遷繼承太史令之職。

(19) 巖穴之士:隱士。

(20) 備行伍:從軍。行伍,古代軍隊編制,五人爲伍,二十五人爲行。此以"行伍"作爲軍隊代稱。

(21) 交遊:往來的朋友。

(22) 無所短長之效:沒有什麼大小的貢獻。一說"短長"指"長",偏義複詞。 如此:《漢書》作"於此"。

(23) 常:通"嘗",《漢書》作"亦嘗"。 下大夫:古代大夫分上、中、下三等,太史令爲下大夫。 外廷:外朝。古代外朝議政事,太史令爲外朝官。

(24) 以:於,在。 維綱:國家的法度。

(25) 闒(tà)茸:猥賤之人。

(26) 負:恃,一說虧欠、無。 不羈:不受約束,此指材質高遠。 行:《漢書》作"才"。鄉曲:鄉下,鄉裏。因其偏處一隅,故稱鄉曲。

(27) 奏:上,進,獻,《漢書》作"奉"。 薄伎:菲薄的才能,同"薄技"。 周衛:宿衛周密,即宮禁之中。

(28) 戴盆何以望天:頭戴盆則不得望天,望天則不得戴盆,事不可兼施。比喻自己一心營職,無暇顧及私事。 亡:通"無",《漢書》作"忘"。

(29) 俱居門下:指李陵曾任侍中,司馬遷當時任中書令,都能出入宮門。

(30) 趨舍:趨向或捨棄,一說或走或止,意謂志趣、志向。

(31) 自守:能守住自己的節操。《漢書》無"守"字。

(32) 分別:能分別尊卑長幼,即知禮。 有讓:有謙讓之禮。

(33) 以:《漢書》作"已"。

(34) 媒孽:同"媒櫱",醞釀,比喻構陷誣害,釀成其罪。媒,酒母。櫱,麴。

(35) 提:攜。

(36) 王庭:匈奴單于所居之地。

(37) 仰:仰攻。《漢書》唐顏師古注:"漢軍北向,匈奴南下,北方地高,故云然。" 過半當:殺敵甚多,超過漢軍之數。當,相當。《漢書》無"半"字。

(38) 不給:不足,顧不上。 旃裘:氈製的衣服,此指匈奴。

(39) 舉:發動。《漢書》唐顏師古注:"能引弓者皆發之。" 人:《漢書》作"民"。

(40) 勞軍:意謂李陵號召軍士奮勇作戰,不辭勞苦。 沫(huì)血:血流滿面。沫,以手掬水洗臉。 飲泣:淚流入口,形容極悲憤痛苦。 拳:《漢書》作"觠"(quān),弩弓。

(41) 慘愴怛(dá)悼:悽楚哀傷。愴,《漢書》作"悽"。

(42)彼觀其意:即"觀彼其意"。 且:將。 得其當:得到適當的機會,一說得到抵當罪責的功勞。

(43)指:意。

(44)睚眥(yá zì)之辭:怨家之辭。睚眥,怒目而視。

(45)沮:敗壞,中傷。 貳師:即這次出兵的主帥貳師將軍李廣利,其妹爲武帝寵妃。皇上派李廣利征匈奴,令李陵爲助。後李陵被圍,李廣利卻按兵不動。 理:治獄官。

(46)左右親近:皇帝左右的近臣。

(47)隤(tuí):敗壞。 佴(èr):隨後,居次,指司馬遷罪居李陵之次。《漢書》作"茸"(rǒng),唐顏師古注:"推也。……謂推致蠶室之中也。" 蠶室:宮刑者所居之室。宮刑者畏風須暖,所居之室如養蠶的屋子一樣保暖、不透風。

(48)丹書:又稱"丹書鐵券"、"丹書鐵契",帝王頒給功臣使其世代享受免罪特權的憑信。

(49)文史星曆:太史令掌管的文獻、史籍、天文、曆法諸事。 倡優:歌舞、雜技藝人。倡,樂人。優,伎人。在封建社會,倡優被視爲下等人。又,"倡優所畜"《漢書》作"倡優畜之",一說"倡優"是名詞用作狀語。

(50)此句後《漢書》有"比"字。

(51)趣:向。

(52)理色:泛指臉面。理,皮膚的紋理。色,臉上的氣色。

(53)易服:換上赭色的囚衣。

(54)關木索:上刑具。關,通"貫",穿上、戴上。木,枷。索,繩索。

(55)嬰金鐵:套上鐵鏈。嬰,纏繞。

(56)語見《禮記·曲禮上》。

(57)檻穽:捕捉野獸的機具或陷阱。 漸(jiān):浸泡,淹沒,此指消失。

(58)"畫地爲牢"四句:哪怕在地上畫條線作監牢,也務必不要跨進去;哪怕刻個木頭人充當獄吏,也別去面對那個惡佬。《尚德緩刑書》有"畫地爲獄,議不入;刻木爲吏,期不對"句,與此義近。參見《尚德緩刑書》注(28)。 定計於鮮:意謂決心未遇刑就自殺,以免受辱。鮮,寧自殺而不受審的鮮明態度,一說不以壽終爲鮮。

(59)圜(yuán)牆:牢獄,同"圜土"。

(60)槍:觸,碰撞。槍地,亦可作"搶地"。 徒隸:獄辛。 正:《漢書》作"心"。 惕息:不敢喘息,形容極其恐懼。惕,驚懼、怕。

(61)以:已。

(62)西伯:西方諸侯之長,即周文王。崇侯虎譖文王於紂:"西伯積善累德,諸侯皆向之,將不利於帝。"紂乃囚西伯於羑里。事見《史記·周本紀》。

(63)李斯:秦統一全國後任丞相。 具於五刑:秦二世立,用趙高之譖,"具斯五刑"(《史記·李斯列傳》),即判決李斯受五刑。"五刑"說法頗多,《漢書·刑法志》:"先黥劓,斬左右趾,笞殺之,梟其首,菹其骨肉於市。其誹謗詈詛者,又先斷舌。"

(64)韓信爲楚王。有人上書告楚王欲反,高祖用陳平謀,僞遊雲夢。韓信謁高祖於陳(陳在楚之西界,今河南淮陰),高祖曰:"人告公反。"遂械韓信於陳。後赦以爲淮陰侯。事見

《史記·淮陰侯列傳》。

(65) 彭越、張敖:彭越最初事項羽,後降劉邦,多建奇功,封梁王。張敖爲漢初功臣張耳之子,襲父爲趙王。後彭越與張耳被人誣告謀反而下獄。

(66) 絳侯:即漢初功臣周勃,以軍功封絳侯。事見《史記·絳侯世家》,又見《張釋之列傳》注(10)。

(67) 魏其:即漢初功臣魏其侯竇嬰。景帝時,吳楚七國反。竇嬰爲大將軍,破七國。坐灌夫罵丞相不敬,棄市渭城。事見《史記·魏其武安侯列傳》。 赭衣:參見前注(53)。 三木:古代加在犯人頸、手、足上的刑具。

(68) 季布:原爲項羽部將,曾屢次困辱劉邦。劉邦以千金懸賞購求季布,季布乃髡鉗爲奴,賣給魯之大俠朱家。事見《史記·季布欒布列傳》。

(69) 灌夫:平吳楚叛亂的有功之臣。爲人剛直,不好面諛,與魏其侯竇嬰相善。因罵丞相田蚡,以不敬罪族誅。事見《史記·魏其武安侯列傳》。 居室:漢官署名,拘禁犯人的處所。

(70) 罔:通"網",羅網,此指法律、法網。 引決:自裁,自殺。

(71) 一體:一樣。

(72) 勇怯,勢也;強弱,形也:勇怯在權勢對比中顯現,強弱在客觀形勢中形成。一說勇怯強弱都是由形勢決定的。

(73) 稍:逐漸。 陵遲:衰落,衰頹,同"陵夷",《漢書》作"陵夷"。 引節:義同"死節"。

(74) 重:難,不輕易。

(75) "少卿"句:意謂自己並不顧念妻子兒女。

(76) 《漢書》唐顏師古注:"勇敢之人闊於分理,未必能死名節。怯懦之夫心知慕義,則處處皆能勉勵也。"

(77) 去就:舍生就義。

(78) 臧獲:奴婢的賤稱。 由:尚且,猶,《漢書》作"猶"。

(79) 摩:通"磨"。 倜儻:卓越。

(80) 文王拘:事見前注(62)。 演:推衍,推廣。相傳周文王被紂拘於羑里後,推演易之八卦爲六十四卦。

(81) 厄:受困。孔子周遊列國曾受圍攻而不見用,遂退而著述,"因史記(指魯國史書)而作《春秋》"。事見《史記·孔子世家》。

(82) 厥:語助詞,無義。左丘明失明後著《國語》事,僅見于此文。

(83) 不韋:即呂不韋。秦始皇即位後爲相,因嫪毐獲罪事發而流放四川,途中自殺,其命門客編撰的《呂氏春秋》(亦稱《呂覽》)流傳於世。據《史記·呂不韋列傳》,《呂氏春秋》一書系呂不韋任丞相時命門客編撰而成,並不是其免職後才組織編寫的。

(84) 大底:即"大抵"。

(85) 思來者:《漢書》唐顏師古注:"令將來之人,見己志也。"

(86) 空文:本指空泛不實之文,這裏是與具體的功業相對而言。

(87) 放:散。 失:通"佚"。

(88) 紀:綱紀,道理,規律,《漢書》作"理"。

(89) 軒轅:即黃帝。

(90) 天人之際:天道人事的相互關係。

(91) 已:《漢書》作"是以"。

(92) 以:《漢書》作"已"。"傳之其人"句:即傳之其人於通邑大都。其人,《文選》李善注:"謂與己同志者。"

(93) 負下:《文選》李善注:"負累之下。"即指負污辱之名。 下流:河的下游,喻自己身份地位低下。

(94) 閨閤之臣:即宦官。閨閤,本指宮中小門,借指皇帝內廷深密之處。 自引於深藏巖穴:《漢書》作"自引深藏於巖穴",指過隱居生活。

(95) 狂惑:《文選》李善注:"知善不行者謂之狂,知惡不改者謂之惑。夫狂與惑者,聖人之戒也。"

(96) 與僕私心剌謬:《漢書》作"與僕之私指謬"。私心,個人的心願。剌(là)謬:違異相背。

(97) 曼:美。

路 溫 舒

路溫舒,字長君,西漢巨鹿(今屬河北)人。他幼學律令,又"受《春秋》,通大義"。路溫舒曾任奏曹掾。宣帝即位時,他上疏請求改變重刑罰、重用治獄之吏的辦法,主張"尚德緩刑"。宣帝"善其言","遷廣陽(今北京、河北一帶)私府長(掌諸侯藏錢之府的官長)",下令在廷尉下設廷平來審理冤獄,以避免再出現"決獄不當","有罪興邪,不辜蒙戮"的狀況。路溫舒官終臨淮太守。

尚德緩刑書

【題解】

本篇寫于漢宣帝即位之時,《漢書·路溫舒傳》曰:"會昭帝崩,昌邑王賀廢,宣帝初即位,溫舒上書言宜尚德緩刑。"秦代實行法家政治,"有敢偶語《詩》、《書》者棄市,以古非今者族"(《史記·秦始皇本紀》),政治黑暗殘暴。漢承秦制,雖經文景之治,酷吏政治仍然盛行。作者先言歷史,認爲"繼變化之後,必有異舊之恩",提醒宣帝即位之初應尚德緩刑,接着明確提出要"滌煩文,除民疾",然後痛陳酷吏政治之弊端,最後還主張除誹謗之罪,"開天下之口"以"永履和樂"。全文語句工儷,論證嚴密。

臣聞齊有無知之禍,而桓公以興(1);晉有驪姬之難,而文公用伯(2)。近世趙王不終,諸呂作亂,而孝文爲大宗(3)。由是觀之,禍亂之作,將以開聖人也。故桓、文扶微興壞⁽⁴⁾,尊文、武之業,澤加百姓,功潤諸侯,雖不及三王,天下歸仁焉。文帝永思至德,以承天心,崇仁義,省刑罰,通關梁,一遠近,敬賢如大賓,愛民如赤子,内恕情之所安,而施之於海内,是以囹圄空虛,天下太平⁽⁵⁾。夫繼變化之後,必有異舊之恩,此賢聖所以昭天命也⁽⁶⁾。往者,昭帝即世而無嗣,大臣憂戚,焦心合謀,皆以昌邑尊親,援而立之。然天不授命,淫亂其心,遂以自亡⁽⁷⁾。深察禍變之故,乃皇天之所以開至聖也⁽⁸⁾。故大將軍受命武帝,股肱漢國,披肝膽,決大計,黜亡義,立有德,輔天而行,然後宗廟以安,天下咸寧⁽⁹⁾。

臣聞《春秋》正即位,大一統而慎始也⁽¹⁰⁾。陛下初登至尊,與天合符,宜改前世之失,正始受命之統,滌煩文,除民疾,存亡繼絕,以應天意⁽¹¹⁾。

臣聞秦有十失,其一尚存,治獄之吏是也⁽¹²⁾。秦之時,羞文學,好武勇,賤仁義之士,貴治獄之吏⁽¹³⁾。正言者謂之誹謗,遏過者謂之妖言。故盛服先生不用於世,忠良切言皆鬱於胸,譽諛之聲日滿於耳,虛美熏心,實禍蔽塞⁽¹⁴⁾。此乃秦之所以亡天下也。方今天下賴陛下恩厚,亡金革之危、饑寒之患,父子夫妻勠力安家,然太平未洽者,獄亂之也⁽¹⁵⁾。夫獄者,天下之大命也,死者不可復生,絶者不可復屬⁽¹⁶⁾。《書》曰:"與其殺不辜,寧失不經。⁽¹⁷⁾"今治獄吏則不然,上下相驅,以刻爲明⁽¹⁸⁾。深者獲公名,平者多後患⁽¹⁹⁾。故治獄之吏皆欲人死,非憎人也,自安之道在人之死。是以死人之血流離於市,被刑之徒比肩而立,大辟之計歲以萬數,此仁聖之所以傷也⁽²⁰⁾。太平之未洽,凡以此也⁽²¹⁾。夫人情安則樂生,痛則思死。棰楚之下,何求而不得⁽²²⁾?故囚人不勝痛,則飾辭以視之;吏治者利其然,則指道以明之⁽²³⁾。上奏畏卻,則鍛練而周内之⁽²⁴⁾。蓋奏當之成,雖咎繇聽之,猶以爲死有餘辜⁽²⁵⁾。何則?成練者衆,文致之罪明也⁽²⁶⁾。是以獄吏專爲深刻,殘賊而亡極,偷爲一切,不顧國患,此世之大賊也⁽²⁷⁾。故俗語曰:"畫地爲獄,議不入。刻木爲吏,期不對。⁽²⁸⁾"此皆疾吏之風,悲痛之辭也。故天下之患,莫深於獄;敗法亂正,離親塞道,莫甚乎治獄之吏⁽²⁹⁾。此所謂一尚存者也。

臣聞烏鳶之卵不毀,而後鳳凰集;誹謗之罪不誅,而後良言進⁽³⁰⁾。故古人有言:"山藪藏疾,川澤納汙,瑾瑜匿惡,國君含詬。⁽³¹⁾"唯陛下除誹謗以招切言,開天下之口,廣箴諫之路,掃亡秦之失,尊文武之德,省法制,寬刑罰,以廢治獄,則太平之風可興於世⁽³²⁾。永履和樂,與天亡極,天下幸甚⁽³³⁾。

【注釋】

(1) "齊有"二句:春秋時,齊國大夫公孫無知殺死荒淫無恥的齊襄公而自立,不久被齊國大夫雍廩所殺。事見《左傳·莊公八年、莊公九年》。齊襄公之弟小白自莒返郡即位,爲齊桓公(前686—前643在位)。齊桓公任用管仲爲相,成爲春秋時的第一個霸主。

(2) "晉有"二句:春秋時,晉獻公夫人驪姬殺太子申生,並逐重耳、夷吾諸公子。獻公死,驪姬也被殺。出奔在外十九年的重耳由秦送回即位,爲晉文公(前636—前628在位),後戰勝楚國而成爲霸王。用,由。伯,通"霸"。

(3)"近世"三句:漢高祖生前欲立寵姬戚夫人之子趙王如意爲太子。高祖死後,呂后殺趙王、戚夫人,立太子劉盈爲惠帝。惠帝死,呂后臨朝稱制,掌握實權,分封諸呂爲王侯。呂后死,諸呂擬發動叛亂,被周勃、陳平等平定。高祖之子劉桓被立爲孝文帝(前180—前157在位)。按宗法制度,以始祖的嫡長子爲大宗,其他爲小宗。景帝即位,丞相申屠嘉等奏:孝文皇帝盛德,"高皇帝宜爲太祖之廟,孝文皇帝宜爲太宗之廟",從之。太宗即大宗。

(4)桓、文:齊桓公、晉文公。 扶微興壞:即興滅繼絕。語出《論語·堯曰》:"興滅國,繼絕世。"

(5)文帝:即孝文帝。 天心:天意。 關梁:設在水陸交通要道的關卡。《漢書·文帝紀》:"十二年……三月,除關無用傳。"傳,符契之類。 一遠近:使遠近之地融成一體。一,用作動詞。 大賓:諸侯一級來賓。《周禮·秋官·大行人》漢鄭玄注:"大賓,要服以內諸侯。" 內恕:存心寬厚。 囹圄(líng yǔ):牢獄。

(6)異舊之恩:意謂不同於前一朝代的安撫政策。 昭:宣揚。

(7)"昭帝"八句:漢昭帝死(前74),因無嗣子,大臣霍光等迎立昭帝之兄子昌邑王劉賀爲帝,昌邑王即位後行淫亂,霍光等大臣定計廢黜之。 尊親,輩分高於自己的親屬。劉賀爲武帝之孫,漢宣帝劉詢爲武帝之曾孫,故言。 援,引。 淫亂,用作動詞。劉賀"即位二十七日,行淫亂,大將軍光(指霍光)與群臣議,白孝昭皇后,廢賀回故國。"參見《漢書·武五子傳》及《漢書·霍光傳》。

(8)皇天:即天。皇,大。路溫舒認爲繼劉賀這種"天不授命"的淫亂之人後,必有賢明的君主出現,與前文"禍亂之作,將以開聖人"的觀點相呼應。

(9)大將軍:霍光爲大司馬大將軍。武帝臨終前曾囑託霍光輔佐年僅八歲的昭帝。 股肱:大腿和上臂,比喻帝王左右的得力臣子,這裏用作動詞,輔佐。肱,本指從肘到腕的部分。 亡義:無義之人,指昌邑王劉賀。 立有德:指迎立宣帝。霍光等廢黜昌邑王後,奏請皇太后迎立武帝曾孫劉詢,是爲宣帝(前73—前49在位)。奏語云劉詢"躬行節儉,慈仁愛人"。

(10)"春秋"二句:《春秋》大義主張君主必須以正道即位,這是爲了尊重天下的一統而慎重於政治的開端。大,尊重。一統,指基於文化統一上的政治統一。《公羊傳·定公元年》:"正月者,正即位也。"《穀梁傳·桓公元年》:"已正即位之道而即位。"《公羊傳·隱公元年》:"何言乎王正月?大一統也。"

(11)統:綱紀,法制。 煩文:嚴刑峻法。

(12)秦有十失:秦有十大無道,指鑄金人、築長城、造阿房宮、營驪陵、求不死藥、焚書坑儒、用治獄之吏等。

(13)文學:哲學、歷史、文學等方面的文獻經典。

(14)盛服先生:衣冠穿戴整齊的先生,指有修養的學者、儒者。因儒者戴儒冠,着儒服,故稱。

(15)恩厚:楊樹達《漢書窺管》:"《說苑》作'厚恩'。" 戮力:盡力,努力。 洽:周遍。

(16)絕:斷。 屬:連。

(17)"與其"二句:《漢書》唐顏師古注:"《虞書·大禹謨》載咎繇之言。辜,罪。經,常也。言人命至重,治獄宜慎,寧失不常之過,不濫無罪之人,所以崇寬恕也。""寧失不經",

《漢書·刑法志》改作"寧失有罪"。

（18）驅：驅趕，追逐，引申爲互相攀比。 刻：刻薄苛嚴。 明：辦案明察。

（19）深：義同"刻"，刻薄苛嚴。 公名：《漢書·刑法志》作"功名"。 平者：執法公平者。

（20）流離：淋漓。 比：並列。 大辟：死刑。

（21）凡：皆，都。 以：因爲。

（22）棰楚：杖刑。棰，木棍。楚，荊杖。

（23）飾辭：編造口供。 視：示。 之：指囚人。 利：以……爲有利可圖。 指道：指點。道，通"導"。一說"道"是方法。 之：囚人，一說指獄吏。

（24）"上奏"句：上奏（死刑判決文書）怕被駁退。 卻，批駁退回。 鍛練而周內之：編造羅織罪狀。練，通"煉"。內，通"納"。周內，謂周密地陷人於罪。一說"鍛煉者，譬若冶人之辟煉以成器形也；周內者，言如梓匠削枘（ruì）就鑿，期必周合無窾鼠（tiáo bì）也。此謂獄吏增辭飾非，析律比傅，務使應法無間，以成人罪耳。"

（25）當：判罪。《漢書》顔師古注："當謂處其罪也。" 咎繇（gāo yáo）：即皋陶，舜之臣，掌刑獄，善斷獄訟。 聽：斷。

（26）成練者衆：羅織的罪名很多。練，見前注（24）。 文致之罪：誣衊不實的文辭構成的罪狀。文，飾。

（27）殘賊：《孟子·梁惠王下》："賊仁者謂之賊，賊義者謂之殘。" 極：窮盡。 偷：苟且，不徇禮法。 大賊：大害。

（28）畫地爲獄：相傳上古於地上畫圖，令犯罪者立圖中，以示懲罰。 刻木爲吏：以木雕刻成的獄吏。《漢書》顔師古注："畫獄、木吏，尚不入、對，況真實乎？期猶必也。議必不入、對。"後始以刻木爲吏喻指獄吏之苛刻、無心肝。

（29）正：楊樹達《漢書窺管》："《說苑》作'政'。" 離親塞道：離間親人，堵塞人道，此指告密成風。

（30）鳶（yuān）：老鷹。 誹謗：議論是非。

（31）"山藪"四句：《漢書》顔師古注："《春秋左氏傳》載晉大夫伯宗之辭。訛，恥也。言山藪之有草木則毒害者居之，川澤之形廣大則能受於汙濁，人君之善御下，亦當忍恥病也。" 疾，毒物。 惡，壞，指瑕疵。引語見《左傳·宣公十五年》："川澤納汙，山藪藏疾，瑾瑜匿瑕，國君含垢。"意即世上不可能有完美無缺之物，臣子進諫亦難免有不確之辭，但這並無礙大局。

（32）治獄：即上文提到的"上下相驅，以刻爲明"的治獄之吏，一說指"治獄之弊政"。又，楊樹達《漢書窺管》："《說苑》作'煩獄'，於義爲長。"

（33）履：行。 與天亡極：《漢書》顔師古注："與天長久，無窮極也。"

班　　固

班固（32—92），字孟堅，東漢扶風安陵（今陝西咸陽東北）人。幼承家教，博學好文。其父班彪博采舊事異聞，作《史記後傳》六十五篇以補《史記》之缺。班彪死後班固繼承父業，續寫其尚未完成的《漢書》。明帝時，有人告發他私改國史，因而被捕下獄。其弟班超隨即上書爲他辯解，後獲釋。明帝很賞識班固的才能，任他爲蘭臺令史，不久又升遷爲郎、典校秘書。明帝永平年間，班固奉詔修史。經多年努力，于章帝建初七年(82)基本完成《漢書》寫作。和帝永元元年(89)，班固隨大將軍竇憲出征匈奴，任中護軍。竇憲驕橫獲罪，班固連坐免官牽連入獄，死於獄中。班固死時，《漢書》還缺八表和《天文志》，和帝下詔令其妹班昭續成。班固還是東漢前期最著名的辭賦家。《兩都賦》模仿司馬相如之作，鋪張揚厲，體制宏大，開拓了西漢大賦寫京都的題材。《詠史》詩是現存第一首文人五言詩。

《漢書》是我國第一部紀傳體斷代史，記事始於漢高祖元年(前206)，止于王莽地皇四年(23)。全書共一百篇，體例仿《史記》，內有十二本紀、八表、十志、七十列傳。

《漢書》對歷史人物的評價恪守儒家正統觀念，總體來說不如《史記》寫得鮮明生動，但也有不少膾炙人口的名篇佳作。就文章風格而言，《史記》含慷慨之氣，《漢書》多雍雅之風。從文章語言來說，《漢書》好用古字，長於排偶，"遷文直而事核，固文贍而事詳"(范曄《後漢書·班固傳》)。

今通行本爲中華書局標點本，內含唐顏師古彙集前人二十三家的注釋。

蘇 武 傳

【題解】

本篇選自《漢書·李廣蘇建傳》，詳細記述了蘇武羈留匈奴十九年的遭遇和歸漢後的晚景，刻畫了蘇武威武不屈、貧賤不移、孤忠自誓、大義凜然、歷久而不變的愛國志士形象。全文敘事有序，波瀾疊起，注意通過環境描寫、語言描寫來展現蘇武的愛國精神。作者又善於運用映襯手法，在與副使張勝、叛徒衛律、降將李陵的對照中，突出蘇武爲國事甘於"蒙斧鉞湯鑊"、"願肝腦塗地"的高貴品質。清代趙翼評說此文："敘次精彩……合之《李陵傳》，慷慨悲涼，使遷爲之，恐亦不能過。"(《廿二史劄記》)

　　武字子卿，少以父任，兄弟並爲郎[1]。稍遷至栘中廄監[2]。時漢連伐胡，數通使相窺觀。匈奴留漢使郭吉、路充國等前後十餘輩[3]。匈奴使來，漢亦留之以相當[4]。

　　天漢元年，且鞮侯單于初立，恐漢襲之，乃曰："漢天子，我丈人行也。"盡歸漢使路充國等[5]。武帝嘉其義，乃遣武以中郎將使持節送匈奴使留在漢者[6]；因厚賂單于，答其善意。武與副中郎將張勝及假吏常惠等，募士、斥候百餘人俱⁽⁷⁾。既至匈奴,置幣遺單于。單于益驕,非漢所望也。

方欲發使送武等,會緱王與長水虞常等謀反匈奴中⁽⁸⁾。緱王者,昆邪王姊子也,與昆邪王俱降漢,後隨浞野侯沒胡中⁽⁹⁾。及衛律所將降者,陰相與謀劫單于母閼氏歸漢⁽¹⁰⁾。會武等至匈奴,虞常在漢時素與副張勝相知,私候勝曰⁽¹¹⁾:"聞漢天子甚怨衛律,常能爲漢伏弩射殺之。吾母與弟在漢,幸蒙其賞賜。"張勝許之,以貨物與常。

後月餘,單于出獵,獨閼氏、子弟在。虞常等七十餘人欲發,其一人夜亡,告之。單于子弟發兵與戰,緱王等皆死,虞常生得。單于使衛律治其事。張勝聞之,恐前語發,以狀語武。武曰:"事如此,此必及我。見犯乃死,重負國⁽¹²⁾!"欲自殺,勝、惠共止之。虞常果引張勝。單于怒,召諸貴人議,欲殺漢使者。左伊秩訾曰⁽¹³⁾:"即謀單于,何以復加?宜皆降之。⁽¹⁴⁾"單于使衛律召武受辭⁽¹⁵⁾。武謂惠等:"屈節辱命,雖生,何面目以歸漢!"引佩刀自刺。衛律驚,自抱持武,馳召毉⁽¹⁶⁾。鑿地爲坎,置熅火,覆武其上,蹈其背以出血⁽¹⁷⁾。武氣絕,半日復息。惠等哭,輿歸營。單于壯其節,朝夕遣人候問武,而收繫張勝。

武益愈,單于使使曉武,會論虞常,欲因此時降武⁽¹⁸⁾。劍斬虞常已,律曰:"漢使張勝謀殺單于近臣⁽¹⁹⁾,當死。單于募降者赦罪。"舉劍欲擊之,勝請降。律謂武曰:"副有罪,當相坐。"武曰:"本無謀,又非親屬,何謂相坐?"復舉劍擬之,武不動。律曰:"蘇君!律前負漢歸匈奴,幸蒙大恩,賜號稱王,擁衆數萬,馬畜彌山,富貴如此。蘇君今日降,明日復然。空以身膏草野⁽²⁰⁾,誰復知之!"武不應。律曰:"君因我降,與君爲兄弟。今不聽吾計,後雖欲復見我,尚可得乎!"

武罵律曰:"女爲人臣子,不顧恩義,畔主背親,爲降虜於蠻夷,何以女爲見!且單于信女,使決人死生,不平心持正,反欲鬥兩主,觀禍敗!南越殺漢使者,屠爲九郡⁽²¹⁾;宛王殺漢使者,頭縣北闕⁽²²⁾;朝鮮殺漢使者,即時誅滅⁽²³⁾。獨匈奴未耳!若知我不降明⁽²⁴⁾,欲令兩國相攻。匈奴之禍,從我始矣!"律知武終不可脅,白單于。單于愈益欲降之,乃幽武,置大窖中,絕不飲食。天雨雪,武臥齧雪,與旃毛并咽之⁽²⁵⁾,數日不死。匈奴以爲神,乃徙武北海上無人處,使牧羝,羝乳乃得歸⁽²⁶⁾。別其官屬常惠等,各置他所。

武既至海上,廩食不至,掘野鼠、去草實而食之⁽²⁷⁾。仗漢節牧羊,臥起操持,節旄盡落。積五六年,單于弟於靬王弋射海上⁽²⁸⁾。武能網紡繳,檠弓弩,於靬王愛之,給其衣食⁽²⁹⁾。三歲餘,王病,賜武馬畜、服匿、穹廬⁽³⁰⁾。王死後,人衆徙去。其冬,丁令盜武牛羊,武復窮厄⁽³¹⁾。

初,武與李陵俱爲侍中⁽³²⁾。武使匈奴明年,陵降,不敢求武。久之,單于使陵至海上,爲武置酒設樂。因謂武曰:"單于聞陵與子卿素厚,故使陵來說足下,虛心欲相待。終不得歸漢,空自苦亡人之地,信義安所見乎?前長君爲奉車,從至雍棫陽宮,扶輦下除,觸柱折轅,劾大不敬,伏劍自刎,賜錢二百萬以葬⁽³³⁾。孺卿從祠河東后土,宦騎與黃門駙馬爭船,推墮駙馬河中,溺死,宦騎亡;詔使孺卿逐捕,不得,惶恐飲藥而死⁽³⁴⁾。來時太夫人已不幸,陵送葬至陽陵⁽³⁵⁾。子卿婦年少,聞已更嫁矣。獨有女弟二人⁽³⁶⁾,兩女一男,今復十餘年,存亡不可知。人生如朝露,何久自苦如此!陵始降時,忽忽如狂,自痛負漢,加以老母繫保宮,子卿不欲降,何以過陵⁽³⁷⁾!且陛下春秋高,法令亡常,大臣亡罪夷滅者數十家,安危不可知,子卿尚復誰爲乎?願聽陵計,勿復有云!"武曰:"武父子亡功德,皆爲陛下所成就,位列將,爵通侯,兄弟親近,常願肝腦塗地⁽³⁸⁾。今得殺身自效,雖蒙斧鉞湯鑊,誠甘樂之。臣事君,猶子事父也;子爲父死,亡所恨。願勿復再言!"

陵與武飲數日,復曰:"子卿壹聽陵言。⁽³⁹⁾"武曰:"自分已死久矣!王必欲降武,請畢今日之驩,效死於前!"陵見其至誠,喟然歎曰:"嗟乎,義士!陵與衛律之罪,上通於天!"因泣下霑衿,與武決去。陵惡自賜武,使其妻賜武牛羊數十頭⁽⁴⁰⁾。

後陵復至北海上,語武:"區脫捕得雲中生口⁽⁴¹⁾,言太守以下吏民皆白服,曰上崩。"武聞之,南鄉號哭,歐血,旦夕臨數月⁽⁴²⁾。

昭帝即位數年,匈奴與漢和親。漢求武等,匈奴詭言武死。後漢使復至匈奴,常惠請其守者與俱,得夜見漢使,具自陳道。教使者謂單于,言天子射上林中⁽⁴³⁾,得雁,足有繫帛書,言武等在某澤中。使者大喜,如惠語以讓單于。單于視左右而驚,謝漢使曰:"武等實在。"於是李陵置酒賀武曰:"今足下還歸,揚名於匈奴,功顯於漢室。雖古竹帛所載,丹青所畫,何以過子卿!陵雖駑怯,令漢且貰陵罪,全其老母,使得奮大辱之積志,庶幾乎曹柯之盟,此陵宿昔之所不忘也⁽⁴⁴⁾!收族陵家,爲世大戮,陵尚復何顧乎?已矣,令子卿知吾心耳!異域之人,壹別長絕!"陵起舞,歌曰:"徑萬里兮度沙幕,爲君將兮奮匈奴。路窮絕兮矢刃摧,士衆滅兮名已隤。老母已死,雖欲報恩將安歸!⁽⁴⁵⁾"陵泣下數行,因與武決。單于召會武官屬,前已降及物故,凡隨武還者九人⁽⁴⁶⁾。

武以始元六年春至京師,詔武奉一太牢謁武帝園廟⁽⁴⁷⁾。拜爲典屬國,秩中二千石,賜錢二百萬,公田二頃,宅一區⁽⁴⁸⁾。常惠、徐聖、趙終根皆拜爲中郎,賜帛各二百匹⁽⁴⁹⁾。其餘六人老,歸家,賜錢人十萬,復終身⁽⁵⁰⁾。常惠後至右將軍,封列侯,自有傳。武留匈奴凡十九歲,始以強壯出,及還,鬚髮盡白。

武來歸明年,上官桀、子安與桑弘羊及燕王、蓋主謀反⁽⁵¹⁾。武子男元與安有謀,坐死。初,桀、安與大將軍霍光爭權⁽⁵²⁾,數疏光過失予燕王,令上書告之。又言蘇武使匈奴二十年不降,還,乃爲典屬國。大將軍長史無功勞,爲搜粟都尉⁽⁵³⁾;光顓權自恣。及燕王等反誅,窮治黨與。武素與桀、弘羊有舊,數爲燕王所訟⁽⁵⁴⁾,子又在謀中,廷尉奏請逮捕武⁽⁵⁵⁾。霍光寢其奏,免武官。

數年,昭帝崩。武以故二千石與計謀立宣帝,賜爵關內侯,食邑三百戶⁽⁵⁶⁾。久之,衛將軍張安世薦武明習故事,奉使不辱命,先帝以爲遺言⁽⁵⁷⁾。宣帝即時召武待詔宦者署,數進見,復爲右曹典屬國[58]。以武著節老臣,令朝朔望,號稱祭酒,甚優寵之[59]。武所得賞賜,盡以施予昆弟、故人,家不餘財。皇后父平恩侯、帝舅平昌侯、樂昌侯、車騎將軍韓增、丞相魏相、御使大夫丙吉,皆敬重武[60]。

武年老,子前坐事死,上閔之。問左右:"武在匈奴久,豈有子乎?"武因平恩侯自白:"前發匈奴時,胡婦適產一子通國,有聲問來,願因使者致金帛贖之。"上許焉。後通國隨使者至,上以爲郎。又以武弟子爲右曹。武年八十餘,神爵二年病卒[61]。

甘露三年,單于始入朝[62]。上思股肱之美,乃圖畫其人于麒麟閣,法其形貌,署其官爵、姓名[63]。唯霍光不名[64],曰:"大司馬大將軍博陸侯,姓霍氏";次曰"衛將軍富平侯張安世";次曰"車騎將軍龍額侯韓增";次曰"後將軍營平侯趙充國";次曰"丞相高平侯魏相";次曰"丞相博陽侯丙吉";次曰"御史大夫建平侯杜延年";次曰"宗正陽城侯劉德";次曰"少府梁丘賀";次曰"太子太傅蕭望之";次曰"典屬國蘇武"。皆有功德,知名當世,是以表而揚之,明著中興輔佐,列于方叔、召虎、仲山甫焉[65]。凡十一人,皆有傳。自丞相黃霸、廷尉于定國、大司農朱邑、京兆尹張敞、右扶風尹翁歸及儒者夏侯勝等,皆以善終,著名宣帝之世,然不得列於名臣之圖,以此知其選矣。

贊曰[66]:……孔子稱:"志士仁人,有殺身以成仁,無求生以害仁"[67],"使於四方,不辱君命。"[68]蘇武有之矣。

【注釋】

(1) 以父任:因爲父親職位的關係而任官。漢制,官員年俸二千石以上,任職三年,其子弟可以父蔭爲郎。蘇武之父蘇建曾任代郡太守,蘇武與兄蘇嘉、弟蘇賢皆因此得官。

(2) 栘(yí)中廄監:栘園中掌管鞍馬、鷹犬等射獵用具的官。栘,漢宮廷中的栘園。監,管事的官員。

(3) "匈奴留漢使"句:漢武帝于元封元年(前110)統兵十八萬以臨北邊,使郭吉曉諭烏維單于。郭吉見單于,言多威脅。單于怒,扣留郭吉並邊辱北海之上。元封四年秋,匈奴使至漢,因病服藥而死,漢使路充國送其喪歸。單于以漢殺匈奴使節,扣留路充國。十餘輩,十幾批人。

(4) 相當:相抵。

(5) 天漢元年:公元前100年。天漢,漢武帝年號。且(jū)鞮(dī)侯:單于的名號。丈人:家長。行(háng):行輩。

(6) 中郎將:官名。節:又稱"旄節"。以竹爲杆,長八尺,上綴氂牛尾,用作使臣的信物。

(7) 假吏:臨時充任屬吏者。常惠:太原人,隨蘇武出使匈奴,並與之同時回國,拜光祿大夫。斥候:偵察人員。

(8) 緱(gōu)王:匈奴的一個親王,後降漢,曾隨漢擊匈奴,兵敗被俘。長水:水名,在

89

今陝西藍田西北。　虞常：投降匈奴的長水校尉。

(9)昆邪(hún yē)王：匈奴貴族，于武帝元狩二年(前121)降漢。緱王隨之同降。　浞(zhuó)野侯：漢將趙破奴的封號。早年亡命匈奴，後歸漢，任霍去病軍司馬。太初二年(前103)，被匈奴俘獲，全軍皆沒入。緱王當時隸屬於他，亦投降匈奴。

(10)衛律：其父爲長水胡人，律生長於漢，由協律都尉李延年舉薦出使匈奴。後李延年因罪被捕，衛律投降匈奴，封了丁零王，統領投降匈奴的人。　閼氏(yān zhī)：匈奴王后的稱號。

(11)私：私下。　候：訪問。

(12)"見犯"兩句：自己奉命出使，不能申明約束，致副使張勝犯此錯誤，已經辜負了國家；此時不自殺，等以後受到匈奴凌辱才去死，那就更對不起國家了。見犯，受凌辱。重，更加。

(13)左伊秩訾(zī)：匈奴王號。其王號有左、右之分。

(14)即：即使。　謀：謀害。　何以復加：還能用什麼更重的刑罰來處分呢？意即處分過重。

(15)受辭：受審。辭，口供。

(16)醫：古"醫"字。

(17)坎：坑。　熅(yūn)火：微火。　蹈：通"搯"，輕輕拍打。

(18)會：共同。　論：判決罪犯。

(19)單于近臣：衛律自稱。

(20)膏：肥沃，這裡用作動詞。

(21)"南越"兩句：漢武帝元鼎五年(前112)，南越王相呂嘉殺南越王及漢使，武帝遣將討伐。次年，平定南越，擒獲呂嘉，在其地設置九郡。屠，平定。

(22)"宛王"兩句：太初元年(前104)，漢武帝遣使往大宛求良馬，大宛不與，又殺漢使。武帝大怒，遂派李廣利征大宛。太初三年，大宛諸貴族殺國王毋寡。李廣利攜毋寡首級回歸京師，將其懸挂於漢朝宮闕下。

(23)"朝鮮"兩句：元封二年(前109)，漢武帝派涉何出使朝鮮。涉何派人刺死伴送自己的朝鮮人，僞稱殺死朝鮮將領，被武帝封爲遼東部都尉。朝鮮派兵殺死涉何，武帝再派兵攻朝鮮。次年，朝鮮王被內部所殺，朝鮮降漢。

(24)若：你。　知我不降明：明知我不會投降。

(25)旃(zhān)毛：即氈毛，羊毛織物。

(26)北海：當時匈奴的北界，即今俄羅斯貝加爾湖。　羝(dī)：公羊。　乳：生育。

(27)廩食：官家(指匈奴)供給的食物。　去：通"弆"，藏。

(28)於靬(wū qián)王：且鞮侯單于之弟。　弋射：射獵。

(29)網：結網，編結狩獵用的網。　紡繳(zhuó)：紡出箭尾所系的絲繩。　檠(qíng)：矯正弓弩的工具，這裡用作動詞。

(30)服匿：盛酒酪的陶器。　穹廬：圓頂大帳篷。

(31)丁令：又作"丁零"、"丁靈"，匈奴族的一支。當時衛律爲丁零王，丁零人盜蘇武牛羊，應是衛律主使。

(32)李陵：李廣的孫子。武帝天漢二年(前99)，帶兵擊匈奴，兵敗投降。　侍中：官名，侍從皇帝左右,掌管乘輿服物。又見《報任安書》注(29)。

(33) 長君:蘇武之兄蘇嘉。 奉車:奉車都尉,官名,掌管皇帝車輿,隨侍皇帝出行。 雍:地名,在今陝西鳳翔。 棫(yù)陽宮:本秦宮。 除:臺階。 劾:見《張釋之列傳》注(21)。

(34) 孺卿:蘇武之弟蘇賢,字孺卿。 祠:祭祀。 河東:漢郡名,今山西夏縣一帶。 后土:土地神。 宦騎:充當皇帝騎從的宦官。 黃門駙馬:皇帝的騎侍。

(35) 太夫人:蘇武之母。 不幸:死亡。 陽陵:漢縣名,在今陝西咸陽東。

(36) 女弟:妹妹。

(37) 忽忽:精神恍惚。 狂:神經錯亂。 保宮:囚禁罪臣及其眷屬之所。

(38) 位列將:蘇武之父蘇建為右將軍,蘇武自己為中郎將,其兄蘇嘉為奉車都尉,其弟蘇賢為騎都尉。 爵通侯:封爵至侯。蘇建曾封平陵侯。 親近:皇帝親近的臣僚。

(39) 壹:一定。

(40) 惡(wù):羞愧。

(41) 區(ōu)脫:匈奴語指邊境地區。 雲中:漢郡名,在今山西北部及內蒙一帶。 生口:俘虜。

(42) 歐:通"嘔"。 臨:哭,專指哭莫死者。

(43) 上林:上林苑,本為秦時舊苑,漢武帝時擴建,故址在今陝西長安西。

(44) 令:假如。 貰(shì):寬恕。 奮大辱之積志:奮起實現我在這奇恥大辱處境中積壓多年的志向。 曹柯之盟:春秋時,齊軍伐魯,魯莊公的大將曹沫三戰皆敗。魯莊公割地求和,但仍用曹沫為將。魯、齊在柯邑定盟約時,曹沫執匕首劫齊桓公,迫使其歸還所侵之地。李陵借此典意謂自己有曹沫劫齊桓公而折服敵國的願望。 宿昔:從前。李陵投降之初,漢並未誅殺其家屬。後因訛傳李陵為匈奴訓練軍隊,與漢為敵,漢武帝遂將李陵家屬全都處死。這裏的"宿昔"指漢武帝尚未處死李陵家屬之時。

(45) 徑:行經。 幕:通"漠"。 奮:奮擊。 隤(tuí):敗壞。

(46) 召會:召集。會,聚。 物故:死亡。物,通"歾"。

(47) 始元六年:公元前81年。始元,漢昭帝年號。 太牢:以一牛、一豕、一羊為祭品。 園:陵寢,帝后所葬之地。 廟:祭祀祖先之處。

(48) 典屬國:官名,掌管少數民族事物。 中二千石:漢代官吏二千石的官俸分為中二千石、二千石、比二千石等不同等級,以中二千石官秩為最高。

(49) 中郎:官名,掌管守衛宮殿門戶,充任侍從。

(50) 復:免除徭役。

(51) 上官桀:武帝末拜左將軍,封安陽侯,與霍光等同受武帝遺詔輔佐昭帝。上官,複姓。 安:上官桀之子,昭帝時拜車騎將軍。 桑弘羊:武帝末為御史大夫。 燕王:劉旦,武帝第三子。 蓋主:武帝長女,昭帝的姐姐。其夫封為蓋侯,故稱蓋長公主,又稱蓋主。 謀反:上官桀等欲殺霍光、廢昭帝、立燕王之事,事敗被殺。燕王和蓋主自殺。

(52) 霍光:霍去病異母弟。武帝時任奉車都尉,昭帝時任大司馬大將軍。昭帝死後迎立昌邑王劉賀,不久即廢,又迎立宣帝。前後執政二十年。參見《尚德緩刑書》注(7)、注(9)。

(53) 大將軍長史:大將軍的輔佐官員,此指楊敞。 搜粟都尉:又稱"治粟都尉",為大司農(九卿之一,掌錢糧)屬官。

91

(54)"數爲"句:燕王曾多次上書言蘇武職位太低。訟,《說文》:"訟,爭也。"

(55)廷尉:見《張釋之列傳》注(1)。

(56)計謀立宣帝:指蘇武曾參與謀立宣帝之事。廢昌邑王、立宣帝事參見《尚德緩刑書》注(7)、注(9)。

(57)張安世:武帝時御史大夫張湯之子。昭帝時任右將軍,封富平侯,也曾參與謀立宣帝事。　明習故事:熟悉朝章典故。

(58)宦者署:宦者令的衙署。　右曹:加官的一種,由任其他職務的官員兼任。

(59)"令朝"二句:下令蘇武只要在每月初一和十五朝見皇上,其餘時間都不必上朝,敬稱他爲"祭酒"。祭酒,古代重大宴會或祭享時舉酒先祭的德高望重的人。

(60)平恩侯:宣帝皇后的父親許廣漢。　平昌侯:宣帝的大舅父王無敵。　樂昌侯:宣帝的小舅父王武。

(61)神爵二年:公元前60年。神爵,漢宣帝年號。

(62)甘露三年:公元前51年。甘露,漢宣帝年號。　單于始入朝:時匈奴內亂,呼韓邪單于爲爭取漢朝幫助,遂稱臣於漢。

(63)股肱:見《尚德緩刑書》注(9)。　麒麟閣:在漢未央宮中。

(64)唯霍光不名:因霍光是三代重臣,政績昭著,故不書其名以示尊敬。

(65)明著:明確指出。　方叔、召虎、仲山甫:皆爲輔佐周宣王中興的功臣。

(66)贊:史傳文中作者的評論。《漢書》中,"蘇武傳"在《李廣蘇建傳》中,所以"贊"中還有對李廣、李陵的論述。因與蘇武無關,故刪。

(67)"志士"三句:《論語·衛靈公》:"子曰:志士仁人,無求生以害仁,有殺生以成仁。"

(68)"使於"二句:《論語·子路》:"子曰:行己有恥,使於四方,不辱君命,可謂士矣。"

張　　衡

　　張衡(78—139),字平子,東漢南陽(今河南南陽)人。博通五經六藝,才能出衆。安帝、順帝時,曾兩度任太史令。精通天文曆算,創造了"渾天儀"和"候風地動儀"。張衡爲官正直,曾向順帝上疏,主張改革朝政,又力言圖讖虛妄,請求禁絕。因遭宦者所讒,出爲河間王相,後乞歸田里。

　　張衡的文學作品主要是辭賦和詩。《二京賦》雖模仿司馬相如的《子虛》、《上林》和班固的《兩都賦》,但卻是他入京後有感於"天下承平日久,自王后以下莫不逾侈"(《後漢書·張衡傳》)而作,鋪敍中加入了針砭現實的議論,警告統治者要知道"水所以載舟,亦所以覆舟"的道理,大大增強了諷諫意義。《歸田賦》則突破漢賦長篇鋪陳的傳統而變爲抒情小賦,具有一定的開創意義。張衡的詩以《四愁詩》最爲有名,詩中表達了他報效君主的願望和對小人用讒的憂懼。這首詩是中國文學史上產生較早的一首七言詩,對後世七言詩的形成具有重大影響。

明人輯有《張河間集》。

歸 田 賦

【題解】

本篇收於《昭明文選》,李善注曰:"張衡仕不得志,欲歸於田,因作此賦。"賦一開頭,作者便直抒胸臆,表達自己對混亂時世和黑暗朝政的不滿,以及不得志的苦悶。然後,作者用清新質樸的語言描述歸田後的種種樂趣。描述中充滿濃烈的感情色彩,顯現了作者對恬靜高雅生活的向往。末尾,以老莊"縱心於物外"、"安知榮辱"作結。這篇賦表現了作者對現實的不滿和絕望,以及不願同流合污的精神。文章借景言情,詞句清麗,兼用駢偶,是東漢抒情小賦的代表作。

遊都邑以永久,無明略以佐時[1];徒臨川以羨魚,俟河清乎未期[2];感蔡子之慷慨,從唐生以決疑[3]。諒天道之微昧,追漁父以同嬉[4];超埃塵以遐逝,與世事乎長辭[5]。

於是仲春令月,時和氣清,原隰鬱茂,百草滋榮[6]。王雎鼓翼,倉庚哀鳴[7],交頸頡頏,關關嚶嚶[8]。於焉逍遙,聊以娛情。

爾乃龍吟方澤,虎嘯山丘[9]。仰飛纖繳[10],俯釣長流;觸矢而斃,貪餌吞鉤[11];落雲間之逸禽,懸淵沈之鯊鰡[12]。

于時曜靈俄景,繫以望舒[13];極般遊之至樂,雖日夕而忘劬[14]。感老氏之遺誡,將回駕乎蓬廬[15]。彈五弦之妙指,詠周、孔之圖書[16];揮翰墨以奮藻,陳三皇之軌模[17]。苟縱心於物外,安知榮辱之所如[18]?

【注釋】

(1) 都邑:都城,此指東漢都城洛陽。 明略:高明的謀略。 佐時:輔佐當時的君主。

(2) 臨川以羨魚:比喻空有願望而無法付諸實現,此處借用《淮南子·說林訓》"臨河羨魚,不如歸家織網"的語意。 河清:黃河水清。相傳黃河千年一清,世人因此以河清比喻天下太平。《左傳·襄公八年》:"俟河之清,人壽幾何?" 未期:不可預期。

(3) 蔡子:蔡澤,戰國時燕國的辯士,曾為秦相。 慷慨:士因不得志而感慨。 唐生:唐舉,戰國時魏國的相士。 蔡澤周遊列國,長期不見任用,就請唐舉為他看相,預測將來的命運,後果然應驗。事見《史記·范雎蔡澤列傳》。

(4) 諒:信,實在。 微昧:幽暗不明,此指朝政黑暗。 漁父:一位隱居江湖的人,曾勸屈原不必為理想難以實現而憂傷憔悴。事見王逸《楚辭·漁父章句序》。此指隱士。

(5) 埃塵:汙濁的世俗。 世事:塵世。

(6) 令月:美好的月份。令,善。 原:高平之地。 隰(xí):低濕之地。 鬱茂:草木繁盛的樣子。

(7) 王雎(jū):鳥名,即雎鳩。 鼓:振。 倉庚:鳥名,即黃鸝。 哀鳴:婉轉啼鳴。

93

(8) 頡頏(xié háng):上下翱翔,比翼雙飛。飛翔而上爲頡,飛翔而下爲頏。 關關:王雎叫鳴之聲。 嚶嚶:倉庚叫鳴之聲。

(9) "爾乃"兩句:自己就像龍之在澤、虎之在山那樣,在田園中優遊不迫,吟嘯自得。爾乃,於是。方澤,大澤。

(10) "纖繳(zhuó)"句:仰首上射高飛的鳥。纖繳,繫在箭上的細絲繩,用以收回射出的箭,這裏代指箭。纖,細。繳,繫繩。

(11) "觸矢"二句:鳥因中箭而死,魚因貪餌上鉤。

(12) 落:射落。 逸禽:高飛的鳥,一說指鴻雁。 懸:鉤。 魦鰡(shā liú):皆爲魚名。

(13) 曜靈:太陽。 俄景:日影偏斜,指天色將暮。俄,斜。景,同"影"。 繫以:繼之以。 望舒:神話中爲月亮駕車之神,此指月亮。

(14) 般(pán)遊:遊樂。 劬(qú):勞苦。

(15) 老氏:即老子。 遺誡:遺留下來的警戒之言,指老子《道德經》第十二章"馳騁畋獵,令人心發狂"的話。 蓬廬:茅屋。

(16) 五弦:五弦琴,相傳是舜創製。 妙指:美妙的意趣。指,同"旨"。 周、孔之圖書:周公、孔子修撰的典籍。

(17) 翰:筆。 奮藻:發揮文采。奮,發。藻,詞藻。 陳:陳述。 三皇:傳說中的上古聖皇,一般指伏羲、神農、黃帝。 軌模:法規,法度。

(18) 物外:世俗是非得失之外。 如:往,歸。

漢 樂 府 詩

　　顧名思義,"樂府"是指管理音樂的官府。1977年陝西臨潼出土的秦編鐘上刻有秦篆"樂府"二字,可見其時已有樂府。漢武帝時,樂府除掌管宮廷音樂外,還開始收集民間歌辭。後來,人們把"樂府"這一機構收集的民間歌辭(也包括一部分文人製作的歌辭)稱作"歌詩"、"樂府民歌"、"樂府詩",簡稱"樂府"。可見,漢代的樂府詩實際上是一種合樂可歌的歌辭。據《漢書·藝文志》,西漢"樂府"收集的民歌就有一百三十八首,但流傳至今,散佚頗多。

　　漢樂府民歌繼承和發揚了《詩經》的優良傳統,"感於哀樂,緣事而發",第一次具體而深入地反映了漢代下層人民的生活,具有濃厚的生活氣息、廣闊的社會內容。漢樂府民歌中敘事詩較多,爲中國古代敘事詩的發展打下了基礎。在表現形式上,漢樂府民歌西漢多雜言,東漢多五言。在漢樂府和文人創作中逐漸孕育成熟的五言詩體,以後成了詩歌中最主要的形式之一。漢樂府民歌表達感情直露而強烈,語言質樸自然,結構渾然天成。

　　至今尚存的四十幾首漢樂府詩,收在南宋郭茂倩編纂的《樂府詩集》(以收漢魏至隋唐時期樂府詩爲主的詩歌總集)中。

上 邪

【題解】

這是一首愛情詩。作者以第一人稱的語氣抒情表意,感情熾熱、真摯大膽地表達了自己對愛情的追求。詩的前三句用直筆正面表現,沒有遮遮掩掩,沒有朦朧含蓄,有的是直抒胸臆,有的是大膽直率。後六句用曲筆反面設誓,拿自己深信絕不可能出現的五種自然現象作爲"與君絕"的先決條件,大大增強了誓詞的分量,更襯托出女主人公對愛情的專一執著,也顯示出作者構思的新穎奇特。

上邪[1]!我欲與君相知,長命無絕衰[2]。山無陵[3],江水爲竭,冬雷震震,夏雨雪[4],天地合,乃敢與君絕!

【注釋】

(1) 上:上天。 邪:通"耶",語助詞。
(2) 君:你,指情人。 相知:相愛。 命:令,使。 絕衰:衰竭。
(3) 山無陵:山沒有了峰陵,即山夷爲平地。
(4) 震震:雷聲。 雨(yù):這裏用作動詞,下。

飲馬長城窟行

【題解】

這是一首樂府古辭,原辭已佚,内容與長城飲馬無關,寫的是一位婦女對遠方丈夫的思念。詩的開頭起興,回憶昨晚的夢境。中間從夢境回到現實,寫思婦的内心世界,看到人家的溫馨,更覺自己淒苦悽愴。最後八句是第三部分,看到來信中的客氣話,竟然沒提到回家的日期,思婦真是愁恨失望之至。整首詩語言質樸簡潔,富有民歌神韻。

青青河畔草,綿綿思遠道[1]。
遠道不可思,宿昔夢見之[2]。
夢見在我傍,忽覺在他鄉。
他鄉各異縣,展轉不相見[3]。
枯桑知天風,海水知天寒[4],
入門各自媚,誰肯相爲言[5]!
客從遠方來,遺我雙鯉魚[6]。
呼兒烹鯉魚,中有尺素書[7]。
長跪讀素書,書中竟何如[8]?
上言加餐食,下言長相憶[9]。

【注釋】

(1) 綿綿:延續不斷,此處借草一直長到遠處、綿延不絕形容對遠方的親人情思悠長、沒有盡頭。

(2) 宿昔:往日,過去的日子,此指昨夜。

(3) 展轉:即"輾轉",形容臥不安席,難以入睡。

(4) "枯桑"二句:枯桑沒有葉,仍感到風吹;海水不結冰,也知道天冷。比喻那遠方之人縱然感情淡薄,也該知道我的思念和孤寂。

(5) "入門"二句:遠方歸來的人只顧愛自家的人,誰也不會對我說說我關心的消息。媚,愛,喜歡。

(6) 雙鯉魚:書信。原指鯉魚狀的木函,由一底一蓋兩塊板組成,書信夾在裏面。一說漢時書劄相遺,以絹素疊成雙魚之形。下言"烹鯉魚",亦譬況之語。

(7) 尺素:古人寫文章或書信所用長一尺左右的絹帛。素,生絹。

(8) 長跪:直身而跪。古人席地而坐,兩膝據地,以臀部着足跟。跪則伸直腰股,以示莊重。

(9) "上言"二句:信的內容只是勸家人多進飲食(即注意身體之類的客氣話)、非常想家等等。

十五從軍征

【題解】

這是一首敍事詩,主人公的情況十分典型。從這一家家破人亡的情景推延開來,我們可以看到這不僅僅是一個人的遭遇、一個家庭的悲劇,更是整個社會的縮影。詩歌深刻揭示了漢代窮兵黷武政策給百姓帶來的深重災難和對社會生產力的嚴重破壞。

十五從軍征,八十始得歸。
道逢鄉里人:"家中有阿誰?[1]"
"遙看是君家,松柏塚累累。"
兔從狗竇入,雉從梁上飛[2]。
中庭生旅穀,井上生旅葵[3]。
舂穀持作飯,采葵持作羹。
羹飯一時熟,不知貽阿誰。
出門東向看,淚落霑我衣。

【注釋】

(1) 阿:語助詞。

(2) 實:洞。　雉:野雞。
(3) 中庭:庭中。　旅穀:野穀。旅,寄。　葵:野菜,又名冬葵,葉嫩可食。

古詩十九首

《古詩十九首》是梁代蕭統《昭明文選》"雜詩"類的一個題目,是漢末一群無名詩人創作的十九首五言抒情短詩。这十九首短詩不是一人一時之作,也不是有機構成的組詩。"古詩"本指古代人所作的詩,梁、陳以後,它與兩漢樂府歌辭並稱,成了專指漢代無名氏所作五言詩的一個具有特定涵義的專類名稱。

《古詩十九首》的作者大抵爲中下層文人,他們的作品思想內容比較狹窄,流露出較多的感傷情緒。但他們大膽地向樂府民歌學習,從而在繼承《詩經》、《楚辭》傳統的基礎上,將分離達三百餘年之久的文人創作語言與民間創作語言重新結合起來,並取得了突出的藝術成就。捨去音樂因素,《古詩十九首》與漢樂府五言歌辭在詩體形式上並無本質區別。不少"古詩"作品具有濃厚的民歌風味,如句式上排比重疊,語言上淺近自然,結構上渾然天成,比興手法的渲染烘托,情景交融的描寫技巧等。"古詩"作品與樂府民歌的相異之處在於:樂府民歌以敘事爲主,"古詩"則以抒情見長;樂府民歌多以事情自然順序爲線索,"古詩"則按感情起伏節奏來剪裁。

《古詩十九首》標誌着文人五言詩的成熟。劉勰《文心雕龍》將《古詩十九首》稱爲"五言之冠冕",鍾嶸《詩品》稱其"幾乎一字千金"。

冉冉孤生竹

【題解】

這首詩有人說是寫一個新婚離別的思婦的怨別之情;也有人說是寫一對已有婚約的男女尚未成婚,男方遲遲沒來迎娶,以致女方心懷疑慮。詩中多處採用比的手法,含蓄貼切地表現了女子的一片真心。

冉冉孤生竹,結根泰山阿(1)。
與君爲新婚,菟絲附女蘿(2)。
菟絲生有時,夫婦會有宜(3)。
千里遠結婚,悠悠隔山陂(4)。
思君令人老,軒車來何遲(5)。

傷彼蕙蘭花,含英揚光輝(6);
過時而不采,將隨秋草萎。
君亮執高節,賤妾亦何爲(7)?

【注釋】

(1)"冉冉"二句:用孤生竹比喻自己沒有兄弟姐妹,未出嫁時依靠父母,猶如孤竹托根于泰山。一說山喻男方,《文選》李善注:"竹結根于山阿,喻婦人托身于君子也。"冉冉,柔弱下垂的樣子。阿,山邊,近處。

(2)新婚:一說指訂婚。 菟絲、女蘿:皆爲柔弱蔓生的植物。菟絲爲女子的自喻,女蘿比喻男方。兩種蔓生植物互相牽纏,比喻兩個生命的結合。

(3)"菟絲"句:菟絲花開有定時,比喻女子不要錯過了自己的青春時光。

(4)悠悠:遙遠的樣子。 陂(bēi):山坡。

(5)軒車:有屏障的車。古時大夫以上乘軒車。

(6)傷彼:自傷。 蕙蘭花:蕙花和蘭花以其色香惹人喜愛,但過時不采就會和秋草一起枯萎。 含英:花初開而未盡發。 揚光輝:形容其容光煥發。

(7)"君亮"二句:相信男方必定會堅持高尚的節操,那自己又何必怨傷呢?亮,誠信。執,堅持。

迢迢牽牛星

【題解】

這首詩從織女着筆,寫牛郎織女的故事,深情地表現了女子的相思。起始兩句寫夫婦相隔之遠、離別之苦,中間四句寫織女整天織布卻織不成匹以顯其思念之深,最後四句再次慨歎相思而不得見的怨恨。詩中多用疊字,使全詩質樸清麗又情趣盎然。

迢迢牽牛星,皎皎河漢女(1)。
纖纖擢素手,劄劄弄機杼(2)。
終日不成章,泣涕零如雨(3)。
河漢清且淺,相去復幾許?
盈盈一水間,脈脈不得語(4)。

【注釋】

(1)迢迢:遙遠的樣子。 牽牛星:俗稱牛郎星。 皎皎:潔白明亮的樣子。 河漢女:即織女星,在銀河之北。河漢,銀河。

(2)纖纖:纖細的樣子。 擢:擺動。 劄劄:象聲詞,織布機的聲音。 杼(zhù):織布機上的梭子。

(3) 章:布匹的紋理,此指無心織布。 零:落。
(4) 盈盈:清澈的樣子。一說形容織女,《文選》六臣注:"盈盈,端麗貌。"意謂織女的嬌好之貌亦映現於河漢之間。 脈脈:含情對視的樣子。

生年不滿百

【題解】

　　這首詩嘲諷"惜費"守財和做着成仙夢的兩種人,鼓吹及時行樂。這種及時行樂的吟歎,固然流露出一種消極頹廢的人生觀,但可以看做是漢代文人以故作曠達狂放的想法來表現人生毫無出路的痛苦,也可以說是他們在對仕途徹底失望之後憤懣牢騷的宣泄。

　　　　生年不滿百,常懷千歲憂。
　　　　晝短苦夜長,何不秉燭遊?
　　　　爲樂當及時,何能待來茲(1)。
　　　　愚者愛惜費,但爲後世嗤(2)。
　　　　仙人王子喬,難可與等期(3)。

【注釋】

(1) 來茲:來年。
(2) 惜費:吝嗇聚財而不願花費。
(3) 王子喬:傳說中的仙人,《列仙傳》:"王子喬,周靈王太子晉也。好吹笙作鳳鳴,常遊于伊、洛之間。"他被神秘道士浮丘公接上嵩山後乘鶴成仙。 期:期待,期望。

練 習 二

一、解釋下列各詞在句中的詞義

之　1. 而廷尉乃當之罰金。(《張釋之列傳》)
　　2. 諸公聞之,賢王生而重張廷尉。(《張釋之列傳》)
　　3. 苟此不能守,雖避之他處何益?(《〈張中丞傳〉後敘》)
　　4. 《詩》曰:"孝子不匱,永錫爾類。"其是之謂乎?(《鄭伯克段于鄢》)
　　5. 苟得聞子大夫之言,何後之有?(《句踐滅吳》)
　　6. 遠誠畏死,何苦守尺寸之地……?(《〈張中丞傳〉後敘》)
　　7. 甚哉,聽訟之不可以不慎也!(《胭脂》)
　　8. 行之乎仁義之途,遊之乎《詩》《書》之源,無迷其途,無絕其源,終吾身而已矣。(《答李翊書》)

9. 頃之,太子與梁王共車入朝。(《張釋之列傳》)

10. 古之賢君,四方之民歸之,若水之歸下也。(《句踐滅吳》)

爲 11. 文帝稱善,乃拜釋之爲謁者僕射。(《張釋之列傳》)

12. 季布爲朱家鉗奴。(《報任安書》)

13. 闕然久不報,幸勿爲過。(《報任安書》)

14. 愈與吳郡張籍閱家中舊書,得李翰所爲《張巡傳》。(《〈張中丞傳〉後敘》)

15. 某爲涇州,甚適,少事。(《段太尉逸事狀》)

16. 然尚恨有闕者,不爲許遠立傳,又不載雷萬春事首尾。(《〈張中丞傳〉後敘》)

17. 爲白尚書,出聽我言。(《段太尉逸事狀》)

18. 士爲知己者用,女爲說己者容。(《報任安書》)

19. 南八,男兒死耳,不可爲不義屈。(《〈張中丞傳〉後敘》)

20. 願大王孰察卞和、李斯之意,而後楚王、胡亥之聽,毋使臣爲箕子、接輿所笑。(《獄中上梁王書》)

與 21. 欲與大叔,臣請事之。(《鄭伯克段于鄢》)

22. 城陷而虜,與巡死先後異耳。(《〈張中丞傳〉後敘》)

23. 落霞與孤鶩齊飛,秋水共長天一色。(《秋日登洪府滕王閣餞別序》)

24. 遠誠畏死,何苦守尺寸之地,食其所愛之肉,以與賊抗而不降乎?(《〈張中丞傳〉後敘》)

25. 人之相與,俯仰一世。(《蘭亭集序》)

二、標點下文

1. 人命中疑獄最多有黑夜被殺見證無人者有屍無下落求檢不得者有眾口齊證一人而此人夾死不招者有共見打死是實及吊屍檢驗並無致命重傷者凡遇此等人命只宜案候密訪慎毋自恃摘伏之明煉成附會之獄書曰罪疑惟輕又曰寧失不經夫以皋陶爲士安有疑獄不經之人豈可失出明斷如古人猶慎重若此況其他乎今之爲官者爲能闕疑慎獄即是竊比皋陶其自命正復不小彼鍛煉成獄者不及古人遠矣何聰明之足恃哉(李漁《資治新書》)

2. 南方多沒人日與水居也七歲而能涉十歲而能浮十五而能沒矣沒者豈苟然哉必將有得于水之道者日與水居則十五而得其道生不識水則雖壯見舟而畏之故北方之勇者問於沒人而求其所以沒以其言試之河未有不溺者也故凡不學而務求道皆北方之學沒者也(蘇軾《日喻》)

3. 辛公義隴西狄道人爲岷州刺史下車先至獄中露坐驗問決遣咸盡還領新訟事皆立決有須禁者公義即宿廳事終不還閣或諫曰公事有程何自苦公義曰刺史

無德不能使民無訟豈可禁人在獄而安寢于家乎罪人聞之咸自款服後有訟者鄉閭父老遽曉之曰此小事何忍勤勞使君訟者多兩讓而止土俗畏病若一人有疾即合家避之父子夫妻不相看養由是病者多死公義欲變其俗因分遣官人巡檢部內凡有疾病皆以床輿來安置廳事暑月疫時病人或至數百公義親設一榻獨坐其間終日連夕對之理事所得秩俸盡用市藥爲迎醫療之躬勸其飲食於是悉差方召其親戚而諭之曰死生有命不關相看前汝棄之所以死耳今我聚病者坐臥其間若言相染哪得不死諸病家子孫慚謝而去(《折獄龜鑒補》卷五,事出《隋書》)

魏晉南北朝

建安文學

公元196年,曹操奉漢獻帝移都許昌,改元"建安",這一時期的文學創作被稱作"建安文學"。代表建安文學創作成就的是曹氏父子和建安七子。建安時期,詩人們的作品體現出一種"慷慨悲涼"的共同風格,被後人稱爲"建安風骨"。

曹操是建安文學的開創者,他的詩全部是樂府歌辭。他的一部分樂府詩反映了漢末動亂的現實,如《薤露行》《苦寒行》等。另一部分樂府詩則表現了他統一天下的雄心和頑強的進取精神。這類詩慷慨悲歌,具有濃厚的抒情色彩。《短歌行》就是其中的代表,表現了他搜攬人才以完成統一事業的宏偉抱負。曹操的詩極爲本色,藝術上的顯著特點是用質樸的語言直抒胸襟,讀其詩如見其人。

曹丕是曹操之子,建安二十五年(220)代漢自立,做了七年皇帝。他的詩歌有兩個比較明顯的特點:一個是描寫男女愛情和遊子思婦題材的作品很多,而且寫得比較好;一個是形式多種多樣,四言、五言、六言、七言、雜言無所不有,但成就較高的是五言詩和七言詩。曹丕的七言詩《燕歌行》二首是現存最早的七言詩。"燕歌行"是漢樂府舊題,漢古辭已經不存,曹丕所用的七言逐句押韻,音節不免單調。

曹植是建安時期最負盛名的作家。他的一生以曹丕稱帝爲界,分爲前後兩期。前期,他深得曹操的賞識與寵愛,幾乎被立爲太子;後期,曹丕父子做了皇帝,對他深懷猜忌,他最終在憤懣與苦悶中死去。由於曹植前後期生活境遇的不同,其詩歌的情調、風貌也有顯著的差異,前期以《白馬篇》爲代表,後期以《雜詩》爲代表,表現了壯志不得施展的憤激不平之情。曹植還寫了不少情詩,如《七哀》、《美女篇》等,這些詩與表現壯志的詩風格明顯不同,感情哀婉纏綿。建安詩歌從樂府出來逐漸文人化,到了曹植手裏,文人化的傾向就更加明顯了,如《美女篇》模仿漢樂府《陌上桑》,但描寫更細緻,詞藻更華麗。抒情小賦《洛神賦》是曹植賦中的名作。這篇賦想像豐富,描寫細膩,詞采流麗,抒情色彩很濃,具有很強的藝術魅力。

"七子"之稱出於《典論·論文》,指的是孔融、陳琳、王粲、徐幹、阮瑀、應瑒和劉楨七人。"七子"中,孔融年輩較高,政治上反對曹操。他公然在父子的倫理上大反孔孟儒家舊說,被曹操以"敗倫亂理"的罪名殺害。他在文學上的成就主要是散文。他的文章雖然沿襲東漢文人的老路,駢儷成分極重,卻能以氣運詞,反映了建安時期文學的新變化。

　　王粲是"七子"中成就最高的作家。他能詩善賦,詩以《七哀詩》最爲有名,寫長安避亂赴荆州途中所見。詩中通過"白骨蔽平原"和飢婦棄子的描寫,深刻地揭示出當時軍閥混戰給人民帶來的深重災難。王粲滯留荆州時登當陽城樓所寫的《登樓賦》是他賦中的名篇,也是當時膾炙人口的抒情小賦。

　　王粲之外,陳琳的《飲馬長城窟行》假借秦代築長城的舊事,揭露了繁重的徭役給人民帶來的深重痛苦與災難。阮瑀的《駕出北郭門行》寫後母虐待孤兒,揭露了封建社會家庭關係的冷酷無情。劉楨也擅長寫詩,可惜流傳下來的作品很少,其中寫得最好的是《贈從弟》三首。徐幹是學者,但他的情詩《室思》"思君如流水,何有窮已時"寫得一往情深。應瑒的詩則無甚出色。

正始文學

　　正始文學的代表作家是阮籍、嵇康。阮籍早年"好書詩",有"濟世志",但處於魏晉易代之際,不僅抱負無由施展,自身的安全也沒有保障,於是轉而崇尚老莊思想,對黑暗的現實採取了一種消極反抗的態度。阮籍儘管在行動上佯狂放誕,内心卻十分痛苦,他的八十二首五言《詠懷詩》即是將内心的痛苦與憤悶用隱晦曲折的形式傾瀉出來。《詠懷詩》不是一時之作,它們真實地表現了詩人一生複雜的思想感情。阮籍不僅是建安以來第一個全力作五言詩的人,而且創造了獨特的風格,在五言詩的發展中佔有重要地位。

　　嵇康崇尚老莊,好服食,求長生;同時尚奇任俠,剛腸嫉惡,因此爲司馬氏所不容。嵇康在反抗現實的表現上比阮籍激烈,詩歌成就卻不如阮籍。他的詩歌着重表現一種清逸脱俗的境界,如《酒會詩》。不過,他也有一些詩表現了憤世嫉俗的感情,特別是因吕安事牽連入獄後所寫的《幽憤詩》,敍述了他托身老莊、不附流俗的志趣和耿直的性格。嵇康的《與山巨源絶交書》是一篇有濃厚文學意味和大膽反抗思想的散文,文中公開揭穿了司馬氏爭奪政權的陰謀,也正因此而招致殺身之禍。

西晉文學

　　文學發展到西晉,逐漸走上了形式主義的道路。晉初傅玄、張華已經表現出這樣的傾向,到了陸機、潘岳手中更是有過之而無不及。這一時期,只有左思、劉琨等個別作家在文學上取得了突出的成就。

左思出身寒微。晉武帝時，妹棻以才名被選入宮，全家遷居京師，左思官秘書郎，以《三都賦》顯名當時。左思現存詩十四首，《詠史》八首是他的代表作。這些詩並非寫於一時，它們反映了詩人由積極而消極的過程。《詠史》（其一）中"鉛刀貴一割，夢想騁良圖。左眄澄江湘，右盼定羌胡"表現了他要爲國立功的雄偉抱負，（其二）"世胄躡高位，英俊沈下僚。地勢使之然，由來非一朝"揭露了門閥社會的不合理，並指出這種現象的根深蒂固。他的詠史詩筆力矯健，情調高亢，《詩品》稱爲"左思風力"。

　　劉琨現存詩歌只有三首，都是後期保衛中原的戰鬥生活的產物，有豐富的現實內容。永嘉元年（307）九月，詩人赴任并州刺史，寫下了著名的《扶風歌》。詩的前半部分表現了詩人對故國的深沈眷戀，篇末用李陵的典故揭露了抗敵鬥爭中來自統治階級內部的阻力。清剛悲壯是劉詩的特色。

田園詩人陶淵明

　　東晉時期，士族清談玄理的風氣更盛，玄言文學佔據了文壇的統治地位。東晉末陶淵明的創作，才給文壇帶來了一股清新的空氣。

　　陶淵明的作品，現存詩一百二十多首，散文六篇，辭賦三篇，還有《讀史述九章》和《扇上畫贊》兩篇接近四言詩的韻文。陶淵明的田園詩充滿對汙濁社會的憎惡和對純潔田園的熱愛，如《歸園田居》中描繪了純潔、幽美的田園風光，淳樸、寧靜的田園生活，與虛偽、欺詐的官場形成了鮮明的對比。詩人的田園生活遠離官場，更接近了人民，豐富的生活內容和撲面而來的生活氣息是他的田園詩真摯動人的原因之一。陶淵明還有一些田園詩描寫了田園生活的貧困狀況，《示龐主簿鄧治中》說："夏日長抱飢，寒夜無被眠；造夕思雞鳴，及晨願烏遷。"這類詩描述了他晚年每逢天災不免屢受飢寒的境遇，我們也可以從中想見當時農民更加悲慘的生活情景。

　　陶淵明除了創作了大量田園詩之外，也寫過一些直接涉及現實政治或直接表現內心強烈情緒的詩篇，如《述酒》、《詠荊軻》、《讀山海經》等。精衛有填海之志，刑天斷首猶反抗不止，都表現出不向命運屈服的偉大精神。因而魯迅指出，陶詩不但有"靜穆"、"悠然"的一面，也有"金剛怒目"的一面。陶淵明晚期所寫的《桃花源詩並記》標誌着他思想發展的新高度，他在文中提出了"烏托邦式"的社會理想，人人參加勞動，勞動所得全歸自己所有，沒有封建剝削，"春蠶收長絲，秋熟靡王稅"。這裏所虛構的"世外桃源"，既有儒家幻想的上古之世的淳樸，又有老子宣揚的"小國寡民"社會模式的影子，實際上是存在於作者幻想中的一個與封建社會相對立的理想世界。

　　平淡自然是陶淵明詩歌的主要風格。陶詩的主要內容是描寫平淡的田園風光，以及處於這種生活中的恬靜心境；通過樸素的語言和白描手法，率真自然地抒寫出來,沒有一點斧鑿痕迹。陶淵明的詩歌語言雖然只是極普通的"田家語",但使人感到淳厚有味,富有意境,這在他的田園詩中表現得最爲突出。

陶淵明的作品在玄言文學佔統治地位的當時,與貴族文壇是格格不入的。只有到了唐代,他才受到了人們的重視,所開創的田園詩得到了熱烈的響應,形成了田園山水詩派。

謝靈運、謝朓

宋齊時代的山水詩代替東晉以來的玄言詩,是南朝詩歌發展上第一個重要的變化。謝靈運和謝朓是这一時期山水詩的代表性作家。

謝靈運是扭轉玄言詩風、開創山水詩派的第一人。他的詩絕大部分是出任永嘉太守以後寫的,在這些詩裏,他用富麗精工的語言描繪了永嘉、會稽等地的自然景色。如《石壁精舍還湖中作》,像一篇清麗簡短的山水遊記。又如《石門岩上宿》,寫他夜宿石門,期待知音的感受和山中夜靜的環境氣氛。但是像這樣把敍事、寫景、抒情結合得比較好,藝術風格較爲完整的作品,在他的詩中爲數很少。謝靈運的詩的確給當時的詩壇帶來了新鮮的氣息。但是他的詩在藝術上也有明顯的缺點:玄言詞句多,辭藻堆砌多,往往有句無篇。

自魏晉以來,中國聲韻學由於受印度梵音學的影響,有了新的發展。齊永明年間,周顒發現漢字的平、上、去、入四種聲調,同時著名詩人沈約等人根據四聲和雙聲疊韻研究詩歌音律,把詩歌音律和詩歌中的對偶形式相結合,便形成了"永明體",這種新體詩是我國格律詩產生的開端。謝朓是第一個大力創作"永明體"的詩人。他的詩受謝靈運影響較大,現存詩篇大部分是山水詩,有的作品還有摹仿謝靈運的痕迹。但他詩風清新秀麗,較少繁蕪詞句和玄言成分,與謝靈運的富豔精工、典麗厚重不同。謝朓現存的詩歌,有將近四分之一是在任宣城太守的兩年中寫成的。他的名作《之宣城郡出新林浦向板橋》就寫於赴任途中,在表現喜得外任的心情中,又流露了士族文人的生活情趣和回避現實的政治態度。謝朓的新體詩中更值得注意的是那些模仿南朝樂府民歌的小詩,如《玉階怨》:"夕殿下珠簾,流螢飛復息。長夜縫羅衣,思君此何極?"這些詩雖然寫的是貴族生活,但語言精煉,情味雋永。

鮑照和七言詩

鮑照現存的詩約有二百多首,其中樂府詩佔八十多首。邊塞戰爭、征夫戍卒的生活,是他樂府詩中一個重要的內容。在《代出自薊北門行》裏,他歌頌了邊塞將士們"投軀報明主,身死爲國殤"的英勇戰鬥精神。在《代東武吟》中,他寫出了一個窮老還家的士兵報國無路的痛苦。最能顯示鮑照藝術上獨創性的是他的七言歌行,《擬行路難》十八首是這方面的代表作。這一組詩表現了他對士族門閥的強烈不滿和反抗,內容豐富深刻,感情強烈奔放,音節激昂頓挫。從北朝樂府詩來看,七言歌謠一直在民間流傳,鮑照大膽採用了這種新形式,而且以豐富的內容注入其中,變逐句用韻爲隔句用韻,並且可以自由換韻。這對七言詩的發展起了重要作用。

梁陳宮體詩

　　梁、陳兩代的詩,以梁武帝中大通三年(531)昭明太子蕭統去世、蕭綱繼爲太子而分爲前後兩個階段。前一階段,基本上沿宋齊遺風。蕭統等人所編《文選》,所錄詩歌大體皆以雅麗爲標準,既反映了蕭統本人的文學觀,也反映了當時的詩風。後一階段,則由於蕭綱及其東宮文人徐摛、庾肩吾等的提倡,盛行輕靡、冶豔的宮體。蕭綱令徐陵編《玉臺新詠》,廣收漢以來描寫女性生活的詩歌,雖不乏雅正之作,卻大量收入靡麗、冶豔之作,這對梁後期及陳代詩壇的影響頗大。

　　從梁後期到陳代,在貴族和宮廷中流行着一種風格輕豔柔靡的詩體,時人號之"宮體"。"宮體"之名,始于梁簡文帝蕭綱爲太子時,《梁書·簡文帝紀》載蕭綱自言:"余七歲有詩癖,長而不倦。然傷於輕靡,時號宮體。"宮體詩主要是指梁陳時期以描繪女性體態與生活爲重要內容,風格輕柔豔麗的宮廷詩。宮體詩的代表作家有梁簡文帝蕭綱、梁元帝蕭繹及其周圍的文人庾肩吾、庾信父子,徐摛、徐陵父子。

　　蕭綱是梁武帝第三子,因長兄蕭統早死,被立爲太子,並繼位爲帝。蕭綱曾說:"立身之道與文章異,立身先須謹重,文章且須放蕩。"(《誡當陽公大心書》)"放蕩"即"無拘檢"之意。從他現存二百多首詩來看,其病多在內容單薄,柔靡無力。這種以男性品賞眼光來描繪女性體貌之美的做法,有悖於儒家強調的文學的政治與道德功用,所以自唐代起,宮體詩一直受到嚴厲的批評,被斥爲"色情詩"。

　　宮體詩發展到陳代,日趨輕靡,如陳後主《玉樹後庭花》、《烏棲曲》,江總《宛轉歌》、《閨怨篇》等,都顯得內容空虛、風格浮豔。宮體詩雖然格調不高,但它對人體美的集中描繪與表現,拓展了審美的領域,對後代文學特別是宋詞有相當大的影響。繼永明體之後,宮體詩使格律、對偶等詩歌形式更趨圓熟,推進了古體詩向近體詩的轉變。

魏晉南北朝小說

　　我國小說雖然到魏晉南北朝時期才初具規模,卻經歷了一個長期的發展過程,其源頭最早可追溯到古代的神話和歷史傳說。神話故事以神爲中心,歷史傳說雖以現實人物爲依據,卻被塗上各種神異的色彩。我國先秦古籍中保存神話最多的是《山海經》,《穆天子傳》中也有一些。魏晉志怪小說《神異經》、《十洲記》固然摹仿《山海經》,但如《漢武帝故事》、《漢武帝內傳》中武帝與西王母的故事,顯然是從《穆天子傳》中穆王"賓於西王母"的情節發展而來的。

魏晉南北朝的志怪小說,現在保存下來的尚有三十餘種。其中,比較重要的有托名東方朔的《神異經》、《十洲記》,托名班固的《漢武帝故事》、《漢武帝內傳》,張華的《博物志》,干寶的《搜神記》,劉義慶的《幽明錄》等。干寶的《搜神記》是這類小說的代表。如其中的《三王墓》,不僅揭露了封建暴君殘害人民的血腥罪行,而且突出地表現了我國古代勞動人民反抗壓迫的英雄行為。又如《韓憑夫婦》,敘述宋康王霸佔韓憑的妻子何氏,韓憑夫婦先後自殺的悲劇,暴露了封建統治者荒淫和兇殘的本性,結尾連理枝、雙飛鳥的結局,歌頌了堅貞的愛情,寄托了人們的美好願望。魏晉南北朝的志怪小說大都採用非現實的故事題材,顯示出濃厚的浪漫主義色彩。處於小說發展初期的志怪小說,在藝術形式方面,一般還只是粗陳梗概,但也有一些結構較完整、描寫較細緻生動、初具短篇小說規模的作品,如《韓憑夫婦》、《李寄斬蛇》等篇。又如《三王墓》,篇幅雖短,情節卻富於變化。

記錄人物軼聞瑣事的小說在魏晉南北朝也很盛行,這和當時社會品評人物的清談風尚有密切關係。純粹記錄人物軼事的小說,最早的作品是東晉裴啟的《語林》,後來還有宋劉義慶的《世說新語》、梁沈約的《俗說》、殷芸的《小說》等。這些書大都已散佚,流傳至今比較完整的只有《世說新語》,它是魏晉志人小說的集大成之作。梁時劉孝標為此書作注,引用古書四百餘種,更加豐富了該書的內容。全書按內容分類系事,計有德行、言語、政事、文學等三十六篇。《世說新語》的大部分篇幅是描寫"魏晉風度"、"名士風流"。他們崇尚"自然",主張適意而行,不受任何拘束。如《任誕》,記王子猷居山陰,逢夜雪,忽憶剡縣戴安道,即時登舟往訪,經宿始至,及門而返,人問其故,王曰:"吾本乘興而行,興盡而返,何必見戴?"同篇又載劉伶縱酒放達,甚至脫衣裸形在室中,有人看見譏笑他,他卻說:"我以天地為棟宇,屋室為衣褲,諸君何為入我褲中?"《世說新語》在藝術上具有較高的成就,魯迅說它"記言則玄遠冷俊,記行則高簡瑰奇",高度概括了本書的藝術特色。

曹　　操

曹操(155—220),字孟德,東漢末沛國譙(今安徽亳縣)人。他自幼機警,有權數,任俠放蕩。二十歲時,舉孝廉,征拜為議郎。黃巾起義時,曾參與鎮壓起義軍,後遷濟南相。董卓亂時,起兵討伐董卓。建安元年(196),迎漢獻帝遷都於許昌,拜司空,封武平侯,自此建立了"挾天子以令諸侯"的政治優勢。建安五年(200),官渡之戰擊敗袁紹,成爲北方的實際統治者。位至丞相及大將軍,封魏王。其子曹丕稱帝後,追尊爲魏武帝。

曹操是三國時期的政治家、軍事家,他在文學、書法、音樂等方面也有較高的修養。曹操的文學成就主要表現在詩歌上。他的詩歌深受漢樂府民歌的影響,今存詩歌全都是樂府詩體。曹操往往以樂府舊題寫時事,反映動盪的社會現實,抒寫遠大的理想抱負,情感深沈激越,風格慷慨悲涼。他的四言詩稱得上是《詩經》之後難得的優秀作品。在曹操的重視和推動下,建安文學在長期戰亂中得以勃興繁榮。

曹操的著述《魏武帝集》已亡佚,現有整理彙輯的《曹操集》(中華書局)。

短 歌 行

【題解】

曹操在晚年所作的這首樂府舊題詩中,多感慨光陰易逝,功業未就,表達了渴望招納賢才以共圖大業的强烈願望。全詩共八章,每章四句。詩中首先感歎歲月流逝,人生短暫,壯志未酬,功業難成;接着反復詠歎,抒發思賢愛賢、求賢若渴的情懷;最後再次表達求賢不得的苦悶,並以禮賢下士的周公自勵,表現出統一天下的雄心和進取精神。作者用一系列比喻表情達意,並引用典故和《詩經》成句,使全詩曲折抑揚,催人上進。

> 對酒當歌,人生幾何[1]?譬如朝露,去日苦多[2]。
> 慨當以慷,憂思難忘[3]。何以解憂,唯有杜康[4]。
> 青青子衿,悠悠我心[5]。但爲君故,沈吟至今[6]。
> 呦呦鹿鳴,食野之苹。我有嘉賓,鼓瑟吹笙[7]。
> 明明如月,何時可掇[8]。憂從中來,不可斷絶。
> 越陌度阡,枉用相存[9]。契闊談讌,心念舊恩[10]。
> 月明星稀,烏鵲南飛。繞樹三匝,何枝可依[11]。
> 山不厭高,水不厭深。周公吐哺,天下歸心[12]。

【注釋】

(1) 當:猶"對"。 幾何:有多少。

(2) 朝露:早晨的露水,喻人生短暫。 去日:過去的時日。

(3) 慨當以慷:猶"當慨而慷"。以,而。一說爲"慨慷"的間隔用法,意即"慷慨",指因理想不能實現而內心不平靜。

(4) 杜康：相傳爲我國最早釀酒的人，這裏用作酒的代稱。

(5) "青青"兩句：引用《詩經·鄭風·子衿》的成句，表示對賢才的思慕。衿，古指衣服的交領。"青衿"是周代學子的服裝，這裏代指賢才。　悠悠：思念深長。

(6) 沈吟：低聲吟詠，一直在心頭念叨。

(7) "呦呦"四句：引用《詩經·小雅·鹿鳴》的成句。原意是：鹿見到艾蒿，會相呼而食；我遇到嘉賓，要奏樂設宴相待。呦呦，鹿鳴聲。苹，艾蒿。鼓，用作動詞，彈奏。

(8) 掇(duō)：拾取。一本作"輟"(chuò)，停止。

(9) "越陌"二句：意指賢才穿過小路，屈駕來訪。陌、阡，田間小路，東西爲陌，南北爲阡。枉，屈。屈駕。用，以，連詞。存，問候。

(10) 契闊：聚散。　談讌：談心宴飲。

(11) 烏鵲：比喻賢才。　匝(zā)：周。

(12) "周公"二句：意謂自己要像周公一樣虛心納賢，天下賢才才會誠心歸附。據《韓詩外傳》，周公告誡成王："吾於天下亦不輕矣，然一沐三握髮，一飯三吐哺，猶恐失天下之士。"吐哺，吐出口中咀嚼的食物，指爲殷勤接待賢士而停止吃飯。

步出夏門行(龜雖壽)

【題解】

建安十二年(207)九月，曹操北征烏桓勝利回師，加上前不久擊敗袁紹父子，他心中充滿樂觀自信，於是用《步出夏門行》這樂府舊題寫下一組四首詩。這首詩是組詩的第四首。作者以自然生命有限，念及人生應以不懈的努力來獲得社會生命之永恒。詩歌以對人生哲理的慨歎起始，繼之以抒發老當益壯、永不止息的人生追求，最後又回到哲理的思辯，其中所含哲理耐人尋味。"老驥伏櫪"四句成爲千古傳唱的佳句。

　　　　神龜雖壽，猶有竟時[1]；騰蛇乘霧，終爲土灰[2]。
　　　　老驥伏櫪，志在千里[3]；烈士暮年，壯心不已。
　　　　盈縮之期，不但在天[4]；養怡之福，可得永年[5]。
　　　　幸甚至哉，歌以詠志。

【注釋】

(1) 神龜：傳說中一種長壽的龜。《莊子·秋水》："吾聞楚有神龜，死已三千歲矣。"

(2) 騰蛇：傳說中一種能駕霧而行的蛇。

(3) 驥：千里馬。櫪：馬槽。

(4) 盈縮之期：指人的壽命長短。盈，滿，長。縮，虧，短。

(5) 養怡：保養身心，健康和樂。　永年：長壽。

王　粲

　　王粲(177—217),字仲宣,漢魏間山陽高平(今山東鄒縣西南)人。他出身世家,天資聰慧,少時即有才名,受到著名學者蔡邕的賞識。年輕時避亂荊州長達十六年,曾往依荊州牧劉表,終因其貌不揚又體弱多病而不見用。建安十三年(208)秋,曹操南征荊州,王粲勸劉表之子劉琮舉州歸降,被授爲丞相掾。魏建國後任侍中。

　　王粲的文學活動,可以建安十三年爲界劃分爲前後兩個時期。前期因羈留他鄉,得不到施展才華的機會,作品感時傷事,既含憂國憂民之情,又多懷才不遇之憤。後期在曹操幕中,作品中多建功立業的昂揚激情。王粲詩、文、辭賦均有成就,在建安七子中,劉勰《文心雕龍·才略》對他評價甚高:"仲宣溢才,捷而能密,文多兼善,辭少瑕累,摘其詩賦,則七子之冠冕乎!"在王粲今存詩作中,五言詩數量較多,成就也較高,代表作有《七哀詩》三首。王粲當時以擅長辭賦著稱,其《登樓賦》是魏晉時期辭賦轉變階段的代表作。

　　明人張溥輯有《王侍中集》。

登　樓　賦

【題解】

　　王粲爲避董卓亂而離開長安下荊州以投奔劉表,但十六年間一直不爲劉表重用。他登當陽(今湖北當陽)城樓原爲"銷憂",但眺望遠方,戰亂頻仍,故鄉難歸;環顧眼前,滯留他鄉,一事無成,所以登樓反以"氣交憤於胸臆"而結束。本文首段寫登樓所覽,以他鄉之美反襯對故鄉的眷戀;次段抒懷鄉之情,"人情同於懷土",對家鄉的思念自難割捨;末段敘身世之憂,想自己無所成就,看時局仍在惡化,內心痛苦更難排遣。整首賦抒情流暢自然,情景融合無間,稱得上是建安時期抒情小賦的傑作。

　　登茲樓以四望兮,聊暇日以銷憂[1]。覽斯宇之所處兮,實顯敞而寡仇[2]。挾清漳之通浦兮,倚曲沮之長洲[3]。背墳衍之廣陸兮,臨皋隰之沃流[4]。北彌陶牧,西接昭丘[5]。華實蔽野,黍稷盈疇。雖信美而非吾土兮,曾何足以少留!

　　遭紛濁而遷逝兮,漫逾紀以迄今[6]。情眷眷而懷歸兮,孰憂思之可任[7]?憑軒檻以遙望兮,向北風而開襟。平原遠而極目兮,蔽荊山之高岑[8]。路逶迤而修迴兮,川既漾而濟深[9]。悲舊鄉之壅隔兮,涕橫墜而弗禁[10]。昔尼父之在陳兮,有歸歟之歎音⁽¹¹⁾。鍾儀幽而楚奏兮,莊舄顯而越吟⁽¹²⁾。人情同於懷土兮,豈窮達而異心⁽¹³⁾!

惟日月之逾邁兮,俟河清其未極⁽¹⁴⁾。冀王道之一平兮,假高衢而騁力⁽¹⁵⁾。懼匏瓜之徒懸兮,畏井渫之莫食⁽¹⁶⁾。步棲遲以徙倚兮,白日忽其將匿⁽¹⁷⁾。風蕭瑟而並興兮,天慘慘而無色。獸狂顧以求群兮,鳥相鳴而舉翼。原野闃其無人兮,征夫行而未息⁽¹⁸⁾。心悽愴以感發兮,意忉怛而憯惻⁽¹⁹⁾。循階除而下降兮,氣交憤於胸臆⁽²⁰⁾。夜參半而不寐兮,悵盤桓以反側⁽²¹⁾。

【注釋】

(1) 暇日:閒暇時光。暇,一本作"假",假借。

(2) 仇:匹敵。

(3) 漳:漳水。源出於湖北南漳縣西南,流經當陽與沮水會合成沮漳河,流入長江。 浦:河水出口與其他河水的會合處。 曲沮:彎曲的沮水。沮水源出於湖北保康縣西南,流經當陽與漳水會合。 長洲:水中陸地。

(4) "背墳衍"二句:城樓背後是一片高原平野,面前是低窪的灌溉河渠。墳衍,土地高起為墳,廣平為衍。皋,水邊的高地,一說指水岸邊。隰(xí),低濕地。沃,灌溉。

(5) 彌:極至,指最遠處。 陶牧:傳說春秋越國陶朱公范蠡葬於此。牧,郊野。 昭丘:春秋時楚昭王墓。《水經注·沮水》:"沮水又南經楚昭王墓,東對麥城,故王仲宣之賦《登樓》云'西接昭丘'是也。"丘,墳丘,陵墓。

(6) 紛濁:紛亂混濁,喻亂世。 邁逝:離家遠逝,指從長安流亡到荊州。 紀:十二年為一紀。

(7) 孰:誰。 任:承受。

(8) 極目:竭力遠望。 蔽:為……所蔽。 荊山:山名,在今湖北南漳縣西南。 岑:小而高的山。

(9) 迥:遠。 漾:水流長。

(10) 舊鄉:故鄉。 壅隔:阻隔。

(11) "昔尼父"二句:意謂從前孔子被困於陳之時,曾有思歸之歎。《論語·公冶長》:"子在陳曰:'歸歟,歸歟!'"尼父,孔子,名丘,字仲尼,後世尊稱尼父。陳,春秋時陳國故址在今河南東部和安徽一部分,都城在宛丘(今河南淮陽)。

(12) 鍾儀:春秋時楚國樂官,後為晉俘虜。《左傳·成公九年》:"晉侯觀於軍府,見鍾儀……使與之琴,操南音。……公語范文子,文子曰:'楚囚,君子也。……樂操土風,不忘舊也。'"幽:囚。 楚奏:彈奏楚調。 莊舄(xì):春秋時越國人。曾在楚國做官,病中思念故鄉,口中仍發出越國的鄉音。事見《史記·張儀列傳》。 顯:地位顯赫。 越吟:發出越國的鄉音。

(13) 懷土:懷念故鄉。 窮:困窘,此指人生失意。 達:顯達,此指人生得意。

(14) 河清:見《歸田賦》注(2)。 未極:沒有盡頭。

(15) 冀:希望。 王道:理想的皇權。 一平:一統。 高衢:大路,比喻盛世的坦途正道。

聘力:效力。

(16)"懼匏(páo)瓜"句:《論語·陽貨》:"子曰:'……吾豈匏瓜也哉?焉能繫而不食?'"這裏用孔子語意,表示自己願意爲世所用。匏瓜,葫蘆。徒懸,只是挂在那裏而不用。"畏井渫(xiè)"句:《易·井卦》:"井渫不食,爲我心惻。"此指井被淘清後,沒有人來飲用,比喻自己有才能卻不爲所用。渫,淘治井水。

(17)棲遲:流連。　徙倚:徘徊。　忽:遽然,匆匆。　匿:隱匿,指太陽下山。

(18)闃(qù):寂靜。　無人:此指沒有農夫。《文選》李善注:"原野寂無農人,但有征夫而已。"

(19)悽愴:淒涼悲愴。　忉怛(dáo dá):憂傷。　憯惻:悽苦悲傷。憯,同"慘"。

(20)循:沿着。　階除:臺階。

(21)夜參半:半夜。參,分,一說爲及。　盤桓:徘徊,內心情思反復。

曹　丕

　　曹丕(187—226),字子桓,曹操次子。少有逸才,八歲即能爲文。建安二十二年(217),被立爲魏太子。建安二十五年(220),繼曹操爲丞相、魏王,隨即迫漢獻帝禪位,建立魏王朝,諡文帝。

　　曹丕博學多才,勤於著述,其文學成就以詩歌創作和文學批評最爲突出。他善於向樂府民歌學習,詩歌語言通俗流暢,《燕歌行》是我國詩史上現存最早、最完整的文人七言詩。曹丕所作的《典論·論文》開綜合評論作家和作品風氣之先,是我國文學批評史上現存最早的專論。

　　明人輯有《魏文帝集》。

燕　歌　行

【題解】

　　本篇選自《昭明文選》。"燕歌行"這一樂府詩題多半寫離別,"所謂'燕歌遠別,悲不自勝'者也"(朱乾《樂府正義》)。這首樂府舊題詩寫思婦對遠方遊子的相思之情。作者渲染"悲秋"的氣氛以烘托思婦的憂傷,又借牛郎織女的傳說來表達思婦的怨恨,結尾的疑問句更使詩歌顯得意味深長。整首詩語言清麗脫俗,寫景細膩貼切,抒情哀婉動人,可見作者既善於向樂府民歌學習,又善於細緻觀察和表現女性的心理。

秋風蕭瑟天氣涼,草木搖落露爲霜,群燕辭歸雁南翔[1]。
念君客遊思斷腸,慊慊思歸戀故鄉,何爲淹留寄他方[2]?
賤妾煢煢守空房,憂來思君不敢忘,不覺淚下霑衣裳[3]。
援琴鳴弦發清商,短歌微吟不能長[4]。
明月皎皎照我床,星漢西流夜未央[5]。
牽牛織女遙相望,爾獨何辜限河梁[6]?

【注釋】

(1) 蕭瑟:秋風聲。 搖落:凋零。 燕:《樂府詩集》作"鵠",天鵝。

(2) 君:思婦的丈夫。 慊慊(qiàn):怨恨不滿的樣子。 淹留:久留,滯留。淹,留。

(3) 煢煢(qióng):孤獨的樣子。

(4) 援:取。 清商:樂調名,節奏短促,音調淒清悲婉。 短歌:受樂調限制,只能唱節奏短促之曲,而不能長歌曼吟。 微吟:低唱。

(5) 星漢西流:滿天星斗及天河都在向西運轉,意謂夜深。星漢,銀河。 夜未央:夜正長。央,盡。

(6) 牽牛:牽牛星,在銀河南。 織女:織女星,在銀河北。 爾:你們,即牛郎織女。 辜:罪。 限河梁:被銀河隔開。限,分隔。河梁,河上的橋,此指銀河。

曹　植

曹植(192—232),字子建,曹操第三子。封陳王,卒謚思,世稱陳思王。曹植自幼穎慧,才華畢露,頗得曹操寵愛,多次欲立其爲太子。但因"任性而行,不自雕勵,飲酒不節"(《三國志·魏書·陳思王植傳》),終於失寵。及曹丕、曹叡相繼爲帝,備受猜忌,悒鬱而死。

曹植一生以曹丕即位爲界,明顯分作前後兩個時期。前期作品多抒寫自己建功立業的抱負;後期作品主要反映封建統治集團內部的矛盾,流露出希冀用世的願望。無論從數量還是從質量來說,他的詩、賦、散文都堪稱當時之冠。曹植的五言詩創作爲五言詩的繁榮和發展作出了重要貢獻,在中國詩歌史上,他被視爲五言詩的一代宗匠。梁代鍾嶸《詩品》對曹植評價很高,稱"陳思爲建安之傑",其詩"粲溢今古,卓爾不群",其之於詩壇,"譬人倫之有周、孔"。

宋人輯有《曹子建集》,今有《曹植集校注》(人民文學出版社)。

白　馬　篇

【題解】

　　本篇題目是曹植創製的樂府新題，以篇頭二字爲名。《太平御覽》引此詩作《遊俠篇》。曹植早年以國仇爲己任，懷有積極報效國家的願望。在他這首前期詩歌中塑造的武藝出衆、膽略過人、心懷國事、視死如歸的"幽并遊俠兒"，無疑寄寓着自己的胸懷和志向。

　　　　白馬飾金羈，連翩西北馳。借問誰家子，幽并遊俠兒⁽¹⁾。
　　　　少小去鄉邑，揚名沙漠垂。宿昔秉良弓，楛矢何參差⁽²⁾。
　　　　控弦破左的，右發摧月支。仰手接飛猱，俯身散馬蹄⁽³⁾。
　　　　狡捷過猴猿，勇剽若豹螭。邊城多警急，虜騎數遷移⁽⁴⁾。
　　　　羽檄從北來，厲馬登高堤。長驅蹈匈奴，左顧凌鮮卑⁽⁵⁾。
　　　　棄身鋒刃端，性命安可懷？父母且不顧，何言子與妻？
　　　　名編壯士籍，不得中顧私。捐軀赴國難，視死忽如歸⁽⁶⁾。

【注釋】

　　(1) 金羈：金飾的馬籠頭。　連翩：形容駿馬矯健飛馳，如同鳥兒翻飛不停。　幽并：幽州和并州，在今河北、山西、陝西一帶。　遊俠兒：好勇尚氣、重義輕生之人。史稱幽并之民"好氣任俠"。
　　(2) 垂：通"陲"。　宿昔：平時，經常。　楛(hù)矢：楛木枝做的箭。
　　(3) 控弦：張弓。　的：箭靶的中心。　月(ròu)支：箭靶的名稱。下文"飛猱(náo)"、"馬蹄"也都是箭靶的名稱。　仰手：此指仰身射箭。　接：迎面射去。　散：射碎。
　　(4) 螭(chī)：傳說中形狀如龍的黃色猛獸。　虜騎：匈奴、鮮卑的騎兵。　遷移：移動，此指敵軍入侵。
　　(5) 厲馬：策馬。　堤：防禦工事。　蹈：踐踏。　凌：凌駕，此處也是"踐踏"義。
　　(6) 忽如歸：恍若回家一樣。忽，恍若，好像。

李　密

　　李密(224—287)，字令伯，一名虔，西晉武陽(今四川彭山)人。父早亡，母改嫁，由祖母劉氏撫養成人。少以經學見稱。在蜀國曾任尚書郎，屢次出使東吳，爲人剛正，頗有辯才。蜀亡後屏居鄉里，累舉不應。晉武帝太始年初，徵爲太子洗馬。以侍奉祖母爲由，上《陳情表》辭官不就。武帝閱後嘉其孝心，命郡縣供其祖母奉膳。祖母死後,喪服期滿,方出仕晉朝,應徵爲太子洗馬、尚書郎,官至漢中太守。後因懷怨而被免官,老死家中。

陳 情 表

【題解】

　　本篇選自《昭明文選》,是李密以奉養祖母爲由,不肯應召就官而上奏的表章,是中國古代散文的名篇。全文抓住"聖朝以孝治天下"的主張,在自己不得不盡孝的選擇上大做文章,情意誠摯真切,令人感受到作者心中的殷殷之情,使人不能不同情作者的處境,也難以否定作者的選擇。文章前兩段側重在敘事之中動之以情,後兩段側重在陳情之中喻之以義,條理清晰,結構嚴密。文筆委婉簡練,語言駢散結合,生動形象而富感染力,讀來琅琅上口。

　　臣密言,臣以險釁[1],夙遭閔凶[2]。生孩六月,慈父見背[3];行年四歲,舅奪母志[4]。祖母劉憫臣孤弱,躬親撫養。臣少多疾病,九歲不行,零丁孤苦,至於成立。既無叔伯,終鮮兄弟[5],門衰祚薄[6],晚有兒息。外無期功強近之親[7],內無應門五尺之僮。煢煢孑立[8],形影相弔[9]。而劉夙嬰疾病[10],常在床蓐[11],臣侍湯藥,未曾廢離。

　　逮奉聖朝,沐浴清化[12]。前太守臣逵[13],察臣孝廉[14];後刺史臣榮[15],舉臣秀才[16]。臣以供養無主[17],辭不赴命。詔書特下,拜臣郎中[18],尋蒙國恩,除臣洗馬[19]。猥以微賤[20],當侍東宮[21],非臣隕首所能上報。臣具以表聞,辭不就職。詔書切峻,責臣逋慢[22];郡縣逼迫,催臣上道;州司臨門,急於星火。臣欲奉詔奔馳,則劉病日篤;欲苟順私情,則告訴不許[23]。臣之進退,實爲狼狽。

　　伏惟聖朝以孝治天下,凡在故老[24],猶蒙矜育[25],況臣孤苦,特爲尤甚。且臣少仕僞朝[26],歷職郎署[27],本圖宦達,不矜名節[28]。今臣亡國賤俘,至微至陋,過蒙拔擢,寵命優渥[29],豈敢盤桓,有所希冀!但以劉日薄西山,氣息奄奄[30],人命危淺,朝不慮夕。臣無祖母,無以至今日;祖母無臣,無以終餘年。母孫二人,更相爲命,是以區區不能廢遠[31]。

　　臣密今年四十有四,祖母劉今年九十有六,是臣盡節于陛下之日長,報劉之日短也。烏鳥私情[32],願乞終養。臣之辛苦[33],非獨蜀之人士及二州牧伯所見明知[34],皇天后土,實所共鑒。願陛下矜憫愚誠[35],聽臣微志,庶劉僥倖,保卒餘年。臣生當隕首,死當結草[36]。臣不勝犬馬怖懼之情,謹拜表以聞。

【注釋】

　　(1) 險釁:命運坎坷,罪孽深重。險,坎坷。釁,罪過。

(2) 閔凶：憂喪之事，同"湣凶"。

(3) 見背：父母或長輩去世的委婉說法。

(4) 奪母志：強行改變母親守節之志。這是封建時代"爲親諱"（替母親辯護）的話。

(5) 鮮(xiǎn)：少，此指沒有。

(6) 祚(zuò)：福。

(7) 期(jī)功：古喪服名。期，服喪一年。功，大功服喪九個月，小功服喪五個月。古代以親屬關係的遠近來確定居喪的服飾和期限。 強(qiǎng)近：勉強接近。

(8) 煢(qióng)煢：孤單的樣子。 孑立：孤立。

(9) 吊：慰問。

(10) 嬰：纏繞。

(11) 蓐：通"褥"。

(12) 清化：清明的教化。

(13) 太守：此指犍(qián)爲郡太守。

(14) 察：考察和推舉。 孝廉：善事父母，品行方正的人。晉朝保留了漢武帝令各郡國每年推舉孝、廉各一人的制度。

(15) 刺史：晉朝州一級的監察、軍事及行政長官。

(16) 秀才：才能優秀之人。晉朝也保留了漢武帝令各州每年推舉秀才一人的制度。

(17) 主：主持的人。

(18) 郎中：尚書曹司的官員。

(19) 洗馬：太子的侍從官，掌圖籍。

(20) 猥：鄙，謙詞。

(21) 東宮：代指太子。太子住東宮。

(22) 逋(bū)慢：等於說怠慢，指故意逃避，輕視命令。逋，逃避。慢，輕慢。

(23) 告訴：報告，訴說。

(24) 故老：年高而有德的人。

(25) 矜：憐憫。 育：養育。

(26) 偽朝：此指蜀漢。對晉提起蜀，不得不如此說。

(27) 署：官署。李密曾任蜀漢尚書郎。

(28) 矜：自誇。李密這樣說是怕晉武帝懷疑自己拒不出仕是以名節自誇。

(29) 寵：恩榮。 優渥：原指雨水充足，後泛稱豐厚優裕。

(30) 奄奄：氣息微弱將絕的樣子。

(31) 區區：等於"拳拳"、"款款"，此指孝順祖母的私情。一說爲自稱的謙詞。 廢遠：廢棄不顧而遠離。

(32) 烏鳥：即烏鴉。據說烏鴉能反哺其親。

(33) 辛苦：辛酸苦楚。

(34) 二州：即梁州、益州。二州大致相當於蜀漢所統治的範圍。 牧伯：即刺史。上古一州之長稱牧，又稱方伯。

(35) 矜憫：憐惜。

(36) 結草：春秋時，晉卿魏犨(chōu)有一寵妾無子。魏犨病，要兒子魏顆等他死後把寵妾嫁出去，到病重時則又要把寵妾殉葬。魏顆認爲父親病重時神志不清，所說的話不足從，所以等魏犨死後仍把他的寵妾嫁了出去。後來魏顆與秦人交戰，見一老人結草把秦的力士杜回絆倒，於是魏顆俘獲了杜回。夜裏，魏顆夢見老人自稱爲寵妾父，是來報答不殺其女之恩的。事見《左傳·宣公十五年》。後世便以"結草"表示死後報恩。

干　寶

干寶(？—336)，字令升，東晉新蔡(今屬河南)人。東晉元帝時爲著作郎，領修國史，著《晉紀》二十卷，"其書簡略，直而能婉，咸稱良史"。又有感於生死之事，"遂撰集古今神祇靈異人物變化，名爲《搜神記》"。事見《晉書》本傳。

《搜神記》是漢魏六朝志怪小說的代表作，原書三十卷，傳至宋代已有部分散佚，現存二十卷本系明代人從類書中輯補而成的。現有校注本(中華書局)。

董永與織女

【題解】

《董永與織女》選自《搜神記》卷一。董永的故事最早見於漢代劉向的《孝子傳》。董永是個"至孝"而知報恩的人，因而贏得了天帝的讚賞，天帝派織女前來助其"償債"。因爲本文的故事性強，又合乎讀者的願望，以致後來在小說、戲曲中廣爲流傳，先後演化爲唐代《董永變文》(《敦煌變文集》卷八)、明清白話小說《董永遇仙傳》、南戲《董永遇仙記》、傳奇戲《織錦記》和《賣身記》、黃梅戲《天仙配》等。

漢董永，千乘人[1]。少偏孤，與父居[2]。肆力田畝，鹿車載自隨[3]。父亡，無以葬，乃自賣爲奴，以供喪事。主人知其賢，與錢一萬，遣之。

永行三年喪畢，欲還主人，供其奴職[4]。道逢一婦人，曰："願爲子妻。"遂與之俱。主人謂永曰："以錢與君矣。"永曰："蒙君之惠，父喪收藏[5]。永雖小人，必欲服勤致力，以報厚德。"主曰："婦人何能？"永曰："能織。"主曰："必爾者，但令君婦爲我織縑百匹。[6]"於是永妻爲主人家織，十日而畢。

女出門，謂永曰："我，天之織女也[7]。緣君至孝，天帝令我助君償債耳。"語畢，凌空而去，不知何在。

【注釋】

(1) 千乘：古地名，在今山東高青縣一帶。

(2) 偏孤:此指喪母。

(3) 肆力:盡力。　鹿車:一種用人力推的小車。

(4) 供其奴職:意謂做奴僕而盡自己的職責。

(5) 喪:此指屍體。　收藏:收斂安葬,即辦喪事。

(6) 必:若,如果。　縑(jiān):雙絲細絹。

(7) 織女:神女名。明馮應京《月令廣義》引南朝梁殷芸《小說》:"天河之東有織女,天帝之子也。年年機杼勞役,織成雲錦天衣。"

三　王　墓

【題解】

本篇選自《搜神記》卷十一。干將、莫邪爲楚王鑄劍事,見於《吳越春秋·闔閭內傳》。而干將被殺及其子復仇的故事則是在流傳過程中逐漸成形的。本文通過干將被殺及其子報仇的故事,歌頌復仇,讚美信義。文章敍事生動,語言簡潔,情節富於傳奇性,營造出感人的悲劇氛圍。從藝術上看,本文既有志怪內容,又有史家筆法。

　　楚干將、莫邪爲楚王作劍,三年乃成(1)。王怒,欲殺之。劍有雌雄,其妻重身當產(2),夫語妻曰:"吾爲王作劍,三年乃成。王怒,往必殺我。汝若生子是男,大,告之曰:'出戶望南山,松生石上,劍在其背。'"於是即將雌劍往見楚王。王大怒,使相之(3):"劍有二,一雄一雌。雌來,雄不來。"王怒,即殺之。

　　莫邪子名赤,比後壯(4),乃問其母曰:"吾父所在?"母曰:"汝父爲楚王作劍,三年乃成,王怒殺之。去時囑我:'語吾子,出戶望南山,松生石上,劍在其背。'"於是子出戶南望,不見有山,但睹堂前松柱下石低之上(5),即以斧破其背,得劍。日夜思欲報楚王。

　　王夢見一兒,眉間廣尺,言欲報仇。王即購之千金。兒聞之,亡去,入山行歌。客有逢者,謂:"子年少,何哭之甚悲耶?"曰:"吾干將、莫邪子也。楚王殺吾父,吾欲報之!"客曰:"聞王購子頭千金,將子頭與劍來,爲子報之。"兒曰:"幸甚!"即自刎,兩手捧頭及劍奉上,立僵(6)。客曰:"不負子也。"於是屍乃仆。

　　客持頭往見楚王,王大喜。客曰:"此乃勇夫頭也,當於湯鑊煮之。(7)"王如其言。煮頭三日三夕,不爛,頭踔出湯中,瞋目大怒(8)。客曰:"此兒頭不爛,願王親往臨視之,是必爛也。"王即臨之。客以劍擬王(9),王頭隨墮湯中。客亦自擬己頭,頭復墮湯中。三首俱爛,不可識別。乃分其湯肉葬之,故通名"三王墓",今在汝南北宜春縣界(10)。

【注釋】

(1) 干將、莫邪:兩個人名。一說爲一個人,干將爲姓,莫邪爲名。

(2) 重(chóng)身:懷孕。

(3) 相:察看。

(4) 比:及,等到。

(5) 松柱下石低之上:松木簷柱立在石礎上面。松柱:松木做的簷柱。石低:石礎。低,疑當作"砥"。

(6) 立僵:屍體僵立不倒。

(7) 湯鑊(huò):湯鍋,大如鼎而無足,秦漢時用作烹人的刑具。

(8) 踔(chuō):跳躍,此指在滾水中騰躍。瞋(zhì)目:疑當作"瞋目",睜大眼睛。

(9) 擬:比劃,意謂用兵器作殺人狀,此指殺。

(10) 汝南:郡名,在河南汝南縣一帶。北宜春縣:在今河南汝南縣西南。又,汝南地志未見"三王墓"記載,《太平寰宇記》中多所記載,卷十二、四十三、一零五分別稱事在宋城縣、臨汾縣、蕪湖縣。

王　羲　之

王羲之(321—379),字逸少,東晉琅琊(今山東臨沂)人。官至右將軍、會稽內史,世稱"王右軍"。

王羲之成年後能言善辯,"以骨鯁稱"。遇饑荒及賦役繁重之時,"每上疏爭之"。辭官後,定居會稽山陰(今浙江紹興)。擅長書法,"論者稱其筆勢,以爲飄若浮雲,矯若驚龍",有"書聖"之稱。

《蘭亭集》序

【題解】

本篇選自《晉書·王羲之傳》。東晉穆帝永和九年(353),時任會稽內史(相當於郡太守)的王羲之邀友人謝安、孫綽等四十一人聚會蘭亭,臨流賦詩,各抒懷抱。王羲之寫了這篇序文,記述聚會情況,抒發自己感想。全文虛實相間,層次清晰,寫景簡練而格調淡雅,句法駢散結合而以散句爲主。文中雖流露出人生無常的消極思想,但在崇尚玄學和老莊思想、盛行駢儷文風的東晉時代,作者能力駁"一死生"、"齊彭殤"的虛妄論調,採用素樸而自然的語言形式,應該說還是難能可貴的。

永和九年(1),歲在癸丑。暮春之初(2),會於會稽山陰之蘭亭(3),修禊事也(4)。群賢畢至,少長咸集。此地有崇山峻嶺,茂林修竹;又有清流激湍,映帶左右,引以爲流觴曲水(5),列坐其次(6)。雖無絲竹管弦之盛,一觴一詠,亦足以暢敘幽情⁽⁷⁾。是日也,天朗氣清,惠風和暢⁽⁸⁾。仰觀宇宙之大,俯察品類之盛⁽⁹⁾,所以遊目騁懷,足以極視聽之娛,信可樂也⁽¹⁰⁾。

夫人之相與⁽¹¹⁾,俯仰一世⁽¹²⁾。或取諸懷抱,悟言一室之內⁽¹³⁾;或因寄所託⁽¹⁴⁾,放浪形骸之外⁽¹⁵⁾。雖趣舍萬殊,靜躁不同,當其欣於所遇,暫得於己,快然自足,不知老之將至。及其所之既倦⁽¹⁶⁾,情隨事遷,感慨系之矣⁽¹⁷⁾。向之所欣,俯仰之間,已爲陳迹,猶不能不以之興懷⁽¹⁸⁾;況修短隨化⁽¹⁹⁾,終期於盡⁽²⁰⁾?古人云:"死生亦大矣"⁽²¹⁾,豈不痛哉?

每覽昔人興感之由,若合一契⁽²²⁾,未嘗不臨文嗟悼⁽²³⁾,不能喻之於懷。固知"一死生"爲虛誕⁽²⁴⁾,"齊彭殤"爲妄作⁽²⁵⁾。後之視今,亦猶今之視昔,悲夫!故列敘時人⁽²⁶⁾,錄其所述。雖世殊事異,所以興懷,其致一也⁽²⁷⁾。後之覽者,亦將有感於斯文。

【注釋】

(1) 永和九年:公元353年。永和,東晉穆帝年號。

(2) 暮春:晚春,此指農曆三月。

(3) 會稽:郡名。 山陰:縣名。郡、縣治所皆在今浙江紹興。 蘭亭:在今紹興附近。

(4) 修:治,舉行。 禊(xì):祓禊。周朝起,每年農曆三月上旬的巳日,人們到水邊用香薰草藥沐浴,以祓除不祥。曹魏後,日期固定爲三月三日。

(5) 流觴:修禊時的一種活動。酒杯放置在水上,隨水漂流,流到誰面前即由誰取飲。觴,盛酒的杯。 曲水:回環的水溪。

(6) 次:處所,地方,此指水邊。

(7) 幽:深。

(8) 惠風:和風。

(9) 品類:此指萬物。

(10) 信:誠,實在。

(11) 相與:相處,相交。與,交往。

(12) 俯仰:言俯仰之間,指時間短促。俯,低頭。仰,擡頭。一說周旋、應付。

(13) 取諸懷抱:傾吐內心。 悟言:一本作"晤言",即見面談話。

(14) 因寄所託:意即寄情於山水之間。因,憑藉。

(15) 放浪形骸:意謂擺脫一切拘束,自由自在地盡情遊樂。放浪,放縱。形骸,身體。

(16) 所之既倦:意謂對所向往或得到的事物已經厭倦。之,至。

(17) 系:隨。

(18) 興懷:發出感慨。

(19) 修短:人壽命之長短。 隨:聽任,聽憑。 化:生死變化的自然現象。

(20) 期:注定。

(21) 原句見《莊子·德充符》:"仲尼曰:'死生亦大矣,而不得與之變。'"這裏只引上句,意謂生死也是人生的一件大事。其實,這裏也隱含下句之意:人卻不能隨道變化以獲得無窮。

（22）契：符契,古人各執其半以作憑信。

（23）臨：對。 文：此指昔人興感之文。 嗟悼：憂傷感歎。

（24）固：通"故",乃。 一死生：《莊子·齊物論》有"方生方死,方死方生"句,認爲死生同存一體而無別。

（25）齊：等同。 彭：彭祖,相傳爲古代長壽者。 殤：未成年而夭折者。 莊子認爲長壽和短命是没有區别的。《莊子·齊物論》："莫壽於殤子,而彭祖爲夭。"

（26）列敘時人：逐一記下當時參加集會的人。

（27）致：情趣。

陶 淵 明

陶淵明(365—427),字元亮,東晉洵陽柴桑(今江西九江)人。一說名潛,字淵明,自號五柳先生。卒後友人私諡靖節征士,世稱靖節先生。陶淵明出身没落貴族家庭,曾有過"大濟蒼生"的壯志、"猛志逸四海"的胸懷,做過江州祭酒、彭澤令等小官。但因身處劉裕篡晉代立的亂世,難以施展自己的抱負,加上目睹官場黑暗,不願同流合污,便於義熙五年(405)四十一歲時棄官歸隱,以後一直過着"躬耕自資"的隱居生活。

歸隱以後的二十多年,是陶淵明創作最豐富的時期。他的文學創作中,對後代影響最大的是詩歌,其中佔絶大多數的是五言詩。除了詠懷詩外,最具代表性的便是田園詩。陶淵明的田園詩多表現純樸的農村生活情趣,描寫恬靜的田園自然景色,語言樸素平實、簡潔凝練,但平凡之中有華彩,簡樸之中含豐韻。陶詩的風格較多表現爲自然沖淡,但《詠荆軻》等也顯示了詩人"金剛怒目"的一面。陶淵明的詩文在唐代受到廣泛的重視和推崇,王維、孟浩然等人都仿效過他的題材和風格。

梁蕭統編有《陶淵明集》。

歸去來兮辭　並序

【題解】

"歸去"即辭官回歸田園。"來兮"爲語助詞,猶《戰國策》馮諼歌曰"長鋏歸來乎"之"來乎"。"辭"指文體爲騷體賦。本篇寫于作者辭官歸家之時,寫出了擺脫塵俗煩擾、回歸大自然的愉悦和歡欣。文中歷數歸途之樂、人倫之樂、田園之樂、琴書之樂、山林之樂、悟道之樂,表現了作者高潔的理想志趣和堅定的人生追求。全篇出語率真,辭采華美,筆調舒暢,是陶淵明辭賦的代表作,歷來受到人們的高度評價。歐陽修甚至贊道:"晉無文章,唯陶淵明《歸去來》一篇而已。"(李公煥《箋注陶淵明集》注引)

余家貧,耕植不足以自給。幼稚盈室[1],缾無儲粟[1],生生所資[2],未見其術。親故多勸余為長吏[3],脫然有懷,求之靡途[4]。會有四方之事[5],諸侯以惠愛為德,家叔以余貧苦,遂見用於小邑[6]。於時風波未靜,心憚遠役[7]。彭澤去家百里,公田之利,足以為酒,故便求之[8]。及少日,眷然有歸歟之情[9]。何則?質性自然,非矯勵所得[10];飢凍雖切,違己交病[11]。嘗從人事,皆口腹自役[12]。於是悵然慷慨,深愧平生之志。猶望一稔,當斂裳宵逝[13]。尋程氏妹喪于武昌,情在駿奔,自免去職[14]。仲秋至冬,在官八十餘日。因事順心,命篇曰《歸去來兮》。乙巳歲十一月也[15]。

歸去來兮,田園將蕪胡不歸?既自以心為形役,奚惆悵而獨悲[16]!悟已往之不諫,知來者之可追[17]。實迷途其未遠,覺今是而昨非。舟遙遙以輕颺,風飄飄而吹衣[18]。問征夫以前路,恨晨光之熹微[19]。

乃瞻衡宇,載欣載奔[20]。僮僕歡迎,稚子候門。三徑就荒,松菊猶存[21]。攜幼入室,有酒盈樽。引壺觴以自酌,眄庭柯以怡顏[22]。倚南窗以寄傲,審容膝之易安[23]。園日涉以成趣,門雖設而常關。策扶老以流憩,時矯首而遐觀[24]。雲無心以出岫,鳥倦飛而知還[25]。景翳翳以將入,撫孤松而盤桓[26]。

歸去來兮,請息交以絕遊!世與我而相違,復駕言兮焉求[27]?悅親戚之情話,樂琴書以消憂。農人告余以春及,將有事於西疇[28]。或命巾車,或棹孤舟[29]。既窈窕以尋壑,亦崎嶇而經丘[30]。木欣欣以向榮,泉涓涓而始流。善萬物之得時,感吾生之行休[31]。

已矣乎,寓形宇內復幾時[32]!曷不委心任去留,胡為乎遑遑兮欲何之[33]?富貴非吾願,帝鄉不可期[34]。懷良辰以孤往,或植杖而耘耔[35]。登東皋以舒嘯,臨清流而賦詩。聊乘化以歸盡,樂乎天命復奚疑[36]!

【注釋】

(1) 幼稚盈室:孩子擠滿一屋。 缾:瓦甖,一本作"瓶"。
(2) 生生:維持生計。前一"生"作動詞,後一"生"是名詞。 資:憑藉。
(3) 長吏:此指縣丞、縣尉一類官吏。
(4) 脫然:猶豁然。 有懷:產生出仕之念。 靡途:無門路。
(5) 四方之事:此指地方勢力互相爭戰之事。
(6) 諸侯:此指各地軍閥、郡守。 家叔:此指陶淵明的叔父陶夔,時任太常卿。 見用於小邑:此指被任用為彭澤令。
(7) 風波:此指軍閥間的戰爭。

(8) 彭澤:今江西彭澤西南,距陶淵明的家柴桑(今江西九江西南)不遠。 公田:收益歸主管官吏的田。 爲酒:作爲酒資。

(9) 眷然:思戀的樣子。 歸歟:歸家的歎息。《論語·公冶長》:"子在陳曰:'歸歟,歸歟!'"參見《登樓賦》注(11)。

(10) 質性:本性。 矯勵:做作,勉強。 得:能。

(11) 違己:違背自己的心願。 交病:身心都感到痛苦。

(12) 人事:此指仕宦。 口腹自役:爲糊口飽腹而役使自己。

(13) 稔(rěn):穀物成熟之期,一稔即一年(古代穀物一年成熟一次)。 斂裳:收拾行裝。 宵逝:連夜離去,此指辭官歸隱。

(14) 程氏妹:詩人之妹,嫁程氏。 駿奔:急赴,形容奔喪之急切。 自免:自動辭官。

(15) 乙巳歲:晉安帝義熙元年(405)。

(16) 形役:爲形體役使。

(17) "悟已往"兩句:《論語·微子》:"往者不可諫,來者猶可追。"諫,糾正。追,補救。

(18) 遙遙:一本作"搖搖"。 颺:飛揚,船行輕快、迅捷的樣子。

(19) 征夫:行人。 熹微:清晨光線微弱的樣子。熹,通"熙",光明。

(20) 瞻:遠望。 衡宇:以橫木爲門楣的房屋,即簡陋的房屋。《詩經·陳風·衡門》:"衡門之下,可以棲遲。"衡門,隱者安於貧賤而居住的簡陋之處。

(21) 三徑:三條小路。漢代蔣詡隱居後,在家宅前竹林中開闢三條小路,只與求仲、羊仲兩位隱士交往。事見《文選》李善注引《三輔決錄》。

(22) 眄(miàn):斜看。 柯:樹枝。

(23) 寄傲:寄託高潔、傲世的情懷。 審:明白。 容膝:僅能容膝的斗室。 易安:易於安身。

(24) 策:這裏作動詞用,拄着。 扶老:此指手杖。 流:隨意遊走。 矯首:擡頭。

(25) 岫(xiù):山峰。

(26) 景:日光。 翳翳(yì):日光暗淡的樣子。 盤桓:徘徊。

(27) 相違:與自己心志相背離。 駕:駕車出遊。 言:語助詞。《詩經·邶風·泉水》:"駕言出遊。"這裏截取"駕言"以代"出遊"。

(28) 事:此指農事。 疇:田畝。

(29) 巾車:有蓬蓋的車子。 棹(zhào):長槳,這裏用作動詞。

(30) 窈窕:幽深曲折的樣子。

(31) 善:喜愛,羨慕。 得時:各得時節。 行休:將要結束。

(32) 已矣乎:算了吧。 寓形:寄寓形骸,托身。 宇內:天地之內。

(33) 委心:放下心,隨心。 去留:此指死生,一說指行止。

(34) 帝鄉:仙鄉。 期:企求。

(35) 懷:念,盼。 植杖:把手杖直插在田邊。 耘:除草。 耔:給禾苗培土。

(36) 乘化:順應自然變化。 歸盡:直到盡頭。 樂乎天命:樂天知命。

歸園田居(其一)

【題解】

　　《歸園田居》是陶淵明田園詩最著名的代表作。這首五言古體詩作于陶淵明從彭澤令解職歸田的次年。詩歌描繪田園風光的美好、農村生活的可愛,洋溢着回到田園生活的愉悅心情,從一個側面表達了詩人對汙濁官場的憎惡和否定,表現出厭棄世俗、潔身自好的高尚情操。全詩語言質樸、不事雕琢,多用比喻手法來抒情達意。詩中還用"適俗韻"與"愛丘山"、"落塵網"與"歸園田"、"樊籠"與"自然"的對比襯托出作者對美好生活的神往。

少無適俗韻,性本愛丘山[1]。
誤落塵網中,一去三十年[2]。
羈鳥戀舊林,池魚思故淵。
開荒南野際,守拙歸園田[3]。
方宅十餘畝,草屋八九間[4]。
榆柳蔭後簷,桃李羅堂前[5]。
曖曖遠人村,依依墟里煙[6]。
狗吠深巷中,雞鳴桑樹巔。
戶庭無塵雜,虛室有餘閑[7]。
久在樊籠裏,復得返自然。

【注釋】

(1) 適俗韻:迎合世俗的性情。適,適應,投合。韻,性情,氣度。

(2) 三十年:一說當作"十三年",因從陶淵明任江州祭酒到辭去彭澤令歸田恰好十三年。

(3) 際:間。 拙:此指自己本性愚拙,不善官場逢迎。

(4) 方宅:房屋四圍。

(5) 羅:排列。

(6) 曖曖:依稀不明。 依依:輕柔而隨風搖擺的樣子。 墟里:村落。 煙:炊煙。

(7) 戶庭:門庭。 塵雜:世俗繁雜之事。 虛室:空寂的居室。

詠荆軻

【題解】

　　陶淵明年輕時曾有過"猛志逸四海"(《雜詩》之五)的遠大抱負。雖然他的作品中有大量詩風平淡自然的田園詩,但正像魯迅先生所說,陶詩中也有"金剛怒目"的豪放之作,陶淵明直到晚年仍有"猛志固常在"(《讀山海經》其十)的濟世熱情。這首詩對歷史上遭失敗而不屈的英雄表示了仰慕讚美之情,也以此表達了作者一生不衰的"猛志"。

燕丹善養士,志在報強嬴[1]。
招集百夫良,歲暮得荊卿[2]。
君子死知己,提劍出燕京[3]。
素驥鳴廣陌,慷慨送我行[4]。
雄髮指危冠,猛氣衝長纓[5]。
飲餞易水上,四座列群英[6]。
漸離擊悲筑,宋意唱高聲[7]。
蕭蕭哀風逝,淡淡寒波生。
商音更流涕,羽奏壯士驚[8]。
心知去不歸,且有後世名。
登車何時顧,飛蓋入秦庭[9]。
凌厲越萬里,逶迤過千城[10]。
圖窮事自至,豪主正怔營[11]。
惜哉劍術疏,奇功遂不成。
其人雖已沒,千載有餘情。

【注釋】

(1) 燕丹:戰國末燕王太子丹。 強嬴:強秦。秦王姓嬴。
(2) 百夫良:百夫中的雄俊之士,即出類拔萃的佼佼者。 荊卿:燕人對衛國人荊軻的尊稱。
(3) 君子:此指荊軻。
(4) 素驥:白馬。 廣陌:大道。
(5) 指:撐起。 纓:繫冠的絲帶。
(6) 飲餞:飲酒餞別。 易水:在今河北境內。
(7) 漸離:高漸離,戰國時燕人,荊軻的朋友。 筑:一種樂器。 宋意:燕國勇士。
(8) 商、羽:音調名。古分宮、商、角、徵、羽五音。商音淒涼,羽音慷慨。
(9) 飛蓋:飛車。蓋,車蓋,這裏代指車。
(10) 凌厲:奮往直前的樣子。 逶迤:迂回曲折的樣子。
(11) 圖:此指荊軻所獻內藏匕首的燕國督亢地圖。窮:盡。 豪主:此指秦王。 怔營:驚惶失措的樣子。

謝靈運

謝靈運(385—433),南朝宋陳郡陽夏(今河南太康)人,世居會稽(今浙江紹興)。他出身士族,是東晉名將謝玄之孫,十八歲襲封康樂公,世稱謝康樂。謝靈運博覽群書,工書畫,初爲武帝參軍,後曾任永嘉太守、臨川內史等職。他出身於世家大族,心高氣傲,但得不到劉宋王朝重用,遂縱情山水,"遍歷諸縣,動逾旬朔"(《宋書·謝靈運傳》),放浪不羈,終因有司所汙而被殺。

謝靈運是中國文學史上第一個大量創作山水詩的作家,其詩秀美精工,寫景生動細緻。他筆下的春草池塘、白雲幽石、川中孤嶼、沙岸秋月、朔風積雪等,無不展現着大自然鮮活的姿容和色彩。在寫景的同時謝靈運還注意與抒情相結合。由於謝靈運本人兼通玄佛,加之當時尚難以擺脫玄言詩的影響,所以其作品不免仍有玄言遺意。但是,謝詩拓寬了詩歌題材的領域,打破了東晉玄言詩的統治。由他開始,山水詩成了中國文學史上的一個流派。謝靈運和陶淵明幾乎同時,雖然一般認爲謝詩在藝術境界上不及陶淵明,但他對南北朝和唐代詩歌的實際影響卻明顯超過陶淵明。

明人輯有《謝康樂集》。

登池上樓

【題解】

《登池上樓》是謝靈運的代表作之一,寫于宋少帝景平元年(423)春,其時謝靈運任永嘉太守。謝靈運在前一年七月到任,冬天病倒,直到這時才痊愈。這首詩就是他大病初愈後登樓有感而作。面對春光爛漫,他觸景傷情,流露出官場失意的牢騷和遁世隱居的思想。全詩以情入景、情理融合。詩人遣詞造句講究工麗,全詩除"衾枕"兩句外,都是對仗句式。詩中"池塘生春草"一聯更是千古傳頌的名句。

潛虯媚幽姿,飛鴻響遠音[1]。
薄霄愧雲浮,棲川怍淵沈[2]。
進德智所拙,退耕力不任[3]。
徇祿反窮海,臥痾對空林[4]。
衾枕昧節候,褰開暫窺臨[5]。
傾耳聆波瀾,舉目眺嶇嶔[6]。

初景革緒風,新陽改故陰(7)。
池塘生春草,園柳變鳴禽(8)。
祁祁傷豳歌,萋萋感楚吟(9)。
索居易永久,離群難處心(10)。
持操豈獨古,無悶徵在今(11)!

【注釋】

(1) 潛虬:深潛于水的蛟龍。虬,傳說中有角的龍。《易·乾卦》有"潛龍勿用",這裏借寫隱士。 媚:自我欣賞。 幽姿:優雅美麗的身姿。 飛鴻:高飛的鴻雁。《易·漸卦》有"鴻漸於陸",借寫仕途得意者。

(2) "薄霄"兩句:意指自覺慚愧,既不能像鴻雁那樣高飛雲霄仕途得意,又不能像潛龍那樣身藏深淵保真全身。薄,迫近。雲浮,奮飛雲間。怍(zuò),慚愧。

(3) 進德:進德修業,此指仕進。《易·乾文言》:"君子進德修業。" 拙:劣,低下。

(4) 徇(xún)祿:追求俸祿,此指做官。 窮海:偏僻的海濱,此指永嘉郡。 臥病(kē):臥病在床。痾,病。 空林:葉落枝枯而顯稀疏的樹林。

(5) 昧節候:不知道季節的變化。昧,暗,不明白。 褰(qiān)開:撩開窗簾。褰,揭起,拉開。 窺臨:臨窗眺望。

(6) 嶇嶔(qīn):山勢高峻的樣子,此指遠山。

(7) 初景:初春的陽光。 革:清除。 緒風:餘風,此指冬日殘餘的寒風。 新陽:新春。 故陰:過去的嚴冬。

(8) 變鳴禽:此指園中鳥類眾多,啼聲宛轉多變。

(9) "祁祁"二句:含"思歸"之義。祁祁,眾多的樣子。豳歌,《詩經·豳風·七月》:"春日遲遲,采蘩祁祁。女心傷悲,殆及公子同歸。"萋萋,草茂盛的樣子。楚吟,《楚辭·招隱士》:"王孫遊兮不歸,春草生兮萋萋。"

(10) 索居:離群獨居。 易永久:容易感到時間漫長。 處心:安心。

(11) 持操:保持高尚的節操。 豈獨古:難道只有古人才能做到。 無悶:《易·乾文言》:"龍,德而隱者也。不易乎世,不成乎名,遯世無悶。"此指有龍德而隱居的人,不爲世俗改變其志向,不成就自己的名聲,避世而無所煩憂。徵在今:意謂我今天也驗證了"遯世無悶"。徵,驗。

石壁精舍還湖中作

【題解】

石壁精舍是作者的莊園始寧墅(在今浙江上虞)附近的佛寺。湖,指巫湖。景平元年(423)秋,作者辭去永嘉太守之職,歸隱始寧墅。他常經過巫湖去石壁精舍遊玩。本篇即爲作者記述從石壁精舍返回時的經歷和感受。前六句虛寫、略寫一天遊石壁之所見,中間四句實寫、詳寫湖中晚景,結尾六句寫回家及悟出的玄理。全詩寫行蹤秩序井然,又將情、景、理熔於一爐。

　　　　昏旦變氣候,山水含清暉。清暉能娛人,遊子憺忘歸⁽¹⁾。
　　　　出谷日尚早,入舟陽已微。林壑斂暝色,雲霞收夕霏⁽²⁾。
　　　　芰荷疊映蔚,蒲稗相因依⁽³⁾。披拂趨南徑,愉悅偃東扉⁽⁴⁾。
　　　　慮澹物自輕,意愜理無違⁽⁵⁾。寄言攝生客,試用此道推⁽⁶⁾。

【注釋】

(1) 憺(dàn):安閒舒適的樣子。
(2) 暝色:暮色。"雲霞"句:飛動的晚霞融入暮色不見了。霏,雲飛的樣子。
(3) 芰(jì):菱。 蒲稗(bài):菖蒲和稗草。 相因依:互相依靠,此指交雜叢生。
(4) 披拂:撥開草木。 偃:仰臥。 扉:門。
(5) 慮澹:思慮淡漠,即不戀名利。澹,同"淡"。 意愜(qiè):內心滿足。 理無違:不違背養生之道。理,此指養生之理。
(6) 攝生客:講究養生之道的人。 此道:即前面"慮澹"兩句所講的道理。

劉　義　慶

　　劉義慶(403—444),南朝彭城(今江蘇徐州)人。宋武帝之侄,長沙王劉道憐之子,出繼臨川王劉道規,襲爲臨川王,官至尚書仆射、中書令。他"愛好文藝",又喜"招聚文學之士"(《宋書·劉道規傳》)。《世說新語》可能就是劉義慶及門下文士博採群書,"成於衆手"之作(魯迅《中國小說史略》)。
　　《世說新語》是筆記小說集。全書分德行、言語、政事、文學等三十六門,分類記述漢末到東晉之間士族的軼事和言談,反映了這一時期士族的放誕生活、清談風氣和文化趣味。全書語言簡潔雋永,筆調含蓄委婉。明胡應麟贊曰:"讀其語言,晉人面目恍惚生動,而簡約玄澹,真致不窮,古今絕唱也。"(《少室山房筆叢·九流緒論》下)《世說新語》與志怪小說的根本區別,就在於其所記述的只是人間言行或傳聞故事,所以被稱爲"志人小說"或"軼事小說"。有梁劉孝標注本,今有《世說新語箋疏》(中華書局)。
　　原書無小標題,所選各篇以篇首一句爲題。

華歆、王朗俱乘船避難

【題解】

本篇選自《世說新語·德行》。作者通過患難時對待別人的態度,對華歆、王朗兩人品行的高下優劣進行了品評。

華歆、王朗俱乘船避難[1],有一人欲依附,歆輒難之[2]。朗曰:"幸尚寬,何爲不可?"後賊追至,王欲捨所攜人。歆曰:"本所以疑[3],正爲此耳。既已納其自托,寧可以急相棄邪?"遂攜拯如初。世以此定華、王之優劣。

【注釋】

(1) 華歆:東漢桓帝時任尚書令。 王朗:東漢末爲會稽太守。
(2) 難之:對此感到爲難。
(3) 疑:遲疑不決。

桓南郡好獵

【題解】

本篇選自《世說新語·規箴》。桓道恭迂回進諫桓玄不要驕橫殘下,他沒有空發議論或是深刻分析"縛人"之弊,而是從自身感受設言,進諫方法得當,結果使桓玄也有所收斂。

桓南郡好獵,每田狩,車騎甚盛[1]。五六十里中,旌旗蔽隰[2]。騁良馬,馳擊若飛,雙甄所指,不避陵壑[3]。或行陳不整,麏兔騰逸,參佐無不被繫束[4]。桓道恭,玄之族也,時爲賊曹參軍,頗敢直言[5]。常自帶絳綿繩著腰中,玄問:"此何爲?"答曰:"公獵,好縛人士。會當被縛,手不能堪芒也。[6]"玄自此小差[7]。

【注釋】

(1) 桓南郡:即桓玄,桓溫的小兒子。繼桓溫的爵位爲南郡公,後因稱帝改元被誅。 田:通"畋",打獵。
(2) 隰(xí):低濕地,這裏泛指田野。
(3) 雙甄(zhēn):此指軍隊左右兩翼。甄,田獵陣名。《宋書·禮志一》:"先獵一日,遣屯布圍,領軍將軍一人督右甄,護軍將軍一人督左甄。"合言之,曰"雙甄"。
(4) 麏(jūn):即獐。 參佐:僚屬。
(5) 桓道恭:桓玄族人,曾任淮南太守。 賊曹參軍:賊曹的參佐官。賊曹,郡之佐吏,主治安、獄訟等。

  (6) 會當：該當。　芒：此指粗繩的芒刺。
  (7) 差：減，損。

魏武常言

【題解】

  本篇選自《世說新語·假譎》。魏武帝爲挫敗叛逆之人對他行刺的圖謀，不惜設計殺"所親小人"，以證明自己早就識破叛逆者的舉動。魏武帝的機詐心術由此可見一斑。

  魏武常言(1)："人欲危己，己輒心動。"因語所親小人曰："汝懷刃密來我側，我必說'心動'，執汝使行刑(2)。汝但勿言其使(3)，無他，當厚相報。"執者信焉，不以爲懼。遂斬之。此人至死不知也。左右以爲實，謀逆者挫氣矣。

【注釋】

  (1) 魏武：魏武帝曹操。　常：通"嘗"。
  (2) 使：此指假裝作。
  (3) 勿言其使：不要說出假裝行刺的指使者。

鮑　　照

  鮑照(414？—466)，字明遠，南朝宋人。原居上黨（今屬山西），後遷東海（今江蘇漣水）。宋元嘉中，臨川王劉義慶愛其才，以爲國侍郎。臨海王劉子頊鎮荆州時，鮑照曾任其前軍參軍，故世稱"鮑參軍"。鮑照出身寒族，"才秀人微"，頗不得志。他生活在南北分裂、士族當權的黑暗時代，社會動亂不已。雖一生關心國家命運，但因"家世貧賤"而在仕途上飽受壓抑。

  鮑照的作品在當時頗負盛名，詩、賦、駢文均不乏名篇，尤以作品中數量較多的樂府詩成就最高。他繼承了漢樂府和建安詩歌的傳統，以鮮明的個性、強烈的反抗精神，在樂府詩中表現了對門閥制度壓抑人才的不滿和抗爭。鮑照在樂府詩中創製了以七言爲主的歌行體，這些詩感情慷慨奔放，音調頓挫激昂，風格豪邁俊逸，對七言詩的發展起了重要作用。他創作的樂府詩中最有名的是《擬行路難》十八首。《蕪城賦》和駢散結合的《登大雷岸與妹書》也都是廣爲傳頌的名作。

  明代張溥輯有《鮑參軍集》。

擬行路難(其四)

【題解】

《行路難》本是漢樂府《雜曲歌辭》,原辭已佚。鮑照《擬行路難》共十八首,是他所寫樂府詩中傑出的代表作。在門閥制度壓抑下,出身寒微的鮑照懷才不遇,"瀉水置平地"這首詩表現了鮑照對門閥制度強烈的不滿和反抗。全詩分四層意思,先用比喻揭示門閥制度的現實,然後安慰自己不要再哀歎,接著是借酒澆愁、借歌聲發泄,最後說一切努力終歸失敗,對門閥制度的憤懣永遠無法忘卻。

瀉水置平地,各自東西南北流[1]。人生亦有命,安能行歎復坐愁!酌酒以自寬,舉杯斷絕歌《路難》[2]。心非木石豈無感?吞聲躑躅不敢言[3]。

【注釋】

(1) "瀉水"二句:比喻人生在世,猶如瀉水平地,命運各自不同。
(2) "舉杯"句:因舉杯飲酒而不再唱《行路難》,或舉杯高歌《行路難》而斷絕悲愁。
(3) 吞聲:不敢哭出聲。 躑躅:徘徊不進的樣子。

擬行路難(其六)

【題解】

鮑照無法迴避門閥制度壓抑人才的事實,在這首詩的開頭四句,他用"不能食"、"拔劍擊柱"、"長歎息"三個緊緊相連的行為動作展示了內心極度的憤恨,又用"安能蹀躞垂羽翼"表明自己不向士族社會妥協的堅強態度。接著六句描寫棄官後的閒暇生活,既突出天倫之樂的愉悅,也反襯官場的失意。最後兩句借古代聖賢的遭遇自慰,展現了詩人傲岸不屈的性格。全詩情感強烈,句式富於變化,充滿藝術感染力。

對案不能食[1],拔劍擊柱長歎息。丈夫生世會幾時,安能蹀躞垂羽翼[2]?棄置罷官去,還家自休息。朝出與親辭,暮還在親側。弄兒床前戲[3],看婦機中織。自古聖賢盡貧賤,何況我輩孤且直[4]!

【注釋】

(1) 案:放食物的几案。
(2) 會幾時:能有多少時間。 蹀躞(dié xiè):小步行走、徘徊不進的樣子。 垂羽翼:垂翼不飛,形容失意沮喪的樣子。
(3) 弄:玩。

(4) 孤且直：孤傲而耿直。一說"孤"指出身寒微。

孔稚珪

孔稚珪(447—501)，字德璋，南朝宋、齊時會稽山陰(今浙江紹興)人。曾在南朝劉宋王朝任過州主簿、記室參軍。齊時官至太子詹事，加散騎常侍。少即好學，博學能文。爲人正直，淡于名利，"風韻清疏，好文詠"，"不樂世務"(《南齊書·孔稚珪列傳》)，喜愛山水自然。作品以駢文《北山移文》最爲著名。

明人輯有《孔詹事集》。

北山移文

【題解】

本篇選自《昭明文選》。北山，即鍾山。移文，用於責讓、聲討的文體，近乎檄文。本文假託北山神靈之口，痛斥始隱而後仕的虛僞之士。據《文選》呂向注，前人多以爲本文諷刺的是南朝宋齊間的周顒。但史書記載與此說出入頗大。文學作品本不必拘泥於史實，明人張溥即認爲"調笑之言，無關紀錄"(《漢魏六朝百三名家集題詞》)。本文構思奇特，用擬人化的描寫，極盡嘻笑調侃之能事，嘲諷故作清高而醉心利祿之人。通篇以對偶句爲主，想像豐富，筆鋒犀利，用典精確，對仗工整，不失爲六朝駢賦的精品。

鍾山之英，草堂之靈[1]，馳煙驛路，勒移山庭[2]。

夫以耿介拔俗之標，瀟灑出塵之想[3]，度白雪以方潔，干青雲而直上[4]，吾方知之矣。若其亭亭物表，皎皎霞外[5]，芥千金而不眄[6]，屣萬乘其如脫[7]，聞鳳吹於洛浦[8]，值薪歌於延瀨[9]，固亦有焉。豈期終始參差，蒼黃翻覆，淚翟子之悲，慟朱公之哭[10]，乍回迹以心染，或先貞而後黷[11]，何其謬哉！嗚呼！尚生不存，仲氏既往[12]，山阿寂寥，千載誰賞[13]！

世有周子，雋俗之士，既文既博，亦玄亦史[14]。然而學遁東魯，習隱南郭[15]，偶吹草堂，濫巾北岳[16]。誘我松桂，欺我雲壑[17]，雖假容于江皋，乃纓情於好爵[18]。其始至也，將欲排巢父，拉許由[19]，傲百氏[20]，蔑王侯。風情張日，霜氣橫秋[21]。或歎幽人長往，或怨王孫不遊[22]。談空空於釋部，覈玄玄於道流[23]。務光何足比，涓子不能儔[24]。

及其鳴騶入谷，鶴書赴隴[25]，形馳魄散，志變神動[26]。爾乃眉軒席次，袂聳筵上[27]，焚芰製而裂荷衣，抗塵容而走俗狀[28]。風雲悽其帶憤，石泉咽而下愴，望林巒而有失,顧草木而如喪⁽²⁹⁾。

至其紐金章,綰墨綬⁽³⁰⁾,跨屬城之雄,冠百里之首⁽³¹⁾。張英風於海甸,馳妙譽於浙右⁽³³⁾。道帙長殯,法筵久埋⁽³⁴⁾。敲扑喧囂犯其慮,牒訴倥傯裝其懷⁽³⁵⁾。琴歌既斷,酒賦無續⁽³⁶⁾。常綢繆於結課,每紛綸於折獄⁽³⁷⁾。籠張、趙於往圖,架卓、魯於前錄⁽³⁸⁾,希蹤三輔豪,馳聲九州牧⁽³⁹⁾。

使我高霞孤映,明月獨舉,青松落陰,白雲誰侶⁽⁴⁰⁾?磵戶摧絕無與歸,石徑荒涼徒延佇⁽⁴¹⁾。至於還飆入幕,寫霧出楹⁽⁴²⁾,蕙帳空兮夜鵠怨,山人去兮曉猿驚⁽⁴³⁾。昔聞投簪逸海岸,今見解蘭縛塵纓⁽⁴⁴⁾。於是南岳獻嘲,北壟騰笑,列壑爭譏,攢峰竦誚⁽⁴⁵⁾。慨遊子之我欺,悲無人以赴吊⁽⁴⁶⁾。故其林慚無盡,磵愧不歇,秋桂遣風,春蘿罷月⁽⁴⁷⁾,騁西山之逸議,馳東皋之素謁⁽⁴⁸⁾。

今又促裝下邑,浪栧上京⁽⁴⁹⁾,雖情投於魏闕,或假步於山扃⁽⁵⁰⁾。豈可使芳杜厚顏,薜荔無恥,碧嶺再辱,丹崖重滓⁽⁵¹⁾,塵遊躅于蕙路,汙淥池以洗耳⁽⁵²⁾。宜扃岫幌,掩雲關,斂輕霧,藏鳴湍⁽⁵³⁾,截來轅於谷口,杜妄轡於郊端⁽⁵⁴⁾。於是叢條瞋膽,疊穎怒魄⁽⁵⁵⁾,或飛柯以折輪,乍低枝而掃跡⁽⁵⁶⁾。請回俗士駕,為君謝逋客⁽⁵⁷⁾!

【注釋】

(1) 英:精靈,此指山神。 草堂:《文選》李善注引梁簡文帝蕭綱《草堂傳》:"汝南周顒,昔經在蜀,以蜀草堂寺林壑可懷,乃于鍾嶺雷次宗學館立寺,因名草堂,亦號山茨。" 靈:神靈。

(2) "馳煙"二句:鍾山的英靈在驛路騰雲駕霧般地奔馳,把移文刻在山前。馳煙,騰雲駕霧般地奔馳。驛路,驛使傳郵的大路。勒,刻。庭,山前之地,一說為庭院。

(3) 耿介:正直,有節操。 拔俗、出塵:皆謂超世脫俗。 標:氣度,格調。

(4) "度白雪"二句:(這些人)品質如白雪般高潔,心志超出青雲之上。度(duó),比。方,等同。干,衝,凌。

(5) 亭亭:挺立的樣子。 物表:物外,世外。 皎皎:潔白的樣子。

(6) 芥千金:視千金如草芥。 眄:斜視。 典出《史記·魯仲連列傳》,魯仲連助趙國退秦軍,平原君乃置酒,以千金為贈。魯仲連笑曰:"所貴於天下之士者,為人排患、釋難、解紛而不取也;即有取者,是商賈之事,而連不忍為也。"遂辭而去,終身不復見。

(7) "屣(xǐ)萬乘"句:拋棄萬乘之位,如脫草鞋。典出《淮南子·主術訓》:"(堯)年衰志憫,舉天下而傳之舜,猶卻行而脫屣也。"

(8) 鳳吹:用王子喬事,見《生年不滿白》注(3)。 浦:水邊。

(9) 值:遇。 薪歌:《文選》呂向注:"蘇門先生遊於延瀨,見一人采薪,謂之曰:'子以終此乎?'采薪人曰:'吾聞聖人無懷,以道德為心,何怪乎而為哀乎?'遂為歌二章而去。"延瀨,長河之濱。延,長。瀨,水激石間。

(10) "豈期"四句:哪裡料到他們前後表現是這樣不同,變化竟如此之大,難怪墨子見了練絲而流淚,楊朱碰到歧路要痛哭。參差,不齊。蒼黃,青色和黃色。反覆,變化無常。《淮

133

南子·說林訓》：“楊子見岐路而哭之，爲其可以南、可以北。墨子見練絲而泣之，爲其可以黃、可以黑。”翟子，即墨子，墨子名翟。朱公，楊朱。此二人都是戰國時期的思想家。

（11）乍：暫時。　回迹：避迹山林，即隱居。　心染：內心爲利祿功名所染。　貞：正，高潔。　黷：汙。

（12）尚生：皇甫謐《高士傳》：“尚長，字子平（注：《後漢書·逸民傳》作“向長”），河內朝歌人也。隱居不仕。……建武中，男女娶嫁既畢，敕：斷家事，勿相關，當如我死也。於是遂……遊五嶽名山，竟不知所終。”　仲氏：《後漢書·仲長統傳》：“仲長統字公理，山陽高平人也。……每州郡命召，輒稱疾不就。常以爲凡遊帝王者，欲以立身揚名耳，而名不常存，人生易滅，優遊偃仰，可以自娛。欲卜居清曠，以樂其志。”

（13）阿：山的隱曲處。　賞：賞識。

（14）周子：周顒，字彥倫，汝南人，《南齊書》有傳。　儁俗：儁拔脫俗。　玄：玄學，老莊之學。據《南齊書·周顒傳》，顒善言辭，通佛老。　史：史學，此指古今事理。

（15）東魯：此指東魯隱士顏闔。《莊子·讓王》：“魯君聞闔得道之人也，使人以幣先焉。顏闔守陋閭，苴布之衣，而自飯牛。魯君之使者至，顏闔自對之。使者曰：‘此顏闔之家與？’顏闔對曰：‘此闔之家也。’使者致幣，顏闔對曰：‘恐聽謬而遺使者罪，不若審之。’使者還，反審之，復來求之，則不得已。故若顏闔者，真惡富貴也。”　南郭：此指南郭子綦。《莊子·齊物論》：“南郭子綦隱几而坐，仰天而噓，嗒焉似喪其耦。”

（16）偶吹：用濫竽充數事。《韓非子·內儲說上》：“齊宣王使人吹竽，必三百人，南郭處士請爲王吹竽，宣王說之，廩食以三百人。宣王死，湣王立，好一一聽之，處士逃。”　濫巾：濫戴隱者的頭巾，意指周顒冒充隱士。　北岳：北山，即鍾山。

（17）“誘我松桂”二句：意謂周顒的行爲是對北山山林雲壑的欺騙。誘，引誘，欺騙。

（18）假容：裝模作樣。　江皋：江邊，泛指隱者居處。　纓情：猶言熱衷於。纓，纏繞。好爵：好的爵位，此指高官厚祿。

（19）拉：摧折。　巢父、許由：相傳均爲堯時隱士。許由事見《獄中上梁王書》注（50）。又據《高士傳》：“堯讓天下於許由，不受而逃去。堯又召爲九州長，由不欲聞之，洗耳於潁水濱。時其友巢父牽犢欲飲之，見由洗耳，問其故。對曰：‘堯欲召我爲九州長，惡聞其聲，是故洗耳。’”“巢父曰：‘汙吾犢口。’牽犢上流飲之。”

（20）百氏：即諸子百家。

（21）風情：風度情致。　張：大，引申爲遮蓋。　霜氣：秋天肅殺之氣。　橫秋：充塞秋空。

（22）幽人：隱逸之士。　長往：隱遁不返。潘岳《西征賦》：“悟山潛之逸士，悼長往而不反。”　王孫：貴族子弟。《楚辭·招隱士》：“王孫遊兮不歸，春草生兮萋萋。”

（23）空空：佛教般若學說認爲一切皆空，空是假名，假名亦空，故稱空空。《大智度論》卷四六：“何等爲空空？一切法空，是空亦空，非常非滅故。”　釋部：佛家典籍。　玄玄：此指道家義理，道的微妙深奧。《道德經》第一章：“玄之又玄，衆妙之門。”　道流：道家者流。

（24）務光、涓子：相傳均爲古代隱士。《文選》李善注引《列仙傳》：“務光者，夏時人也。殷湯伐桀，因光而謀，光曰：‘非吾事也。’湯得天下，已而讓光，光遂負石沈蓼水而自匿。”又有：“涓子者，齊人也。好餌術，隱於宕山。”　儔：相等，匹敵。

（25）“鳴騶”兩句：朝廷派使者進山徵召隱士。鳴騶，顯貴出行，隨從的騎卒吆喝開道。

騶,騎士,侍從。　鶴書:書體的一種,又名鶴頭書,古時徵納賢士的詔書。李善注引蕭子良《古今篆隸文體》:"鶴頭書與偃波書,俱詔板所用,在漢則謂之尺一簡,仿佛鵠頭,故有其稱。"隴:山。

(26)"形馳"二句:意謂周顒見使者到來,神魂顛倒,巴不得早點出山做官。

(27)爾乃:於是就。　眉軒:眉飛色舞。軒,揚。　席次:筵席之上。　袂聳:舉起衣袖,形容手舞足蹈的樣子。

(28)芰(jì)製、荷衣:用芰葉和荷葉裁製的衣裳。屈原《離騷》:"製芰荷以爲衣兮,集芙蓉以爲裳。"此指隱士的衣服。芰,菱。　抗:舉。　塵容:俗態。

(29)"風雲"四句:意謂風雲、石泉、草木、山巒都因周顒失去隱者節操而悽愴悲憤,茫茫然若有所失。

(30)紐、綰(wǎn):都是"繫"的意思。　金章:銅印。　墨綬:挂印用的黑絲帶。《文選》劉良注:"銅章、墨綬,縣令之章飾也。"

(31)"跨屬城"二句:意謂周顒所在的縣是郡下所屬各縣中最大的,爲各縣之首。跨,占據。屬城,州下所屬各縣。　雄:長。　百里:古時一縣所轄之地。

(33)英風:英氣,美名。　海甸:海邊。　浙右:錢塘江之南。

(34)道帙:道家典籍。帙,書套,此指書。　殯:埋。　法筵:佛家講經說法的講席。

(35)敲扑:敲打,鞭笞,此指拷打犯人。　牒訴:公文,訴狀。　倥傯(kǒng zǒng):公務繁忙的樣子。

(36)"琴歌"二句:意謂周顒出仕後,便與彈琴唱歌、飲酒賦詩這種高雅生活絕了緣。

(37)綢繆:糾纏。　結課:考核政績、查驗賦稅等。　紛綸:忙碌。　折獄:斷案。

(38)籠:蓋。　張、趙:西漢張敞、趙廣漢,兩人都做過京兆尹,是當時的名臣。　往圖:過去的圖像。西漢畫名臣像于麒麟閣,參見《蘇武傳》"甘露三年"一節。一說"往圖"指過去的法度。　架:通"駕",超越。　卓、魯:東漢卓茂、魯恭,兩人都做過縣令,是當時有名的循吏。前籙:歷史記載。籙,簿籍。

(39)希蹤:仰慕蹤迹,意謂仿效。　三輔豪:治理三輔的能吏,如趙廣漢、張敞等。三輔,漢代稱京兆尹、左馮翊、右扶風爲三輔。　馳聲:揚名。　九州牧:天下各處的地方長官。

(40)"使我高霞孤映"四句:是說周顒離開北山後,山間景物都感孤單寂寞。青松落蔭,青松空留樹蔭。

(41)澗戶:隱士所居的岩穴。澗,山間流水。　摧絕:崩壞。　無與歸:沒人再來。　延佇:久立等待。

(42)還飈:旋風。　入幕:吹進草堂帷幕。　寫霧:吐霧。寫,通"瀉"。　楹:堂前柱子。

(43)蕙帳:用香草做成的帳幕。蕙,香草。　鶴:即"鶴"。　山人:隱士,此指周顒。

(44)投簪:棄官歸隱。　逸岸:《文選》李善注引西漢疏廣的故事。疏廣,蘭陵人,曾任太子太傅,後棄官返鄉。蘭陵近海,故稱"逸海岸"。　解蘭:放棄隱士生活。蘭,香草,隱士所佩。　縛塵纓:出仕做官。塵纓,塵世的冠纓,此指官服。

(45)"於是"四句:意謂北山四周的山峰都取笑北山當初誤收周顒這個假隱士。攢(cuán)峰:群峰。攢,聚。　竦,聳動,形容山的神態。誚,責備。

(46)"慨遊子"二句:意謂山神慨歎受了周顒的欺騙,而又沒人前來慰問。遊子,此指周顯。吊,慰問。

(47)"故其"四句:意謂山林石澗都替他羞愧不止,秋桂春蘿都不受風月拂照。遺風、罷月:被風所遺,為月所棄。

(48)"聘西山"二句:西山、東皋廣為宣傳古代隱者隱居安貧的言論,表示對周顒的鄙棄。聘,馳,李善注:"猶宣佈也。"西山,伯夷、叔齊隱居的首陽山。他們恥食周粟,采薇而食,餓死在山中。東皋,也指隱居之地。阮籍、陶淵明都曾提及。逸議、素謁,隱士、貧士的議論。謁,告,議論。

(49)促裝:急忙整治行裝。下邑:此指周顒任縣令的海鹽縣。這裏稱下邑,是對國都而言的謙稱。浪栧:鼓槳,划船。栧,通"枻",船槳。上京:此指當時的京城建業。

(50)魏闕:古代宮門外的門樓。這裏代指朝廷。魏,通"巍",高大。假步:借道。山扃:山門,此指北山。

(51)芳杜(即杜若)、薜荔:均為芳草名。滓:污垢。

(52)塵:用作動詞,猶言污染。遊躅:遊蹤。躅,隱者的足跡。蕙路:長滿香草的道路。淥池:清水池。洗耳:見本文注(19)。

(53)扃:用作動詞,猶言關閉。岫幌:從山洞裏流出來的雲霧形成的帷幔。岫,山洞。幌,帷幔。雲關:雲霧形成的關隘。此指上山的通道。

(54)來轅:此指周顒乘坐的車。妄轡:亂闖的車馬。轡,本指馬繮繩,這裏代指馬。

(55)叢條:叢林的樹枝。瞋膽:使肝膽生氣。瞋,發怒時睜大眼睛。疊穎:重疊的花卉。怒魄:使魂魄發怒。

(56)"或飛柯"二句:有的枝條揚起,折斷他的車輪;有的枝條驟然垂下,掃掉他的足跡。

(57)俗士、逋客:皆指周顒。逋,逃。君:此指北山山神。謝:辭絕。

謝　朓

謝朓(464—499),字玄暉,南齊陳郡陽夏(今河南太康)人。他出身望族,蕭道成建帝後做過豫章王太尉參軍。齊明帝時,謝朓曾掌中書詔誥,後出任宣城太守,世稱謝宣城。

齊武帝永明年間,以齊武帝次子、竟陵王蕭子良為領袖,形成了一個龐大的文學團體,號稱"竟陵八友",他們創製了號稱"永明體"的新詩體。謝朓是"竟陵八友"之一,在"永明體"詩人中佔有重要的位置。謝朓和謝靈運是同族,世稱謝靈運為大謝,謝朓為小謝。謝朓繼承了謝靈運清新自然的詩風,洗盡了玄言詩的仙氣佛理,從生活口語中提煉出明淨淺易的語言來表現自然山水。謝朓長於五言詩,以山水風景詩最為出色。他把講究平仄四聲的永明聲律運用到詩歌創作中,其詩音調和諧悅耳,風格清新秀麗。謝朓的山水詩對唐詩的發展產生了重要的影響。對謝詩的清新秀發、自然流轉,李白曾多次表示傾倒仰慕之情,以致清人王士禛說李白"一生低首謝宣城"(《論詩絕句》)。

明人輯有《謝宣城集》。

之宣城郡出新林浦向板橋

【題解】

本篇作於詩人離開京城赴宣城太守任途中。宣城郡即今安徽宣城,新林浦在南京西南,板橋在新林浦之南。離開京城,畢竟不是件愉快的事。所以,作者在前半首寫江行所見之景時,只能用沿途的山水景色撫慰自己,以化解對京城的懷戀、惆悵之情。後半首雖是無可奈何的自我排遣,但其中也表達了作者欣離塵囂、幽棲遠害的想法。整首詩語言清淡,情味曠逸,稱得上是謝朓山水詩中的上乘之作。

江路西南永,歸流東北鶩[1]。
天際識歸舟,雲中辨江樹[2]。
旅思倦搖搖,孤遊昔已屢[3]。
既歡懷祿情,復協滄州趣[4]。
囂塵自茲隔,賞心於此遇[5]。
雖無玄豹姿,終隱南山霧[6]。

【注釋】

(1) 永:長。 歸流:流入大海的江水。 鶩(wù):奔馳。

(2) 天際:天地交接之處。 歸舟:回歸京城的行舟。 "雲中"句:用心辨認,還能看出天邊雲霧之中京城附近江畔的樹林。

(3) 搖搖:情思恍惚的樣子。

(4) "既歡"二句:意謂前去宣城赴任,既可得俸祿,又合乎隱居的興趣。懷祿,懷戀官祿,此指做官。 協,適合。 滄州趣,隱居水邊的情趣。滄州,水濱,古時隱者所居之處。

(5) 賞心:閒適遊賞的樂趣。

(6) "雖無"二句:自己雖沒有玄豹藏身避害的英姿美質,但現在遠離京都是非之地,卻也如玄豹之隱于南山霧中,可以幽居避害了。玄豹姿,《列女傳·賢明傳·陶答子妻》:"答子治陶三年,名譽不興,家富三倍……居五年,從車百乘歸休,宗人擊牛而賀之。其妻獨抱兒而泣。姑怒曰:'何其不祥也!'婦曰:'妾聞南山有玄豹,霧雨七日而不下食者,何也?欲以澤其毛而成文章也,故藏而遠害……今夫子治陶,家富國貧,……敗亡之徵見矣!願與少子俱脫。'……處期年,答子之家果以盜誅。"

晚登三山還望京邑

【題解】

　　這首詩也是作者出任宣城太守途中寫下的。三山,在今南京西南長江南岸,上有三峰南北相連。京邑,即齊都建康(今南京)。詩的前面部分寫對京城的留戀,中間部分欣賞沿途所見的風景以轉移自己的心情,結尾部分寫還是擺脫不了辭別京師和家人的痛苦,秀麗的風光也取代不了懷鄉之情。中間部分四句的景色描寫是全詩的精華,連李白也說:"解道澄江靜如練,令人常憶謝玄暉。"(《金陵城西樓月下吟》)

　　　　　　灞涘望長安,河陽視京縣(1)。
　　　　　　白日麗飛甍,參差皆可見(2)。
　　　　　　餘霞散成綺,澄江靜如練(3)。
　　　　　　喧鳥覆春洲,雜英滿芳甸(4)。
　　　　　　去矣方滯淫,懷哉罷歡宴(5)。
　　　　　　佳期悵何許,淚下如流霰(6)。
　　　　　　有情知望鄉,誰能鬒不變(7)?

【注釋】

　　(1)灞涘:灞水岸邊。化用王粲《七哀詩》:"南登霸(一作'灞')陵岸,回首望長安。"河陽:縣名,在今河南孟縣西。化用潘岳《河陽縣作二首》(其二):"引領望京室。"京室,西晉都城洛陽。
　　(2)麗:用作動詞,霞輝照映,光彩燦爛。飛甍(méng):飛簷。參差:高低不平的樣子。
　　(3)"餘霞"二句:仰望天空,晚霞鋪展,好比錦緞一般;俯視長江,清水東流,猶如白綢一段。綺,錦緞。練,白綢。
　　(4)覆春洲:滿春洲,形容其多。雜英:雜花。芳甸:芬芳的郊野。
　　(5)"去矣"二句:離開家鄉啊,我將在外地久留;懷念家鄉啊,歡樂的宴會無心再操辦。一說後句指"懷念家鄉啊,就想起再也見不到的故鄉歡樂宴會。"方,將。滯淫,久留。罷,停止。
　　(6)佳期:返回京邑的日期。霰(xiàn):雪粒。
　　(7)"有情"二句:有情之人無不望鄉而悲,誰能不白了頭髮呢?鬒(zhěn):黑髮。

練 習 三

一、解釋下列各詞在句中的詞義

其 1. 若闕地及泉,隧而相見,其誰曰不然?(《鄭伯克段于鄢》)
2. "孝子不匱,永錫爾類。"其是之謂乎?(《鄭伯克段于鄢》)
3. 夫越國,吾攻而勝之,吾能居其地,吾能乘其舟。此其利也,不可失也已。(《句踐滅吳》)
4. 非其身之所種則不食,非其夫人之所織則不衣。(《句踐滅吳》)
5. "寡人請死!余何面目以視於天下乎?"越君其次也。(《句踐滅吳》)
6. 其後拜釋之爲廷尉。(《張釋之列傳》)
7. 假令愚民取長陵一抔土,陛下何以加其法乎?(《張釋之列傳》)
8. 沮遏其勢,天下之不亡,其誰之功也?(《〈張中丞傳〉後敘》)
9. 其觀於人,不知其非笑之爲非笑也。(《答李翊書》)
10. 雖如是,其敢自謂幾于成乎?(《答李翊書》)

而 11. 舉引弓之人,一國共攻而圍之。(《報任安書》)
12. 以人從欲,傾宮就而紂亡;以欲從人,露臺休而漢盛。(《吳淳造城妨農作之判》)
13. 文帝怒曰:"此人親驚吾馬,吾馬賴柔和,令他馬,固不敗傷我乎?而廷尉乃當之罰金!"(《張釋之列傳》)
14. 不追議此,而責二公以死守,亦見其自比於逆亂,設淫辭而助之攻也。(《〈張中丞傳〉後敘》)
15. 公入而賦:"大隧之中,其樂也融融!"(《鄭伯克段于鄢》)
16. 涇州野如赭,人且饑死,而必得穀,又用大杖擊無罪者。(《段太尉逸事狀》)

焉 17. 公曰:"制,巖邑也,虢叔死焉,佗邑唯命。"(《鄭伯克段于鄢》)
18. 蝁聞古之伐國者,服之而已;今已服矣,又何求焉?(《句踐滅吳》)
19. 公曰:"姜氏欲之,焉辟害?"(《鄭伯克段于鄢》)
20. 抑愈所謂望孔子之門牆而不入於其宮者,焉足以知是且非邪?(《答李翊書》)
21. 使其中無可欲者,雖無石槨,又何戚焉?(《張釋之列傳》)
22. 優旃欲漆之郭,雖復難周;張儀覆錦之城,於焉易就。(《吳淳造城妨農作之判》)
23. 反是不思,亦已焉哉!(《氓》)

二、標點下文

1. 溫公喪婦，從姑劉氏家值亂離散，唯有一女，甚有姿慧。姑以屬公覓婚，公密有自婚意，答云：「佳婿難得，但如嶠比云何？」姑云：「喪敗之餘，乞粗存活，便足慰吾餘年，何敢希汝比！」卻後少日，公報姑云：「已覓得婚處，門地粗可，婿身名宦盡不減嶠。」因下玉鏡臺一枚。姑大喜。既婚，交禮，女以手披紗扇，撫掌大笑曰：「我固疑是老奴，果如所卜！」玉鏡臺是公爲劉越石長史，北征劉聰所得。(《世說新語·假譎》)

2. 天下未有兵甲，多刺客。李勉爲開封尉，獄囚有意氣者，勉縱而逸之。後客遊河北，偶見故囚，迎歸厚待之。告其妻曰：「此活我者，何以報德？」妻曰：「千縑可乎？」曰：「未。」「二千足可乎？」曰：「未也。」妻曰：「不如殺之。」其僮哀勉，密告之。乃逸去。夜半至津店，老父曰：「此多猛獸，何敢夜行？」勉言其故。梁上有人瞥下曰：「幾誤殺長者。」乃去。未明，攜故囚夫妻二首以示勉。(《唐國史補》)

3. 左神策軍吏李昱貸長安富人錢不償，京兆尹許孟容收捕械繫，立期使償，曰：「期滿不足，當死。」中尉訴于上，上遣中使宣旨送本軍。孟容曰：「臣不奉詔，當死。然臣爲陛下尹京畿，非抑制豪強，何以肅清輦下？錢未償，李昱不可得。」上嘉其剛直而許之。自興元已後，禁軍有功，又中貴之尤有渥恩者，方得護軍，故軍士日益縱橫，府縣不能制。孟容剛正不懼，以法繩之，一軍盡驚。(《折獄龜鑒補》卷五，事出《舊唐書》)

隋唐五代

初唐詩歌

隋文帝統一南北後,南北朝的浮豔文風依然在文壇上佔據着統治地位。隋朝前期,一些原是北朝的詩人如盧思道、楊素、薛道衡等曾寫過一些較好的邊塞詩。但在整個隋代,齊梁影響是根深蒂固的,並一直延續到唐朝初年。初唐宮廷詩人之外,湧現出了一批新起的詩人,他們在創作上努力突破宮體詩風的影響,唐高宗、武后時期的"四傑"王勃、楊炯、盧照鄰、駱賓王便是其中的代表。

王勃現存詩篇數量不多,內容雖然還較單薄,但已形成了自己獨特的風格。如他的名篇《送杜少府之任蜀州》,"同是宦遊人"的贈別,心情本來是複雜的,但他卻用"海內存知己,天涯若比鄰"把纏綿的兒女之情一筆撇開,變悲涼爲豪放。此外,他的《滕王閣詩》、《采蓮曲》等在七言、雜言詩體形式上也有所探索和創造。他的創作顯露了唐詩的新風貌。

楊炯在四傑中詩的數量最少,成就也最低,只有幾首寫邊塞的五律較有特色,《從軍行》是他的名作。

盧照鄰的詩以七言歌行最爲擅長,《長安古意》是他的代表作。在這篇長詩裏,他以縱橫奔放、富麗鋪陳的詩筆描繪了長安上層社會的生活,有如雲的車騎、壯麗的宮館,也有貴族們豢養的歌姬舞女:"娼家日暮紫羅裙,清歌一囀口氛氳。北堂夜夜人如月,南陌朝朝騎似雲。"爲了對這種繁華墮落生活保持清醒批判的態度,在長詩的結尾,詩人用蕭疏冷寂的詩句,寫他在長安寂寞清貧的生活:"寂寂寥寥揚子居,年年歲歲一床書。獨有南山桂花發,飛來飛去襲人裾。"這首詩的題材、辭句和蕭綱的《烏棲曲》等齊梁宮體非常接近,但思想感情卻大不相同。

駱賓王在四傑中詩的數量最多。他也擅長七言歌行,名作《帝京篇》的內容和《長安古意》相近,但篇幅更長,更多辭賦鋪排的成分。此外,他曾久戍邊城,寫了不少邊塞詩,如《邊城落日》、《邊夜有懷》等都是較好的邊塞詩。他的名作《在獄詠蟬》,寄悲憤沈痛於比興之中,藝術上更爲成熟。

由於歷史條件以及"四傑"本身生活的限制,他們的詩都沒有徹底洗淨齊梁的習氣。但是他們的詩歌創作已體現出了新的風貌,杜甫說"王楊盧駱當時體"、"不廢江河萬古流",是完全正確的評價。

陳子昂和詩歌革新

繼四傑之後,以更堅決的態度起來反對齊梁詩風,在理論和創作實踐上都表現了鮮明的革新精神的詩人是陳子昂。陳子昂在著名的《修竹篇序》裏提出了詩歌革新的主張,一針見血地指出初唐宮廷詩人們所信奉的齊梁詩"彩麗競繁,而興寄都絕",倡導"風雅比興"和"漢魏風骨",力圖在復古的旗幟下實現詩歌內容的革新。由於"四傑"等詩人的努力,新風格的唐詩已經出現,陳子昂的革新主張不僅抨擊了陳腐的詩風,還為正在成長中的新詩人、新詩風開闢了道路。

陳子昂的詩歌鮮明地體現了他的革新主張,他的代表作《感遇詩》三十八首,有的諷刺現實、感慨時事,有的感懷身世、抒發理想。《登幽州臺歌》和《薊丘覽古贈盧居士藏用》七首也是他的代表作,這幾首詩是他隨建安王武攸宜出征契丹時寫的。"前不見古人,後不見來者。念天地之悠悠,獨愴然而涕下!"(《登幽州臺歌》)由於歷史條件的限制,他的苦悶無法抒解,這首詩的情調顯得相當孤獨。但也正是這首詩,得到了當時和後代無數讀者的共鳴。

山水田園詩人

山水田園詩派的代表作家是孟浩然和王維,另有儲光羲、常建、祖詠、裴迪等。社會安定、經濟繁榮給這些詩人提供了優閒的生活條件,對那些求仕困難的文人,由隱而仕,往往是一條"終南捷徑",因此熔鑄陶謝於一爐的山水田園詩便大量地產生了。

王維的創作,可以四十歲左右為界限,分為前後兩期。前期,王維也寫了一些關於遊俠、邊塞的詩篇。這些詩或寫少年的豪邁,或寫大將的英武,或敘征戍之苦,或寫凱旋之樂,都表現了那個時代人們的英雄氣概和愛國熱情,如《少年行》。後期的詩主要抒寫隱居終南、輞川時的閒情逸致,如《渭川田家》、《終南別業》。其中最為人稱道的是《輞川集》絕句,如《鹿柴》"空山不見人,但聞人語響。返景入深林,復照青苔上",給人以一種清幽冷寂的美感。這一時期的詩,在他詩集裏佔了大多數,他的山水田園詩名篇如《田園樂七首》、《積雨輞川莊》等,都是歸隱以後的作品。王維的詩在藝術上有很高的成就,語言清新淡雅,被後人譽為"詩中有畫",在當時和後代都有很高的聲譽。

孟浩然的代表作品是山水田園詩。這些詩有一部分是漫遊秦中、吳越等地時所寫,如《江上思歸》中,旅途思歸的心情和初冬江上淒寒的景色很自然地融合在一起,悵惘迷茫之中,隱含着一種身世落拓之感。其他如《宿建德江》、《晚泊潯陽望廬山》等篇,也都是漫遊中的名作。他的田園詩數量雖不多,生活氣息卻相當濃厚。《過故人莊》中,寫農家生活,簡樸而親切;寫故人情誼,淳淡而深厚,頗似陶淵明的田園詩。又如小詩《春曉》:"春眠不覺曉,處處聞啼鳥。夜來風雨聲,花落知多少?"意境很清新,得到了人們廣泛的傳誦。

邊塞詩人

盛唐時期,邊塞生活已經成爲詩人們創作的主要內容,在這方面成就最高的是有邊塞生活體驗的高適、岑參、王昌齡和李頎等人,他們從各方面深入表現邊塞生活,在藝術上也有所創新。

高適詩中的優秀作品大多數都作於北上薊門、浪遊梁宋時期。在薊門所寫的《塞上》中,他對當時的邊事表示了深深的憂慮:"邊塵滿北溟,虜騎正南驅。轉鬥豈長策?和親非遠圖。"在《薊門五首》中,他描寫了士卒的遊獵生活,也歌頌了士卒們在戰鬥中的英勇精神,同時對士卒的久戍不歸深表同情。開元二十六年(738),他在梁宋創作了他邊塞詩中最傑出的代表作《燕歌行》。荒涼絕漠的自然環境與如火如荼的戰爭氣氛融合在一起,形成了全詩雄渾悲壯的藝術風格。

岑參的詩題材很廣泛,除一般感歎身世、贈答朋友的詩外,他出塞以前曾寫了不少山水詩。出塞以後,在安西、北庭的新天地裏,在鞍馬風塵的戰鬥生活裏,他的詩境空前開擴,雄奇瑰麗的浪漫色彩成爲他邊塞詩的主要風格。《走馬川行奉送出師西征》是岑參邊塞詩中的代表作之一。《輪臺歌奉送封大夫出師西征》、《白雪歌送武判官歸京》是和前詩鼎足而三的傑作,"忽如一夜春風來,千樹萬樹梨花開"成了傳頌千古的名句。

李白與杜甫

李白是盛唐詩壇的代表作家,同時也是我國文學史上繼屈原之後又一偉大的浪漫主義詩人。

李白的詩現存九百多首,這些詩反映了他一生的思想和經歷,也表現了盛唐時代的社會現實和精神面貌。他在許多詩歌裏借歷史人物表達了自己的政治抱負,他羨慕姜尚:"君不見朝歌屠叟辭棘津,八十西來釣渭濱。甯羞白髮照清水,逢時壯氣思經綸。廣張三千六百釣,風期暗與文王親"(《梁甫吟》);羨慕諸葛亮:"魚水三顧合,風雲四海生。武侯立岷蜀,壯志吞咸京"(《讀諸葛武侯傳書懷》);羨慕謝安:"暫因蒼生起,談笑安黎元"(《書情贈蔡舍人雄》)。他常常把完成事業、取得功名看得輕而易舉:談用兵,"談笑三軍卻";談政治,"調笑可以安儲皇"。他之所以這樣口出大言,自信不疑,可能是出於對現實人事的不滿。長安三年的政治生活,李白表面上受到玄宗禮賢下士的優待,但是當權的宦官、外戚暗中對他的讒毀打擊,使他的政治理想和黑暗現實形成了尖銳的矛盾。他寫了不少詩歌抒發自己的痛苦和憤懣,如《行路難》三首。在《宣州謝朓樓餞別校書叔雲》中，這種悲憤痛苦的心情發展到了難以排遣的程度，最終只有駕着扁舟遨遊江湖一條出路了。

李白的一生，大半過着漫遊生活，由此寫下了不少遊歷名山大川的詩篇，他追求自由、超然物外的獨特性格常常借這類詩篇表現出來：他喜愛的山水往往不是寧靜的丘壑、幽雅的林泉，而是奇峰絕壑、天外飛來的瀑布。這些雄偉奇險的山川，特別契合他那狂放不羈的性格，《夢遊天姥吟留別》是這方面的代表作。另外，李白被人稱爲"謫仙"、"詩仙"，但歸根到底還是一個熱愛祖國、關懷人民、不忘現實的詩人。安史之亂發生後，他雖遠在江南，對"三川北虜亂如麻，四海南奔似永嘉"的局面感到十分焦慮，對永王說："試借君王玉馬鞭，指揮戎虜坐瓊筵。南風一掃胡塵靜，西入長安到日邊。"（《永王東巡歌》）李白還曾經寫過很多樂府詩，並取得了很大的成就，像《子夜吳歌》等詩已經成爲人們廣爲傳誦的名作。他說自己的詩是："興酣落筆搖五嶽，詩成笑傲凌滄州。"杜甫稱讚他的詩："筆落驚風雨，詩成泣鬼神。"這種無比神奇的藝術魅力正是他的詩歌最鮮明的特色。他那熾熱的感情、強烈的個性，使他的詩篇處處留下強烈的自我表現的主觀色彩。他要入京求官，就宣稱："仰天大笑出門去，我輩豈是蓬蒿人！"他政治失意了，就大呼："大道如青天，我獨不得出！"他要控訴自己的冤曲，就說："我欲攀龍見明主，雷公砰訇震天鼓。"詩歌氣勢排山倒海。他的詩歌又往往呈現出感情充沛、瞬息萬變的特色，名作《將進酒》是典型的例子。詩中，他剛勸人開懷痛飲："人生得意須盡歡，莫使金樽空對月。"突然又說："天生我材必有用，千金散盡還復來！"強烈的信心轉眼代替了消極的悲歎，詩人的感情在轉瞬之間竟判若兩人。

杜甫是我國歷史上人民性最強的詩人，對人民的深刻同情是杜甫詩歌人民性的最主要特徵。杜甫始終關心人民，所以他說："尚思未朽骨，復睹耕桑民。"（《別蔡十四著作》）他的詩不僅廣泛地反映了人民的痛苦生活，而且大膽地表達了人民的思想感情和要求，如"三吏"、"三別"中反映出了廣大人民在殘酷的兵役制度下所遭受的痛楚。他更指出了是勞動人民創造的物質財富養活了達官貴族："彤庭所分帛，本自寒女出；鞭撻其夫家，聚斂貢城闕。"（《赴奉先詠懷》）他一針見血地揭露了階級對立這一根本矛盾的原因："朱門酒肉臭，路有凍死骨！"隨着國家局勢的轉變，他的愛國詩篇也有了不同的內容。比如在安史之亂期間，他夢想和渴望的就已經不是周公、孔子，而是呂尚、諸葛亮那樣的軍事人物："淒其望呂葛，不復夢周孔。"除了和當時政治、社會直接有關的作品外，杜甫在一些詠物、寫景的詩中，也都滲透着關心人民的思想感情。同是一場雨，杜甫有時卻表現出喜悅，如《春夜喜雨》："好雨知時節，當春乃發生。隨風潛入夜，潤物細無聲。"即使是大雨，哪怕自己的茅屋漏了，只要對人民有利，他照樣是喜悅的："敢辭茅葦漏，已喜禾黍高。"（《大雨》）

從創作方法上看,杜詩的最大特色是現實主義。杜甫有他獨特的豐富的生活經驗,他的詩多取材於人民生活,和社會現實聯繫緊密,被譽爲"詩史"。

杜甫創作的大量樂府詩沒有遵循建安以來沿襲樂府古題的做法,而是本着漢樂府"緣事而發"的精神自創新題,這一做法直接啓示了中唐的新樂府運動,是白居易新樂府運動的先聲。

中唐前期詩人

中唐大曆前後的詩歌呈現一種過渡狀態。元結、顧況等人用詩歌反映現實,劉長卿、韋應物主要以山水詩見稱,李益則繼承了盛唐邊塞詩的傳統,他們在藝術上都具有自己的特色。

劉長卿的詩多寫貶謫飄流的感慨和山水隱逸的閑情,擅長近體,尤工五律,自稱"五言長城"。他寫山水隱逸生活的詩,用律詩寫景抒情,風格含蓄溫和,清雅洗煉。同時,他也有少數反映現實的詩,如《穆陵關北逢人歸漁陽》,用簡煉概括的詩筆,寫出安史之亂後荒涼凋敝的景象。

韋應物的山水田園詩不僅寄託了潔身自好、樂天知命的思想,還流露出對農民勞苦的關懷,如《觀田家》。山水詩風格高雅閒淡,形式多用五古。他的七絕《滁州西澗》:"獨憐幽草澗邊生,上有黃鸝深樹鳴。春潮帶雨晚來急,野渡無人舟自橫。"不僅把春雨中荒山野渡的景色寫得優美如畫,而且傳達出行人待渡的悵惘心情。

李益的詩以七絕見長,後人往往把他和王昌齡相提並論。他的邊塞詩主要抒寫戰士們久戍思歸的怨望心情,如《夜上受降城聞笛》:"回樂烽前沙似雪,受降城外月如霜。不知何處吹蘆管,一夜征人盡望鄉。"詩裏已沒有盛唐邊塞詩那種樂觀豪放的情調。

白居易和新樂府運動

白居易是杜甫之後傑出的現實主義詩人,他繼承並發展了《詩經》和漢樂府的現實主義傳統,沿着杜甫所開闢的道路掀起了新樂府運動的高潮。他的《與元九書》是一篇全面、系統地宣傳現實主義、批判形式主義的宣言,他認爲詩歌必須負起"補察時政"、"泄導人情"的使命,從而達到"救濟人病、裨補時闕"的政治目的。他指出詩歌應該反映人民疾苦,提出了"文章合爲時而著,歌詩合爲事而作"的口號,將詩歌和人民生活密切結合,這是新樂府運動的綱領。

白居易是唐代詩人中創作最多的一個,他曾將自己五十一歲以前寫的一千三百多首詩編爲四類:諷諭、閒適、感傷、雜律。四類中價值最高是諷諭詩,其中《新樂府》五十首、《秦中吟》十首更是有組織、有計劃的傑作。

從"惟歌生民病"出發,諷諭詩的第一個特點是廣泛地反映人民的疾苦。在

《觀刈麥》中,他描寫了"足蒸暑土氣,背灼炎天光"辛勤勞動的農民,以及由於"家田輸稅盡"不得不拾穗充飢的貧苦農婦,並對自己的不勞而食深感"自愧"。詩人對農民的深切同情,使他在《杜陵叟》中爆發出這樣的怒吼:"剝我身上帛,奪我口中粟。虐人害物即豺狼,何必鉤爪鋸牙食人肉!"諷諭詩的另一個特點是對統治階級的"荒樂"以及各種弊政的揭露。如中唐的一大弊政是名爲購物而實爲強奪的"宮市",因爲直接關係到皇帝和宦官的利益,很少有人敢過問,白居易卻寫出了《賣炭翁》,並在詩的小序中標明他的創作主旨:"苦宮市也!"

諷諭詩之外,值得一提的是感傷詩中的兩篇敍事長詩《長恨歌》和《琵琶行》。《長恨歌》爲白居易三十五歲時所作,詩的主題思想具有雙重性,既有諷刺,又有同情。語言和聲調的優美、抒情寫景和敍事的融合無間是《長恨歌》的藝術特色。《琵琶行》是白居易被貶江州的次年寫的,感傷意味較重。"同是天涯淪落人,相逢何必曾相識。"一種對被壓迫的婦女的同情和尊重,使詩人把琵琶女的命運和自己的身世很自然地聯繫在一起。

同時期的元稹、張籍、王建都是白居易志同道合的詩友、新樂府運動的參與者。

韓愈、柳宗元與古文運動

古文運動發生在中唐這個特定的歷史時期,是有客觀的社會原因的。安史之亂後,大唐帝國走向衰落。貞元、元和時期,號稱"中興",但實際上藩鎮割據的局面並沒有得到根本改變。以韓愈爲代表的復古主義思潮,在貞元時期發展成爲一種廣泛的社會思想運動,正是從意識領域入手,挽救這個嚴重的危機,促進"中興"局面的出現。韓愈打着復古的旗幟,主張恢復孔孟儒家思想的正統地位,反對佛道二教,以整飭社會風尚,而六朝以來的駢文已經成爲表達思想內容的桎梏,因而需要開展一場文體革新運動。道是目的,文是手段;道是內容,文是形式,這就是以韓愈爲代表的古文運動的基本內容。

韓愈政治上反對藩鎮割據,擁護王朝的統一;提倡"仁政",反對官吏對人民的橫徵暴斂。他猛烈地排斥佛老,熱烈地提倡儒家正統思想,客觀上具有一定的進步性,但是也宣揚了儒家學說中的封建糟粕。韓愈的散文,內容豐富,形式多樣,不少作品達到了思想藝術完整的統一。《原毀》通過對當時社會現象的精闢分析,揭露了士大夫詆毀後進之士的根本原因。他不顧流俗的誹謗,抗顏爲師,認爲"無貴無賤,無長無少"都可以爲師,"道之所存,師之所存也"(《師說》)。《雜說四》以"千里馬常有,而伯樂不常有"比喻賢才難遇知己,寄寓了對自己遭遇的憤憤不平。韓愈的作品中有許多文學性較高的名篇:《張中丞傳後敍》議敍結合,議論時義正詞嚴、鋒芒畢露,敍事時詳略適宜、具體生動,全文神氣貫通,有孟子之風,展"實錄"之長;他還擅長以散文抒情,《祭十二郎文》被譽爲"祭文中千年絕調"。

柳宗元的政治思想基本上是儒家的民本思想,他認爲官吏是人民的僕役,人民"出其十一"雇傭官吏來爲他們服務,而有些官吏卻"受其直怠其事",人民因勢力不敵對他們敢怒不敢言(《送薛存義序》)。柳宗元貶官永州後,創作了許多寓言小品,文章短小警策,寄意深遠,表現了傑出的諷刺才能。他的傳記散文借題發揮,通過普通百姓的不幸遭遇,反映中唐時代人民的悲慘生活。他的山水遊記更爲著名:《永州八記》借山水抒幽憤,文筆清新秀美,富有詩情畫意;《至小丘西小石潭記》寫水、寫樹木、寫岩石、寫遊魚,無論動態或靜態都生動細緻,精美異常。

中唐其他詩人

唐代詩歌到貞元、元和年間,出現了第二次高潮。各種藝術風格的詩人和詩派相繼出現,使詩壇呈現出一片繁榮的景象。韓愈、孟郊、柳宗元、劉禹錫、李賀等在藝術上各有千秋,自成一家。

韓愈不僅是傑出的散文家,也是一個勇於獨創的詩人。他在貞元年間的詩歌,對現實表現出了一定的關懷。如《汴州亂》、《齪齪》等詩反映了藩鎮兵將叛亂的歷史事件,《謝自然詩》、《送靈師》等表現了他反對佛老、斥責神怪迷信的思想。這些詩表現了韓詩雄才博學、好發議論、格調拗折、造語生新的特點。元和以後,韓愈的詩進一步向奇崛險怪的方面發展,如《南山詩》用漢賦排比鋪張手法,描述終南山四時景色變化以及各種形態的山勢,搜羅奇字,光怪陸離,押用險韻,一韻到底。韓愈力倡復古,反對駢儷,因此他的詩多古詩而少近體,但他的近體詩中也不無意境雄渾的佳作。如他被貶潮州途中寫的《左遷至藍關示侄孫湘》,交織着正言直諫的勇氣和衰朽殘年的哀傷,流暢的語言中頗有頓挫的氣勢。韓愈詩歌糾正了大曆以來的平庸詩風,在中唐詩壇上開創了一個新的局面,但是也帶來了以文爲詩、講才學、發議論、追求險怪等不良風氣。

孟郊的詩很受韓愈的推崇,當時有"孟詩韓筆"的稱譽。韓、孟兩人的詩可說是各具特色、旗鼓相當。孟郊的詩作,有不少接觸到社會現實矛盾,如《長安早春》、《長安道》諷刺了朱門貴族的驕奢閒逸生活;《寒地百姓吟》把勞動人民寒夜的痛苦呼號和富貴人家終宵宴飲的生活作了鮮明的對照,並以飛蛾撲火象徵勞動人民悲慘絕望的命運。孟郊是以苦吟著稱的詩人,他自述作詩的情景是:"無子抄文字,老吟多飄零。有時吐向床,枕席不解聽。"(《老恨》)但他有的詩也寫得平易近人,如《遊子吟》:"慈母手中線,遊子身上衣。臨行密密縫,意恐遲遲歸。誰言寸草心,報得三春輝?"

劉禹錫的懷古作品在當時獨步詩壇,如《西塞山懷古》在無奈的感歎中,深寓歷史的教訓;《烏衣巷》寫煊赫了二百年的王謝世族的沒落;"山圍故國周遭在,潮打空城寂寞回。淮水東邊舊時月,夜深還過女牆來。"《石頭城》更是在低徊感歎中,充滿了對興亡變化的無限沈思。《劉夢得集》中的樂府詩,是他學習民歌的收穫,其中《竹枝詞》是他流放巴楚間學習民歌俚調寫成的作品:"楊柳青青江水平,聞郎江上唱歌聲。東邊日出西邊雨,道是無晴卻有晴。""晴""情"一語雙關,極具民歌神韻。

　　柳宗元是著名散文家,也是一位優秀的詩人。他的詩和散文一樣,大部分都是貶官永州、柳州時期寫的,內容多抒發自己被貶的悲憤和離鄉去國的情思,如著名的《登柳州城樓寄漳汀封連四州》。他的山水詩,情致深沈委婉,描繪細緻簡潔。如名作《南澗中題》,在風聲林聲中漫步獨行,靜思身世,透過羈旅的寂寞和懷舊的憂傷,流露出一線恬然自適的欣慰。五言絕句《江雪》:"千山鳥飛絕,萬徑人蹤滅。孤舟蓑笠翁,獨釣寒江雪。"是歷來傳誦的名作。

　　李賀是一個富於創造性的詩人,他在短促的生命中,爲詩歌開闢了一個新的天地。他用奇特的想像、濃重的色彩、富於象徵性的語言來表現他"哀憤孤激之思",使他的詩歌形成一種奇崛幽峭、穠麗淒清的風格。李賀寫了《開愁歌》、《浩歌》等一系列詩篇,發泄自己懷才不遇的憤懣與牢騷:"我當二十不得意,一心愁謝如枯蘭。衣如飛鶉馬如狗,臨歧擊劍生銅吼"(《開愁歌》);"不須浪飲丁都護,世上英雄本無主。買絲繡作平原君,有酒唯澆趙州土"(《浩歌》)。他這種悲憤情緒常常用托古諷今、比物徵事的手法,或用非現實的幻想表現出來:如《金銅仙人辭漢歌》,寫金銅仙人遷離故土的悲哀,實際上是借以寄託詩人自己的"宗臣去國之思"。詩中"天若有情天亦老"已經成爲千古傳誦的名句。李賀也寫過一些積極健康的作品,如:《雁門太守行》歌頌邊塞將士的英雄氣概,《老夫採玉歌》描繪採玉工人的悲慘命運,《苦晝短》嘲笑帝王的求仙,《秦宮詩》揭露貴族生活的腐朽墮落。只是由於生活和年齡的限制,李賀這類作品並不多。

晚唐詩歌

　　晚唐著名詩人杜牧、李商隱以獨具風格的創作成爲晚唐詩壇上兩朵燦爛的晚霞,而皮日休、杜荀鶴、陸龜蒙等繼承了白居易新樂府及韓愈、柳宗元古文運動的傳統,以鋒芒銳利的詩歌和小品文爲唐末文壇添上了一個圓滿的音符。

　　杜牧很想在政治上有一番作爲,文宗太和元年(835),朝廷派兵鎮壓滄州抗命的藩鎮,他寫了《感懷詩》,慨歎安史之亂以來藩鎮割據、急徵暴斂造成的民生凋敝,很想爲國家做一點事。他的詠史詩常借歷史題材諷刺統治者的驕奢荒淫,如《過華清宮三絕句》之一:"長安回望繡成堆,山頂千門次第開。一騎紅塵妃子笑,無人知是荔枝來。"含蓄地諷刺了晚唐帝王們的荒淫享樂。另外,杜牧抒情寫景的七言絕句在藝術上有很高的成就,如《江南春》、《泊秦淮》詞采清麗,畫面鮮明,風調悠揚。

李商隱是一個關心政治的詩人，從《安定城樓》中我們可以看到他對晚唐國運的關心以及在事業上的遠大抱負。他對當時宦官專權的黑暗政治很不滿，寫了《有感》二首和《重有感》，對甘露事變中宦官殺死宰相王涯等幾千人表示憤慨。李商隱還寫了許多詠史詩，曲折地對政治問題發表意見，如《北齊》："小憐玉體橫陳夜，已報周師入晉陽。"《隋宮》："春風舉國裁宮錦，半作障泥半作帆。" 諷意極爲鮮明強烈。有的詠史詩如《賈生》寄託了自己懷才不遇的感慨。李商隱的作品中最爲人所傳誦的還是他的愛情詩，這類詩或名《無題》，或取篇中兩字爲題。如《無題》（相見時難別亦難）是他愛情詩中較有代表性的名作。李商隱的詩歌中成就最高的是近體詩，尤其是七律，繼承了杜甫七律錘煉謹嚴、沈鬱頓挫的特色，又融合了齊梁詩的濃豔色彩，形成了深情綿邈、綺麗精工的獨特風格。

唐代傳奇

　　唐傳奇的興起是和我國自秦漢以來史傳文化的空前發達密切相關的。自司馬遷的《史記》問世以後，史學作品人物傳記的創作中實際早就融入了傳奇小說的因素，唐傳奇中一些篇幅短小、較少藝術加工的傳奇小說即是從人物傳記脫胎而來的。而代表唐傳奇小說創作最高成就、比較接近現代意義上的小說的作品大量出現，則與唐朝城市經濟的繁榮和市民階層的興起密切相關。市民階層除了物質生活比農民講究之外，對文化生活的需求也更爲迫切，需要有更符合他們欣賞趣味、更大衆化的文藝作品，這是推動傳奇小說發生並進一步發展的主要動因。其次，唐朝舉子們的"溫卷風氣"在某種程度上也刺激了傳奇小說的發展。由於名利的關係，"溫卷"的風氣到中晚唐尤盛，這和這一時期大量傳奇作品的湧現是相一致的。

　　初盛唐是傳奇小說初步發展的時期，作品數量很少，內容和六朝志怪小說相去不遠，藝術上也不夠成熟，但已逐漸注意到形象的描繪與結構的完整。王度的《古鏡記》是現存唐傳奇中最早的一篇，記述了一面古鏡降妖、伏獸、顯靈、治病以及反映陰陽變化的諸種靈異。無名氏的《補江總白猿傳》寫梁將歐陽紇的美妻被白猿劫走，歐陽紇率兵入山，掩殺白猿，而妻子已孕，生子如猿，聰悟絕人。與《古鏡記》相比，《補江總白猿傳》已開始着重描繪人物的活動，情節更爲曲折，是一篇初具規模的傳奇作品。

　　中唐時期傳奇作品空前增多，反映現實生活的作品佔據了主要地位，即使談神說怪，也往往具有社會現實內容，如沈既濟的《枕中記》和李公佐的《南柯太守傳》。《枕中記》寫盧生在邯鄲逆旅中，借道士呂翁的青瓷枕入睡，夢中經歷了生平熱烈追求的"出將入相"的生活。一旦驚醒，還不到蒸熟一頓黃粱飯的工夫。於是他大徹大悟，萬念俱息。《南柯太守傳》除受"焦湖廟祝"的啓示外，還受《搜神記》"盧汾夢入蟻穴"的影響。這兩部作品都曲折反映了封建士子熱衷功名富貴的思想。

以愛情爲主題的作品如《任氏傳》、《柳毅傳》、《霍小玉傳》、《李娃傳》、《鶯鶯傳》等,在唐傳奇中成就最高。它們大都歌頌堅貞不渝的愛情,譴責封建禮教和門閥制度對婦女的迫害,並經常運用寫實手法來刻畫人物性格和環境氣氛,創造了一系列優美的婦女形象。蔣防的《霍小玉傳》寫歌妓霍小玉和書生李益的愛情悲劇。李益在長安與霍小玉相戀,後來他以書判拔萃,授鄭縣主簿,臨行向小玉發誓偕老,歸家後即變心易志,另娶貴姓女盧氏。小玉相思成疾,沈綿不起。俠士黃衫客激於義憤,挾持李益重入小玉家。小玉悲憤交集,痛責李益,氣結而死。冤魂化作厲鬼,使李益夫妻不和,終身受到猜疑與嫉妒。白行簡的《李娃傳》寫妓女李娃與滎陽公子某生的愛情故事,通過他們的結合,表現了一對社會地位貴賤不同的青年男女,經歷千辛萬苦,贏得愛情幸福的主題,具有強烈的反對門閥制度的意義。此外還有陳玄祐的《離魂記》、許堯佐的《柳氏傳》等,它們在思想和藝術上也各具特色。

晚唐時期出現大批傳奇專集,有牛僧孺《玄怪錄》、李復言《續玄怪錄》、牛肅《紀聞》、裴鉶《傳奇》、皇甫枚《三水小牘》等。這些專集總的來看傾向於搜奇獵異、言神志怪,六朝遺風復熾。這一時期的傳奇還出現了一些新的題材,如描寫劍俠。

唐五代詞

詞是盛唐時產生的一種新詩體。唐代稱當時流行的雜曲歌詞爲"曲子詞",簡稱爲"詞",又稱"長短句"。配合詞調的音樂主要是周、隋以來從西北各民族傳入的燕樂,燕樂的樂器以琵琶爲主,音律變化繁多,五言、七言詩體不容易與它配合,長短句的歌詞就應運而生。現存最早的唐代民間詞是在敦煌發現的曲子詞,敦煌曲子詞如《感皇恩》(四海清平)等,反映了國家政治安定、經濟繁榮,引起少數邊疆民族傾慕的情況,這些作品可能是盛唐時期的作品。而更多的作品反映了戰爭頻繁、邊疆多故的情況,可推知是中晚唐的作品。

中唐前後,由於民間詞的廣泛流傳,引起了一部分詩人的愛好和興趣,張志和、劉長卿、韋應物是較早開始詞創作的作家。張志和的《漁歌子》五首,描繪水鄉風光,在理想化的漁人生活中,寄託了自己悠遠曠達的人生情趣。韋應物的《調笑令》是最早的描寫邊塞景象的文人詞。白居易是中唐時期寫詞較多的作家,如《長相思》、《憶江南》。初期文人詞較多地以寫詩的手法來寫詞,較少在藝術上適應詞調的特點。

中唐以後,文人寫詞的漸多,溫庭筠是創作詞數量最多的作家。比之他的詩,溫庭筠詞的題材更狹窄,絕大多數是描寫婦女的容貌、服飾和情態的。其中部分描寫閨情的詞,如《夢江南》表現離愁別恨相當動人。他的詞標誌着文人詞的創作進入了成熟的階段。

五代時,後蜀趙崇祚選錄了溫庭筠、皇甫松、韋莊等十八家的詞爲《花間集》,其中除溫庭筠、皇甫松、孫光憲外,都是集中於西蜀的文人,後世稱爲"花間詞人"。他們奉溫庭筠爲鼻祖,絕大多數作品堆砌華豔的詞藻來形容婦女的服飾和體態,題材比溫詞更狹窄,內容也更空虛。

南唐詞人有馮延己、李璟和李煜等,以李煜的成就較高,影響也較大。李煜從南唐國主降爲囚徒的巨大變化,使他前後期的詞呈現出不同的風貌。面對殘酷的現實,李煜在詞裏傾瀉他的深哀劇痛,如《虞美人》、《浪淘沙》。他在詞的創作中一改晚唐五代以來,詞人通過一個婦女的不幸遭遇,無意流露或曲折表達自己心情的手法,直接傾訴自己的深哀劇痛,這使詞擺脫了長期在花間尊前曼聲吟唱中所形成的傳統風格。

王 勃

王勃(649—675?),字子安,唐絳州龍門(今山西河津)人。他才華早露,有"神童"之稱,未成年即授朝散郎。沛王李賢聞其名,召爲王府侍讀。兩年後因戲爲《檄英王雞》得罪高宗而被逐,漫遊蜀中,後補虢州參軍。因擅殺官奴當誅,遇赦除名。其父亦受累貶交趾令。後南下探親時渡海溺水而亡。

王勃和楊炯、盧照鄰、駱賓王並稱"王楊盧駱",亦稱"初唐四傑"。他們的詩作突破了齊梁以來綺麗詩風的束縛,上承漢魏風骨,拓寬了詩歌的主題和題材,在詩歌語言上努力向生活靠近,顯示了唐詩的新面貌。王勃主張文學要"立言見志",崇尚實用。他的詩氣象渾厚,音律諧暢,今存詩多爲五言律詩和絕句,其中以五言律詩成就爲最高。他的賦及序、表等文也是佳作疊出,《四庫全書總目》稱"勃文爲四傑之冠"。

現有明朝輯佚的《王子安集》。

送杜少府之任蜀川

【題解】

杜少府,姓杜的縣尉。蜀川,蜀地。此詩作于作者在長安時。首聯對仗工整,交代送別之地和友人宦遊之地,頷聯點出惜別主題,頸聯"憑空拋起,是大家筆力"(《唐宋詩舉要》),

尾聯以勸慰作結。送別爲詩歌常見題材，多數送別詩呈淒切慘痛之狀，而王勃的詩卻不作兒女之別，一洗悲傷之態，立意高昂，意境開闊，情興曠達，稱得上是古今送別詩中的名作。

　　　　　　　　城闕輔三秦，風煙望五津(1)。
　　　　　　　　與君離別意，同是宦遊人(2)。
　　　　　　　　海內存知己，天涯若比鄰。
　　　　　　　　無爲在歧路，兒女共霑巾(3)。

【注釋】

　　(1) 城闕：原指城門上樓觀，這裏代指長安。　輔：護持，拱衛。　三秦：項羽滅秦後，將秦關中之地三分作雍、塞、翟，故稱三秦，這裏泛指關中之地。　五津：岷江的五大渡口白華津、萬里津、江首津、涉頭津、江南津，這裏泛指蜀川。

　　(2) 宦遊：爲求仕宦而遠遊。

　　(3) "無爲"二句：不要在臨別分手之際像小兒女那樣聲淚俱下。歧路，岔路，古人送行常在岔路處分手。

秋日登洪府滕王閣餞別序

【題解】

　　滕王閣，是唐高祖之子滕王李元嬰任洪州（治所在今江西南昌）都督時所建。上元二年（675）重陽節，洪州牧閻某在滕王閣大宴賓客。王勃往南方省親途中路經此地，應邀赴宴並寫下了這篇序文。本篇是千古傳頌的駢文佳篇。文中雖有人生無常、命運多舛的怨歎，但給人感受更強烈的是不甘失敗、強自振作的抱負和精神。寫景筆法靈活多變，色彩有濃淡、景物有遠近、角度有俯仰，有動有靜、有虛有實。抒情時感情跌宕，事典繁多而貼切達意，失望與希望、痛苦與追求、失意與奮進交替展現。全篇句式整飭，文筆瑰麗，聲律和諧，手法多樣，早在唐代已被譽爲"天才"之作（《唐摭言》）。

　　南昌故郡，洪都新府(1)。星分翼軫，地接衡廬(2)。襟三江而帶五湖，控蠻荊而引甌越(3)。物華天寶，龍光射牛斗之墟(4)；人傑地靈，徐孺下陳蕃之榻(5)。雄州霧列，俊采星馳(6)。臺隍枕夷夏之交(7)，賓主盡東南之美。都督閻公之雅望，棨戟遙臨(8)；宇文新州之懿範，襜帷暫駐(9)。十旬休暇，勝友如雲(10)；千里逢迎，高朋滿座。騰蛟起鳳，孟學士之詞宗(11)；紫電清霜，王將軍之武庫(12)。家君作宰，路出名區(13)，童子何知，躬逢勝餞(14)。

　　時維九月，序屬三秋(15)。潦水盡而寒潭清，煙光凝而暮山紫(16)。儼驂騑於上路，訪風景於崇阿(17)。臨帝子之長洲，得仙人之舊館(18)。層巒聳翠，上出重霄；飛閣流丹，下臨無地(19)。鶴汀鳧渚，窮島嶼之縈迴；桂殿蘭宮，列岡巒之體勢(20)。披繡闥，俯雕甍(21)。山原曠其盈視，川澤盱其駭矚(22)。閭閻撲地，鐘鳴鼎食之家;舸艦彌津,青雀黄龍之舳(23)。虹銷雨霽,彩徹區明(24)。落霞與孤鶩齊飛,秋水共長天一色。漁舟唱晚,響窮彭蠡之濱(25);雁陣驚寒,聲斷衡陽之浦(26)。

遙襟俯暢,逸興遄飛(27)。爽籟發而清風生,纖歌凝而白雲遏(28)。睢園綠竹,氣凌彭澤之樽(29);鄴水朱華,光照臨川之筆(30)。四美具,二難并(31)。窮睇眄于中天,極娛遊於暇日(32)。天高地迥,覺宇宙之無窮;興盡悲來,識盈虛之有數(33)。望長安於日下,目吳會於雲間(34)。地勢極而南溟深,天柱高而北辰遠(35)。關山難越,誰悲失路之人(36);萍水相逢,盡是他鄉之客(37)。懷帝閽而不見,奉宣室以何年(38)?嗟乎!時運不濟,命途多舛(39)。馮唐易老,李廣難封(40)。屈賈誼于長沙,非無聖主;竄梁鴻于海曲,豈乏明時(41)?所賴君子安貧,達人知命(42)。老當益壯,寧移白首之心;窮且益堅,不墜青雲之志(43)。酌貪泉而覺爽,處涸轍以猶歡(44)。北海雖賒,扶搖可接;東隅已逝,桑榆非晚(45)。孟嘗高潔,空懷報國之情;阮籍猖狂,豈效窮途之哭(46)!

勃,三尺微命,一介書生(47)。無路請纓,等終軍之弱冠(48);有懷投筆,慕宗慤之長風(49)。舍簪笏於百齡,奉晨昏於萬里(50)。非謝家之寶樹,接孟氏之芳鄰(51)。他日趨庭,叨陪鯉對(52);今茲捧袂,喜托龍門(53)。楊意不逢,撫凌雲而自惜(54);鍾期既遇,奏流水以何慚(55)!嗚呼!勝地不常,盛宴難再。蘭亭已矣,梓澤丘墟(56)。臨別贈言,幸承恩於偉餞;登高作賦,是所望於群公(57)。敢竭鄙懷,恭疏短引(58)。一言均賦,四韻俱成(59)。請灑潘江,各傾陸海云爾(60)。

【注釋】

(1) 南昌:一本作"豫章"(漢郡名,治所在今江西南昌)。唐為洪州,設都督府。

(2) 星分翼軫(zhěn):古人按方位與天上二十八星宿聯繫起來區分地理區域,稱之為分野。翼、軫二星的分野在楚地,豫章古屬楚地,故稱"星分翼軫"。 衡廬:即衡山和廬山,一說指衡州(治所在今湖南衡陽)和江州(治所在今江西九江)。

(3) "襟三江"句:以三江為襟,以五湖為帶。襟,古指衣服的交領。帶,束。三江、五湖,諸說不一,這裏泛指長江中下游地區的江河湖泊。 蠻荊:指古楚地。 引:連接,靠近,一說義同"控"。 甌越:泛指今浙江南部及福建一帶。

(4) "物華天寶"二句:此地物產華美,天降寶劍,其光彩上射斗、牛兩個星宿。據《晉書·張華傳》,西晉張華見牛、斗二星宿間有紫氣,據說是寶劍精氣上通於天的緣故,於是命人尋找,果然在豐城(古屬洪州,今江西豐城)掘得龍泉、太阿二劍。龍光,寶劍的光芒。墟,居住的地方,區域。

(5) "人傑地靈"句:人中有俊傑,而這地方也有靈秀之氣。徐孺:徐穉,字孺子,東漢南昌人,躬耕而食,隱居不仕。據《後漢書·徐穉傳》,東漢名士陳蕃為豫章太守,不接賓客。惟徐穉來,卻特設一榻,去則懸之。

(6) 雄州:大州。都督府除洪州外還管轄好幾個州。 俊采:人才。
(7) 臺隍:城池,這裏指洪州。臺,亭臺,高大的建築。隍,護城河,有水爲池,無水爲隍。 枕:靠近,引申爲位於、處於。 夷夏:古代稱少數民族爲夷,這裏指上文所説的蠻荆、甌越之地。夏,中原地區。
(8) 雅望:好聲望。 棨(qǐ)戟:有繒衣或油漆的木戟,用爲官吏出行時前導的儀仗。 遙臨:這裏指閻公從很遠的地方來洪州做都督。
(9) 宇文新州:擔任新州(故城在今廣東新興縣)刺史的宇文(複姓)。 懿範:美好的風範。 襜(chān)帷:車上四旁的帷帳,這裏代指車駕。 暫駐:這裏指宇文路過洪州暫住而參加這次宴會。
(10) 十旬休暇:唐制,官員十天休息一天。暇,一本作"假"。 勝友:有名望的友人。
(11) "騰蛟"二句:形容與會赴宴的友人才華煥發,如蛟龍騰空、鳳凰起舞,光彩奪目。騰蛟,《西京雜記》:"董仲舒夢蛟龍入懷,乃作《春秋繁露》。"起鳳,《西京雜記》:"揚雄著《太玄經》,夢吐鳳凰,集《玄》之上。"孟學士,名未詳,此處可能是用典,不是指參加宴會的人。詞宗,擅寫文章的大師。
(12) "紫電"二句:形容賓客中的武將武略超群。紫電、清霜,都是古代寶劍名。清霜,一本作"青霜"。據《古今注》,三國吳開國皇帝孫權有寶劍六,"二曰紫電"。據《西京雜記》,漢高祖斬白蛇劍,劍光青凜若霜雪。王將軍,名未詳,同前"孟學士"一樣,此處也可能是用典。武庫,儲藏武器的倉庫,這裏指武將多才識、有韜略。
(13) 家君:父親。 作宰:時王勃之父任交趾縣令。 出:經過。 名區:這裏指洪州。
(14) 童子:王勃當時很年輕,自稱童子。
(15) 三秋:秋季第三個月,即農曆九月。
(16) 潦(lào)水:積水。 煙光:山間水上煙霧似的水氣在日光照射下顯出的景象。
(17) 儼:整齊,這裏用作動詞,使……整齊。 驂騑(cān fēi):駕車時位於兩旁的馬,這裏泛指車馬。 上路:地勢高的路,山路。 崇阿:高丘。
(18) 帝子、仙人:都指滕王李元嬰。 長洲:古苑名,這裏指滕王閣所在之地。 得:到,臨。 舊館:這裏指滕王閣。
(19) "層巒"四句:層巒,一本作"層臺"。層臺,高的樓臺。"層臺聳翠"和"飛閣流丹"爲互文,指滕王閣建築流金溢彩,往上看仿佛高聳入雲,往下看好像深不見底。翠、丹,本指古建築多採用的青緑與朱紅二色。
(20) 汀:水邊平地。 渚:水中小洲。 列:一本作"即"。
(21) 披:開。 繡闥(tà):雕飾精致、華美的門。 甍(méng):屋脊。
(22) "山原"二句:山嶺平原一望無際,使人們視野開闊,河流湖澤盤旋回曲,讓人們看了吃驚。盈視,滿視野。盱,彎曲。駭矚,驚視。
(23) 閭閻:房屋。閭,里門,閻,里中門。 撲地:滿地,遍地。 鐘鳴鼎食之家:富貴之家。古時富貴人家列鼎擊鐘,奏樂而食。 彌津:各種船舶塞滿渡口。彌,彌漫、塞滿,一本作"迷"。 青雀黃龍:形容船隻華麗壯美,船上雕飾的大鳥有黃龍花紋。 軸:通"舳"(zhú),船尾,一説船前,這裏指船。一本作"舳"。
(24) 虹:一本作"雲"。 彩:日光,一説指虹。 徹:達。 區:區域,這裏指天空。區明,一本作"雲衢",指天空。

(25) 彭蠡:鄱陽湖,在江西省境内。

(26) 衡陽:今湖南衡陽市。衡陽有回雁峰,相傳秋雁至此不再南飛。 浦:水邊。

(27) "遙襟"二句:登高遠望胸懷舒暢,豪逸的興致迅速飛揚。遙襟,猶言"遠懷",悠遠的胸懷,一本作"遙吟"。俯暢,一本作"甫暢"。遄(chuán),疾速。

(28) 爽籟(lài):長短不一的排簫。爽,參差不齊的。籟,簫。 白雲遏:形容歌聲優美而使白雲停住。《列子·湯問》:"(秦)青……撫節悲歌,聲震林木,響遏行雲。"

(29) 睢園綠竹:睢園,即西漢梁孝王在睢陽(今河南商丘縣南)的菟園。園中多竹,為文人雅集飲酒賦詩之地。 彭澤:代指東晉詩人陶淵明。陶曾任彭澤縣令。 樽:酒器。陶淵明善飲酒,其《歸去來兮辭》有"有酒盈樽"之句。

(30) 鄴水朱華:漢末曹操受封為魏王,定都鄴(今河北臨漳縣北)。曹操在鄴建西園,園中有荷花池。曹植《公宴詩》有"秋蘭被長坡,朱華冒綠池"句。朱華,指荷花。 臨川:代指南朝詩人謝靈運。謝曾任臨川(治所在今江西撫州)内史。

(31) 四美:良辰、美景、賞心、樂事,一說指宴會上的音、味、文、言。 二難:這裡指賢主、嘉賓難以兼得。

(32) 睇眄(dì miǎn):斜視,指目光上下左右觀看。 中天:天空之中。

(33) 宇宙:空間和時間。《淮南子·齊俗訓》:"往古來今謂之宙,四方上下謂之宇。" 盈虛:盛衰興亡。 數:命運,定數。

(34) "望長安"二句:遠眺長安,在西邊的夕陽下;遙指吳會,在縹緲的白雲間。這兩句說遙望遠指,不由得引起下文的無限感慨。吳會,秦漢會稽郡郡治在吳縣,郡縣連稱吳會(即今江蘇蘇州)。東漢時,析會稽郡,設吳郡。雲間,上海松江的古稱。據《世說新語·排調》,西晉陸雲與荀隱互通姓名,陸雲自稱"雲間陸士龍"(陸是雲間人,字士龍),荀隱自稱"日下荀鳴鶴"(荀是潁川人,潁川近西晉都城洛陽。古人將君稱為日,因稱京都為日下。荀名鳴鶴,字隱)。

(35) "地勢極"二句:和上文一樣,這兩句意謂越想到天高地遠,就越是悲從中來。極,遠,盡頭。南溟,南海。天柱,神話中頂天立地的大柱。北辰,北極星,這裡喻指國君。

(36) 失路:迷路,比喻不得志。此二句暗喻宦途艱險,無人提攜。

(37) "萍水"二句:宴會賓客猶如萍水相逢,聚而必散。

(38) 帝閽(hūn):天帝的看門人,這裡指朝廷。 宣室:漢未央宫中有宣室殿,漢文帝曾在此召見賈誼,問鬼神之事。

(39) 命途:平生的經歷。

(40) 馮唐:漢文帝時任中郎署長、車騎都尉,景帝時為楚相。馮唐敢直言進諫,任職時間都較短。武帝時被舉賢良,但已年九十餘。事見《史記·馮唐列傳》。李廣:漢武帝時名將,與匈奴前後七十餘戰,軍功卓著,但卻始終未被封侯。事見《史記·李將軍列傳》。

(41) 賈誼:漢文帝時為博士、太中大夫。因數上疏陳政事,言時弊,為大臣所忌,出為長沙王太傅。事見《漢書·賈誼傳》。 聖主:這裡指漢文帝。 梁鴻:東漢人,曾作《五噫歌》譏刺帝王,為避禍去吳。 海曲:沿海偏僻地區。

(42) 安貧:一本作"見機",指事前明察事物細微的變化。

(43) 寧：豈。 移：一本作"知"。 青雲之志：高尚的志向。青雲，比喻有德行、有聲望。

(44) 貪泉：《晉書·吳隱之傳》載，廣州附近石門有一貪泉，世傳飲之者其心無厭。吳隱之性廉潔，赴廣州路上酌貪泉水而飲之，因賦詩曰："古人云此水，一歃懷千金。試使夷齊飲，終當不易心。" 涸轍：積水已乾涸的車轍，喻窮困的處境。《莊子·外物》有"涸轍之鮒"的寓言。 以猶：一本作"而相"。

(45) 賒：遠。 扶搖：旋風。 接：近，到。《莊子·逍遙遊》有鯤鵬乘風從北海飛往南溟的寓言。 "東隅"二句：《後漢書·馮異傳》："失之東隅，收之桑榆。"東隅，東方日出之處，指早晨；桑榆，日落時餘光照在桑樹、榆樹的頂端，因以桑榆指黃昏。比喻初雖有失，而終得成功。王勃意謂雖時光已逝，功名未就，但若奮發有為，將來仍可望有成。

(46) 孟嘗：東漢人，曾任合浦太守，以廉潔奉公著稱，後託病隱居。桓帝時有人屢次薦舉，終不見用。 阮籍：魏晉間人，因不滿現實，或閉戶讀書，或登臨山水，或縱酒談玄，"時率意獨駕，不由徑路。車迹所窮，輒慟哭而反"。事見《晉書·阮籍傳》。 猖狂：放任而不拘禮法。王勃意謂雖不為世用，也不要頹廢。

(47) 三尺：這裏指衣帶下垂部分（"紳"）的長度。三尺是當時士大夫中最低一級紳的長度。一說三尺即上文的"童子"，意指自己年輕。又一說三尺指法律。王勃任虢州參軍時因擅殺官奴當誅，後遇赦，故自稱犯過"三尺法"，性命卑微。

(48) 請纓：請求賜予長纓，意即請求賜予殺敵的命令。據《漢書·終軍傳》，終軍於武帝時出使南越，稱"願受長纓，必羈南越王而致闕下"，時年二十餘歲。 弱冠：古時男子二十歲成人，初加冠，體還未壯，故稱弱。後稱年少為弱冠。

(49) 投筆：棄文從武。據《後漢書·班超傳》，班超家貧，只得為官府抄寫文書度日。有一天他投筆於地，感慨大丈夫當"立功異域以取封侯，安能久事筆硯間乎"。 慕：一本作"愛"。 宗愨（què）：據《宋書·宗愨傳》，南朝宗愨年少時自述志向，要"乘長風破萬里浪"。

(50) 簪笏（hù）：冠簪，把冠固定在頭髮上的首飾；朝笏，古時官吏朝見皇帝時所捧的手版。這裏代功名俸祿。 百齡：百年，指一生。 奉晨昏：侍奉父母。《禮記·曲禮上》："凡為人子之禮，冬溫而夏清（使……涼），昏定（安其床衽）而晨省。"後以晨昏指對父母的侍養。

(51) "非謝家"句：自己不是有出息的名門子弟，自謙沒有謝玄的才能。據《世說新語·言語》，東晉謝安問他的子侄們，為什麼人們總希望子弟好。其侄謝玄答："譬如芝蘭玉樹，欲使其生於階庭耳。"因稱謝玄為謝家寶樹。寶樹，亦稱"玉樹"，喻貴族名門子弟。 "接孟氏"句：意指自己也能與參加宴會的賢能之士結交。據說孟子的母親為了找到對兒子成長有利的居住環境，曾三邊居處。事見漢劉向《列女傳·鄒孟軻母傳》。

(52) "他日"二句：自己將到父親那裏去接受教誨。 趨：小步快走，表示對尊長的恭敬。 叨（tāo）：忝，辱，謙詞。 鯉對：《論語·季氏》："（孔子）曾獨立，鯉（孔子之子）趨而過庭。曰：'學詩乎？'對曰：'未也。''不學詩，無以言。'鯉退而學詩。"

(53) 捧袂：舉起雙袖，對長者表示恭敬的舉動。 托龍門：猶言"登龍門"，比喻接識閻都督與會的賢能之士，得到這些有名望的人的接待。

(54) 楊意：漢朝楊得意。經他引薦，司馬相如才得以入朝謁見漢武帝。事見《史記·司馬相如列傳》。 凌雲：原指司馬相如的《大人賦》。司馬相如得漢武帝賞識後，又奏《大人賦》："天子大悅，飄飄有凌雲之氣。"這裏代指自己的文章。

(55)"鍾期"二句:自己既遇知音閻都督,所以樂意賦詩作序寫下此文。 鍾期:鍾子期,春秋時楚人,精於音律,是惟一能瞭解伯牙琴音的人。

(56)蘭亭:晉王羲之于穆帝永和九年(353)三月三日上巳節與群賢宴集於蘭亭(今浙江紹興附近),王羲之作《〈蘭亭集〉序》。 梓澤:晉代巨富石崇金谷園的別名。 丘墟:荒丘,廢墟,這裏用如動詞。

(57)贈言:這裏指寫這篇序。 承恩:受到款待。 偉餞:盛宴。 作賦:這裏同"贈言"。

(58)疏:陳述。 引:序。

(59)一言:規定的韻字。古人集會賦詩往往規定一些字分給各人做韻腳。一說指詩一首。 均賦:每人都賦詩一首。 四韻:詩一般兩句一韻,四韻共八句。

(60)潘、陸:潘岳、陸機,均爲西晉文學家。鍾嶸《詩品》有"陸(機)才如海,潘(岳)才如江"之評。

張　若　虛

張若虛,生卒年、字號均不詳,唐揚州人,曾任兗州兵曹。

中宗神龍(705—707)年間,張若虛與賀知章、張旭、包融並稱"吳中四士",以文詞俊秀馳名於京師。他的詩僅存二首于《全唐詩》中,而"《春江花月夜》用《西洲》格調,孤篇橫絕,竟爲大家"。(見陳兆奎輯《王志》卷二。王,指清末王闓運)

春江花月夜

【題解】

這首七言古詩沿用陳隋樂府舊題,憑藉清新優美的語言和婉轉悠揚的韻律,生動細膩地描繪了春江花月夜的幽美景色,並由此生發出對宇宙無窮、人生短暫的思索和對遊子、思婦在明月今宵裏天各一方的惋惜。詩中雖有美景常在而人生不再、明月長圓而人情難圓的傷感,但也蘊含着對重逢的美好企盼,並引起"人生代代無窮已"的富有哲理意味的感慨。作者以明月初升到墜落的過程爲線索,使整首詩顯得渾然一體。聞一多先生稱這首膾炙人口的千古名作爲"詩中的詩,頂峰上的頂峰"。

春江潮水連海平,海上明月共潮生。灩灩隨波千萬里(1),何處春江無月明。
江流宛轉繞芳甸,月照花林皆似霰(2)。空裏流霜不覺飛,汀上白沙看不見(3)。
江天一色無纖塵,皎皎空中孤月輪。江畔何人初見月?江月何年初照人?

人生代代無窮已,江月年年只相似。不知江月待何人,但見長江送流水。白雲一片去悠悠,青楓浦上不勝愁[4]。誰家今夜扁舟子?何處相思明月樓[5]?可憐樓上月徘徊,應照離人妝鏡臺。玉戶簾中卷不去,擣衣砧上拂還來[6]。此時相望不相聞,願逐月華流照君[7]。鴻雁長飛光不度,魚龍潛躍水成文[8]。昨夜閒潭夢落花,可憐春半不還家[9]。江水流春去欲盡,江潭落月復西斜。斜月沈沈藏海霧,碣石瀟湘無限路[10]。不知乘月幾人歸,落月搖情滿江樹。

【注釋】

(1) 灩灩:微波蕩漾的樣子,這裏指月光隨波蕩漾。

(2) 芳甸:花草叢生的原野。 霰(xiàn):細密的雪珠。

(3) "空裏"句:月光皎潔柔和如流霜在空中飛泄。 汀:水中或水邊平地,這裏指江畔沙灘。

(4) 白雲:喻指遊子。 青楓浦:一名雙楓浦,故址在今湖南瀏陽境內。浦,本指大江、大河與其支流的交匯處,因而古人常用來指離別的場所。

(5) "誰家"二句:月夜之中,許多遊子舟行江上,在外飄泊;許多思婦佇立樓頭,思念丈夫。"誰家"、"何處"為互文。

(6) 玉戶:思婦居室。 卷不去、拂還來:這裏指月光引起思婦煩惱,卻趕不走。

(7) 逐:追隨。 月華:月光。

(8) "鴻雁"二句:鴻雁遠飛,飛不出無邊的月光,飛也徒勞;鯉魚躍動,只激起陣陣的波紋,躍也無用。這兩句指遊子、思婦彼此之間難通音信。鴻雁,這裏指信使。《蘇武傳》"昭帝即位數年"一節記有鴻雁傳遞書信之事。魚龍,鯉魚。漢樂府詩《飲馬長城窟行》有"呼兒烹鯉魚,中有尺素書"句。

(9) "昨夜"句:意謂春天將盡,暗喻美人遲暮之感。閒潭,幽靜的潭水。 可憐:可惜。

(10) 碣石:山名,在今河北樂亭西南。 瀟湘:水名,瀟水和湘水在今湖南。 這裏以"碣石"、"瀟湘"表示一南一北,相距遙遠。

(11) "落月"句:落月的餘輝瀧落在江邊樹林中,水中的樹影和着離人的情思一起搖漾。

孟 浩 然

孟浩然(689—742),唐襄州襄陽(今湖北襄樊)人,世稱孟襄陽。因其未曾入仕,故又稱孟山人。孟浩然生當盛世,早年曾有用世之志,中年前離家遠遊。四十歲遊長安,所賦詩名動公卿,一座為之擱筆。應進士試落第後以"不才明主棄,多病故人疏"的心態在吳越一帶漫遊多年,到過許多山水名勝之地。開元二十五年(737),張九齡貶荊州刺史,孟浩然曾應辟入幕,不久辭歸家鄉。孟浩然在盛唐詩人中年輩較高,雖政治上困頓失意,但自甘澹泊,不樂趨承逢迎,其節操人品深得時人的讚賞。李白《贈孟浩然》詩云:"吾愛孟夫子,風流天下聞。……高山安可仰?徒此揖清芬。"景仰之情可見一斑。

　　孟浩然是唐代第一個傾大力寫作山水詩的詩人。今存詩二百餘首,大部分是寫山水田園和隱居逸興的五言短篇。自然平淡、清新暢達是其山水田園詩的風格。

　　有《孟浩然集》。

望洞庭湖贈張丞相

【題解】

　　此詩詩題一作《臨洞庭》。張丞相,即當時的丞相張九齡。這首干謁詩寫於唐開元二十一年(733)孟浩然西遊長安時,目的是希望得到張的賞識和錄用。前四句寫洞庭湖水天一色、場面壯闊、氣勢磅礴,也吐露出自己激蕩不平的心胸。"氣蒸雲夢澤,波撼岳陽城"一聯爲摹寫洞庭壯觀的名句。後四句抒情,巧妙含蓄地表達了自己的用世之心、望薦之意。

　　　　八月湖水平,涵虛混太清[1]。
　　　　氣蒸雲夢澤,波撼岳陽城[2]。
　　　　欲濟無舟楫,端居恥聖明[3]。
　　　　坐觀垂釣者,徒有羨魚情[4]。

【注釋】

　　(1)湖水平:形容秋天水滿而幾乎與湖岸平接。涵:包容。虛、太清:天空。
　　(2)雲夢澤:古代大澤名。原分雲、夢二澤,長江之南爲夢澤,長江之北爲雲澤,後並稱爲雲夢澤,約在今湖南北部的洞庭湖和湖北東南部一帶。
　　(3)端居:平居,安居,閒居。恥聖明:媿對聖明之世。
　　(4)"坐觀"二句:意謂自己沒人推薦,見到出仕之人只能空自羨慕罷了。垂釣者,喻出仕者,一說指當朝執政者張丞相。

宿建德江

【題解】

　　建德江,即今流經建德的新安江。這首詩寫旅途愁懷,以舟泊暮宿爲背景,寫煙渚、日暮、曠野、清江等景物,寫"天低樹"、"月近人"的感受,白描出一幅秋江夜泊圖。全詩抒寫羈旅之思,淡而有味。此詩被選入《唐詩三百首》,清陳婉俊作注稱三、四句"十字十層,咀詠不盡"。

> 移舟泊煙渚,日暮客愁新(1)。
> 野曠天低樹,江清月近人(2)。

【注釋】

(1) 煙渚:煙霧籠罩的洲島。
(2) "野曠"二句:原野空曠,遠處天空低垂,好像比樹還低;江水清澈,月影映入水中,顯得離人更近。

王 昌 齡

　　王昌齡(690?—756?),字少伯,唐京兆萬年(今屬西安)人。因曾任江寧(今南京)縣丞、龍標縣尉,故世稱王江寧、王龍標。開元十五年(727),登進士第,授秘書省校書郎。開元二十二年(734),又應博學宏詞科登第,授氾水(今河南鞏縣東北)縣尉。開元二十七年(739),因事貶謫嶺南。次年冬,任江寧縣丞。後遭毀謗而貶龍標(今湖南黔陽)縣尉。安史亂起,王昌齡避亂赴江寧,被濠州刺史閭丘曉殺害。

　　王昌齡和孟浩然、李白、岑參等當時著名的詩人幾乎都有交遊,在盛唐詩壇上頗負盛名。他的詩被譽作是繼承建安風骨、扭轉齊梁風氣的"中興高作"。王昌齡擅長七言絕句,在他留下的一百八十多首詩中,絕句幾乎占了一半,有人甚至認爲"七言絕句古今推李白、王昌齡"(清葉燮《原詩》)。王昌齡絕句的涉獵面很廣,雖閨情宮怨和送別題材較多,但以邊塞從軍作品最爲著名。王昌齡中進士前後到過西北邊陲,詩作中熱情謳歌將士們的愛國熱情和昂揚鬥志,意境開闊,情調激昂,語言簡潔,音調鏗鏘。

　　有《王昌齡集》。

從軍行(其一)

【題解】

　　《從軍行》組詩是王昌齡用樂府舊題寫的邊塞詩,共七首。這首七言絕句前三句敘事,以烽火戍樓、邊地秋風、黃昏獨坐、嗚咽笛聲烘托邊塞征人孤寂悲涼的思親之情。最後一句筆鋒一轉,不直接抒寫征人念親人、戀故鄉,卻通過深閨妻子之愁,間接抒發了征人懷鄉思親的深摯感情。

烽火城西百尺樓,黃昏獨坐海風秋[1]。
更吹羌笛《關山月》,無那金閨萬里愁[2]。

【注釋】

(1)"烽火"句:城西面設置烽火的高高戍樓。 獨坐:一作"獨上"。 海:這裏指青海湖。

(2)《關山月》:歌詞主要寫征戍離別之情。 無那(nuó):無奈。 金閨:婦女的華美住房,這裏指少婦。

從軍行(其五)

【題解】

這首七言絕句歌頌了唐軍的英勇善戰,其特點在於對唐軍的英勇善戰不作正面描寫,而是通過氣氛渲染和側面描寫加以表現。首句寫景,第二句敘事,着眼於激戰的氣氛渲染,寫"張";後兩句則着眼於激戰的側面描寫,寫"弛"。其中,末句充滿對敵軍的蔑視、對勝利的喜悅,表達了對唐軍的讚頌,也讓讀者看到作者構思的新穎。

大漠風塵日色昏,紅旗半捲出轅門[1]。
前軍夜戰洮河北,已報生擒吐谷渾[2]。

【注釋】

(1)日色昏:這裏指因風大而使揚沙遮天蔽日。 半捲:這裏指戰士們爲減少風的阻力,加快行軍速度,而把紅旗半捲起來向前挺進。

(2)洮(táo)河:黃河上游支流,在今甘肅省西南。 吐(tū)谷(yù)渾:我國古代鮮卑族建立的王朝名稱,這裏指敵軍首領。

王　　維

王維(700?—761),字摩詰,唐太原祁(今山西祁縣)人。官終尚書右丞,世稱王右丞。開元九年(721),王維中進士第,爲大樂丞。開元二十二年(734),張九齡爲中書令,王維被擢爲右拾遺。他那時期的詩作懷有積極進取的人生態度,豪情滿懷,意氣風發。開元二十四年(736),賢相張九齡被黜,口蜜腹劍的李林甫出任中書令,時局由清明轉趨黑暗,王維漸生歸隱之意,早年的佛教信仰也日益發展。其詩作多寄情山水田園,既有高尚其志、不同流俗的一面,也有躲避現實、甚至禪學寂滅的一面。安史之亂時被俘而任僞職,長安收復後降爲太子中允,從此心灰意冷,專事焚香禪誦。

　　王維藝術修養甚高,他精通音樂,擅長書畫。王維於各種詩體無所不長,尤以五言詩造詣最高,今存數量也最多,因此被人稱爲"五言宗匠"。他的詩清新淡雅,意境悠遠。王維繼承和發展了陶淵明的田園詩和謝靈運的山水詩,使山水田園詩的成就達到了高峰,也使自己在盛唐詩壇上獨樹一幟,成爲山水田園詩派的代表人物。

　　有《王右丞集》。

輞川閒居贈裴秀才迪

【題解】

　　這首五律是作者與裴迪相酬爲樂之作。作者欣賞陶淵明式的隱居生活,抒寫山水間的閒居之樂和對友人的真切情誼。其中既有潔身自好、不同流俗的一面,也有躲避現實的消極思想。全詩用白描手法,好比一幅清新淡雅的畫。作者在寫景時頗具匠心,有山有水有陸、有動有靜、有時令特徵、有村落景象,寫人時又與寫景交相融合,使整首詩形成一個物我相容、情景相諧的整體。

　　　　　　寒山轉蒼翠,秋水日潺湲[1]。
　　　　　　倚杖柴門外,臨風聽暮蟬[2]。
　　　　　　渡頭餘落日,墟里上孤煙[3]。
　　　　　　復值接輿醉,狂歌五柳前[4]。

【注釋】

　　(1) 潺湲(yuán):水流動的樣子。
　　(2) 初唐律詩尚未定型時,頷聯的對仗是很自由的。直到盛唐,個別律詩的頷聯也不對仗。
　　(3) 墟里:村落。
　　(4) 值:當,碰上。　接輿:見《獄中上梁王書》注(9)。這裏指沈醉狂歌的裴迪。　五柳:陶淵明因"宅邊有五柳樹",故自號"五柳先生";王維以陶淵明自況,故自稱"五柳"。一說指柴門前種的五棵柳樹。

山居秋暝

【題解】

　　這首山水詩描繪了秋日傍晚一場新雨過後的山間景色。首聯點題,寫山中秋日傍晚雨後之景。中間兩聯同是寫景而各有側重:頷聯側重於物,以物芳而明志潔;頸聯側重於人,以人和而望政通。兩聯寫景還注意動靜相襯,視聽結合。尾聯抒情,洋溢着詩人陶醉其間的愉悅之情。詩人寫景全用白描,整幅畫面清新、優美、恬靜而頗有生氣。詩中表現了詩人對山村純樸生活的喜悅,也暗襯出他對汙濁官場的厭惡。

　　　　空山新雨後,天氣晚來秋[1]。
　　　　明月松間照,清泉石上流。
　　　　竹喧歸浣女,蓮動下漁舟[2]。
　　　　隨意春芳歇,王孫自可留[3]。

【注釋】

　　(1) 空山:幽靜的山。　秋:這裏用作動詞,指呈現出秋天的景色。
　　(2) 竹喧:竹林裏傳來喧鬧聲。　浣(huàn)女:洗衣服的女子。　蓮動:荷葉搖動。
　　(3) 隨意:任隨,任憑。　春芳:春天的花草。　歇:消逝,凋謝。　王孫:本指貴族公子,此指詩人自己。

李　白

　　李白(701—762),字太白,號青蓮居士,唐綿州昌隆(今四川江油)人。祖籍隴西成紀(今甘肅秦安),出生於中亞碎葉(今吉爾吉思斯坦境內),約五歲時隨父遷居綿州昌隆。少年時代讀書涉獵廣泛,儒家經典、諸子百家、文史名著無所不讀。年輕時還"好劍術",喜歡求仙問道。開元十二年(724)李白二十五歲時"辭親遠遊",漫遊長江、黃河中下游的許多地方。天寶元年(742),李白被玄宗召入長安,供奉翰林。他躊躇滿志,頗想幹一番事業,但朝廷政治腐敗,在李林甫把持下賢能之士屢遭排斥。李白秉性耿直,與阿諛之徒素不相合,因此在長安前後不滿兩年便被迫辭官離京。此後十一年,他繼續漫遊,"浪迹天涯,以詩酒自適"。天寶十四年(755),安史亂起,李白避地東南,隱居廬山。應玄宗十六子永王李璘之邀,李白滿懷熱情地參與永王幕府的工作,以圖復興大業。不料李璘與肅宗抗衡事敗，李白獲罪流放夜郎(今貴州桐梓一帶)，途中遇赦東歸。上元二年(761)，李白六十一歲，仍壯心不已，準備隨太尉李光弼平叛，半途因病折回。次年在他從叔、當塗(今屬安徽)縣令李陽冰家病逝。

　　李白是屈原之後我國最偉大的浪漫主義詩人。他的詩歌是盛唐氣象的典型代表。李白現今尚存的九百多首詩，充滿對美好理想的執著追求，充滿"申管晏之談，謀帝王之術……使寰區大定，海縣清一"(《代壽山答孟少府移文書》)的人生信念。他在詩中藐視權威，鄙薄富貴，表達對人民生活的關心同情，對黑暗勢力的抨擊鞭撻，對壯麗山河的讚美謳歌，對人生遭遇的樂觀曠達。詩歌想像豐富，大膽誇張，縱橫馳騁，揮灑自如。在體裁方面，李白擅長形式比較自由的古詩和絕句，尤其偏愛七言歌行而不太愛寫格律嚴整的律詩。在語言方面，李白的詩歌如同"清水出芙蓉，天然去雕飾"，率真自然，明白如話。總之，李白的詩歌具有飄逸、奔放、雄奇、壯麗的獨特風格，對後世產生了深遠的影響。

　　有《李太白全集》。

行　路　難

【題解】

　　這首樂府舊題詩寫于唐玄宗天寶三年(744)李白被迫離開長安之後。李白供奉翰林僅一年多，便遭權貴嫉恨讒毀，想在朝廷幹一番事業的願望徹底破滅。這首篇幅不長的七言歌行體詩情感起伏而反差極大，變化急遽而極富波瀾，貫穿全詩的線索是作者感情的起伏變化。整首詩交織着現實與理想的矛盾，充分表現了作者內心的悒鬱苦悶和豪放不羈、自強不息的個性。

　　　　　　　　金樽清酒斗十千，玉盤珍羞直萬錢[1]。
　　　　　　　　停杯投箸不能食，拔劍四顧心茫然。
　　　　　　　　欲渡黃河冰塞川，將登太行雪滿山[2]。
　　　　　　　　閑來垂釣碧溪上，忽復乘舟夢日邊[3]。
　　　　　　　　行路難，行路難，多歧路，今安在？
　　　　　　　　長風破浪會有時，直掛雲帆濟滄海[4]。

【注釋】

　　(1) 清酒：清純的美酒。　羞：通"饈"。　直：通"值"。
　　(2) "欲渡"二句：這兩句用自然界路途的艱險暗喻世路的艱險。太行，即太行山。
　　(3) 垂釣碧溪：用呂尚的故事。見《獄中上梁王書》注(65)。　乘舟夢日：用伊尹的故事。伊尹，原是商湯妻子的陪嫁奴隸，在商湯家地位極低。一天伊尹夢見自己乘船從日、月旁邊經過。不久,伊尹果然受到商湯聘用。他後來輔佐商湯伐夏桀,被尊爲阿衡(宰相)。

(4) 長風破浪:借南朝宗愨(què)的話形容自己的抱負。見《秋日登洪府滕王閣餞別序》注(49)。 會:當。 直:徑直,引申指毫不猶豫。 雲帆:如雲的大帆。 濟:渡。

聞王昌齡左遷龍標遙有此寄

【題解】

天寶七年(748),王昌齡因"不護細行"而被貶到荒僻的龍標(今湖南黔陽)任縣尉。友人被貶謫遠去,李白聽到他的不幸遭遇後,寫了這首充滿同情和關切的詩篇。首句寫景兼點時令,含飄零之感、離別之恨。次句直敘其事,點明友人被貶的地點。末兩句抒情,有愁思,有懷念,有同情與關切。

　　　　楊花落盡子規啼,聞道龍標過五溪[1]。
　　　　我寄愁心與明月,隨風直到夜郎西[2]。

【注釋】

(1) 子規:即杜鵑鳥。 五溪:諸說不一,指湖南西部和貴州東部的五條溪水。

(2) 夜郎:一說指今湖南沅陵境內的夜郎,一說指貴州桐梓東的古夜郎國,這裏泛指遙遠的西南邊地。 風:一本作"君"。

宣州謝朓樓餞別校書叔雲

【題解】

宣州,即今安徽宣城。謝朓樓,南齊詩人謝朓任宣州太守時所建。唐玄宗天寶十二年(753),李白來到宣州。這首詩即是他逗留宣州期間遇其任校書郎(掌朝廷圖書整理)的族叔李雲時寫的。詩的前四句寫餞別時的心情和秋景,襯托下面的"送別"題旨。中間四句寫兩人談論詩文的高遠興致,從正面抒發自己的才華和抱負。末四句寫回到現實後的鬱憤和向往歸隱的決心。整首詩感情強烈,想像豐富,形式自由。

　　　　棄我去者昨日之日不可留,
　　　　亂我心者今日之日多煩憂。
　　　　長風萬里送秋雁,對此可以酣高樓。
　　　　蓬萊文章建安骨[1],中間小謝又清發[2]。
　　　　俱懷逸興壯思飛[3],欲上青天覽明月[4]。
　　　　抽刀斷水水更流,舉杯銷愁愁更愁。
　　　　人生在世不稱意,明朝散髮弄扁舟[5]。

【注釋】

(1) 蓬萊:海上仙山,相傳爲仙人收藏典籍之處。漢代東觀是官家著述和藏書之處,東漢學者將它稱爲"老氏藏書室,道家蓬萊山"。 建安骨:即建安風骨,指建安時期曹操父子和建安七子所倡導的剛健遒勁的文風。

(2) 小謝:即謝朓。世稱謝靈運爲大謝,謝朓爲小謝。 清發:清新秀逸,這裏指謝朓詩歌的風格。

(3) 逸興:超凡脫俗的興致。

(4) 覽:通"攬",採摘。

(5) 散髮:披頭散髮,不戴冠冕,有"狂放不羈、隱逸不仕"之義。 弄扁(piān)舟:這裏指浪迹江湖,過隱居生活。扁舟,小船。

登金陵鳳凰臺

【題解】

這首詩是作者流放夜郎遇赦返回後所作,一說是其天寶年間被迫離開長安南遊金陵時所作。這首登臨吊古之作首聯寫鳳凰臺的傳說,頷聯憑吊歷史而對昔日繁華感慨萬分,頸聯將目光投向壯觀的大自然,尾聯觸景生情,抒發憂國傷時的情懷。全詩語言流暢,意旨深遠。李白擅長形式較自由的古詩和絕句而很少寫律詩,而此詩卻稱得上是唐代律詩中膾炙人口的佳作。

鳳凰臺上鳳凰遊,鳳去臺空江自流[1]。
吳宮花草埋幽徑,晉代衣冠成古丘[2]。
三山半落青天外,一水中分白鷺洲[3]。
總爲浮雲能蔽日,長安不見使人愁[4]。

【注釋】

(1) 鳳凰臺:故址在金陵鳳凰山上。相傳南朝劉宋元嘉年間有鳳凰集於此山,於是築鳳凰臺。金陵爲今南京市。

(2) 吳宮:三國時吳國的宮殿。三國時吳國以金陵爲都城。 晉代:此指東晉。晉室東渡後,也以金陵爲都城。 衣冠:代指名門士族。 古丘:古墓。

(3) "三山"句:意謂從鳳凰臺遠望,三山忽隱忽現,看不清楚。三山,在南京西南長江邊上,因三峰並列而得名。 白鷺洲:古代長江中的沙洲,在今南京水西門外。

(4) "總爲"二句:這兩句雙關,暗示皇上被邪臣蒙蔽,自己想報效朝廷而不可得。

杜 甫

　　杜甫(712—770),字子美,唐鞏縣(今屬河南)人。因在長安時曾住城南少陵附近,自稱少陵野老;又因在成都時被薦爲節度參謀、檢校工部員外郎,故世稱杜少陵、杜工部。杜甫生長在"奉儒守官"并有文學傳統的封建官僚家庭,七歲學詩,十五歲時詩文已引起洛陽文士們的重視。開元十九年(731)二十歲起過着漫遊生活,曾遊吳、越、齊、魯一帶。天寶三年(744),在洛陽與李白相遇,結下深厚的友誼。天寶五年(746),赴長安應試落第,遂居京城以求官職,滯留十年卻一再碰壁。天寶十四年(755),獲得右衛率府胄曹參軍這一卑微的職務。同年安史亂起,杜甫往靈武(今屬寧夏)投奔肅宗,途中被叛軍所俘,關押近半年。至德二年(757),逃出長安,奔赴肅宗臨時住地鳳翔(今屬陝西),受任左拾遺。這年九月,唐軍收復長安。次年五月,被貶爲華州(今陝西華縣)司功參軍。乾元二年(759),棄官入蜀。之後在蜀中八年,在荆、湘三年。廣德二年(764),經成都尹兼劍南節度使嚴武舉薦,任節度參謀、檢校工部員外郎。永泰元年(765),離蜀東下,滯留夔州近二年。大曆三年(768),出峽,漂泊于江陵、岳陽、長沙一帶。大曆五年(770),病逝於湘江舟中。

　　杜甫是我國古代最偉大的現實主義詩人,他的詩歌繼承了《詩經》和漢樂府的傳統,被後人譽爲"詩史"。杜甫生活在唐王朝由盛轉衰、禍亂疊起的年代。杜詩最顯著的特點是社會現實與個人生活密切結合,思想內容與藝術形式完美統一。杜詩不是客觀地敘寫史實,而是在最廣泛深刻地反映唐代安史之亂前後二十多年社會全貌的同時,浸透自己的真情實感,記錄自己對種種社會現象敏銳的感應,因而是時代和社會的寫真,充滿了強烈的憂國憂民的感情。

　　杜甫在內容和形式上大大開拓了詩歌的領域。"語不驚人死不休"是杜甫詩歌語言追求的目標,"沈鬱頓挫"是杜詩的創作風格。杜甫能駕馭詩的各種形式,并使各種形式都得到新的發展,他的五言、七言律詩功力尤深,特別是他的七言律詩爲中國詩歌藝術作出了巨大的貢獻。杜甫善於總結前代詩人的經驗,同時給後代詩人以廣泛的影響。

　　有《杜少陵集》。

兵 車 行

【題解】

　　唐玄宗天寶年間,戰事頻繁,統治者到處強抓莊丁,給百姓帶來了深重的災難。作者即事名篇,寫就這篇新題樂府詩,表達了對朝廷窮兵黷武開邊政策的強烈譴責。這首敘事詩開頭實寫,用場面描寫渲染氣氛。結尾虛寫,用虛幻場景與開頭的寫實場景相映照,顯示戰爭的殘酷。中間以設問形式讓行人傾訴遭受的苦難和內心的痛苦,又用生男不如生女的議論形象地反映了戰爭所帶來的社會心理變化,從而在更深層次上揭示了開邊政策的殘酷無情。全詩以七言爲主,語言通俗淺切,句式和用韻自由多變,頗有樂府詩的神味。

　　　　　　車轔轔,馬蕭蕭,行人弓箭各在腰[1]。
　　　　　　耶娘妻子走相送,塵埃不見咸陽橋[2]。
　　　　　　牽衣頓足攔道哭,哭聲直上干雲霄[3]。
　　　　　　道旁過者問行人,行人但云點行頻[4]。
　　　　　　或從十五北防河,便至四十西營田[5]。
　　　　　　去時里正與裹頭,歸來頭白還戍邊[6]。
　　　　　　邊庭流血成海水,武皇開邊意未已[7]。
　　　　　　君不聞漢家山東二百州,千村萬落生荊杞[8]。
　　　　　　縱有健婦把鋤犁,禾生隴畝無東西[9]。
　　　　　　況復秦兵耐苦戰,被驅不異犬與雞[10]。
　　　　　　長者雖有問,役夫敢申恨[11]?
　　　　　　且如今年冬,未休關西卒[12]。
　　　　　　縣官急索租,租稅從何出[13]?
　　　　　　信知生男惡,反是生女好[14]。
　　　　　　生女猶得嫁比鄰,生男埋沒隨百草[15]。
　　　　　　君不見,青海頭,古來白骨無人收[16]。
　　　　　　新鬼煩怨舊鬼哭,天陰雨濕聲啾啾[17]。

【注釋】

　　(1) 轔轔:車行聲。　蕭蕭:馬鳴聲。　行人:行役之人,即征夫。
　　(2) 耶:同"爺",指爹。　走:奔跑。　咸陽橋:在今陝西咸陽西南。
　　(3) 干:衝。
　　(4) 點行:按戶籍名冊順序強行徵調。　頻:頻繁。
　　(5) 北防河:在黃河以北戍守。　西營田:在西部邊界屯田。屯田,編戶爲屯,平時耕田,戰時打仗。

(6) 里正：唐制百戶爲一里，設里正。　裏頭：古時的頭巾。

(7) 武皇：漢武帝，這裏借指唐玄宗。　開邊：以武力開拓邊疆。

(8) 漢家：借指唐朝。　山東：華山以東。　二百州：唐代潼關以東凡二百一十七州，這裏概舉其數而已。

(9) 把鋤犁：從事田間勞動。古時婦女主要從事家務與紡織，一般不下地勞作。這裏婦女都下地勞動，表明男子已全被徵調去當兵。　無東西：這裏指莊稼長得雜亂不齊。

(10) 秦兵：關中兵，即作者所遇到的行人。

(11) 長者：征夫對杜甫的尊稱。　敢：豈敢。

(12) 未休：應該輪休的卻不休。　關西卒：函谷關以西的士卒，即秦兵。

(13) 縣官：本指天子，這裏泛指統治者。

(14) 信：確實，真正。　惡：壞事情。

(15) 比鄰：近鄰。

(16) 青海頭：青海湖邊。唐與吐蕃常激戰於此。

(17) 啾啾：形容鬼的哭聲。

新　婚　別

【題解】

本篇與《新安吏》、《石壕吏》、《潼關吏》、《垂老別》、《無家別》合稱"三吏"、"三別"，都寫於乾元二年(759)三月。這首詩摹擬新婦的口吻，以暮婚晨別的典型事例反映安史之亂中百姓深重的徵戍之苦，也歌頌了人民深明大義、渴望平叛的犧牲精神。詩的開頭和結尾都用比興，語言淺近流暢。詩中女主人公的思想感情變化真實自然，以她的口吻來寫，詩歌生動逼真。

兔絲附蓬麻，引蔓故不長[1]。嫁女與征夫，不如棄路旁。
結髮爲妻子，席不暖君床。暮婚晨告別，無乃太匆忙[2]。
君行雖不遠，守邊赴河陽。妾身未分明，何以拜姑嫜[3]？
父母養我時，日夜令我藏[4]。生女有所歸，雞狗亦得將[5]。
君今往死地，沈痛迫中腸。誓將隨君去，形勢反蒼黃[6]。
勿爲新婚念，努力事戎行。婦人在軍中，兵氣恐不揚。
自嗟貧家女，久致羅襦裳[7]。羅襦不復施，對君洗紅妝[8]。
仰視百鳥飛，大小必雙翔。人事多錯迕，與君永相望[9]。

【注釋】

(1) 兔絲：即菟絲。見《冉冉孤生竹》注(2)。　蓬麻：一種矮小的植物，比喻女子所嫁的男子不是有權有勢的人。
　　(2) 無乃:豈不是。
　　(3) 身未分明:按封建社會禮法,新婚女子應於婚後三天內祭家廟、拜公婆,完成這套禮節才能定下名分。現在暮婚晨別,不能完成整套禮節,故云。　姑嫜:即公婆。
　　(4) "日夜"句:意謂不讓女子拋頭露面。
　　(5) 得將:湊合。一本作"相將","相隨"之義。
　　(6) 蒼黃:匆忙,緊張。
　　(7) 致:得到。　襦(rú):短衣。　裳:下衣,即裙子。
　　(8) "羅襦"二句:今後不再穿這些新嫁衣,還要對着丈夫的面將脂粉洗去,以後沒心情再梳妝打扮了。
　　(9) 錯迕:不順利,不如人意,這裏指剛結婚就被迫分別。

天末懷李白

【題解】

　　這首抒情詩是作者于乾元二年(759)客居秦州(今甘肅天水)時所作。時李白因坐永王李璘事被流放夜郎,途中遇赦還至湖南,作者因秋風而感興,賦詩表達對李白的深切懷念和對李白身世遭遇的同情與不平。全詩充滿作者對友人的懷念、關切,在反復詠歎中抒發了自己強烈的感情。

　　　　　涼風起天末,君子意如何[1]?
　　　　　鴻雁幾時到,江湖秋水多[2]。
　　　　　文章憎命達,魑魅喜人過[3]。
　　　　　應共冤魂語,投詩贈汨羅[4]。

【注釋】

　　(1) 天末:天邊,指遙遠之地。　君子:這裏指李白。
　　(2) 鴻雁:這裏指關於李白的音訊。"江湖"句:意謂江湖多兇險。這聯不對仗,參見《輞川閒居贈裴秀才迪》注(2)。
　　(3) "文章"句:文章總是憎恨命運通達之人,意即文才出衆者往往命途多舛。"魑魅"句:隱喻李白流放夜郎是遭人誣陷所致。
　　(4) 共:與,和。　冤魂:這裏指被讒放逐的屈原。　汨羅:汨羅江。作者聯想到李白與屈原同遭冤屈,他經過湖南時一定會詩贈屈原以傾訴滿腔的憤懣。

登　　高

【題解】

　　這首詩是杜甫於大曆二年(767)秋天在夔州所作。面對剛走出安史叛亂陰影、滿目瘡病的國家,想想自己已年老力衰,心有餘而力不足,詩人的内心複雜而痛苦。杜甫此時登高抒懷,抒的是身世之悲、家國之恨。這首七律格律精嚴,形式上的主要特徵是通體對仗,甚至一句之中還自相對偶。難怪有人稱此詩是"杜集七言律詩第一",更有人將其稱爲"曠代之作"。

風急天高猿嘯哀,渚清沙白鳥飛回[1]。
無邊落木蕭蕭下,不盡長江滾滾來[2]。
萬里悲秋常作客,百年多病獨登臺[3]。
艱難苦恨繁霜鬢,潦倒新停濁酒杯[4]。

【注釋】

(1) 渚:水中小塊陸地。 鳥飛回:鳥兒盤旋飛翔。
(2) 落木:落葉。 蕭蕭:象聲詞。
(3) 萬里:這裏指離家萬里。 百年:指自己一生。
(4) 苦恨:特別恨。 繁霜鬢:頭髮花白。 潦倒:衰頹失意的樣子。 停濁酒杯:當時杜甫因病而戒酒。

高　　適

高適(702？—765),字達夫,唐渤海蓨縣(今河北景縣)人。官終左散騎常侍,世稱高常侍。高適早年生活困頓,性格狂放不羈,有遊俠之風。曾遊長安、上薊門(今北京德勝門外)以尋進身之路,都未成功,以至滯留宋中(今河南商丘一帶),"混迹漁樵"約十年。天寶八載(749),應舉中第,授封丘尉。三年後,又因不忍"鞭撻黎庶"、不甘"拜迎長官"而棄官。安史之亂時,高適馳見玄宗,陳潼關敗亡之勢,又隨其至蜀郡,拜諫議大夫。安史之亂後,先後任淮南節度使、彭州刺史、蜀州刺史、劍南節度使,官至左散騎常侍,封渤海縣侯。史書稱"有唐以來,詩人之達者,唯適而已"(《舊唐書·高適傳》)。

高適是盛唐邊塞詩的代表作家,他的詩慷慨激昂、豪放悲壯,現實性較强,被譽爲"多胸臆語,兼有氣骨"(殷璠《河嶽英靈集》)。高適的詩古體勝過近體,其中又以七古爲長。他的七言歌行聲情頓挫,氣勢雄渾而飛躍自如。

有《高常侍集》。

燕 歌 行

【題解】

高適早年多次前往邊塞,卻總是不得志而歸。從小序中可以得知:本詩爲開元二十六年(738)詩人有感於張守珪謊報軍情而作。它的主旨是譴責驕縱的將領荒淫失職而造成戰爭失敗,突破了以前同題詩作渲染征夫思婦相思之情的格局,大大開拓了歌辭的內容。全詩寫了一次戰役出師、戰敗、被圍、死鬥的全過程。詩的內容豐富,有軍情緊急、塞漠荒寒、戰爭酷烈,有戰士的勇武、別離的悲愴,還有將軍縱情聲色、恃寵輕敵。詩人在詩中傾注了強烈的愛憎,勇敢地揭露了當時的現實。

開元二十六年,客有從御史大夫張公出塞而還者[1],作《燕歌行》以示適,感征戍之事,因而和焉。

漢家煙塵在東北,漢將辭家破殘賊[2]。男兒本自重橫行,天子非常賜顏色[3]。摐金伐鼓下榆關,旌旆逶迤碣石間[4]。校尉羽書飛瀚海,單于獵火照狼山[5]。山川蕭條極邊土,胡騎憑陵雜風雨[6]。戰士軍前半死生,美人帳下猶歌舞。大漠窮秋塞草腓,孤城落日鬥兵稀[7]。身當恩遇恒輕敵,力盡關山未解圍[8]。鐵衣遠戍辛勤久,玉箸應啼別離後[9]。少婦城南欲斷腸,征人薊北空回首[10]。邊庭飄颻那可度,絕域蒼茫更何有[11]?殺氣三時作陣雲,寒聲一夜傳刁斗[12]。相看白刃血紛紛,死節從來豈顧勳[13]!君不見沙場征戰苦,至今猶憶李將軍[14]。

【注釋】

(1) 張公:河北節度副大使張守珪。因作戰有功,開元二十三年(735)任輔國大將軍兼御史大夫。開元二十六年(738),其部將以他的名義出戰,先勝後敗。張守珪不據實上報,反而賄賂前去調查的人,事泄後被貶職。

(2) 漢家:漢朝,這裏指唐朝。 煙塵:烽煙和塵土,借指邊境戰爭。 殘賊:兇殘的敵人。

(3) 橫行:縱橫馳騁在敵軍之中。 賜顏色:給面子,指皇上的召見垂青。

(4) 摐(chuāng)金伐鼓:敲鑼打鼓。摐,擊打。金,銅製的軍中樂器。伐,敲打。 下:往,直奔。 榆關:山海關。 碣石:山名,在今河北昌黎北。

(5) 瀚海:大沙漠。 單于:本指匈奴王,這裏指突厥首領。 獵火:打獵時燃起的火,這裏指單于發起的軍事挑釁。 狼山:今內蒙西北部的狼居胥山,這裏泛指交戰前線。

(6) 憑陵:依仗勢力欺壓他人。 雜風雨:風雨交加的樣子,形容敵軍來勢兇猛。

(7) 窮秋:深秋。 腓(féi):病,枯萎。

(8) 恩遇:將帥受到皇帝恩寵。

(9) 玉箸:玉製的筷子,這裏指思婦淚流成串的樣子。

(10) 薊北：薊州以北。薊州治所在今天津薊縣。
(11) 飄飄：形容路途遙遠，一說形容邊地局勢緊張。 絕域：極其荒遠的地方。
(12) 三時：晨、午、晚三時，即整天。一說虛指時間長。 陣雲：戰雲。 寒聲：寒夜中傳來的刁斗聲。聲，一本作"風"。 刁斗：軍用銅器，白天用來煮飯，夜間用來打更。
(13) 白刃：亮晃晃的鋒利軍刀。 血：一本作"雪"。
(14) 李將軍：西漢將軍李廣。他精於騎射、驍勇善戰、忠實誠信、愛護士卒，因而深受士卒愛戴，"匈奴聞之，號曰'漢之飛將軍'，避之數歲"（《史記·李將軍列傳》）。

岑　參

岑參（715？—770），唐江陵（今屬湖北）人。曾任嘉州刺史，世稱岑嘉州。年輕時曾到長安求仕，未成。天寶三年（744）進士。天寶八年（749），初次出塞到安西（今新疆庫車一帶），任安西節度使高仙芝幕府掌書記，滿懷報國之志，想在戎馬中開拓前程，但未如願。天寶十三年（754），再度出塞，任安西北庭節度使封常清判官，經常來往於北庭和輪臺之間（今新疆米泉一帶），報國立功之情更切，邊塞詩名作大多成於此時。安史亂起，任右補闕、起居舍人，後被貶爲虢州刺史。代宗大曆二年（767），任嘉州（今四川樂山一帶）刺史。罷官後客死成都。

岑參以邊塞詩著稱，擅長七言歌行體，主要歌頌邊防將士的英勇獻身精神，描繪邊塞的雄奇壯闊風光。岑詩的主要思想傾向是慷慨報國的英雄氣概和不畏艱難的樂觀精神，氣勢雄偉，色彩瑰麗，想像新奇，風格奇峭。前人評其詩"詩奇體峻，意亦造奇"（《河嶽英靈集》）。因與盛唐邊塞詩人高適生平遭際相似，思想上多相通之處，詩風又都以"風骨"相近，所以文學史上並稱"高岑"。

有《岑嘉州集》。

走馬川行奉送出師西征

【題解】

詩題一作《走馬川行奉送封大夫出師西征》。封大夫，封常清，曾任安西副大都護，唐天寶十三年（754）入朝任御史大夫，不久任北庭都護，後奉命西征播仙（今新疆且末，地處塔里木東南車爾臣河流域）。走馬川，即車爾臣河。行，即"歌行體"，古代詩歌的一種體裁。這首邊塞詩以豪邁樂觀的情懷，頌揚了出征戰士不畏艱險的英雄氣概和高昂的愛國精神，表達了對唐朝大軍奏捷凱旋的必勝信心。全詩層次分明,佈局和諧,通過渲染自然環境的惡劣、描寫敵軍的猖獗來反襯唐軍將士不畏艱險的精神、烘托他們的戰鬥豪情。句句用韻,三句一轉,節奏急促有力,聲調激越豪壯。

君不見走馬川,雪海邊,平沙莽莽黃入天(1)。
輪臺九月風夜吼(2),一川碎石大如斗,隨風滿地石亂走。
匈奴草黃馬正肥(3),金山西見煙塵飛(4),漢家大將西出師(5)。
將軍金甲夜不脫,半夜軍行戈相撥,風頭如刀面如割。
馬毛帶雪汗氣蒸,五花連錢旋作冰(6),幕中草檄硯水凝(7)。
虜騎聞之應膽懾,料知短兵不敢接,車師西門佇獻捷(8)。

【注釋】

(1)雪海:泛指西域一帶地區。 平沙:廣漠的沙原。
(2)輪臺:今新疆米泉縣。
(3)匈奴:漢朝對北方少數民族的統稱,這裏指播仙部族。 草黃馬正肥:遊牧民族作戰以騎兵為主,秋後草黃馬肥,正是發動戰爭的好時機。
(4)金山:阿爾金山,一說為阿爾泰山。
(5)漢家大將:這裏指封常清。唐代詩人常以漢指唐。
(6)五花連錢:名貴的馬。五花,唐人把馬頸上的毛剪成五簇的叫五花,一說指馬毛色斑駁。連錢,馬名。
(7)草檄:起草聲討敵人的文書。
(8)車師:今新疆吐魯番縣一帶。

韓　愈

韓愈(768—824),字退之,唐河南河陽(今河南孟縣)人。祖籍昌黎(今屬遼寧),世稱韓昌黎。晚年任吏部侍郎,又稱韓吏部。卒謚文,又稱韓文公。德宗貞元八年(792)進士,曾任宣武及甯武節度使判官。貞元十九年(803),任監察御史時,因上疏請求減免災民徭役賦稅,被貶為陽山(今廣東陽山)令。平定淮西叛亂後,升為刑部侍郎。元和十四年(819),又因諫阻憲宗迎佛骨,被貶作潮州刺史。穆宗時,任國子監祭酒,轉兵部、吏部侍郎。

韓愈是唐代古文運動的倡導者和旗手。他一生以儒學的衛道士自居,排斥佛老。他反對六朝以來的駢儷文風,提倡學習先秦、兩漢散文質樸務實的優秀傳統,主張"文以載道"、"辭必己出"、"文從字順"。他的文章內容深厚,語言精煉,氣勢充沛,縱橫開合,對當時及後代的散文產生了重大的影響,被譽為"文起八代之衰"(蘇軾《潮州韓文公廟碑》)。韓愈因此被後人尊爲"唐宋八大家"之首。他的詩歌"以文爲詩",尚險好奇,和孟郊一起被稱爲"韓孟詩派"。

有《昌黎先生集》。

答李翊書

【題解】

本文寫於貞元十七年(801)。李翊(yì)是貞元十八年(802)進士。李翊向韓愈請教如何寫好文章,韓愈用這篇書信體議論文作答,論述了爲人與爲文、立行與立言之間的關係。韓愈認爲:行爲本,言爲表,思想道德修養對治學爲文具有極其重要的作用。只有做"仁義之人",時時提醒自己要"行之乎仁義之途",才能寫出"其言藹如"的好文章。文中提到的學習態度、學習方法也能使讀者得到有益的啓發。

六月二十六日,愈白李生足下:

生之書辭甚高,而其問何下而恭也[1]!能如是,誰不欲告生以其道[2]?道德之歸也有日矣,況其外之文乎?抑愈所謂望孔子之門牆而不入於其宮者[3],焉足以知是且非邪[4]?雖然,不可不爲生言之。

生所謂立言者是也,生所爲者與所期者,甚似而幾矣[5]。抑不知生之志,蘄勝於人而取於人邪[6]?將蘄至於古之立言者邪[7]?蘄勝於人而取於人,則固勝於人而可取於人矣。將蘄至於古之立言者[8],則無望其速成,無誘於勢利,養其根而俟其實,加其膏而希其光。根之茂者其實遂[9],膏之沃者其光曄[10],仁義之人,其言藹如也[11]。

抑又有難者,愈之所爲,不自知其至猶未也?雖然,學之二十餘年矣。始者非三代兩漢之書不敢觀,非聖人之志不敢存,處若忘,行若遺,儼乎其若思,茫乎其若迷[12]。當其取於心而注於手也,惟陳言之務去,戛戛乎其難哉[13]!其觀於人,不知其非笑之爲非笑也[14]。如是者亦有年,猶不改,然後識古書之正僞[15],與雖正而不至焉者[16],昭昭然白黑分矣。而務去之,乃徐有得也。當其取於心而注於手也,汩汩然來矣[17]。其觀於人也,笑之則以爲喜,譽之則以爲憂,以其猶有人之說者存也。如是者亦有年,然後浩乎其沛然矣[18]。吾又懼其雜也,迎而距之[19],平心而察之,其皆醇也,然後肆焉[20]。雖然,不可以不養也。行之乎仁義之途,遊之乎《詩》、《書》之源,無迷其途,無絕其源,終吾身而已矣。氣,水也;言,浮物也[21]。水大而物之浮者大小畢浮。氣之與言猶是也,氣盛則言之短長與聲之高下者皆宜。

雖如是,其敢自謂幾于成乎?雖幾于成,其用於人也奚取焉[22]?雖然,待用於人者,其肖於器邪[23]?用與舍屬諸人[24]。君子則不然,處心有道[25],行己有方⁽²⁶⁾,用則施諸人,舍則傳諸其徒,垂諸文而爲後世法。如是者,其亦足樂乎? 其無足樂也?

　　有志乎古者希矣⁽²⁷⁾。志乎古,必遺乎今,吾誠樂而悲之。亟稱其人⁽²⁸⁾,所以勸之⁽²⁹⁾,非敢褒其可褒,而貶其可貶也。

　　問於愈者多矣,念生之言,不志乎利,聊相爲言之⁽³⁰⁾。愈白。

【注釋】

　　(1) 下:謙卑。
　　(2) 道:儒家仁義之道。一說據文意當指"作文之道"、"爲人之道"。
　　(3) 抑:表示轉折的連詞,相當於"可是"、"不過"。　望孔子之門牆:《論語·子張》:"子貢曰:譬之宮牆,賜之牆也及肩,窺見室家之好。夫子之牆數仞,不得其門而入,不見宗廟之美、百官之富。及其門者或寡矣。"子貢,孔子的學生,名賜。這裏引此典故,自謙對孔子的學說所知不多。
　　(4) 且:表示選擇的連詞,相當於"還是"、"或者"。
　　(5) 幾:接近。
　　(6) 蘄:通"祈",求。
　　(7) 將:表示選擇的連詞,相當於"還是"。
　　(8) 將:表示假設的連詞,相當於"如果"。
　　(9) 遂:成,這裏指果子長得又好又多。
　　(10) 沃:豐美,這裏引申指充足。　曄(yè):明亮。
　　(11) 藹如:和氣可親貌。
　　(12) "處若忘"四句:呆着的時候好像忘掉什麼,走路的時候好像丢了什麼,莊重嚴肅的樣子好像在思考什麼,迷茫恍惚的樣子好像沒搞清楚什麼。這四句形容學習時專注投入的神態。
　　(13) 戛(jiá)戛乎:困難而費力的樣子。
　　(14) 非笑:非議恥笑。
　　(15) 正:醇正,合乎儒家標準,即"仁義之人"所寫的"其言藹如"的文章。　偽:不符合上述標準的文章。
　　(16) 不至:沒有達到完美的程度。
　　(17) 汩(gǔ)汩然:水流的樣子。這裏比喻文思泉湧、川流不息。
　　(18) 浩乎:聲勢浩大的樣子。　沛然:水流洶湧的樣子。這裏比喻文思闊大充沛,猶如奔騰而來的江水。
　　(19) 距:通"拒"。
　　(20) 肆:縱恣,無拘束。這裏指放手縱筆而寫。
　　(21) 氣:指人的思想、氣質,或指文章的氣魄、氣勢。　言:文章的語言。
　　(22) 其用於人也奚取焉:被別人採用時,人家從我這裏得到了什麼呢?
　　(23) 肖於器:與器物很相像。
　　(24) 用與舍屬諸人:用與不用都取決於他人。

(25)處心:支配自己的思想。 道:同下面的"方"一樣,都是指一定的準則。
(26)行己:指揮自己的行動。
(27)希:通"稀"。
(28)亟(qì):多次。
(29)勸:勉勵。
(30)聊:姑且。

《張中丞傳》後敘

【題解】

　　安史之亂時,張巡和許遠率軍守睢陽,在糧草已盡、外無援兵、叛軍重重圍困之下,堅守十個月後終告失守。安史之亂後,人們對睢陽之戰議論頗多,一時指責張巡、許遠的人不少。韓愈在這篇文章中通過駁斥誣衊許遠的錯誤言論,記敘南霽雲的英勇事迹和張巡、許遠的軼事,讚美了許遠、張巡、南霽雲等英雄,痛斥了棄城圖存、見死不救的無恥之徒和製造流言蜚語誣衊誹謗許遠、張巡的小人。

　　元和二年四月十三日夜[1],愈與吳郡張籍閱家中舊書[2],得李翰所爲《張巡傳》[3]。翰以文章自名[4],爲此傳頗詳密。然尚恨有闕者,不爲許遠立傳,又不載雷萬春事首尾[5]。

　　遠雖材若不及巡者,開門納巡,位本在巡上,授之柄而處其下,無所疑忌,竟與巡俱守死,成功名[6]。城陷而虜,與巡死先後異耳。兩家子弟材智下,不能通知二父志,以爲巡死而遠就虜,疑畏死而辭服於賊[7]。遠誠畏死,何苦守尺寸之地,食其所愛之肉[8],以與賊抗而不降乎?當其圍守時,外無蚍蜉蟻子之援,所欲忠者,國與主耳。而賊語以國亡主滅,遠見救援不至,而賊來益衆,必以其言爲信。外無待而猶死守,人相食且盡,雖愚人亦能數日而知死處矣[9],遠之不畏死亦明矣。烏有城壞、其徒俱死,獨蒙愧恥求活,雖至愚者不忍爲。嗚呼!而謂遠之賢而爲之耶?

　　說者又謂遠與巡分城而守,城之陷,自遠所分始,以此詬遠[10]。此又與兒童之見無異。人之將死,其臟腑必有先受其病者;引繩而絕之,其絕必有處。觀者見其然,從而尤之,其亦不達於理矣[11]。小人之好議論,不樂成人之美如是哉!如巡、遠之所成就,如此卓卓,猶不得免,其他則又何說!

　　當二公之初守也,寧能知人之卒不救,棄城而逆遁[12]?苟此不能守,雖避之他處何益?及其無救而且窮也,將其創殘餓羸之餘[13],雖欲去,必不達。二公之賢,其講之精矣[14]。守一城,捍天下[15],以千百就盡之卒,戰百萬日滋之師,蔽遮江淮,沮遏其勢[16],天下之不亡,其誰之功也?當是時,棄城而圖存者,不可一二數[17];擅強兵坐而觀者,相環也[18]。不追議此,而責二公以死守,亦見其自比於逆亂,設淫辭而助之攻也[19]。

愈嘗從事于汴、徐二府,屢道於兩府間,親祭於其所謂雙廟者[20]。其老人往往說巡、遠時事,云:南霽雲之乞救於賀蘭也[21],賀蘭嫉巡、遠之聲威功績出己上,不肯出師救。愛霽雲之勇且壯,不聽其語,強留之,具食與樂,延霽雲坐。霽雲慷慨語曰:"雲來時,睢陽之人不食月餘日矣!雲雖欲獨食,義不忍;雖食,且不下咽!"因拔所佩刀斷一指,血淋漓,以示賀蘭。一座大驚,皆感激爲雲泣下。雲知賀蘭終無爲雲出師意,即馳去。將出城,抽矢射佛寺浮圖[22],矢著其上磚半箭[23],曰:"吾歸破賊,必滅賀蘭,此矢所以志也。"愈貞元中過泗州[24],船上人猶指以相語。城陷,賊以刃脅降巡,巡不屈,即牽去,將斬之;又降霽雲,雲未應。巡呼雲曰:"南八[25],男兒死耳,不可爲不義屈!"雲笑曰:"欲將以有爲也;公有言,雲敢不死[26]!"即不屈。

張籍曰:有于嵩者,少依於巡,及巡起事,嵩常在圍中[27]。籍大曆中於和州烏江縣見嵩[28],嵩時年六十餘矣。以巡,初嘗得臨渙縣尉[29],好學,無所不讀。籍時尚小,粗問巡、遠事,不能細也。云巡長七尺餘,須髯若神。嘗見嵩讀《漢書》,謂嵩曰:"何爲久讀此?"嵩曰:"未熟也。"巡曰:"吾於書讀不過三遍,終身不忘也。"因誦嵩所讀書,盡卷不錯一字。嵩驚,以爲巡偶熟此卷,因亂抽他帙以試[30],無不盡然。嵩又取架上諸書,試以問巡,巡應口誦無疑。嵩從巡久,亦不見巡常讀書也。爲文章,操紙筆立書,未嘗起草。初守睢陽時,士卒僅萬人[31],城中居人戶亦且數萬,巡因一見問姓名,其後無不識者。巡怒,須髯輒張。及城陷,賊縛巡等數十人,坐,且將戮。巡起旋[32],其衆見巡起,或起或泣。巡曰:"汝勿怖,死,命也。"衆泣不能仰視。巡就戮時,顔色不亂,陽陽如平常[33]。遠寬厚長者,貌如其心;與巡同年生,月日後於巡,呼巡爲兄,死時年四十九。嵩貞元初死于亳、宋間[34]。或傳嵩有田在亳、宋間,武人奪而有之,嵩將詣州訟理[35],爲所殺。嵩無子。張籍云。

【注釋】

(1) 元和二年:公元807年。

(2) 張籍(765—830):韓愈的朋友。原籍吳郡,寓居和州烏江縣(今安徽和縣東北)。工詩,尤長樂府。元和年間與元稹、白居易、孟郊等人所作詩廣受推崇,文學史上稱爲"元和體"。

(3) 李翰:唐趙州人。他曾客居睢陽,親見許遠、張巡守城抗敵事。張巡(709—757):真源縣令。楊國忠當政時,有人勸張謁楊,以圖顯用,遭其堅拒。安祿山反時,他起兵抗戰。後與許遠同守睢陽(今河南商丘南),拜御史中丞。

(4) 自名:自許,自負。

(5) 許遠(709—758):安史亂時爲睢陽太守。雷萬春:張巡部將,與張巡同守睢陽,城破時與張巡一起遇難。本文後面不敘雷萬春卻敘南霽雲軼事,推知此處"雷萬春"當爲"南霽雲"之誤。 首尾:始末。

(6) 開門納巡:肅宗至德二年(757)正月,安慶緒將尹子奇帶兵十三萬進攻睢陽,睢陽太守許遠立即向張巡告急,於是張巡從寧陵(今河南寧陵縣)帶兵來救。許遠將指揮大權交給張巡,自己則負責調運軍糧、修理兵器等工作。 成功名:建立功勳,保全名節。

(7) "兩家子弟"四句:代宗大曆年間,張巡之子聽信傳聞,上書代宗稱許遠畏死降敵,要求追奪許遠官職。通知,通曉,透徹瞭解。辭服,說了屈服的話。

(8) 食其所愛之肉:睢陽被圍日久,城中食盡,守軍羅雀掘鼠;雀鼠又盡,張巡殺愛妾,許遠殺家奴,以爲士兵之食。

(9) 處:這裏表示時間。

(10) 說者:這裏指發議論指責張巡、許遠的人。 分城而守:當時張巡守城東北,許遠守城西南。 詬:辱罵。

(11) 尤:責備。 達:通曉,通達。

(12) 寧:豈,難道。 逆遁:預先逃跑。逆,預先。

(13) 創:受傷。 羸(léi):瘦弱,疲病。

(14) 講:議論,考慮。 精:精密,周到。

(15) "守一城"二句:守住睢陽一座城,就好比捍衛了整個國家。睢陽是通往江淮的要道,江淮是唐朝的糧倉。把敵人阻擋在睢陽外,也就是保住了糧倉,唐朝才能喘息,才有可能粉碎安史叛軍。

(16) 沮(jǔ):阻止。

(17) "棄城"二句:棄城逃跑、貪圖活命的人,不是一個兩個。如山南東道節度使魯炅棄南陽逃奔襄陽;靈昌太守許叔冀逃奔彭城;譙郡太守楊萬石、雍丘縣令令狐潮則先後降敵。

(18) 擅強兵:擁有強大的軍隊。擅,佔有。如下文的賀蘭進明就是擁有重兵卻見死不救的人。 相環:四周都是。

(19) 自比於逆亂:自列於叛逆亂臣之中。比,並列。 淫辭:浮誇失實之辭。淫,過度,邪惡。

(20) 從事:唐時通稱幕僚爲從事,這裏用作動詞,猶言任職。 汴:汴州(今河南開封)。 徐:徐州(今淮北一帶)。 府:幕府。 道:經過,來往。 雙廟:張巡、許遠死後,肅宗追贈張巡爲揚州大都督,許遠爲荊州大都督,並在睢陽立廟,當時稱爲"雙廟"。

(21) 賀蘭:即河南節度使賀蘭進明,當時他的軍隊駐在臨淮(唐時治所在今江蘇泗洪、盱眙之間)。

(22) 浮圖:佛塔。

(23) "矢著"句:箭的上半截射進了佛塔上邊的磚中。著(zhuó),附着,穿進。

(24) 貞元:唐德宗李適年號(785—805)。 泗州:州治在臨淮。

(25) 南八:南霽雲在兄弟中排行第八。

(26) 欲將以有爲也:想要有所作爲。以,介詞,用(詐降)。 敢:豈敢。

(27) 起事:指張巡起兵討伐安史叛軍,一說指張巡、許遠在睢陽抗擊叛軍事。 常:通"嘗"。

(28) 大曆:唐代宗李豫年號(766—779)。 和州烏江縣:見前注(2)。

(29) 臨渙縣:今安徽宿縣西北。
(30) 帙(zhì):書套,卷冊。
(31) 僅(jǐn):幾乎,接近。
(32) 旋:轉身,一說小便。
(33) 陽陽:安詳的樣子。
(34) 亳(bó):亳州,今安徽亳縣。 宋:宋州,即睢陽。
(35) 訟理:告狀。

左遷至藍關示侄孫湘

【題解】

唐憲宗元和十四年(819)正月,唐憲宗派人去鳳翔法門寺迎佛骨入宫供奉。韓愈上表諫諍,認爲佛骨本是"朽穢之物","佛不足事",迎佛骨的做法"傷風敗俗,傳笑四方"。唐憲宗聞之大怒,將韓愈貶爲潮州(今屬廣東)刺史。韓愈赴潮州途中給趕來送行的侄孫韓湘寫下這首詩,抒發了遭貶的憤恨不平,也表達了自己爲"除弊事"而萬死不悔的決心。全詩氣勢磅礴,境界開闊,是韓愈七律中的佳作。

　　　　一封朝奏九重天,夕貶潮州路八千(1)。
　　　　欲爲聖朝除弊事,肯將衰朽惜殘年(2)。
　　　　雲橫秦嶺家何在,雪擁藍關馬不前(3)。
　　　　知汝遠來應有意,好收吾骨瘴江邊(4)。

【注釋】

(1) 一封:這裏指韓愈的上疏《論佛骨表》。 九重天:代指唐憲宗。 路八千:極言長安到潮州的路遠。
(2) 肯:豈肯。 衰朽:韓愈時年五十二歲。 惜殘年:顧惜殘餘的年月。
(3) 秦嶺:這裏指終南山。 藍關:即藍田關,在今陝西藍田縣南。
(4) 瘴江:潮州嶺南一帶多潮濕瘴氣,故稱該地江河爲瘴江。

柳 宗 元

　　柳宗元(773—819),字子厚,唐河東(今山西永濟)人,世稱柳河東。因官終柳州刺史,又稱柳柳州。柳宗元貞元九年(793)登進士第,授校書郎。後曾任藍田縣尉,監察御史裏行。貞元二十一年(805)正月,唐順宗即位,柳宗元擢爲禮部員外郎,參加了主張革新的王叔文集團,反對宦官專權和藩鎮割據。在保守官僚的強烈反對下,順宗于同年八月讓位給憲宗,王叔文集團遭到迫害,柳宗元也被貶爲永州(今湖南零陵)司馬,十年後又遷柳州刺史。

柳宗元與韓愈同爲唐代古文運動的倡導者。在思想上,他具有樸素的唯物論觀念,作品也更接近人民,更能反映人民的疾苦和思想感情。柳宗元在文學創作上的成就是多方面的,詩文之中,文的成就更大些。其中,論說文筆鋒犀利,論證精確,《封建論》是其政論的代表作;傳記文和寓言真切關心人民疾苦,多抨擊社會醜惡現象,寄寓哲理;山水遊記在南朝以來山水文章的基礎上又開出一片境界,成爲遊記散文的宗師而在中國文學史上佔有獨特的地位。

有《柳河東集》。

始得西山宴遊記

【題解】

本篇寫於柳宗元被貶永州的第五年,即唐憲宗元和四年(809)。永州(今湖南零陵)地處荒遠,作者以待罪之身擔任閒職,只能放情山水,寄託深遠。謫居其間,作者寫了不少遊記,其中自成體系且最有代表性的是《永州八記》。本篇爲"八記"中的第一篇。題目冠以"始得"二字,全文圍繞這二字做文章。開頭寫平日遊覽,以鋪墊手法反襯遊西山之樂和所得的感悟。中間寫西山的非凡氣勢,不從正面實寫而多從虛處落筆,用側面襯托手法突出西山的高峻。最後寫由遊而宴,將人格精神和宇宙自然合而爲一,表達了作者如西山般不類培塿、卓立不群的偉大人格。正是這樣的寫法,使本篇意蘊更加深刻,從而成爲古代山水遊記的名篇。

自余爲僇人,居是州,恒惴慄[1]。其隙也,則施施而行,漫漫而遊[2]。日與其徒上高山,入深林,窮回溪[3]。幽泉怪石,無遠不到。到則披草而坐,傾壺而醉[4]。醉則更相枕以臥,臥而夢[5]。意有所極,夢亦同趣[6]。覺而起,起而歸。以爲凡是州之山水有異態者,皆我有也,而未始知西山之怪特[7]。

今年九月二十八日,因坐法華西亭,望西山,始指異之[8]。遂命僕人,過湘江,緣染溪,斫榛莽,焚茅茷,窮山之高而止[9]。攀援而登,箕踞而遨,則凡數州之土壤,皆在衽席之下[10]。其高下之勢,岈然窪然,若垤若穴[11];尺寸千里,攢蹙累積,莫得遁隱[12];縈青繚白,外與天際,四望如一[13]。然後知是山之特立,不與培塿爲類[14]。悠悠乎與顥氣俱,而莫得其涯;洋洋乎與造物者遊,而不知其所窮[15]。引觴滿酌,頹然就醉,不知日之入。蒼然暮色,自遠而至,至無所見,而猶不欲歸。心凝形釋,與萬化冥合[16]。然後知吾向之未始遊,遊於是乎始,故爲之文以志[17]。

是歲,元和四年也。

【注釋】

（1）僇(lù)人：有罪之人。僇，通"戮"，刑辱。 惴(zhuì)慄：恐懼不安的樣子。

（2）隟：閒暇。 施施(yí)：行走緩慢的樣子。 漫漫：漫無目的的樣子。

（3）其徒：泛指柳宗元的僚屬、朋友。其，這裏指柳宗元。 窮回溪：一直找到曲折溪流的盡頭。窮，窮盡。一說指走遍永州境內所有曲折的溪流。窮，走遍。

（4）披：用手撥開。

（5）更：交替。 相枕以臥：互相枕靠着睡。

（6）極：通"及"，到。 趣：通"趨"，往。

（7）異態：景色奇特，或指奇特怪異的姿態。 皆我有也：意謂都被我欣賞領略過了。 未始：不曾，未嘗。

（8）法華：寺名，在零陵城內東山上。柳宗元元和四年(809)在寺西建亭，並作《永州法華寺新作西亭記》記其事："法華寺居永州，地最高。……余時謫爲州司馬，官外乎常員，……乃取官之祿秩，以爲其亭。" 異：這裏用作動詞，以……爲異，以……爲奇。

（9）緣：沿着。 染溪：一名冉溪，在零陵西南。柳宗元又更其名曰"愚溪"。 斫(zhuó)：砍。 榛(zhēn)莽：叢生的荊棘、野草。 茅筏(fá)：茂密的茅草。筏，草葉盛多貌。

（10）箕踞：席地而坐，兩腿伸開，形似簸箕。這是一種不拘禮儀而隨意的坐姿。 遨：遊，這裏指目遊。 衽席：坐席。

（11）岈(xiā)然：山峰高聳的樣子。一說山谷幽深的樣子。 窪然：山谷凹陷低窪的樣子。 垤(dié)：螞蟻洞口的小土堆，泛指小土堆。

（12）攢(cuán)：聚集。 蹙(cù)：收縮。 累：疊加。 遯隱：躲避，隱藏。

（13）縈、繚：都是"纏繞"義。 青：青山。 白：白水。 外與天際：視野之外山水與天相接。際，接合。

（14）特立：卓然而立。 培塿(pǒu lǒu)：小土丘。

（15）"悠悠乎"四句：浮想聯翩，思緒與天地之氣相通，悠遠無邊；胸懷舒展，身心與宇宙天地共遊，廣闊無際。悠悠，無窮無盡的樣子。 顥(hào)氣，浩然之氣，天地間剛正之氣。洋洋，義同"悠悠"，無邊無際的樣子。造物者，天地，自然。

（16）心凝：心神凝定，沒有雜亂的思想，沒有外來的煩惱。 形釋：渾身輕鬆。釋，放。一說忘記了形骸的存在。釋，消散。 萬化：宇宙自然之變化，這裏指天地萬物。 冥合：暗合，意謂渾然一體。

（17）志：記。

段太尉逸事狀

【題解】

段太尉，即段秀實，唐建中四年(783)被率軍嘩變的朱泚殺害，興元元年(784)追贈太尉。逸事狀，是"行狀"的變體，只記錄逸事以供正式傳記作者參考，所以並不記載死者的世系、爵里及其他生平事迹。柳宗元於貞元十年(794)至邠州軍中探望叔父,得知段秀實逸事,後於元和九年(814)在永州寫成此文。他在文中用寫實手法刻畫了段秀實不畏強暴、愛護百姓的動人形象,並揭露了驕兵悍卒、地方軍閥殘暴跋扈、魚肉百姓的罪行。

太尉始爲涇州刺史時,汾陽王以副元帥居蒲[1]。王子晞爲尚書,領行營節度使,寓軍邠州,縱士卒無賴[2]。邠人偷嗜暴惡者,卒以貨竄名軍伍中,則肆志,吏不得問[3]。日群行丐取於市[4],不嗛[5],輒奮擊折人手足,椎釜鬲甕盎盈道上,把臂徐去,至撞殺孕婦人[6]。邠寧節度使白孝德以王故[7],戚不敢言。太尉自州以狀白府[8],願計事,至則曰:"天子以生人分公理,公見人被暴害,因恬然,且大亂,若何[9]?"孝德曰:"願奉教。"太尉曰:"某爲涇州[10],甚適,少事。今不忍人無寇暴死,以亂天子邊事。公誠以都虞侯命某者,能爲公已亂,使公之人不得害。[11]"孝德曰:"幸甚。"如太尉請。

既署一月,晞軍士十七人入市取酒[12],又以刃刺酒翁,壞醸器,酒留溝中[13]。太尉列卒取十七人,皆斷頭注槊上[14],植市門外。晞一營大噪,盡甲。孝德震恐,召太尉曰:"將奈何?"太尉曰:"無傷也,請辭於軍[15]。"孝德使數十人從太尉,太尉盡辭去。解佩刀,選老躄者一人持馬[16],至晞門下。甲者出,太尉笑且入曰:"殺一老卒,何甲也?吾戴吾頭來矣。"甲者愕。因諭曰:"尚書固負若屬耶?副元帥固負若屬耶?奈何欲以亂敗郭氏?爲白尚書,出聽我言。"晞出見太尉,太尉曰:"副元帥勳塞天地,當務始終。今尚書恣卒爲暴,暴且亂,亂天子邊,欲誰歸罪?罪且及副元帥。今邠人惡子弟,以貨竄名軍籍中殺害人,如是不止,幾日不大亂?大亂由尚書出,人皆曰尚書倚副元帥不戢士[17]。然則郭氏功名,其與存者幾何?"言未畢,晞再拜曰:"公幸教晞以道,恩甚大,願奉軍以從。"顧叱左右:"皆解甲,散還火伍中[18],敢譁者死。"太尉曰:"吾未晡食,請假設草具[19]。"既食,曰:"吾疾作,願留宿門下。"命持馬者去,旦日來,還臥軍中。晞不解衣,戒候卒擊柝衛太尉[20]。旦,俱至孝德所,謝不能,請改過,邠州由是無禍。

先是太尉在涇州,爲營田官[21]。涇大將焦令諶取人田[22],自佔數十頃,給與農,曰:"且熟,歸我半。"是歲大旱,野無草,農以告諶。諶曰:"我知入數而已,不知旱也。"督責益急。且飢死,無以償,即告太尉。太尉判狀辭甚巽[23],使人求諭諶。諶盛怒,召農者曰:"我畏段某耶?何敢言我?"取判鋪背上,以大杖擊二十,垂死,舁來庭中[24]。太尉大泣曰:"乃我困汝。"即自取水洗去血,裂裳衣瘡[25],手注善藥,旦夕自哺農者,然後食。取騎馬賣,市穀代償,使勿知。淮西寓軍帥尹少榮[26],剛直士也,入見諶,大罵曰:"汝誠人耶?涇州野如赭[27],人且飢死,而必得穀[28],又用大杖擊無罪者。段公,仁信大人也,而汝不知敬。今段公唯一馬,賤賣市穀入汝,汝又取不恥。凡爲人,傲天災、犯大人、擊無罪者[29],又取仁者穀,使主人出無馬,汝將何以視天地[30],尚不愧奴隸耶?"諶雖暴抗[31],然聞言則大愧流汗,不能食,曰:"吾終不可以見段公。"一夕,自恨死[32]。

及太尉自涇州以司農徵(33)，戒其族："過岐，朱泚幸致貨幣，慎勿納(34)。"及過，泚固致大綾三百疋(35)。太尉婿韋晤堅拒，不得命(36)。至都，太尉怒曰："果不用吾言！"晤謝曰："處賤，無以拒也(37)。"太尉曰："然終不以在吾第。"以如司農治事堂，棲之梁木上。泚反，太尉終，吏以告泚，泚取視，其故封識具存(38)。

太尉逸事如右。

元和九年月日，永州司馬員外置同正員柳宗元謹上史館(39)。今之稱太尉大節者出入(40)，以爲武人一時奮不慮死，以取名天下，不知太尉之所立如是。宗元嘗出入岐、周、邠、斄間，過真定，北上馬嶺，歷亭鄣堡戍(41)。竊好問老校退卒，能言其事。太尉爲人姁姁(42)，常低首拱手行步，言氣卑弱，未嘗以色待物(43)，人視之儒者也。遇不可，必達其志，決非偶然者(44)。會州刺史崔公來(45)，言信行直，備得太尉遺事，覆校無疑。或恐尚逸墜，未集太史氏(46)，敢以狀私於執事(47)，謹狀(48)。

【注釋】

　　(1) 涇州：治所在安定(今甘肅涇川縣北)。段秀實於大曆十二年(777)始爲涇州刺史。　汾陽王：郭子儀。肅宗時平安史之亂，郭子儀功第一，封汾陽王。代宗時，他以關內兼河東副元帥、河中節度使身份駐軍於蒲州(今山西永濟縣)。

　　(2) 晞：郭晞，郭子儀第三子，善騎射，隨其父征伐叛軍有功，官至御史中丞。《通鑑考異》："據《實錄》，時晞官爲左常侍，宗元云'尚書'，誤也。"　行營：這裏指副元帥行營，即副元帥的駐地辦事處。在該行營轄區內的節度使，都可通稱行營節度使。　邠州：治所在新平(今陝西彬縣)。

　　(3) 偷：懶惰。　嗜：貪婪。　暴：兇殘。　惡：行爲不善。　卒：終於。一本作"率"，猶都。　竄名軍伍：把姓名添進軍籍中，即在軍隊裏挂上個字。竄，添改。　肆志：肆意妄爲。

　　(4) 丐取：硬討，強取。丐，乞求。

　　(5) 嗛：通"慊"(qiè)，滿足，愜意。

　　(6) 椎：這裏用如動詞，用椎擊。　鬲(lì)：古代炊器，似鼎而小。　盎：盆。　盈：一本作"棄"。　把臂：握人手臂，呈親熱狀。把，一本作"袒"。

　　(7) 邠寧：唐方鎮名。轄境屢有變動，較長期領有邠、寧、慶三州，治所在邠州。　白孝德：因軍功歷任北庭行營節度使、邠寧節度使、封昌化郡王。

　　(8) 州：這裏指涇州。　白：告知。　府：節度使府，這裏指白孝德。

　　(9) 生人：即生民，百姓。因避唐太宗李世民諱，故改"民"爲"人"。　分公理：一本作"付公理"。理，治。因避唐高宗李治諱，故改"治"爲"理"。　恬然：安然，安閒的樣子。

　　(10) 爲：治。

　　(11) 誠：如果。　都虞侯：軍中執法官。　某：段秀實自稱。　已：止。

　　(12) 署：代理或暫任官職。　取：搶掠。

　　(13) 留：一本作"流"。

　　(14) 注：附着。　槊(shuò)：長矛。

184

(15) 辭：解說。 "無傷"二句：《資治通鑑》卷二二三作"無傷也，請往解之"。

(16) 躄(bì)：跛。

(17) 戢(jí)：約束。

(18) 火伍：猶隊伍。古兵制，五人爲伍，十人爲火。

(19) 晡(bū)食：晚飯。古人一日兩餐。晡，申時(下午三至五時)，泛指晚間。 假：借。 草具：粗劣的食物。

(20) 候卒：負責巡邏警衛的士兵。 柝(tuò)：巡夜敲的木梆。

(21) 營田官：管理田政的官。段秀實任涇州刺史前，曾在白孝德手下任度支營田副使。

(22) 焦令諶(chén)：涇州刺史馬璘的部將。

(23) 巽(xùn)：謙和，委婉。

(24) 輿(yú)：擡。

(25) 衣：這裏指包紮。 瘡：通"創"，外傷。

(26) 淮西：唐方鎮名，即淮南西道。治所、轄境屢有變遷，長期領有申、光、蔡三州，相當於今河南東南部。 寓軍：客軍，客居涇州之軍。

(27) 赭：赤土無草木狀。

(28) 而：你。

(29) 傲：輕視。 大人：這裏指段秀實。

(30) 何以視天地：有什麼面目偷生苟活在世上？ 視：猶"視息"。目僅能視，鼻僅能息(呼吸)，有"偷生苟活"之義。

(31) 抗：傲慢。

(32) "一夕"句：《通鑑考異》："按《段公別傳》，大曆八年焦令諶猶存。蓋宗元得於傳聞，其實令諶不死也。"

(33) 司農：司農卿。建中元年(780)二月，段秀實自涇原節度使召爲司農卿。 徵：召。

(34) 岐：岐州，治所在今陝西鳳翔縣。當時朱泚駐軍於此。 朱泚(cǐ)：唐代宗時任盧龍節度使。德宗建中四年(783)，朱泚率涇原兵在京師嘩變，被擁立爲帝，不久爲部將所殺。 致：贈送。

(35) 固：硬要，固執地。

(36) 不得命：未獲允准。

(37) 處賤：地位卑下。

(38) 太尉：朱泚反，他認爲段秀實"嘗爲涇源節度，頗得士心"，想拉他入夥，"乃召與謀議"。議論中，段秀實奪了別人的象笏猛擊朱泚，且大罵："狂賊，吾恨不斬汝萬段，我豈逐汝反耶！"後爲朱泚所害。事見《舊唐書·段秀實列傳》。 識(zhì)：記號，指封條上所記的字。

(39) 元和九年：814年。元和，唐憲宗年號。 員外置同正員：在編外而與正員俸祿相同的官員。一本無"元和九年"起二十三字。

(40) 出入：不合實際情況。

(41) 周：今陝西岐山縣。 邰(tái)：古邑名，即郃，在今陝西武功縣西南。 真定：未詳，疑爲馬嶺以南的地名。 馬嶺：今甘肅慶陽縣西北。 亭鄣：古代在邊塞險要處防守用的堡壘。

戍:駐防地的營壘或城堡。

(42) 姁姁(xǔ):和悅貌。一本作"煦煦"。

(43) 色:傲慢之色,一說指嚴厲的態度。 物:這裏指人。

(44) "遇不可"三句:遇到不合理的事,一定要糾正此事而達到自己的目的,這是他一貫的作風,決非偶然。

(45) 州刺史:這裏指永州刺史。 崔公:崔能,字子才。

(46) 太史氏:史官。

(47) 私:這裏用作動詞,有"私自送交"之義。

(48) 狀:這裏用作動詞。

登柳州城樓寄漳汀封連四州

【題解】

元和十年(815)正月,柳宗元與同屬永貞革新集團而被貶的韓泰、韓曄、陳諫、劉禹錫等奉召入京,不久,又分別被貶到更荒遠的柳州(今屬廣西)、漳州(今屬福建)、汀洲(治所在今福建長汀)、封州(治所在今廣東封開)、連州(治所在今廣東連縣)等州任刺史。這首詩寫于柳宗元初到柳州時。全詩用淒涼之物烘托情感,用比興手法象徵政敵迫害,抒發思念友人的痛苦、離鄉去國的悲憤。

城上高樓接大荒,海天愁思正茫茫[1]。
驚風亂颭芙蓉水,密雨斜侵薜荔牆[2]。
嶺樹重遮千里目,江流曲似九回腸[3]。
共來百越文身地,猶自音書滯一鄉[4]。

【注釋】

(1) 接:目接,即看到。 大荒:極其荒遠的地方。

(2) 驚風:突然刮起的狂風。 亂颭(zhǎn):吹亂。颭,風吹物動。 薜荔(bì lì):一種蔓生植物,經常攀附在樹上或牆上生長。

(3) 目:一本作"月"。 江:這裏指柳江。柳州地處柳江和龍江交會處。

(4) "共來"二句:我們都來到百越之地,卻仍然音信不通,各阻一方。百越,一本作"百粵",泛指南方少數民族。唐時漳、汀、封、連四州均屬古百越之地。

劉　禹　錫

劉禹錫(772—842),字夢得,唐洛陽(今屬河南)人,出生在嘉興,故自稱"江南客"。幼年好學,熟讀經史。貞元九年(793),與柳宗元同榜登進士第,接着踏上仕途。貞元二十一年(805,當年八月改元永貞)正月,德宗死,順宗即位,任用王叔文等人推行一系列改革弊政的措施。劉禹錫時任屯田員外郎,與柳宗元等人一起參加了王叔文領導的革新運動。后因遭宦官、藩鎮強烈反對,革新僅半年順宗便被迫退位。憲宗即位後,王叔文被賜死,劉禹錫被貶爲朗州(今湖南常德)司馬。同時被貶爲偏遠州的司馬的有柳宗元等八人,史稱"八司馬"。從此,劉禹錫開始長達二十二年的貶謫生涯,直到大和二年(828)才回到長安。劉禹錫晚年在黑暗現實中感到沒有出路,借老莊曠達思想排解苦悶。

  劉禹錫生前與白居易齊名,世稱"劉白"。他所存八百多首詩中既有吸取民歌特色創作的清新自然的詩篇,也有採用寓言托物手法寫下的政治諷刺詩,對後世影響最大的還是他的懷古詩。這些懷古詩慨歎世事興亡,深寓歷史教訓,即景抒情,借古諷今,令人歔欷不已。

  有《劉夢得文集》。

西塞山懷古

【題解】

  西塞山,在今湖北大冶縣東,是長江中游的險要之地,三國時爲吳國的江防要地。唐穆宗長慶四年(824),劉禹錫由夔州刺史調任和州刺史,經過西塞山,即景抒懷,寫下這首借古諷今的名作。詩的前四句懷古,後四句慨今,闡發了"興廢由人事,山川空地形"(見其《金陵懷古》)的深刻思想。詩中詠歎王濬平東吳的史實,目的則是反對現實中重新擡頭的藩鎮割據勢力,維護國家的統一。

王濬樓船下益州,金陵王氣黯然收⁽¹⁾。
千尋鐵鎖沈江底,一片降幡出石頭⁽²⁾。
人世幾回傷往事,山形依舊枕寒流⁽³⁾。
今逢四海爲家日,故壘蕭蕭蘆荻秋⁽⁴⁾。

【注釋】

  (1)王濬:西晉時益州(今四川成都)刺史。一本作"西晉"。 樓船:高大的戰船。 下益州:從益州出發。太康元年(280),晉武帝命王濬率水軍討伐東吳。據《晉書·王濬傳》:"武帝(司馬炎)謀伐吳,詔濬修舟艦,濬乃作大船連舫,……其上皆得馳馬來往。" 金陵:今江蘇南京,時爲吳國國都,這裏代指吳國。 王氣:帝王之氣。 黯然:一本作"漠然"。

  (2)鐵鎖:東吳爲抵抗晉軍,以千尋鐵鏈橫鎖長江江面。後被王濬用大火燒斷。 石頭:石頭城,即南京。

  (3)幾回傷往事:意謂建都金陵而最終亡國的不只是吳國。東晉、南朝的宋、齊、梁、陳均建都於此,結果都因君主荒淫無能而亡國。"山形"句:意謂山川依舊,而亡國相繼,可見山川之險不足憑。山形,指西塞山。寒流,指長江。寒,一本作"江"。

(4) 今逢:一本作"而今"。 四海爲家:國家統一。 "故壘"句:往日的軍事營壘,而今已處於蕭瑟的秋風蘆荻之中。即謂這殘破的遺跡,恰恰正是六朝覆亡的見證。

酬樂天揚州初逢席上見贈

【題解】

唐敬宗寶曆二年(826),劉禹錫罷和州(今安徽和縣)刺史返洛陽,同時白居易也從蘇州返洛陽,兩人在揚州相逢。宴席上,白居易作《醉贈劉二十八使君》一詩相贈,既讚美劉的才名,也感慨其長期被貶的不幸遭遇。這首酬答詩前半部分雖略顯傷感低沈,後半部分則顯達觀振作。劉禹錫在詩中突出表現了自己不爲世事變化、個人失意而感傷的豁達情緒。中間兩聯對仗工整,典故和比喻運用新穎精當。

巴山楚水淒涼地,二十三年棄置身⁽¹⁾。
懷舊空吟聞笛賦,到鄉翻似爛柯人⁽²⁾。
沉舟側畔千帆過,病樹前頭萬木春⁽³⁾。
今日聽君歌一曲,暫憑杯酒長精神⁽⁴⁾。

【注釋】

(1) 巴山楚水:泛指作者被貶謫之地。永貞革新失敗後,劉禹錫曾先後被貶爲朗州(今湖南常德一帶)司馬、夔州(今四川奉節)刺史。朗州古屬楚地,夔州古屬巴國,故稱"巴山楚水"。 二十三年:劉禹錫從永貞元年(805)被貶朗州司馬到寶曆二年(826)奉召回京,共二十二年。這裏說二十三年是因爲被貶之地路途遙遠,要到次年才能回到京城。 棄置身:意謂自己被貶謫邊地。

(2) 懷舊:懷念舊時朋友,指當年一起參加永貞革新而已去世的王叔文、柳宗元等人。聞笛賦:魏晉時向秀作的《思舊賦》。魏末,向秀的好友嵇康因反對當時掌大權的司馬氏集團而遭殺害。向秀一次路過嵇康舊居,聞其鄰人吹笛,聲音淒涼悲傷,遂"感音而歎",作《思舊賦》。 "到鄉"句:意謂這次奉召回京,雖貶官只二十餘年,卻有隔世之感。爛柯人,用王質爛柯的典故。據《述異記》,晉朝人王質入山砍柴,深山中見二童子對弈。他在旁邊觀看,一局終了,手中的斧頭柄竟已朽爛。他回到家中,才知已過百年,同輩之人均已去世。柯,斧柄。

(3) "沉舟"二句:白居易贈詩中有"舉眼風光長寂寞,滿朝官職獨蹉跎"句,意謂同輩之人都已升遷,惟獨你在荒涼之地虛度年華。白居易頗爲劉禹錫感到不平。沉舟、病樹,均爲作者自喻。

(4) 長:增長,振作。

白　居　易

　　白居易(772—846),字樂天,唐下邽(今陝西渭南)人。因曾任太子少傅,故世稱"白傅"。晚年居洛陽香山,自號香山居士。貞元十六年(800)進士,貞元十八年(802)拔萃科考後任秘書省校書郎、翰林學士、左拾遺等職。白居易前期的政治思想以"兼濟天下"爲主,創作了大量政治諷喻詩。元和十年(815),因上疏言事得罪權貴,被貶爲江州(今江西九江一帶)司馬。從此,他的思想發生了巨大的變化,轉向以"獨善其身"爲主。後任過杭州、蘇州、忠州(今四川忠縣一帶)刺史,官終刑部尚書。晚年思想上趨向消沉,常以隱士佛子自居。

　　白居易是中唐傑出的現實主義詩人,是新樂府運動的倡導者和主要代表。他繼承了中國古代一貫以《詩經》爲主旨的"比興美刺"的傳統詩論,十分強調詩歌的現實內容和社會作用,主張"文章合爲時而著,歌詩合爲事而作",反對只是嘲風雪、弄花草的形式主義文風。內容的深刻和風格的平易,使白居易的作品在社會上流傳很廣。

　　有《白氏長慶集》。

杜　陵　叟

傷農夫之困也

【題解】

　　這首敍事詩是白居易《新樂府》五十首中的第三十首。白居易在每首新樂府詩的題目下都標有小序,以表明該詩的創作意圖。"傷農夫之困"便是這首詩的創作主旨。作者在詩中先敍天災之重,再寫人禍之烈,最後戳穿免稅詔書只是籠絡人心的一紙空文。詩的主旨突出,敍事井然。語言通俗易懂,三、五、七、九言句式交錯使用,適於表達作者憤憤不平的感情。同時,作者用第一人稱直接控訴貪官汙吏的豺狼行徑,又用第三人稱含蓄揭露皇上免稅的騙局,一直斥,一委婉,批判深刻。

　　　　杜陵叟,杜陵居,歲種薄田一頃餘[1]。
　　　　三月無雨旱風起,麥苗不秀多黃死[2]。
　　　　九月降霜秋早寒,禾穗未熟皆青乾。
　　　　長吏明知不申破,急斂暴徵求考課[3]。

典桑賣地納官租，明年衣食將何如？
剝我身上帛，奪我口中粟。
虐人害物即豺狼，何必鈎爪鋸牙食人肉[4]？
不知何人奏皇帝，帝心惻隱知人弊[5]。
白麻紙上書德音，京畿盡放今年税[6]。
昨日里胥方到門，手持尺牒榜鄉村[7]。
十家租税九家畢，虛受吾君蠲免恩[8]。

【注釋】

(1) 杜陵：漢宣帝陵，在今陝西西安東南。 一頃：一百畝。按唐均田制規定，每一成年男子給田一百畝，病殘者給四十畝，寡婦給三十畝。全家只有一頃多地者是相當貧苦的人家。

(2) 秀：莊稼吐穗開花。

(3) 長吏：泛指地方官吏。 申破：報告說明實情。 考課：考核官吏的政績，以決定其升降或賞罰。

(4) 害物：害人。物，這裏指人。 鈎爪鋸牙：爪子像鈎一樣，牙齒像鋸一樣。

(5) 不知何人：實際上是作者本人。

(6) 白麻紙：唐代詔書一般用黃麻紙書寫，而宣佈赦免、賑荒救災等則用白麻紙書寫。德音：意指宣佈皇帝恩德的好消息。 京畿：京城附近。 盡放：全部免除。

(7) 里胥：里長。 尺牒：告示，這裏指免租税的公文。 榜：張貼。

(8) 蠲(juān)：免。

長　恨　歌

【題解】

這首長篇敍事詩作于元和元年(806)，當時白居易正任周至(今屬陝西)縣尉。這年冬天，他與友人陳鴻、王質夫到馬嵬驛附近的仙遊寺遊覽，談及唐玄宗和楊貴妃的事，"相與感歎。質夫舉酒於樂天前曰：'夫希代之事，非遇出世之才潤色之，則與時消沒，不聞於世。樂天深於詩、多於情者也，試爲歌之，如何？'樂天因爲《長恨歌》"。全詩大致可分爲四段：第一段寫李、楊會合經過，李對楊的寵倖，形象地告訴我們唐玄宗迷色誤國是這一悲劇的根源；第二段寫安史亂起，貴妃殞命，玄宗傷痛不已；第三段寫李重回長安後對楊的思念；第四段寫楊對李的忠貞不渝之情。此詩的主旨，歷來頗有爭議，有人認爲是諷刺荒淫，有人認爲是歌頌愛情，有人則認爲是雙重主題，詩中兼有諷刺與同情。這首感傷詩敍事曲折詳盡，描寫生動細膩，渲染淒婉動人，藝術上達到了很高的成就。

漢皇重色思傾國，御宇多年求不得[1]。
楊家有女初長成，養在深閨人未識。
天生麗質難自棄，一朝選在君王側[2]。

回眸一笑百媚生,六宫粉黛無顏色[3]。
春寒賜浴華清池,溫泉水滑洗凝脂[4]。
侍兒扶起嬌無力,始是新承恩澤時[5]。
雲鬢花顏金步搖,芙蓉帳暖度春宵[6]。
春宵苦短日高起,從此君王不早朝。
承歡侍宴無閒暇,春從春遊夜專夜。
後宮佳麗三千人,三千寵愛在一身。
金屋妝成嬌侍夜,玉樓宴罷醉和春[7]。
姊妹弟兄皆列土,可憐光彩生門戶[8]。
遂令天下父母心,不重生男重生女[9]。

驪宮高處入青雲,仙樂風飄處處聞[10]。
緩歌慢舞凝絲竹,盡日君王看不足[11]。
漁陽鼙鼓動地來,驚破霓裳羽衣曲[12]。
九重城闕煙塵生,千乘萬騎西南行[13]。
翠華搖搖行復止,西出都門百餘里[14]。
六軍不發無奈何,宛轉蛾眉馬前死[15]。
花鈿委地無人收,翠翹金雀玉搔頭[16]。
君王掩面救不得,回看血淚相和流[17]。
黃埃散漫風蕭索,雲棧縈紆登劍閣[18]。
峨嵋山下少人行,旌旗無光日色薄[19]。
蜀江水碧蜀山青,聖王朝朝暮暮情。
行宮見月傷心色,夜雨聞鈴腸斷聲[20]。
天旋地轉回龍馭,到此躊躇不能去[21]。
馬嵬坡下泥土中,不見玉顏空死處[22]。

君臣相顧盡霑衣,東望都門信馬歸[23]。
歸來池苑皆依舊,太液芙蓉未央柳[24]。
芙蓉如面柳如眉,對此如何不淚垂。
春風桃李花開日,秋雨梧桐葉落時[25]。
西宮南內多秋草,落葉滿階紅不掃[26]。
梨園弟子白髮新,椒房阿監青娥老[27]。
夕殿螢飛思悄然,孤燈挑盡未成眠[28]。
遲遲鐘鼓初長夜,耿耿星河欲曙天[29]。
鴛鴦瓦冷霜華重,翡翠衾寒誰與共[30]。

悠悠生死別經年，魂魄不曾來入夢。

臨邛道士鴻都客，能以精誠致魂魄(31)。
爲感君王展轉思，遂教方士殷勤覓(32)。
排空馭氣奔如電，升天入地求之遍(33)。
上窮碧落下黃泉，兩處茫茫皆不見(34)。
忽聞海上有仙山，山在虛無縹緲間。
樓閣玲瓏五雲起，其中綽約多仙子(35)。
中有一人字太真，雪膚花貌參差是(36)。
金闕西廂叩玉扃，轉教小玉報雙成(37)。
聞道漢家天子使，九華帳裏夢魂驚(38)。
攬衣推枕起徘徊，珠箔銀屏迤邐開(39)。
雲鬢半偏新睡覺，花冠不整下堂來。
風吹仙袂飄飄擧，猶似霓裳羽衣舞。
玉容寂寞淚闌干，梨花一枝春帶雨(40)。
含情凝睇謝君王，一別音容兩渺茫(41)。
昭陽殿裏恩愛絕，蓬萊宮中日月長(42)。
回頭下望人寰處，不見長安見塵霧。
唯將舊物表深情，鈿合金釵寄將去(43)。
釵留一股合一扇，釵擘黃金合分鈿(44)。
但教心似金鈿堅，天上人間會相見。
臨別殷勤重寄詞，詞中有誓兩心知。
七月七日長生殿，夜半無人私語時(45)。
在天願作比翼鳥，在地願爲連理枝(46)。
天長地久有時盡，此恨綿綿無絕期(47)。

【注釋】

（1）漢皇：這裏指唐玄宗，以漢代稱唐。　傾國：絕色女子。語出漢李延年詩："北方有佳人，絕世而獨立。一顧傾人城，再顧傾人國。"　御宇：駕御宇內，即統治天下。

（2）"楊家"四句：楊家女指楊玉環。她本是蜀州司戶楊玄琰之女，隨叔父楊玄璬入長安。開元二十三年(735)被冊封爲壽王(玄宗的兒子李瑁)妃。後被玄宗自己看中，便於開元二十八年(740)度她爲女道士，住太真宮。天寶四年(745)召她還俗，迎歸宮中。"養在深閨"云云，是白居易爲玄宗隱諱。

（3）六宮粉黛：宮內所有嬪妃。粉黛，化妝品，粉以抹臉，黛以描眉，這裏指代宮妃。　無顏色：意謂和楊貴妃在一起，宮妃們相形之下都黯然失色了。

（4）華清池：華清宮的溫泉浴池，在今陝西臨潼驪山上。　凝脂：形容皮膚潔白滑潤。語

192

出《詩・衛風・碩人》:"膚如凝脂。"

(5) 承恩澤:得到皇帝的寵幸。

(6) 雲鬢:豐滿如雲的鬢髮。 金步搖:一種頭飾,用金絲製成花枝形狀,上綴珠玉,插於髮髻,能隨人步行而搖。 芙蓉帳:繡有並蒂蓮的帳幔。

(7) 金屋:據《太真外傳》,楊玉環在華清宮的梳妝之所名端正樓。此言金屋,系用漢武帝"金屋藏嬌"之意。 醉和春:形容楊貴妃醉後的體態風情。

(8) 姊妹弟兄:楊玉環被冊封為貴妃後,家族沾光受寵。她的大姐封為韓國夫人,三姐封為虢國夫人,八姐封為秦國婦人,堂兄弟楊銛官鴻臚卿,楊錡官侍御史,楊釗賜名國忠,官右丞相,封魏國公。列土:列土受封。列,通"裂"。 可憐:可愛。憐,愛,美慕。

(9) "不重"句:陳鴻《長恨歌傳》載:"當時謠詠有云:'生女勿悲酸,生男勿喜歡。'又曰:'男不封侯女作妃,看女卻為門上楣。'其人心美慕如此。"

(10) 驪宮:即華清宮。因在驪山上,故稱驪宮。唐玄宗和楊貴妃常在這裏飲酒作樂。

(11) 凝絲竹:歌舞與樂曲密切吻合,絲絲入扣。凝,凝結。一說指樂器奏出緩慢的旋律,其聲綿延不絕,仿佛凝固了一樣。

(12) "漁陽"句:此指天寶十四載(755)十一月平盧、范陽、河東三鎮節度使安祿山發動叛亂一事。漁陽,郡名,郡治在今河北薊縣,當時屬安祿山管轄。 鼙(pí)鼓,古代軍中所用小鼓。霓裳羽衣曲,唐代著名舞曲名。相傳為唐玄宗依據西涼節度使楊敬述所獻樂曲加工潤色而成。

(13) 九重城闕:此指京城長安,語出宋玉《九辯》:"君之門以九重。" 煙塵生:發生戰亂。 千乘萬騎:此指跟隨玄宗逃難的衛隊。 西南行:天寶十五載(756)六月,安祿山破潼關,玄宗自長安向西南逃往蜀地。

(14) 翠華:用翠鳥羽毛裝飾的旗幟,用作皇帝的儀仗。這裏指皇帝的車駕。 搖搖:喻行色匆匆,落荒而逃。 行復止:欲行復止。意謂玄宗西奔至距長安百餘里的馬嵬驛(今屬陝西興平),衛隊不肯前進,請誅楊國忠、楊玉環兄妹以平民憤。 都門:京城城門。

(15) 六軍:此指皇帝的禁軍。 宛轉:悽楚動人、纏綿委屈的樣子。 蛾眉:《詩・衛風・碩人》:"蝤首蛾眉。"美女的代稱,此指楊貴妃。

(16) 花鈿(diàn):鑲嵌金花的首飾。 翠翹:形似翠鳥尾羽的頭飾。 金雀:雀形的金釵。 玉搔頭:玉簪。

(17) "君王"句:陳鴻《長恨歌傳》:"上知不免(指貴妃之死)而不忍見其死,反袂掩面,使牽之而去。" 血淚相和流:意謂玄宗的淚和楊貴妃的血流在一起。

(18) 雲棧:高入雲霄的棧道。 縈紆(yíng yū):迂回曲折。 劍閣:即劍門關,在今四川劍閣縣北。

(19) 峨嵋山:在今四川峨嵋縣。玄宗奔蜀途中,並未經過峨嵋山,這裏泛指蜀中高山。 薄:日月無光。

(20) "夜雨"句:《明皇別錄・補遺》:"明皇既幸蜀,西南行,初入斜谷,霖雨涉旬,於棧道中聞鈴音與山相應。上既悼念貴妃,采其聲為《雨淋鈴》曲以寄恨焉。"

(21) 天旋地轉:猶言雲開霧散,喻局勢轉變。 回龍馭:至德二載(757)九月,郭子儀軍收復長安,唐肅宗派太子太師韋見素至蜀迎玄宗回京。龍馭,皇帝的車駕。

(22) 空死處:只能見到楊貴妃死的地方。空,徒。
(23) 信:任,任隨。
(24) 太液:漢朝宮廷內池苑名。 未央:漢朝宮殿名。這裏以漢代唐,泛指唐朝內宮。
(25) "春風"二句:描述玄宗從春到秋的永久思念。
(26) 西宮:唐太極宮,也稱西內。 南內:唐興慶宮。內,這裏即指宮。玄宗還京後初居興慶宮,肅宗及其親信惟恐他東山再起,將他遷至太極宮內,不讓他再過問國家大事。
(27) 梨園弟子:當年玄宗在梨園調教出來的樂工。《雍錄》卷九:"開元二年,置教坊於蓬萊宮,上自教法曲,謂之'梨園弟子'。至天寶中,即東宮置宜春北苑,命宮女數百人為梨園弟子,即是。'梨園'者,按樂之地;而預教者,名為'弟子'耳。" 椒房:后妃所住的宮殿。因用花椒和泥塗壁以取其香暖而多子,故名椒房。 阿監:宮中女官名。 青娥:年輕貌美的宮女,一說指女子美好的容貌。
(28) 悄然:憂愁的樣子。
(29) 遲遲:形容長夜難眠,報更鐘鼓聲更覺遲緩。 初長夜:初秋夜,因入秋則夜漸長。 耿耿:明亮的樣子。 欲曙天:長夜將曉之時。
(30) 鴛鴦瓦:嵌合成對的瓦。 翡翠衾:繡有翡翠鳥的被子。翡翠鳥亦雌雄雙棲。 誰與共:與誰共。
(31) "臨邛(qióng)"句:有個道士從臨邛來長安客居。臨邛,今四川邛崍。 鴻都:代指都城,這裏指長安。 致魂魄:使楊貴妃的亡魂前來。致,招來。
(32) "為感"句:為君王輾轉思念所感動。
(33) 排空馭氣:猶言騰雲駕霧。
(34) 碧落、黃泉:古人以為天有九重,最上一層叫碧落;地有九層,最下一層叫黃泉。
(35) 五雲:五彩雲霞。 綽約:形容風姿美好。
(36) 參差:仿佛,差不多。
(37) 金闕:金碧輝煌的神仙宮闕。 "轉教"句:意謂仙府庭院重重,須經輾轉通報。小玉、雙成,皆為古代神話傳說中的女子,此指楊貴妃所在仙府的侍婢。小玉,傳說中吳王夫差的女兒,死後成仙。雙成,即董雙成,傳說為西王母的侍女。
(38) 九華帳:繡有多種花飾的帷帳,相傳為西王母所有之物。
(39) 珠箔:用珍珠串編成的簾子。 迤邐(yǐlǐ):一個接一個,接連。
(40) 闌干:縱橫。 "梨花"句:挂滿淚水的面容,就像春天裏帶着雨水的梨花。
(41) 凝睇(dì):凝視。
(42) 昭陽殿:漢代宮殿名,漢成帝皇后趙飛燕所居。這裏指楊貴妃生前居住的宮殿。 蓬萊宮:楊貴妃在仙府的居室。蓬萊,傳說中海上三仙山之一。 日月長:時光難耐。
(43) 舊物:楊貴妃生前與玄宗的定情之物,即下文的鈿合、金釵。 鈿合:鑲嵌有金花的合子。 寄將去:托道士捎去。
(44) "釵留"句:釵由兩股組成,此捎去一股,留下一股;盒由兩片合成,此捎去一片,留下一片。 "釵擘"句:意即"黃金釵擘鈿合分"。擘,分剖。
(45) 長生殿:唐宮殿名,在驪山華清宮內。據說天寶十年(751)七月初七,唐玄宗與楊貴妃在長生殿密約世世為夫婦。

(46) 比翼鳥:本名鶼鶼,飛時雌雄相從,比翼齊飛。連理枝:兩棵樹不同根而枝條相交在一起。

(47) 綿綿:長遠不絕,以結題目"長恨"之意。

長相思

【題解】

詞牌名《長相思》出自古樂府:"上言長相思,下言久離別。"這首詞寫離別思念之情,通篇融愁于水,借流水悠悠,寫思念、怨恨之情無盡;借吳山點點,寫失望、離愁之緒不斷。"月明人倚樓"是離人的典型動作,眺望中含希望,而往往緊隨希望的是失望。希望和失望的交替,不由得使離愁倍增。

汴水流,泗水流,流到瓜州古渡頭(1)。吳山點點愁(2)。　思悠悠,恨悠悠,恨到歸時方始休。月明人倚樓。

【注釋】

(1) 汴水:古汴河在河南鄭州、開封北,流經江蘇徐州,合泗水入淮河。元時爲黃河所奪,今已淤塞。　泗水:源于山東泗水縣,流經曲阜、江蘇徐州入淮河。　瓜州:江蘇邗江縣南的瓜州鎮,在運河入長江處。本爲江中沙洲,狀如瓜子,故名。

(2) 吳山:泛指長江南岸諸山。

白行簡

白行簡(776—826),字知退,白居易之弟。元和二年(807),登進士第,授秘書省校書郎。官歷左拾遺、主客員外郎、主客郎中。《舊唐書》稱其"文筆有兄風,辭賦尤稱精密,文士皆師法之"。

白行簡以傳奇著稱,代表作爲《李娃傳》。他去世後白居易整理其詩文,編爲《白郎中集》二十卷,今不傳。

李娃傳

【題解】

這篇傳奇改編自民間流傳的《一枝花傳》,記敘了鄭生與李娃之間由合而離、由離而合的曲折過程,"行簡本善文筆,李娃事又近情而聳聽,故纏綿可觀"(魯迅《中國小說史略》)。《李娃傳》真實地反映了當時的社會現實,其大團圓的結局表現了作者美好的願望和對正直善良的下層人民的歌頌。小說人物塑造鮮明生動,故事情節波瀾曲折,敍述語言優美精練,對宋元通俗小說和後代戲劇影響很大。

汧國夫人李娃[1],長安之倡女也。節行瓌奇[2],有足稱者,故監察御史白行簡爲傳述[3]。天寶中,有常州刺史滎陽公者,略其名氏,不書。時望甚崇,家徒甚殷。知命之年,有一子,始弱冠矣,雋朗有詞藻,迥然不群,深爲時輩推伏。其父愛而器之,曰:"此吾家千里駒也。"應鄉賦秀才舉[4],將行,乃盛其服玩車馬之飾,計其京師薪儲之費,謂之曰:"吾觀爾之才,當一戰而霸。今備二載之用,且豐爾之給,將爲其志也[5]。"生亦自負,視上第如指掌。

自毗陵發[6],月餘抵長安,居於布政里[7]。嘗遊東市還,自平康東門入[8],將訪友於西南。至鳴珂曲[9],見一宅,門庭不甚廣,而室宇嚴邃。闔一扉,有娃方憑一雙鬟青衣立[10],妖姿要妙,絕代未有。生忽見之,不覺停驂久之,徘徊不能去。乃詐墜鞭於地,候其從者,敕取之。累眄於娃,娃回眸凝睇,情甚相慕。竟不敢措辭而去。生自爾意若有失,乃密徵其友遊長安之熟者[11],以訊之。友曰:"此狹邪女李氏宅也[12]。"曰:"娃可求乎?"對曰:"李氏頗贍。前與之通者多貴戚豪族,所得甚廣。非累百萬,不能動其志也。"生曰:"苟患其不諧,雖百萬,何惜。"他日,乃潔其衣服,盛賓從而往。扣其門,俄有侍兒啓扃。生曰:"此誰之第也?"侍兒不答,馳走大呼曰:"前時遺策郎也!"娃大悅曰:"爾姑止之。吾當整妝易服而出。"生聞之私喜。乃引之蕭牆間[13],見一姥垂白上僂,即娃母也。生跪拜前致詞曰:"聞茲地有隙院,願稅以居[14],信乎?"姥曰:"懼其淺陋湫隘[15],不足以辱長者所處,安敢言直耶?"延生於遲賓之館[16],館宇甚麗。與生偶坐,因曰:"某有女嬌小,技藝薄劣,欣見賓客,願將見之。"乃命娃出。明眸皓腕,舉步豔冶。生遽驚起,莫敢仰視。與之拜畢,敍寒燠,觸類妍媚[17],目所未睹。復坐,烹茶斟酒,器用甚潔。

久之,日暮,鼓聲四動。姥訪其居遠近。生紿之曰:"在延平門外數里。"冀其遠而見留也。姥曰:"鼓已發矣。當速歸,無犯禁。"生曰:"幸接歡笑,不知日之云夕。道里遼闊,城內又無親戚。將若之何?"娃曰:"不見責僻陋,方將居之,宿何害焉?"生數目姥,姥曰:"唯唯。"生乃招其家僮,持雙縑[18],請以備一宵之饌。娃笑而止之曰:"賓主之儀,且不然也。今夕之費,願以貧竇之家[19],隨其粗糲以進之[20]。其餘以俟他辰。"固辭,終不許。俄徙坐西堂,幃幕簾榻,煥然奪目;妝奩衾枕,亦皆侈麗。乃張燭進饌,品味甚盛。徹饌,姥起。生娃談話方切,詼諧調笑,無所不至。生曰:"前偶過卿門,遇卿適在屏間。厥後心常勤念,雖寢與食,未嘗或捨。"娃答曰:"我心亦如之。"生曰:"今之來,非直求居而已,願償平生之志。但未知命也若何?"言未終,姥至,詢其故,具以告。姥笑曰:"男女之際,大欲存焉。情苟相得,雖父母之命,不能制也。女子固陋,曷足以薦君子之枕席[21]?"生遂下階,拜而謝之曰:"願以己爲廝養[22]。"姥遂目之爲郎[23],飲酣而散。及旦,盡徙其囊橐,因家于李之第。

自是生屏迹戢身[24],不復與親知相聞。日會倡優儕類,狎戲遊宴。囊中盡空,乃鬻駿乘,及其家童。歲餘,資財僕馬蕩然。邇來姥意漸怠,娃情彌篤。

他日,娃謂生曰:"與郎相知一年,尚無孕嗣。常聞竹林神者,報應如響,將致薦酹求之[25],可乎?"生不知其計,大喜。乃質衣於肆[26],以備牢醴[27],與娃同謁祠宇而禱祝焉,信宿而返[28]。策驢而後,至里北門,娃謂生曰:"此東轉小曲中,某之姨宅也。將憩而覷之,可乎?"生如其言。前行不逾百步,果見一車門。窺其際,甚弘敞。其青衣自車後止之曰:"至矣。"生下,適有一人出訪曰:"誰?"曰:"李娃也。"乃入告。俄有一嫗至,年可四十餘,與生相迎,曰:"吾甥來否?"娃下車,嫗逆訪之曰[29]:"何久疏絕?"相視而笑。娃引生拜之。既見,遂偕入西戟門偏院[30]。中有山亭,竹樹蔥蒨,池榭幽絕。生謂娃曰:"此姨之私第耶?"笑而不答,以他語對。俄獻茶果,甚珍奇。食頃,有一人控大宛[31],汗流馳至,曰:"姥遇暴疾頗甚,殆不識人。宜速歸。"娃謂姨曰:"方寸亂矣。某騎而前去,當令返乘,便與郎偕來。"生擬隨之。其姨與侍兒偶語,以手揮之,令生止於戶外,曰:"姥且歿矣。當與某議喪事以濟其急,奈何遽相隨而去?"乃止,共計其凶儀齋祭之用。日晚,乘不至。姨言曰:"無復命,何也?郎驟往覘之[32],某當繼至。"生遂往,至舊宅,門扃鑰甚密,以泥緘之。生大駭,詰其鄰人。鄰人曰:"李本稅此而居,約已周矣[33]。第主自收。姥徙居,而且再宿矣。"徵徙何處,曰:"不詳其所。"生將馳赴宣陽以詰其姨[34],日已晚矣,計程不能達。乃弛其裝服質饌而食,賃榻而寢。生恚怒方甚,自昏達旦,目不交睫。質明,乃策蹇而去[35]。既至,連扣其扉,食頃無人應。生大呼數四,有宦者徐出,生遽訪之:"姨氏在乎?"曰:"無之。"生曰:"昨暮在此,何故匿之?"訪其誰氏之第。曰:"此崔尚書宅。昨者有一人稅此院,云遲中表之遠至者[36]。未暮去矣。"生惶惑發狂,罔知所措,因返訪布政舊邸。

邸主哀而進膳。生怨懣,絕食三日,遘疾甚篤,旬餘愈甚。邸主懼其不起,徙之於凶肆之中[37]。綿惙移時[38],合肆之人共傷歎而互飼之。後稍愈,杖而能起。由是凶肆日假之,令執緫帷[39],獲其直以自給。累月,漸復壯。每聽其哀歌,自歎不及逝者,輒嗚咽流涕,不能自止。歸則效之。生,聰敏者也。無何,曲盡其妙,雖長安無有倫比。

初,二肆之傭凶器者[40],互爭勝負。其東肆車輿皆奇麗,殆不敵,唯哀挽劣焉[41]。其東肆長知生妙絕,乃醵錢二萬索顧焉[42]。其黨耆舊[43],共較其所能者,陰教生新聲,而相贊和[44]。累旬,人莫知之。其二肆長相謂曰:"我欲各閱所備之器於天門街⁽⁴⁵⁾,以較優劣。不勝者罰直五萬,以備酒饌之用,可乎？"二肆許諾。乃邀立符契,署以保證⁽⁴⁶⁾,然後閱之。士女大和會,聚至數萬。於是里胥告于賊曹⁽⁴⁷⁾,賊曹聞于京尹。四方之士,盡赴趨焉,巷無居人。自旦閱之,及亭午,歷舉輦輿威儀之具,西肆皆不勝,師有慙色。乃置層榻于南隅,有長髯者擁鐸而進⁽⁴⁸⁾,翊衛數人⁽⁴⁹⁾。於是奮髯揚眉,扼腕頓顙而登⁽⁵⁰⁾,乃歌《白馬》之詞⁽⁵¹⁾。恃其夙勝,顧眄左右,旁若無人。齊聲讚揚之；自以為獨步一時,不可得而屈也。有頃,東肆長於北隅上設連榻,有烏巾少年,左右五六人,秉翣而至⁽⁵²⁾,即生也。整衣服,俯仰甚徐,申喉發調,容若不勝。乃歌《薤露》之章,舉聲清越,響振林木。曲度未終,聞者歔欷掩泣。西肆長為衆所誚,益慙恥。密置所輸之直於前,乃潛遁焉。四坐愕眙⁽⁵³⁾,莫之測也。

　　先是,天子方下詔,俾外方之牧歲一至闕下⁽⁵⁴⁾,謂之入計⁽⁵⁵⁾。時也適遇生之父在京師,與同列者易服章竊往觀焉。有老豎⁽⁵⁶⁾,即生乳母婿也,見生之舉措辭氣,將認之而未敢,乃泫然流涕。生父驚而詰之。因告曰："歌者之貌,酷似郎之亡子。"父曰："吾子以多財為盜所害,奚至是耶？"言訖,亦泣。及歸,豎間馳往,訪於同黨曰："向歌者誰？若斯之妙歟？"皆曰："某氏之子。"徵其名,且易之矣。豎凜然大驚；徐往,迫而察之。生見豎色動,回翔將匿於衆中⁽⁵⁷⁾。豎遂持其袂曰："豈非某乎？"相持而泣。遂載以歸。

　　至其室,父責曰："志行若此,污辱吾門！何施面目,復相見也？"乃徒行出,至曲江西杏園東,去其衣服,以馬鞭鞭之數百。生不勝其苦而斃。父棄之而去。其師命相狎昵者陰隨之⁽⁵⁸⁾,歸告同黨,共加傷歎。令二人齎葦席瘞焉⁽⁵⁹⁾。至,則心下微溫。舉之,良久,氣稍通。因共荷而歸,以葦筒灌勺飲,經宿乃活。月餘,手足不能自舉。其楚撻之處皆潰爛,穢甚。同輩患之,一夕,棄于道周⁽⁶⁰⁾。行路咸傷之,往往投其餘食,得以充腸。十旬,方杖策而起。被布裘,裘有百結,襤褸如懸鶉⁽⁶¹⁾。持一破甌,巡於閭里,以乞食為事。自秋徂冬,夜入於糞壤窟室,晝則周遊廛肆⁽⁶²⁾。

　　一旦大雪,生為凍餒所驅,冒雪而出,乞食之聲甚苦。聞見者莫不悽惻。時雪方甚,人家外戶多不發。至安邑東門,循里垣北轉第七八⁽⁶³⁾,有一門獨啓左扉,即娃之第也。生不知之,遂連聲疾呼："饑凍之甚！"音響悽切,所不忍聽。娃自閣中聞之,謂侍兒曰："此必生也。我辨其音矣。"連步而出。見生枯瘠疥厲⁽⁶⁴⁾,殆非人狀。娃意感焉,乃謂曰："豈非某郎也？"生憤懣絕倒,口不能言,頷頤而已。娃前抱其頸,以繡襦擁而歸於西廂。失聲長慟曰："令子一朝及此,我之罪也！"絕而復蘇。姥大駭,奔至,曰："何也？"娃曰："某郎。"姥遽曰："當逐之。奈何令至此？"娃斂容卻睇曰⁽⁶⁵⁾："不然。此良家子也。當昔驅高車,持金裝,至某之室,不逾期而蕩盡⁽⁶⁶⁾。且互設詭計,捨而逐之,殆非人。令其失志,不得齒於人類。父子之道,天性也。使其情絕,殺而棄之。又困躓若此⁽⁶⁷⁾。天下之人盡知爲某也。生親戚滿朝,一旦當權者熟察其本末,禍將及矣。況欺天負人,鬼神不祐,無自貽其殃也。某爲姥子,迨今有二十歲矣。計其貲,不啻直千金。今姥年六十餘,願計二十年衣食之用以贖身,當與此子別卜所詣⁽⁶⁸⁾。所詣非遙,晨昏得以溫凊⁽⁶⁹⁾,某願足矣。"姥度其志不可奪,因許之。

給姥之餘,有百金。北隅四五家稅一隙院。乃與生沐浴,易其衣服;爲湯粥,通其腸;次以酥乳潤其臟。旬餘,方薦水陸之饌。頭巾履襪,皆取珍異者衣之。未數月,肌膚稍腴,卒歲,平愈如初。

異時,娃謂生曰:"體已康矣,志已壯矣。淵思寂慮,默想囊昔之藝業,可溫習乎?"生思之,曰:"十得二三耳。"娃命車出遊,生騎而從。至旗亭南偏門鬻墳典之肆⁽⁷⁰⁾,令生揀而市之,計費百金,盡載以歸。因令生斥棄百慮以志學,俾夜作畫,孜孜矻矻⁽⁷¹⁾。娃常偶坐,宵分乃寐。伺其疲倦,即諭之綴詩賦⁽⁷²⁾。二歲而業大就,海內文籍,莫不該覽⁽⁷³⁾。生謂娃曰:"可策名試藝矣。"娃曰:"未也。且令精熟,以俟百戰。"更一年,曰:"可行矣。"於是遂一上登甲科⁽⁷⁴⁾,聲振禮闈⁽⁷⁵⁾。雖前輩見其文,罔不斂衽敬羨,願友之而不可得。娃曰:"未也。今秀士苟獲擢一科第⁽⁷⁶⁾,則自謂可以取中朝之顯職,擅天下之美名。子行穢迹鄙,不侔於他士。當礱淬利器⁽⁷⁷⁾,以求再捷,方可以連衡多士,爭霸群英。"生由是益自勤苦,聲價彌甚。其年,遇大比⁽⁷⁸⁾,詔徵四方之儁,生應直言極諫科,策名第一,授成都府參軍。三事已降⁽⁷⁹⁾,皆其友也。

將之官,娃謂生曰:"今之復子本軀,某不相負也,願以殘年歸養老姥。君當結媛鼎族⁽⁸⁰⁾,以奉蒸嘗⁽⁸¹⁾。中外婚媾⁽⁸²⁾,無自瀆也⁽⁸³⁾。勉思自愛。某從此去矣。"生泣曰:"子若棄我,當自剄以就死。"娃固辭不從,生勤請彌懇。娃曰:"送子涉江,至於劍門⁽⁸⁴⁾,當令我回。"生許諾。

月餘,至劍門。未及發而除書至⁽⁸⁵⁾,生父由常州詔入,拜成都尹,兼劍南採訪使。浹辰⁽⁸⁶⁾,父到。生因投刺⁽⁸⁷⁾,謁於郵亭。父不敢認,見其祖父官諱,方大驚,命登階,撫背慟哭移時,曰:"吾與爾父子如初。"因詰其由,具陳其本末。大奇之,詰娃安在。曰:"送某至此,當令復還。"父曰:"不可。"翌日,命駕與生先之成都,留娃於劍門,築別館以處之。明日,命媒氏通二姓之好,備六禮以迎之,遂如秦晉之偶⁽⁸⁸⁾。

娃既備禮,歲時伏臘⁽⁸⁹⁾,婦道甚修,治家嚴整,極爲親所眷。嚮後數歲,生父母偕歿,持孝甚至。有靈芝產於倚廬⁽⁹⁰⁾,一穗三秀⁽⁹¹⁾。本道上聞。又有白燕數十,巢其層甍。天子異之,寵錫加等。終制⁽⁹²⁾,累遷清顯之任。十年間,至數郡。娃封汧國夫人。有四子,皆爲大官,其卑者猶爲太原尹。弟兄姻媾皆甲門,內外隆盛,莫之與京⁽⁹³⁾。

嗟乎!倡蕩之姬,節行如此,雖古先烈女,不能逾也。焉得不爲之歎息哉!

199

予伯祖嘗牧晉州(94)，轉戶部，爲水陸運使。三任皆與生爲代(95)，故諳詳其事。貞元中，予與隴西公佐話婦人操烈之品格(96)，因遂述汧國之事。公佐拊掌竦聽，命予爲傳。乃握管濡翰，疏而存之。時乙亥歲秋八月，太原白行簡云。

【注釋】

(1) 汧(qiān)國夫人：李娃封號。汧，即汧陽，在今陝西汧山及汧水之南。
(2) 瓌奇：高貴，特異。瓌，同"瑰"。
(3) 監察御史白行簡：事實上，白行簡並未任過監察御史，且篇末作者自云本文寫於"乙亥歲秋"，當爲795年，其時白行簡尚未中進士。
(4) 應鄉賦秀才舉：由州縣保薦到京城應試。
(5) 將：以，這裏用作介詞。
(6) 毗(pí)陵：今江蘇常州。
(7) 布政里：長安街巷名。
(8) 平康：長安街巷名，距布政里很近，爲妓女所居之處。
(9) 鳴珂曲：平康里的一條小巷。
(10) 雙鬟青衣：梳兩個鬟的婢女。青衣，卑賤者之服，這裏指婢女。
(11) 徵：求。
(12) 狹邪女：妓女。狹邪，妓女所居的里巷之地。
(13) 蕭牆：當門的牆。
(14) 稅：租賃。
(15) 湫(jiǎo)隘：低下、狹小。
(16) 遲(zhì)賓之館：接待賓客的房間。遲，待。
(17) 觸類：一舉一動。
(18) 縑：細絹。漢代以後多作賞贈酬謝之物，或代作貨幣。
(19) 窶(jù)：貧而簡陋。
(20) 糲：粗米。
(21) 薦枕：侍寢，做妻妾。
(22) 廝養：這裏指僕役之人。
(23) 郎：這裏指女婿。
(24) 戢(jí)：藏。
(25) 薦：進獻祭品。酹：以酒灑地表祭奠。
(26) 質：抵押。
(27) 牢醴：祭神的貢品。牢，牛、羊、豕。醴，甜酒。
(28) 信宿：連宿兩夜。
(29) 逆：迎。
(30) 戟門：門外立戟(兵器)。唐制，三品以上官員得立戟於門，因而稱顯貴之家爲戟門。
(31) 大宛：古西域國之一，盛產名馬，這裏代指名馬。

(32) 覘(chān)：看，窺視。
(33) 周：終，到底，滿（如"周年"）。
(34) 宣陽：當指李娃之姨宅所在地名或里巷名。
(35) 質明：天剛亮的時候。質，正。 蹇：跛，借喻爲駑劣之馬，這裏指驢。
(36) 中表：姑母的兒女叫外表，舅父、姨母的兒女叫内表，互稱中表。
(37) 凶肆：出售喪葬用品的商店。
(38) 綿惙：病危。惙，疲乏。 移時：少頃，一段時間。
(39) 總帷：靈帳。
(40) 備凶器：經營喪葬用品。
(41) 哀挽：凶肆中專爲喪家唱挽歌的人。
(42) 醵(jù)錢：湊錢。 顧：通"雇"。
(43) 其黨耆舊：意謂唱挽歌的老手。
(44) 贊：助。 和：協，義同"贊"。
(45) 閲：陳列。 天門街：唐長安城裏的大街。
(46) 署：簽字畫押。 保證：保人和證人。
(47) 賊曹：見《桓南郡好獵》注(5)。
(48) 鐸：大鈴。
(49) 翊衛：左右隨從。翊，輔佐，護衛。
(50) 扼腕：手握其腕，表振奮之意。 頓顙：點頭招呼，顯神氣之狀。
(51) 白馬：白色的馬。古代宰馬歃血，多用於盟誓或祭祀。這裏指挽歌名。下文《薤(xiè)露》亦爲挽歌名。
(52) 翣：長把羽扇。
(53) 愕眙(chì)：驚視。眙，直視，驚視。
(54) 外方之牧：這裏指各州刺史。 闕下：天子或京城。
(55) 入計：這裏指各州刺史每年要到長安接受朝廷考察。
(56) 豎：對人的鄙稱，指奴僕。
(57) 回翔：盤旋，這裏指回身躲避的樣子。
(58) 相狎昵者：相好者。狎昵，親昵。
(59) 齎(jī)：持物贈人。 瘞(yì)：埋葬。
(60) 道周：道旁。
(61) 懸鶉：鵪鶉毛斑尾秃，像襤褸的衣服，因以懸鶉形容衣服破爛。
(62) 廛(chán)肆：街市。廛，泛指住宅、市肆區域。
(63) "循里垣"句：沿着里巷的圍牆向北轉到第七八條巷子。
(64) 疥癘：疥瘡。癘，通"癩"。
(65) 斂容：嚴肅其容。 睇：斜視。
(66) 朞(jī)：一整年。
(67) 困躓：窘迫。
(68) 别卜所詣：用占卜的方式另找所居之處。

(69) 溫凊(qìng)："冬溫夏凊"的省稱,表示兒女侍奉父母無微不至。義同"晨昏",見《秋日登洪府滕王閣餞別序》注(50)。

(70) 墳典："三墳五典"的簡稱,相傳爲古書名,後成古書的通稱。

(71) 孜孜矻(kū)矻:形容勤勉刻苦的樣子。

(72) 綴詩賦:作詩寫賦。

(73) 該:完備,多,全。

(74) 甲科:唐宋進士分甲乙科。

(75) 禮闈:禮部試進士的考場。

(76) 秀士:德才優秀的人。

(77) 礱(lóng)淬:磨礪鍛煉。礱,用石頭磨東西。

(78) 大比:這裏指制科考試,由皇帝親自在殿廷詔試。

(79) 三事巳降:三公(太尉、司徒、司空)以下的官員。三事,古稱三公爲三事大夫,這裏指高級官員。唐宋時三公並無實權。

(80) 結媛鼎族:和豪門貴族聯姻。媛,美女。

(81) 以奉蒸嘗:得以主持祭祀等大事。蒸嘗,同"烝嘗",本指秋冬二祭,後泛指祭祀,只有正妻才能參與。

(82) 中外婚媾:在中表姻親之間結婚。唐世族間大多通婚,故族與族之間常有中表關係。

(83) 自黷:自暴自棄。

(84) 劍門:山名,在四川北部。

(85) 除書:授官的詔書。

(86) 浹辰:十二天。浹,周匝,一個循環。辰,以干支紀日,干稱日,支稱辰。

(87) 投刺:呈上名片。刺,名片。古代名片要寫三代姓名。

(88) 秦晉:春秋時秦晉二國世爲婚姻,後稱兩姓聯姻爲秦晉之好。 偶:匹配,配偶。

(89) 歲時伏臘:一年中重大的節日時主持各種儀式。歲時,年節。伏臘,夏季伏日和冬季臘日的祭祀。

(90) 倚廬:古人爲父母守喪時居住的房子。

(91) 一穗三秀:一本三枝。

(92) 終制:守孝期滿。

(93) 京:大。

(94) 牧晉州:任晉州刺史。

(95) 爲代:爲前後任。

(96) 公佐:李公佐,唐隴西(今甘肅東南)人,小說家,其自作傳奇今存有《南柯太守傳》、《謝小娥傳》等四篇。

李 賀

李賀(790—816),字長吉,祖籍隴西成紀(今甘肅秦安),自稱隴西長吉。生於福昌昌谷(今河南宜陽),故世稱李昌谷。李賀爲唐宗室鄭王李亮的後裔,不過其時家道已中落。他才華出衆,但因其父名晉肅,"晉"、"進"同音,爲避父諱而不得舉進士。韓愈曾作《諱辨》鼓勵李賀應試,但他一直沒能參加進士考試,只作過奉禮郎一類的小官。由於悒鬱不得志,又一生多病,二十七歲時李賀病死于昌谷故里。

李賀一生以詩爲業,今存詩二百四十餘首。他的詩有對理想壯志的抒發,但因一生羸弱多病,疊遭挫折,所以此類主題作品"屢見不鮮。其於光陰之速,年命之短,世變無涯,人生有盡,每感愴低徊,長言永歎"(錢鍾書《談藝錄》)。李賀把解脫痛苦的希望寄託於神鬼世界,作品中有對神仙境界的奇妙幻想,有對鬼魅世界的可怕描述,以至人言"太白仙才,長吉鬼才"。李賀的詩歌想像豐富奇特,用詞瑰麗新穎,思路跳躍跌宕。

有《李長吉歌詩》。

雁門太守行

【題解】

"雁門太守行"是樂府舊題。李賀從平定藩鎮叛亂、維護國家統一的立場出發,在這首詩中歌頌將士們爲國捐軀、視死如歸的英雄氣概。前兩句雙方對比,渲染敵軍壓境的緊張氣氛,表現我軍臨敵的嚴陣以待。中間四句描寫戰爭,寫嗚咽的號角、戰鬥的慘烈,又寫增援部隊連夜行軍投入戰鬥。結尾兩句用典故表達將士們浴血報國的決心。全詩蒼涼悲慨,風格與屈原《九歌·國殤》相似。

> 黑雲壓城城欲摧,甲光向日金鱗開[1]。
> 角聲滿天秋色裏,塞上胭脂凝夜紫[2]。
> 半捲紅旗臨易水,霜重鼓寒聲不起[3]。
> 報君黃金臺上意,提攜玉龍爲君死[4]。

【注釋】

(1) 摧:崩毀,傾倒。 甲光:鎧甲在日光下發出的反射光。 向日:一本作"向月"。 金鱗:像金色的魚鱗。

(2) "塞上"句:戰場上胭脂般鮮紅的血迹透過夜霧呈現出一片片紫色。一說長城附近多紫色泥土,故有"紫塞"之稱。這裏是說暮色中塞土猶如胭脂凝成,紫色更顯濃豔。

(3) 易水:在今河北易縣境內。 聲不起:鼓聲沈悶而不響亮。

(4) 黃金臺上意:皇帝的知遇之恩。相傳燕昭王曾築黃金臺以招攬天下賢士。黃金臺,故址在今河北易縣東南。 玉龍:指代寶劍。

南園十三首(其五)

【題解】

　　南園,是詩人故鄉昌谷的園子。《南園》組詩共十三首,多通過所見院内外景物来寫其生活與感情。但這首詩卻不是借所見發端,而是由兩個設問句組成。一、二句表現詩人面對藩鎮猖獗、山河破碎局面的焦急憤懣之情,三、四句從反面襯托投筆從戎的必要性,從而進一步抒發懷才不遇的激憤情懷。整首詩慷慨激昂,直抒胸臆,其報效國家的激情、鬱積已久的憤懣使讀者受到強烈感染。

　　　　　　男兒何不帶吳鈎,收取關山五十州[1]?
　　　　　　請君暫上凌煙閣,若個書生萬戶侯[2]?

【注釋】

　　(1)吳鈎:古代吳地造的一種彎形刀,泛指鋒利的刀劍。　收取:收復。　五十州:當時藩鎮佔據的州郡。
　　(2)凌煙閣:唐太宗爲表彰開國功臣,在凌煙閣設二十四功臣像,親自爲他們寫贊。　若個:哪個。

杜　牧

　　杜牧(803—852),字牧之,唐京兆萬年(今陝西西安)人。因晚年任中書舍人時居長安城南樊川別墅,故後世稱他爲杜樊川。杜牧出身名門,祖父杜佑是中唐有名的宰相和史學家。大和二年(828)進士及第,授弘文館校書郎,曾長期在各方鎮爲幕僚,後歷任黃州(今湖北黃岡)、池州(今安徽貴池)、湖州(今屬浙江)等州刺史,官終中書舍人。杜牧生性耿介,爲人"剛直有奇節",不屑逢迎權貴,又"敢論列大事,指陳病利猶至切"(《新唐書·杜牧傳》)。但仕途不得意、抱負難施展的際遇,造成了他縱情聲色、頹廢消極的生活作風。

　　杜牧的詩、賦、文都有較高的成就。其中,詩歌創作最爲突出,所作詩豪健峻爽,文詞清麗,與李商隱齊名,被稱爲"小李杜"。他的文章在晚唐也自成一家,所作《阿房宮賦》爲歷代傳誦不衰,對賦的發展有重要影響。杜牧推崇李白、杜甫、韓愈、柳宗元,又能融化前人的長處,因而被後人譽爲"詩文皆別成一家"(清洪亮吉《北江詩話》)。

　　有《樊川集》。

將赴吳興登樂遊原一絕

【題解】

這首詩寫于宣宗大中四年(850)杜牧將離長安到湖州(即吳興,今浙江湖州)任刺史之時。樂遊原在長安南面,地勢高敞,是當時登高眺望的遊覽勝地。武宗、宣宗時期,牛李黨爭激烈,宦官專權,中央和藩鎮及少數民族政權間的戰鬥不斷,所以作者這"無能"之人正好樂"閒"處"靜"。登上樂遊原,遠望昭陵,不禁想起唐太宗的"貞觀之治"。詩中有對盛世的追懷,還有對自己無從施展才華的悲憤。

> 清時有味是無能,閒愛孤雲靜愛僧[1]。
> 欲把一麾江海去,樂遊原上望昭陵[2]。

【注釋】

(1) "清時"句:意謂太平時期像我這樣有閒適趣味的人都是沒才能的人。清時,太平時期。無能,這裏講的是反話。

(2) "欲把"句:意謂自己將要去做湖州刺史。把,握、持。麾,旌旗的一種。古代常稱外出作州牧或郡守為"建麾"。昭陵:唐太宗的陵墓,在今陝西醴泉縣東北九嵕(zōng)山。這句暗示自己對當時的政治不滿而向往唐太宗的"貞觀之治"。

赤　壁

【題解】

這首詩是作者經過赤壁古戰場,有感於三國時的英雄成敗而寫的。前兩句借古物寫興感之由,後兩句從反面落筆,用對美女命運的間接描繪來寫假想中的曹軍勝利。作者本意不在於強調東風的作用,也不在於譏笑周瑜僥倖取勝,而是像阮籍登廣武戰場發出"時無英雄,使豎子成名"的慨歎那樣,借懷古詠史抒發自己生不逢時、懷才不遇的憤懣牢騷。

> 折戟沈沙鐵未銷,自將磨洗認前朝[1]。
> 東風不與周郎便,銅雀春深鎖二喬[2]。

【注釋】

(1) 折戟:折斷的鐵戟。未銷:此指未完全銹壞。銷,銷蝕。將:拿起。認前朝:認出是前朝的舊物。

(2) "東風"二句:假設赤壁大戰時東風不給周瑜方便,那吳國便難以取勝,說不定二喬都會被曹操俘去。銅雀:即銅雀臺,故址在鄴城(今河北臨漳),為曹操所建。臺上有樓,樓頂立有高一丈五尺的大銅雀。銅雀臺爲曹操晚年享樂之所，其姬妾歌妓都住在臺中。 二喬：東吳著名美女大喬和小喬。大喬嫁孫策，小喬嫁周瑜。

李 商 隱

　　李商隱(813？—858)，字義山，號玉谿生，又號樊南生，唐懷州河內(今河南沁陽)人。晚唐時期，以牛僧孺和李德裕爲首的兩大官僚集團的鬥爭進入白熱化階段。李商隱出身寒微，早年被天平軍節度使令狐楚招聘入幕。令狐楚曾親自指點他寫作駢文。令狐楚病故後，李商隱於次年入涇源節度使王茂元幕，後娶王茂元的女兒爲妻。令狐楚屬牛黨，王茂元則接近李黨。從此，李商隱陷入黨爭夾縫，被牛黨視爲"背恩"，人生歷程坎坷不平。847年，宣宗即位，令狐楚之子令狐綯成了宰相，李党遭貶逐。李商隱只得離開京城隨人做幕僚，鬱鬱不得志。妻子與他感情頗深，不料卻在大中五年(851)病故，這又給李商隱帶來極大的痛苦。李商隱于大中十二年(856)客死滎陽(今屬河南)。

　　政治上的失意、生活中的悲哀，使李商隱常被一種感傷抑鬱的情緒所包裹。無題詩是李商隱獨具一格的創造。他好用比興手法，或有政治寄託，或爲愛情表述，含蓄婉曲，朦朧隱約。部分作品用典深僻，晦澀費解，前人說他"不肯吐一平直之語"，"或彼或此，忽斷忽續，所謂善於埋沒意緒者"。

　　有《李義山詩集》、《樊南文集》。

無 題

【題解】

　　李商隱的無題詩，有的表達愛情，有的另有寄託。而寄託的具體內容，則歷來衆說紛紜。這首詩寫作年代不可考，多數人認爲是首愛情詩。首句即提起全詩要領，說明相會難得，離別更覺難舍。頷聯表白自己對愛情的堅貞。頸聯揣測戀人相思之苦。尾聯借神話傳說傳遞消息，於絕望處露一線生機，也與首句遙相呼應。全詩構思新巧，筆調委婉。"春蠶"二句運用比興象徵手法，以"春蠶之思"和"蠟炬之淚"這兩個象徵性意象，表現相思之深和對愛情的堅貞，形象貼切，含義雋永，成爲唐詩中傳頌最廣的名句之一。

　　　　　　　　相見時難別亦難，東風無力百花殘[1]。
　　　　　　　　春蠶到死絲方盡，蠟炬成灰淚始乾[2]。
　　　　　　　　曉鏡但愁雲鬢改，夜吟應覺月光寒[3]。
　　　　　　　　蓬山此去無多路，青鳥殷勤爲探看[4]。

【注釋】

（1）"相見"句：相見機會難得，離別時就更令人難捨。　東風無力：東風柔和的暮春。
（2）絲：與"思"諧音。
（3）曉鏡：晨起對鏡梳妝。　雲鬢改：濃密如雲的黑髮變白了。
（4）蓬山：蓬萊山，神話中海外三座仙山之一。　青鳥：相傳爲西王母的神鳥，後人以之代使者。　探看：探聽消息，看望致意。

馬　嵬

【題解】

　　馬嵬事變是安史之亂中的一個重大事件。作者以唐玄宗與楊貴妃的歷史與傳説爲題材，辛辣地嘲諷了玄宗荒淫誤國，以致衆叛親離，寵妃喪命。詩中多用充滿嘲諷情調的對比手法：首聯"他生"與"此生"是虚實對比，頷聯"空聞"與"無復"是有無對比，頸聯"此日"與"當時"是今昔對比，尾聯是天子與平民對比。結尾用設問，引人遐想，發人深思。

　　海外徒聞更九州，他生未卜此生休(1)。
　　空聞虎旅鳴宵柝，無復雞人報曉籌(2)。
　　此日六軍同駐馬，當時七夕笑牽牛(3)。
　　如何四紀爲天子，不及盧家有莫愁(4)？

【注釋】

（1）"海外"句：海外還有九州的傳説是不可靠的。意即楊貴妃死後成仙居於海外的説法是荒謬的。　未卜：未知。
（2）虎旅：護送唐玄宗入蜀的衛隊。　柝（tuò）：巡夜打更的木梆。　雞人：古代官名，負責報曉。　籌：漏壺中箭形的立柱。
（3）六軍：皇帝的衛隊。古制天子六軍，諸侯大國三軍，次國二軍，小國一軍。　駐馬：此指馬嵬驛兵變事。756年，玄宗奔蜀途中經馬嵬驛，衛隊殺楊國忠，玄宗賜楊貴妃死。　七夕：農曆七月初七，相傳這一天牛郎與織女在天河相會。　笑牽牛：據《長恨歌傳》："秋七月，牽牛織女相見之夕，……上憑肩而立，因仰天感牛女事，密相誓心，願世世爲夫婦。"據説唐玄宗和楊貴妃認爲牽牛織女一年相會一次，不如自己幸福。
（4）四紀：古以十二年爲一紀。唐玄宗在位共四十四年，將近四紀。　莫愁：洛陽女子，嫁與盧家爲婦，生活幸福。《樂府詩集》中梁武帝《河中之水歌》曰："河中之水向東流，洛陽女兒名莫愁。……十五嫁爲盧家婦，十六生兒字阿侯。"

溫 庭 筠

　　溫庭筠(812？—866)，本名歧，字飛卿，唐太原祁(今山西祁縣)人。他才思敏捷，精通音律，然屢試不第，又曾得罪當時宰相令狐綯，因而倍受打擊。溫庭筠一生困頓，放浪縱酒。他一度任方城(今河南方城)縣尉，官終國子助教，世稱溫方城、溫助教。

　　溫庭筠詩詞俱佳，以詞著稱。他的詩與李商隱齊名，時稱"溫李"。他的詞儘管題材狹窄，用詞輕豔，但構思精巧，語言含蓄，聲律和諧，具有較高的藝術性，被贊為"精妙絕人"(劉熙載《藝概》)，譽為花間詞派的鼻祖。其穠豔香軟的風格對花間詞人及宋代部分婉約派詞人有較大的影響。

　　溫庭筠存詩三百餘首，清人曾益等有《溫飛卿詩集箋注》。其詞《花間集》收六十六首，王國維所輯《金荃詞》收七十首。

菩 薩 蠻

【題解】

　　這首詞是溫庭筠的代表作。詞的上闋寫女子懶得起床，懶得梳妝打扮，下闋則與上闋正相反，寫她精心梳妝打扮，其中隱含着她對離人歸來的期待和盼望。詞中表現了獨居女子空虛的精神生活和百無聊賴的思想情緒。整首詞辭藻華麗，手法細密，描繪形象生動。

　　小山重疊金明滅，鬢雲欲度香腮雪[1]。懶起畫蛾眉，弄妝梳洗遲[2]。照花前後鏡，花面交相映。新帖繡羅襦，雙雙金鷓鴣[3]。

【注釋】

　　[1]"小山"句：晨間閨中少婦山眉蹙鎖，額黃為鬢髮微掩，或明或暗。小山，眉妝"十眉"之一，晚唐五代時盛行。金，唐代婦女眉際的妝飾"額黃"。度：過，這裏指遮掩。香腮雪：如雪的香腮。

　　[2]蛾眉：蠶蛾的觸鬚彎曲而細長，如人的眉毛，多用來比喻女子長而美的眉毛。

　　[3]帖：盤繡，一種繡花的方法。一說是剪紙貼於綢帛之上，以為刺繡的圖樣。襦(rú)：短襖。金鷓鴣：金線繡的鷓鴣鳥。

夢江南

【題解】

　　這首詞由"望"字生發,寫女主人公無盡的相思。"過盡"句道出女主人公幾度由希望而失望、直至"腸斷"的痛苦過程,由"斜暉"句則看出夕陽西下時,女主人公心中的怨愁如同悠悠的江水一樣無邊無際。溫庭筠的詞作以穠麗隱密爲主要特徵,但這首詞卻去盡華麗辭藻,不事雕琢而平易曉暢。

　　梳洗罷,獨倚望江樓。過盡千帆皆不是,斜暉脈脈水悠悠。腸斷白蘋洲[1]。

【注釋】

　　(1) 白蘋洲:長滿白蘋的洲渚。古詩詞中多以白蘋洲代指分別之地。

李　煜

　　李煜(937—978),字重光,號鍾隱,一號蓮蓬居士,五代徐州(今屬江蘇)人,一說湖州(今屬浙江)人,唐中主李璟第六子,建隆二年(961)繼位,史稱李後主。南唐在中主後期,已稱臣于宋。李煜即位後卑屈事宋,稱臣納貢,苟延求存。宋開寶七年(974),宋師南伐,次年南唐即爲宋所滅。李煜被俘至汴京(今河南開封),三年後被宋太宗趙光義毒死。

　　李煜政治上昏庸無能,但卻具有多方面的藝術才能。他通曉音律,工書善畫,尤擅填詞。李煜的詞,可以宋太祖開寶八年(975)降宋爲分界線分作前後兩期。他的前半生雖是宋朝附屬國的兒皇帝,但畢竟是一國之主,生活奢華,整日沈溺於聲色之中,詞作多歌詠宮廷生活和男女情愛,題材狹窄,風格柔靡。亡國後,其詞作轉爲抒發亡國之痛,屈辱的生活使其詞中多寓身世感慨,充滿了對"故國"、"往事"的無限留戀。詞中多用白描手法摹寫事物,言辭淒苦,感情真摯,具有很高的藝術性。

　　李煜保存至今的詞僅三十二首,後人將他和他父親李璟的作品合輯爲《南唐二主詞》。

虞 美 人

【題解】

　　這首詞寫在李煜亡國被俘之後,通過怕見春花秋月、不堪回首往事及面對雕欄依舊、江山易主的現實而生的悔恨愁苦心情的抒寫,表達了詞人的故國之思和亡國之恨。通篇採用問答,以問開始,用答作結。上闋寫詞人憶昔傷今,痛不欲生的感情,下闋抒物是人非、江山易主的悲苦。這首詞藝術上的鮮明特色在於感情真摯坦率、語言明白練達、比喻新奇貼切。

　　春花秋月何時了[1]?往事知多少[1]!小樓昨夜又東風,故國不堪回首月明中[2]。雕欄玉砌應猶在,只是朱顏改[3]。問君能有幾多愁?恰似一江春水向東流[4]。

【注釋】

　　(1) 了(liǎo):終了,完結。
　　(2) 小樓:作者被俘到汴京後的住所。　故國:南唐。
　　(3) 雕欄玉砌:雕飾彩繪的欄杆和玉砌的臺階。這裏借指南唐宮殿。　朱顏:自己原本紅潤的臉色。
　　(4) 問君:假設之詞,實際上是作者的自問。

浪 淘 沙

【題解】

　　這首詞是作者去世前不久所寫的一時感懷之作。因"簾外雨潺潺"而興感,借殘春雨夜夢醒,抒寫亡國的憂怨悲痛。上闋用倒敍手法,先寫夢醒,再寫夢中。下闋前三句強壓故土之思,結尾以花落、水流、春去比喻亡國的厄運。作者將夢境與現實、歡樂與仇恨交織抒敍,用對比手法表達故土之思、悔恨之情。詞中善用白描手法摹寫事物,訴說內心的極度痛苦,婉轉悽苦,低沈悲愴,具有很強的感染力。

　　簾外雨潺潺,春意闌珊[1]。羅衾不耐五更寒[2]。夢裏不知身是客,一晌貪歡[3]。　獨自莫憑欄,無限江山。別時容易見時難。流水落花春去也[4],天上人間!

【注釋】

　　(1) 闌珊:衰落,將盡。
　　(2) 羅衾(qīn):絲綢做的被子。
　　(3) 一晌(shǎng):一會兒,片刻。

（4）流水落花春去：暗喻亡國。

練 習 四

一、解釋下列各詞在句中的詞義

及 1. 不及黃泉，無相見也。（《鄭伯克段于鄢》）
2. 無庸，將自及。（《鄭伯克段于鄢》）
3. 及其無救而且窮也，將其創殘餓羸之餘，雖欲去，必不達。（《〈張中丞傳〉後敘》）
4. 及過，泚固致大綾三百疋。（《段太尉逸事狀》）
5. 猛虎在深山，百獸震恐，及在檻阱之中，搖尾而求食。（《報任安書》）
6. 亂天子邊，欲誰歸罪？罪且及副元帥。（《段太尉逸事狀》）
7. 失此利也，雖悔之，必無及已。（《句踐滅吳》）
8. 遠雖材若不及巡者，開門納巡。（《〈張中丞傳〉後敘》）
9. 生莊公及共叔段。（《鄭伯克段于鄢》）
10. 凡我父兄、昆弟及國子姓，有能助寡人謀而退吳者！吾與之共知越國之政。（《句踐滅吳》）
11. 及爾偕老，老使我怨。（《氓》）

則 12. 寡人不知其力之不足也，而又與大國執仇，以暴露百姓之骨於中原，此則寡人之罪也。（《句踐滅吳》）
13. 臣聞之：賈人夏則資皮，冬則資絺，旱則資舟，水則資車，以待乏也。（《句踐滅吳》）
14. 是以腸一日而九迴，居則忽忽若有所亡，出則不知其所如。（《報任安書》）
15. 欲見謝，則未知何如。（《張釋之列傳》）
16. （焦令）諶雖暴抗，然聞言則大愧流汗，不能食。（《段太尉逸事狀》）
19. 進則思賞，退則思刑，如此則有常賞；進不用命，退無恥，如此則有常刑。（《句踐滅吳》）

如 20. 輪臺九月風夜吼，一川碎石大如斗。（《走馬川行奉送出師西征》）
21. 仁義之人，其言藹如也。（《答李翊書》）
22. 孝德曰："幸甚。"如太尉請。（《段太尉逸事狀》）
23. 以如司農治事堂，棲之梁木上。（《段太尉逸事狀》）

二、標點下文

1. 宋人有曹商者爲宋王使秦其往也得車數乘王說之益車百乘反於宋見莊子曰夫處窮閭阨巷困窘織屨槁項黃馘者商之所短也一悟萬乘之主而從車百乘者商之所長也莊子曰秦王有病召醫破癰潰痤者得車一乘舐痔者得車五乘所治愈下得車愈多子豈治其痔邪何得車之多也子行矣(《莊子·列禦寇》)

2. 雍州別駕元肇言於上曰有一州吏受人饋錢三百文依律合杖一百然臣下車之始與其爲約此吏故違請加徒一年劉行本駁之曰律令之行並發明詔與民約束今肇乃敢重其教命輕忽憲章欲申己言之必行忘朝廷之大信虧法取威非人臣之禮上嘉之賜絹百疋(《隋書·劉行本傳》)

3. 崔仁師……貞觀初改殿中侍御史時青州有男子謀逆有司捕支黨累系填獄詔仁師按覆始至悉去囚械爲具食飲湯濯以情訊之坐止魁惡十餘人它悉原縱大理少卿孫伏伽謂曰原雪者衆誰肯讓死就決而事變奈何仁師曰治獄主仁恕故諺稱殺人刖足亦皆有禮豈有知枉不申爲身謀哉使吾以一介易十囚命固吾願也及敕使覆訊諸囚咸叩頭曰崔公仁恕必無枉者舉無異辭由是知名(《新唐書·崔仁師傳》)

4. (農夫)勤苦如此尚復被水旱之災急政暴虐賦斂不時朝令而暮改當具有者半賈而賣亡者取倍稱之息於是有賣田宅鬻子孫以償責者矣而商賈大者積貯倍息小者坐列販賣操其奇贏日遊都市乘上之急所賣必倍故其男不耕耘女不蠶織衣必文采食必粱肉亡農夫之苦有仟伯之得(《論貴粟疏》)

宋　代

北宋前期的詞

　　宋初詩文沿襲五代餘風，詞也未能例外。由於北宋前期將近百年的承平，適應當時統治階級娛賓遣興、歌舞升平的需要，由晚唐五代以來形成的婉麗詞風更加彌漫一時，晏殊、晏幾道父子是這一時期代表性的作家。

　　晏殊少年時以"神童"被薦入朝，後屢歷顯要，官至仁宗朝宰相。他的《珠玉詞》大部分是在這種富貴優遊的生活中產生的，因此流連詩酒、歌舞升平就成了這些詞的主要內容。另有一部分寫離愁別恨的作品，是受了晚唐五代以來傳統詞風的影響，也是適應尊前花下歌妓們傳唱的需要的。晏殊所處的地位和生活情趣都和南唐馮延已相近，詞風上也受其影響，但他的詞在雍容華貴之中，雖不免流露寂寞衰遲之感，卻沒有像馮詞裏所透露的亡國前夕的憂傷。

　　晏幾道和晏殊合稱"大晏、小晏"。晏幾道的《小山詞》寫男女的悲歡離合，並沒有超越前人的題材範圍，但由於他經歷過一段由富貴到貧窮的生活，對於那些聰明而不幸的歌女懷有深切的同情，因此流露於詞中的思想感情也比較深沈、真摯。他的詞經常以感傷的筆調描寫過去的生活，詞風近于李煜。

　　較早為宋詞開闢新意境的是范仲淹和歐陽修。范仲淹是懷有遠大抱負的政治家，他並不以詞知名，流傳的詞也只寥寥幾首，但大都即景抒懷，表現了開闊而深沈的意境。如《蘇幕遮》："碧雲天，黃葉地，秋色連波，波上寒煙翠。山映斜陽天接水，芳草無情，更在斜陽外。　黯鄉魂，追旅思，夜夜除非，好夢留人睡。明月樓高休獨倚，酒入愁腸，化作相思淚。"

　　歐陽修的詞共有二百多首，是當時寫詞較多的作家。歐詞大部分是描寫愛情的作品，這與他在詩文裏所表現的莊重嚴肅的儒家面目大不相同。如《踏莎行》，在抒發遊子思家之情的同時，聯想到閨中人的登高懷遠，並致其勸慰之意；又通過離愁不斷如春水的妙喻和行人更在春山外的設想，構成了清麗而芊綿的意境。歐詞裏還有部分直接表現個人抱負的作品，如題詠穎州西湖的十首《採桑子》，表現了作者嘯傲湖山、流連風月的灑脫情懷。又如《朝中措》（平山堂）："平山欄檻倚晴空，山色有無中。手種堂前垂柳，別來幾度春風。　文章太守，揮毫萬字，一飲千鍾。行樂直須年少，尊前看取衰翁。"感慨年華虛度。

213

柳永是北宋第一個專力寫詞的作家。歐陽修在詞裏流連湖光山色、表現灑脫情懷時，柳永卻從都市生活中攝取題材進行創作。柳永的《樂章集》傳詞將近二百首。其中部分歌詞寫出北宋汴京的繁榮，有元宵的千門燈火、九陌香風，有清明前後的鬥草踏青、鬥雞走馬，場景都十分熱鬧。他在杭州寫的《望海潮》詞尤其著名。《樂章集》裏有大量描寫妓女的詞，比較集中地表現了柳永的狂蕩生活和浪子作風。由於柳永在封建統治階級裏曾長期被看作有才無行的文人，受到種種歧視和排擠，因此他對那些聰明而不幸的歌妓就往往懷有更深的同情。

　　江湖流落的感受是柳詞的重要內容，他的《雨霖鈴》詞是這方面的代表作。此外如《八聲甘州》、《夜半樂》等，也是這方面的成功之作。柳永長期生活在市民階層之中，接受了當時歌妓、樂工們的影響，大量創制慢詞，這就為詞家在小令之外提供了可以容納更多內容的新形式。柳詞大部分作品都以白描見長，又大量吸收口語入詞，在傳統雅詞之外開拓了俗詞的新陣地。

文藝全才——蘇軾

　　北宋著名作家蘇軾是一位在詩、詞、散文創作中均有所成就的文藝全才，他在創作中所表現的豪邁氣象、豐富的思想內容和獨特的藝術風格，代表了北宋文學的最高成就。

　　蘇軾的詞比起他的詩體現了更大的藝術創造性，它衝破了晚唐五代以來專寫男女戀情、離愁別緒的舊框子，擴大了詞的題材，提高了詞的意境。舉凡懷古、感舊、記遊、說理等向來為詩人所慣用的題材，他都可以用詞來表達，這就使詞擺脫了僅僅作為樂曲的歌詞而存在的狀態，成為可以獨立發展的新詩體。如《江城子》（密州出獵），寫他在射獵中所激發的要為國殺敵立功的壯志。《水調歌頭》（丙辰中秋，歡飲達旦，大醉作此篇，兼懷子由）、《念奴嬌》（赤壁懷古）二首詞向來被認為是最能表現他的風格的作品。在前一首詞裏，作者幻想瓊樓玉宇的"高處不勝寒"，從而轉向現實，對人間生活寄與熱愛。後一首詞描寫了赤壁戰場的雄奇景色和周瑜、諸葛亮等英雄人物的形象，給人以壯麗的感覺。再如《定風波》，寄託了作者"一蓑煙雨任平生"的曠達坦蕩、寵辱不驚的人生態度。作者寫這些詞時正處於人生的低潮期，不免流露出沈重的苦悶和"人間如夢"的消極思想，但仍掩蓋不住他熱愛生活的樂觀態度和想為國家建功立業的豪邁心情。蘇軾的詞在語言上也一變花間詞人鏤金錯采的作風，多方面吸收陶潛、李白、杜甫、韓愈等人的詩句入詞，偶爾也運用當時的口語，給人一種清新樸素的感覺。蘇軾的創作改變了晚唐五代詞婉約的風格，他成為豪放詞派的開創者。

　　比之散文和詞，蘇詩的題材更廣闊，風格也更多樣。蘇軾終身從政，重視文學的社會作用，他曾寫過一些反映民間疾苦、譴責官吏貪鄙、關心國家命運的作品。在《荔枝歎》中，他飽含熱淚控訴了唐玄宗、楊貴妃的罪惡，並懷着"至今欲食林甫肉"的憤怒,抨擊了以人民血汗來"爭新買寵"的當朝權貴。蘇詩裏數量最多、對後人影響最大的還是許多抒發個人情感和歌詠自然景物的詩篇。如《新城道中》:"東風知我欲山行,吹斷簷間積雨聲。"《送魯元翰少卿知衛州》:"桃花忽成蔭,蕎麥秀已繁。閉門春晝永,惟有黃蜂喧。"把日常生活寫得那麼美好可愛。這些詩表現了詩人聯想的敏捷、對生活的熱愛和樂觀的人生態度。又如《題西林壁》:"橫看成嶺側成峰,遠近高低各不同。不識廬山真面目,只緣身在此山中。"從不同的方位可以看到山的不同面目,這本是十分平常的現象,詩人卻從中引申出具有普遍意義的哲理,這就是前人所認為的宋詩的理趣。

蘇軾的散文向來與韓、柳、歐三家並稱。他的政治論文如《策略》、《策別》、《策斷》各篇,從儒家的政治理想出發,廣引歷史事實加以論證,文筆縱橫恣肆,寫作手法上善於隨機生變,或翻空出奇,從北宋中葉以來就一直成為應舉士子的敲門磚。而他謫居黃州時寫的《答秦太虛書》、《答李端叔書》,在惠州時寫的《答參寥書》,談生活,談文藝,談謫居時的心境,都比較親切有味。他的《文與可畫篔簹谷偃竹記》寫出了"畫竹必先得成竹於胸中"的文藝見解,回顧了他和文與可的往來唱和,表現了他們坦率而富有風趣的性格。他的《前赤壁賦》以優美的語言抒寫江山風月的清奇和自己對歷史英雄人物的感慨,又通過客與主的對答、水與月的譬喻,探討宇宙與人生的哲理,從內容到形式更像一首美妙的散文詩。

北宋後期的詞

秦觀向來被認為是北宋後期婉約派的代表作家。如《滿庭芳》,作者把他離別時的感傷情緒和寒鴉流水、燈火黃昏等淒清景象融成一片,在意境上和柳永的《雨霖鈴》相近,可以看出柳詞對他的影響。又如《鵲橋仙》,寫牛郎織女一年一度在星前月下的美滿會合和離別時的長期懷念,實際上是以超人間的形式表現人間男女的私自結合。秦觀在貶官後寫的小詞,表現了他在政治上遇到挫折時的絕望心情,風格接近李煜。如《踏莎行》,通過淒迷的景色、宛轉的語調表達感傷的情緒。

賀鑄的小詞情思纏綿,組織工麗,風格和晏幾道、秦觀相近。他的《青玉案》詞畫出了江南淒迷的煙景,表現他的"閒愁",是當時傳誦的名篇。賀鑄在詞的題材、風格上曾作過多方面的探索,他寫思婦的五首《搗練子》、寫賈婦的《生查子》,格調頗近張籍、王建的樂府;長調《小梅花》三首,更吸收李賀、盧仝的歌行入詞。

周邦彥的《清真詞》中,豔情和羈愁幾乎佔了大部分內容。他像柳永一樣工於言情,且描寫的細膩曲折與語言的精工雅麗更超過柳永。他的詞嚴于章法,擅長於鋪敍之中作頓挫騰挪、曲折回環,使整個詞既具渾沌流轉之氣,又有波瀾起伏之致。如他的代表作之一《瑞龍吟》詞,寫旅寓意緒,撫今追昔,筆力回環往復,欲言又止,曲折含蓄,天然渾成。周詞在藝術技巧上能兼北宋諸家之長,風格柔而不弱,麗不傷雅,開南宋一代典雅詞風。周氏提舉大晟府,一面整理審定舊調,一面又創制新曲,注重詞格律的嚴密化和詞調的規範化。詞至周邦彥,真正做到了"富豔精工"。

南宋前期的詞

李清照的《漱玉詞》已經失傳,現在輯錄的只有七十多首,其中還有些不可靠。她的詞可以南渡爲界分爲前後兩期。前期詞描寫她在少女、少婦時期的生活。如《如夢令》,詞裏描繪的藕花深處的歸舟和灘頭驚飛的鷗鷺,活潑而富有生趣。此外,《鳳凰臺上憶吹簫》、《一剪梅》等小詞,揭示了自己的內心世界,流露出她對愛情生活的向往和對大自然的喜愛,都是抒寫閨情的名篇。從靖康元年起,李清照連續遭到國破、家亡、夫死的苦難,過着長期的流亡生活,寫出了更爲動人的詞篇,如《菩薩蠻》、《念奴嬌》、《聲聲慢》等。這些詞主要表達她個人的不幸遭遇,情緒比較消沈。李清照是我國文學史上傑出的女作家,她沒有一般封建社會婦女的自卑感,敢於利用當時各種文學形式表情達意,甚至還批評了許多久負盛名的作家。正是這種精神,使她在詞創作中表現較多的獨創性。《武陵春》以舴艋輕舟反襯心情的沈重,《永遇樂》以別人的笑語烘托自己的抑鬱寡歡,《聲聲慢》開首連用十四個疊字形容她孤寂無依的心境,都是明顯的例子。李清照詞的語言大都明白如話,較少粉飾,但又流轉如珠,富有聲調美。

張元幹,長樂(福建閩侯)人。紹興八年,宋高宗要向金拜表稱臣,李綱上書反對無效,張元幹寫了一首《賀新郎》詞寄給他,支援他的抗金主張。後來胡銓上書請斬秦檜,被除名編管新州,他又寫了一首《賀新郎》詞送胡銓。詞上片寫出了北方在金兵佔領下的荒涼混亂情景,表現出他對民族壓迫者的仇恨和對南宋投降派的憤慨。下片表示了對胡銓的同情與支援,要他以豪邁樂觀的態度來答覆投降派的打擊,而不要因一時的挫折消沈下去。當時投降派正當權,張元幹就因這首詞得罪了他們而被除名。

比張元幹稍後的張孝祥是前期愛國詞人裏影響較大的作家。紹興三十一年(1161),金主完顏亮領兵南侵,被宋將虞允文擊潰。張孝祥聽到這消息,寫了一首熱情橫溢的《水調歌頭》,表示自己要乘風破浪、擊楫中流、誓師北伐。到了隆興元年(1163),張浚的北伐軍在符離潰敗,南宋統治集團又要與金議和,他寫了首《六州歌頭》詞。全詞在急促的節拍中傳達出奔迸的激情,具有強烈的藝術感染力。相傳張浚那時正招集山東、兩淮忠義之士於建康,上書反對和議。張孝祥在建康留守席上賦此詞,張浚爲之罷席。

南宋初年,與張元幹、張孝祥一起用詞來表達愛國思想和愛國激情的詞人還有朱敦儒、葉夢得、胡銓、陳亮等人,這些詞人的創作在民族危亡之際形成了一個聲勢浩大、影響深遠的愛國詞派。

愛國詞人辛棄疾

辛棄疾的《稼軒長短句》存詞六百多首,在數量上超過了他前輩和同時的作家,在思想内容與藝術成就上也是豐富多彩、風格多樣。辛棄疾是从北方歸來的起義軍軍官,一生爲之奮鬥的目標就是要收復北方失地,詞裏不但經常出現"西北有神州"、"西北是長安"等句子,還強烈表現出他不能忍受南北分裂局面的心態。在看待歷史人物方面,他稱讚爲中國開創長期統一局面的"西都人物",鄙薄苟安江左的"王謝諸郎";讚揚廉頗、李廣、馬援等爲國立功的英雄,鄙薄因人成事的李蔡、清談誤國的王衍。他對南宋小朝廷苟安江左表示了強烈的反感,譏諷其是"剩水殘山無態度"(《賀新郎》(陳同甫自東陽來過余,……)),是"斜陽正在煙柳斷腸處"(《摸魚兒》(淳熙己亥,自湖北漕移湖南……))。辛棄疾是在對敵鬥爭中鍛煉出來的人物,他自寫青年時的氣概是"橫槊氣憑陵"(《念奴嬌》(雙陸,和陳仁和韻)),是"橫空直把曹吞劉攫"(《賀新郎》(韓仲止判院山中見訪))。可是由於他的志向、才能在南歸後一直不能實現和發揮,就不能不在詞裏表現出他的憤悶和不平,"卻將萬字平戎策,換得東家種樹書"(《鷓鴣天》(有客慨然談功名,因追念少年時事,戲作)),"不知筋力衰多少,但覺新來懶上樓"(《鷓鴣天》(鵝湖歸,病起作))。辛棄疾的思想感情在當時統治集團裏不容易得到理解,在面對祖國雄偉的江山和歷史上英雄人物時,就不能不激發出他的豪情壯志。因此,他特別擅長登臨懷古之作,如《水龍吟》(登建康賞心亭)和《水龍吟》(過南劍雙溪樓),前一首抒發他的抗金壯志無人理解,大好年華虛度的悲憤心情,同時抨擊那些一味"求田問舍",對國事漠不關心的人物;後一首借用雷煥的寶劍在雙溪落水化龍,光射斗牛的傳說,表現他要求統一祖國的壯志。

辛棄疾的創作繼承了蘇軾豪放詞風,進一步擴大了詞的題材,幾乎達到了無事無意不可以入詞的地步。辛詞藝術上的獨特成就首先表現在雄奇闊大的意境的創造上,辛棄疾獨特的經歷和遠大的政治抱負,使他詞裏所表現的常是闊大的場景、戰鬥的雄姿以及那些具有堅強性格的事物。詞到了辛棄疾,還開始運用大量的典故,因此前人有的認爲他"掉書袋",但辛詞更多地用典實際是爲了托古喻今。辛棄疾發展了蘇軾"以詩爲詞"的做法,進一步"以文爲詞",不論經、史、諸子、楚辭以至李杜詩、韓柳文,往往拈來便是。

愛國詩人陸游

陸游是中國文學史上創作最勤奮的詩人,僅現存的詩歌就有九千三百多首,所以他自言"六十年間萬首詩"。陸游詩的內容也相當豐富,差不多觸及到南宋前期社會生活的所有方面。其中最突出的部分,是反映民族矛盾的愛國詩歌。陸游愛國詩篇的一個主要特徵,就是那種"鐵馬橫戈"、"氣吞殘虜"的英雄氣概和"一身報國有萬死"的犧牲精神。早年他在《夜讀兵書》詩裏就說:"平生萬里心,執戈王前驅。戰死士所有,恥復守妻孥!"直到八十二歲,詩人還唱出了"一聞戰鼓意氣生,猶能爲國平燕趙"(《老馬行》)的豪語。由於南宋統治者一意對敵屈膝求和,儘管詩人抱着萬死不辭的報國決心,然而擺在他面前的卻是"報國欲死無戰場"(《隴頭水》)。他知道,要恢復中原,就必須抗戰;要抗戰,就必須排斥和議,因此陸游愛國詩篇的另一特點,就是對投降派的堅決鬥爭和尖銳諷刺。在《關山月》裏,詩人對和議的惡果以及投降派的"文恬武嬉"作了集中而全面的揭露。在《追感往事》裏,他又進一步揭穿了以秦檜爲首的投降派賣國的本來面目,如此尖銳的譴責,在南宋初期愛國詩歌中是很少見的。

　　作爲一個傑出的愛國詩人,陸游還寫了大量的同情勞動人民疾苦的詩篇,深刻地反映了當時嚴重的階級矛盾。如《農家歎》,寫出了農民的辛勤勞動、善良性格及剝削階級對他們的殘酷掠奪。正因爲詩人看到了"常年征科煩箠楚,縣家血濕庭前土"(《秋賽》)的苛政,他才進一步突破了一般士大夫的偏見,同情被"逼上梁山"的人民,反對統治者的血腥鎮壓。陸游愛祖國、愛人民,也熱愛生活,如他的"山重水複疑無路,柳暗花明又一村"(《遊山西村》)、"小樓一夜聽春雨,深巷明朝賣杏花"(《臨安春雨初霽》),都是流傳至今的名句。曉暢平易,精煉自然,歷來被公認是陸游在語言方面的特色,他反對雕琢,更反對追求奇險。

　　陸游雖專力於詩,但也擅長填詞。在他現存的一百多首詞中,有不少作品同樣抒寫了激越的愛國情思,如《訴衷情》,充滿了國恥未雪、壯志未酬的悲憤;又如《夜遊宮》(記夢,寄師伯渾)、《秋波媚》(七月十六日晚,登高興亭望長安南山)等,都足以和他的愛國詩篇相輝映。

南宋後期的詞

　　南宋後期,詞作又回到男女戀情、離愁別苦之類傳統題材的創作上,這些作品雖然氣勢不夠宏大、境界不夠開闊,但對於詞的藝術的發展,卻起到了一定的推動作用。

　　姜夔屢次考進士都不中,一生未入仕途,只好往來於官宦之家,以豪門清客自居。他精於書畫,擅長音樂,能詩善文,具有多方面藝術才能。他的詞中有不少慨歎國事的作品,雖然不像辛、陸等人那樣充滿激情,但仍給人以一種深深的傷感與淒涼。他早年的名作《揚州慢》,有感於揚州這一名城因金兵南侵變得滿目瘡痍而作,情調哀涼而低沉,缺乏激昂亢奮的精神力量和博大的胸懷。從總體上說,家國憂患在姜夔詞中所佔的比重不是很大,儘管他與辛棄疾唱和的《永遇樂》一詞,也有類似辛詞的內容和情調,但更多的作品,或通過自然山水來抒發個人情懷,如《慶宮春》(雙槳蓴波);或寫男女之情,如《踏莎行》(燕燕輕盈);或詠物及以物寫情,如《齊天樂》(庾郎先自吟愁賦)之詠蟋蟀,《暗香》之詠梅等。自柳永、周邦彥以來,詞人都很注意詞的層次結構,姜夔也不例外。他的詞,尤其長調,極善於一擒一縱、變化跌宕,使詞的層次錯落有致,產生一種回環往復的美感。過去人們常用"清空"二字評價姜夔的詞,張炎《詞源》中則以"野雲孤飛,去留無迹"形容他的詞風。

南宋後期詞的又一大家吳文英曾做過賈似道、吳潛、史宅之等的門客,和姜夔一樣,終生沒有當過官。吳文英的詞大多是應酬唱和、傷時懷舊、詠物寫景之作,正是受了那種社會環境的影響。吳文英和姜夔一樣精通樂律,十分注重字的聲調安排與音樂曲調之間的關係。但吳文英的詞風與姜夔有很大不同,姜夔的詞是"疏宕",吳文英的詞卻是"密麗"。張炎《詞源》以"如七寶樓臺,眩人眼目,碎拆下來,不成片段"評價他的詞。

南宋後期還有一些與姜夔、吳文英風格不同的詞人,如黃機、劉克莊等。劉克莊的詞受辛棄疾影響較深,但不如辛棄疾寫得那麼靈動瀟灑、深沈豪放。如《賀新郎》(送陳真州子華),從內容到語言都明顯受辛詞的影響。

到南宋末年,又出現一批著名詞人如周密、張炎、王沂孫等,他們大都繼承了姜夔、吳文英以來格律謹嚴、煉字精工的傳統,意境往往顯得清婉、明麗、悽楚而不夠豪宕開闊,但在發展詞的獨特藝術風格和語言技巧方面有較大成就。

宋代話本

話本原是"說話"藝人的底本,是隨着民間"說話"伎藝發展起來的一種文學形式。從敦煌發現的資料看,唐代已出現話本,但話本到宋元時代才漸趨成熟。在宋代汴京、杭州等工商業繁盛的都市里,爲了滿足市民的娛樂需要,各種瓦肆伎藝應運而生。在這衆多瓦肆伎藝中,屬於說話範圍的有"小說"、講史、講經、合生或說諢話四種。其中,以"小說"、講史兩家爲最重要,影響也最大。

話本小說的流行正當印刷事業普遍發展的宋元時期,當時說話篇目,僅"小說"一項,據《醉翁談錄》所記已達百種以上。由於"小說"多就現實生活汲取題材,形式短小精悍,內容新鮮活潑,因此最受群衆歡迎。現存宋元話本"小說",包括《京本通俗小說》的全部,《清平山堂話本》中的大部和《喻世明言》、《警世通言》、《醒世恒言》中的小部分,約四十篇左右。現存的"小說"話本以愛情、公案兩類作品爲最多,成就也最高。在以愛情爲主題的作品中,《碾玉觀音》是這類小說的代表性作品。《碾玉觀音》中的璩秀秀是裱褙鋪璩公的女兒,被咸安郡王買作"養娘"後愛上了碾玉匠崔寧,他們趁王府失火,雙雙逃至潭州安家立業。後因郭排軍告密,郡王抓回秀秀將她處死,她的鬼魂又和崔寧在建康府同居,並最後懲處了郭排軍。璩秀秀對愛情的追求和執著,反映了當時婦女民主意識的覺醒。公案類作品反映了當時複雜的社會矛盾,有時還表現了人民對統治階級的不屈鬥爭,《錯斬崔寧》和《宋四公大鬧禁魂張》是這類小說中較有特色的作品。《錯斬崔寧》揭露了封建官府的草菅人命。《宋四公大鬧禁魂張》中出現的一夥俠盜不僅懲罰了爲富不仁、視錢如命的財主張富,而且偷走了錢大王的玉帶,當面剪走京師府尹的腰帶撻尾,鬧得整個京師惶惶不安。

現存宋元講史話本有《新編五代史平話》、《大宋宣和遺事》和《全相平話五種》三種。講史本身成就雖然不高,但對後來《三國演義》、《水滸傳》、《封神演義》等歷史小說卻有很大的影響。

宋元話本在我國小說發展史上起着承前啓後的重要作用,宋元話本小說敘述語言由白話取代了文言,開創了我國文學語言上一個新的階段。

范 仲 淹

范仲淹(989—1052),字希文,吳縣(今江蘇蘇州市)人。宋真宗大中祥符八年(1015)中進士,曾任陝西經略安撫副使,負責西北邊境軍事防務,抵制西夏侵掠,官至樞密副使、參知政事。他在政治上主張革除積弊,施行新政,但由於保守勢力的阻撓,新政推行一年便遭廢除,他因而被貶饒州。范仲淹在文學上也力主革新,他在宋仁宗天聖三年(1025)提出的改革時弊的主張,就包括了對文風的改革。他的文章有較充實的政治內容,表現了憂國憂民的情懷。

有《范文正公集》。

漁 家 傲

【題解】

宋仁宗康定元年(1040),范仲淹任陝西經略安撫副使兼知延州(治所在今陝西延安),守邊長達四年,這首詞即此時所作。詞裏以孤城落日、邊聲四起的塞漠風光爲背景,形象地抒寫出了將士們長期戍守邊陲的責任心和憂國思鄉的矛盾心理。這首詞意境開闊,風格悲壯,爲宋初詞壇別開生面。

塞下秋來風景異,衡陽雁去無留意[1]。四面邊聲連角起[2]。千嶂裏,長煙落日孤城閉[3]。　濁酒一杯家萬里,燕然未勒歸無計[4]。羌管悠悠霜滿地[5]。人不寐,將軍白髮征夫淚。

【注釋】

（1）"衡陽雁去"句：大雁向衡陽飛去，絲毫不留戀荒涼的西北邊境。無留意，在今湖南衡陽舊縣城南有回雁峰，相傳雁至此不再南飛。

（2）邊聲：邊境馬嘶風號等一類的聲音。李陵《答蘇武書》："側耳遠聽，胡笳互動，牧馬悲鳴，吟嘯成群，邊聲四起。" 角：軍中號角。

（3）長煙落日：王維《使至塞上》："大漠孤煙直，長河落日圓。"

（4）燕然未勒：《漢書·竇憲傳》：東漢竇憲以車騎將軍領兵北伐，大敗匈奴，"遂登燕然山，去塞三千餘里，刻石勒功，紀漢威德"。燕然，山名，即今蒙古國境內之杭愛山。

（5）羌管：羌笛。 霜滿地：地上的月光，用李白《靜夜思》"床前明月光，疑是地上霜"之意。

歐 陽 修

歐陽修（1007—1072），字永叔，晚號六一居士，江西廬陵（今江西吉安縣）人。幼年喪父，家境貧寒。二十四歲中進士，官至樞密副使、參知政事。為人剛直，敢於諍諫，樂於獎掖後進。他在政治上堅決支持以范仲淹為首的革新派，但由於改良運動的失敗而遭到打擊，這使他的思想產生了消極因素，晚年成了反對王安石新法的守舊人物。

歐陽修是北宋詩文革新運動的領袖和"唐宋八大家"之一，在我國文學史上有着重要的地位。他主張文學應切合實用，重視內容，反對浮靡。他的散文平易流暢，說理透徹，抒情委婉，對後世影響深遠。他在詩詞方面也有一定的成就。有《歐陽文忠公集》。

與高司諫書

【題解】

本文是歐陽修在范仲淹被貶官後，寫給司諫之臣高若訥的。當時權臣呂夷簡執政，范仲淹被加上"越職言事，離間群臣，引用朋黨"的罪名，貶職江西饒州。可是身為諫官的高若訥非但不肯為正直敢言的范仲淹辯護，反而趨炎附勢，蓄意非議范仲淹為人。歐陽修激於義憤，便給高若訥寫了這封信。文章駁斥了保守派對范仲淹的誹謗，揭露了高若訥依附權勢的醜惡嘴臉。

修頓首再拜，白司諫足下[1]。某年十七時，家隨州[2]，見天聖二年進士及第榜[3]，始識足下姓名。是時予年少，未與人接[4]，又居遠方，但聞今宋舍人兄弟[5]，與葉道卿、鄭天休數人者[6]，以文學大有名，號稱得人[7]。而足下廁其間[8]，獨無卓卓可道說者[9]，予固疑足下不知何如人也[10]。

其後更十一年[11]，予再至京師，足下已爲御史裏行[12]，然猶未暇一識足下之面。但時時于予友尹師魯[13]，問足下之賢否，而師魯說足下正直有學問，君子人也。予猶疑之。夫正直者不可屈曲[14]，有學問者必能辨是非。以不可屈之節，有能辯是非之明，又爲言事之官[15]，而俯仰默默[16]，無異衆人，是果賢者耶？此不得使予之不疑也。

自足下爲諫官來，始得相識，侃然正色[17]，論前世事，歷歷可聽，褒貶是非，無一謬說。噫！持此辨以示人，孰不愛之？雖予亦疑足下真君子也。

是予自聞足下之名及相識，凡十有四年而三疑之。今者推其實迹而較之[18]，然後決知足下非君子也[19]。

前日范希文貶官後[20]，與足下相見于安道家[21]，足下詆誚希文爲人。予始聞之，疑是戲言，及見師魯，亦說足下深非希文所爲[22]，然後其疑遂決。希文平生剛正，好學通古今，其立朝有本末[23]，天下所共知。今又以言事觸宰相得罪[24]，足下既不能爲辨其非辜[25]，又畏有識者之責己，遂隨而詆之，以爲當黜[26]，是可怪也！

夫人之性，剛果懦軟，稟之於天，不可勉強，雖聖人亦不以不能責人之必能。今足下家有老母，身惜官位，懼饑寒而顧利祿，不敢一忤宰相以近刑禍[27]，此乃庸人之常情，不過作一不才諫官爾[28]。雖朝廷君子，亦將閔足下之不能[29]，而不責以必能也。今乃不然，反昂然自得，了無愧畏[30]，便毀其賢，以爲當黜，庶乎飾己不言之過[31]。夫力所不敢爲，乃愚者之不逮[32]，以智文其過[33]，此君子之賊也[34]。

且希文果不賢耶？自三四年來，從大理寺丞[35]，至前行員外郎作待制日[36]，日備顧問，今班行中無與比者[37]。是天子驟用不賢之人？夫使天子待不賢以爲賢，是聰明有所未盡。足下身爲司諫，乃耳目之官[38]，當其驟用時，何不一爲天子辯其不賢，反默默然無一語；待其自敗，然後隨而非之？若果賢耶，則今日天子與宰相以忤意逐賢人[39]，足下不得不言，是則足下以希文爲賢，亦不免責；以爲不賢，亦不免責，大抵罪在默默爾。

昔漢殺蕭望之與王章[40]，計其當時之議，必不肯明言殺賢者也。必以石顯、王鳳爲忠臣[41]，望之與章爲不賢而被罪也。今足下視石顯、王鳳果忠耶？望之與章果不賢耶？當時亦有諫臣，必不肯自言畏禍而不諫，亦必曰當誅而不足諫也。今足下視之，果當誅耶？是直可欺當時之人，而不可欺後世也。今足下又欲欺今人而不懼後世之不可欺耶？況今之人未可欺也。

伏以今皇帝即位已來，進用諫臣，容納言論，如曹修古、劉越雖歿[42]，猶被褒稱。今希文與孔道輔[43]，皆自諫諍擢用[44]。足下幸生此時，遇納諫之聖主如此，猶不敢一言，何也？前日又聞御史臺牓朝堂[45]，戒百官不得越職言事，是可言者，惟諫臣爾。若足下又遂不言，是天下無得言者也。足下在其位而不言，使當去之，無妨他人之堪其任者也！昨日安道貶官，師魯待罪，足下猶能以面目見士大夫，出入朝中稱諫官，是足下不復知人間有羞恥事爾。所可惜者，聖朝有事，諫官不言，而使他人言之，書在史冊，他日爲朝廷羞者，足下也。

　　春秋之法[46]，責賢者備[47]。今某區區[48]，猶望足下之能一言者，不忍便絕足下，而不以賢者責也[49]。若猶以爲希文不賢而當逐，則予今所言如此，乃是朋邪之人爾[50]。願足下直攜此書於朝，使正予罪而誅之。使天下皆釋然知希文之當逐[51]，亦諫臣之一效也。

　　前日足下在安道家，召予往論希文之事。時坐有他客，不能盡所懷，故輒布區區[52]，伏維幸察不宣[53]。修再拜。

【注釋】

(1) 司諫：官名，宋代設有左右司諫，掌管諫諍朝政的得失。高若訥當時官司諫。

(2) 隨州：今湖北隨縣。

(3) 天聖二年：1024年。天聖，宋仁宗年號。

(4) 未與人接：沒有和社會上人交往。

(5) 宋舍人兄弟：宋庠、宋祁兄弟，二人同舉天聖二年進士。宋庠官至工部尚書，宋祁官至兵部侍郎同平章事，封鄭國公，兩人都很有文名。舍人，官名，掌管宮廷事務。

(6) 葉道卿：名清臣，蘇州人，曾官兩浙轉運副使，在任時興修水利，關心人民疾苦。鄭天休：鄭戩，吳縣人，曾官樞密副使、奉國軍節度使等，爲人果斷，但好用酷刑。

(7) 號稱得人：此指天聖二年的進士考試得到很多人才。

(8) 廁其間：名字夾雜在以上諸人中間。

(9) 卓卓：優異，此指出色的事。

(10) 何如人：什麼樣的人。

(11) 更：經歷。

(12) 御史裏行：監察御史官的一種，是專門監察官吏失職的官，品級低於監察御史。

(13) 尹師魯：尹洙，字師魯，河南人。范仲淹被貶謫時，師魯官太子中允、天章閣待制，他自稱是范仲淹的朋友，願意同貶，於是被貶郢州監酒稅。

(14) 屈：屈服。　曲：歪曲。

(15) 言事之官：此指御史，當時御史可以諫諍朝政的得失。

(16) 俯仰默默：隨人高下，沉默不語。

(17) 侃然正色：剛直嚴肅的樣子。

(18) "今者"句：現在考察你的實際言行而加以比較。

(19) 決知：斷定。

(20) 范希文：范仲淹，字希文，時任右司諫。

(21) 安道：即余靖，當時也因反對范仲淹被貶事，和尹洙、歐陽修同日被貶。

(22) 深非：十分非難。非，非難，責怪。

(23) 立朝有本末：在朝做事光明磊落，有始有終。

(24) 宰相：呂夷簡。

(25) 非辜：無罪。

(26) 黜：貶官。

(27) 忤：觸犯。

(28) 爾：而已。

(29) 閔：通"憫"，憐憫。

(30) 了無愧畏：毫不羞愧和怕人指責。

(31) "庶乎"句：希望掩飾自己不敢諫諍的罪過。庶乎，希望。

(32) 不逮：不及，不如。

(33) 以智文其過：用詭計掩飾自己的過錯。

(34) 此君子之賊也：這是君子中的敗類。

(35) 大理寺丞：司法官。天聖年間，范仲淹曾任大理寺丞。

(36) "至前行"句：以至任禮部員外郎和天章閣待制之時。前行員外郎，即禮部員外郎。待制，天章閣待制，即皇帝的顧問。

(37) 班行：同班朝臣，即同僚。

(38) 耳目之官：諫官的職責是幫助皇帝明辨是非，好似皇帝的耳目。

(39) 忤意：逆意。

(40) 蕭望之：字長信，東海蘭陵(今山東嶧縣東)人。漢元帝初，受宣帝遺詔輔政，頗有政績。後被石顯誣陷而自殺。王章：字仲卿，泰山鉅平(今山東宵陽縣)人，官京兆尹。正直敢言，因不肯附從外戚王鳳，被王鳳害死。

(41) 石顯：字君房，原為宦官，漢元帝時為中書令，權重當朝，排除異己。王鳳：字孝卿，漢成帝舅父，官大司馬、大將軍兼掌中書事，專權用事。

(42) 曹修古：字述之，宋仁宗時官殿中侍御史，為人慷慨、有氣節。因觸犯劉太后，被貶到興化。劉越：字子長，開封人，曾官右司諫，正直敢言，但終因觸犯劉太后而被貶。

(43) 孔道輔：字原魯，為人剛直，因指責呂夷簡，被貶到泰州。

(44) 擢用：選拔。

(45) 臺牓：御史臺通告。

(46) 春秋之法：孔子撰寫《春秋》的準則。

(47) 責賢者備：對賢者的要求十分嚴格。備，周到，嚴格。

(48) 區區：誠懇。

(49) "而不"句：而不是按照賢人的標準來要求你。

(50) 朋邪之人：與壞人結黨的人。

(51) 釋然：瞭解。

(52) 輒布區區：再表示一下我的意見。區區，微不足道的意見。

(53) 伏維幸察：請您體察。 不宣：不盡。

柳 永

柳永(987？—1053)，原名三變，字耆卿，北宋崇安(福建崇安)人。因排行第七，世稱柳七。他少年時到汴京應試，由於擅長詞曲，熟悉了許多歌妓，並替她們填詞作曲，表現了一種浪子作風。當時有人在仁宗面前舉薦他，仁宗批了四個字："且去填詞。"柳永在受了這種打擊之後，只好以開玩笑的態度，自稱"奉旨填詞柳三變"，在汴京、蘇州、杭州等都市過着一種流浪的生活。少年時的"怪膽狂情"逐漸消退後，才改名柳永，考取進士，在浙江的桐廬、定海等處做過幾任小官。晚年死於潤州(江蘇鎮江縣)。

與北宋初期詞相比，柳永的詞反映了當時的市民生活，特別是一些描寫羈旅行役、離情別緒的作品，表現了封建社會知識分子懷才不遇的苦悶，曲折地流露了對當時社會現實的不滿。柳永製作了大量的慢詞，開拓了詞的題材內容，並善於運用俚俗語言和鋪敍手法，把寫景、敍事、抒情融爲一體，在詞的發展史上產生了一定的影響。

有《樂章集》。

雨 霖 鈴

【題解】

《雨霖鈴》是唐時的教坊曲，宋改制新曲，用作詞調。王灼《碧雞漫志》卷五："《明皇雜錄》及《楊妃外傳》云：'帝幸蜀，初入斜谷，霖雨彌旬。棧道中聞鈴聲，帝方悼念貴妃，采其聲爲《雨霖鈴》以寄恨'。"這首詞是柳永離開汴京、前往浙江時"留別所歡"的作品。詞以悲秋景色爲襯托，抒寫與所歡難以割捨的離情。全詞如行雲流水，詞人以白描手法寫景、狀物、敍事、抒情，感情真摯，詞風哀婉。

寒蟬淒切[1]，對長亭晚[2]，驟雨初歇。都門帳飲無緒[3]，留戀處，蘭舟催發。執手相看淚眼，竟無語凝噎[4]。念去去、千里煙波，暮靄沉沉楚天闊。　　多情自古傷離別，更那堪、冷落清秋節。今宵酒醒何處？楊柳岸、曉風殘月。此去經年[5]，應是良辰好景虛設。便縱有、千種風情[6]，更與何人說。

【注釋】

(1) 淒切：淒涼、急促。

(2) 長亭:古時驛路上十里一長亭,五里一短亭,是行人休息的地方,也是送別的地方。
(3) 都門:此指汴京近郊。 帳飲:設帳置酒宴送行。
(4) 凝噎:喉嚨哽塞,說不出話來。
(5) 經年:年復一年。
(6) 風情:情意,深情密意。

八聲甘州

【題解】

這首詞寫于柳永剛離家準備到京城博取功名時,抒寫了作者登臨所見而引起的思鄉懷人之情。上片寫登臨所見到的殘秋景色,主要寫景;下片寫登臨所感,抒遊子思鄉之情,情景交融。詞中通過層層鋪敘,寫盡了他鄉遊子的羈旅哀愁,感情真摯強烈而又轉折跌宕,頓挫有致。全詞充溢着濃重的感傷情調。

對瀟瀟暮雨灑江天(1),一番洗清秋。漸霜風淒緊,關河冷落(2),殘照當樓。是處紅衰翠減(3),苒苒物華休(4)。惟有長江水,無語東流。 不忍登高臨遠,望故鄉渺邈(5),歸思難收。歎年來蹤迹,何事苦淹留(6)?想佳人、妝樓顒望(7),誤幾回、天際識歸舟(8)。爭知我、倚欄杆處,正恁凝愁(9)。

【注釋】

(1) 瀟瀟:形容風雨急驟。
(2) 關河:山河。
(3) 是處:處處,到處。
(4) 苒苒物華休:景物逐漸凋零。
(5) 渺邈(miǎo):遙遠。
(6) 淹留:久留。
(7) 顒(yóng)望:擡頭凝望。
(8) "誤幾回"句:謝朓《之宣城出新林浦向板橋》:"天際識歸舟,雲中辨江樹。"溫庭筠《望江南》:"過盡千帆皆不是。"
(9) 恁(nèn):這樣。 凝愁:愁思凝重難解。

蘇　　軾

蘇軾(1037—1101),字子瞻,號東坡居士,北宋眉州(今四川眉山)人。他出身於一個有文化修養的家庭,少年時期就積極關心國家政治,希望能在政治上有所建樹。仁宗末年,他向朝廷上制策,提出厲法禁、抑僥倖、決壅蔽、教戰守等主張。他三十歲以前過的是書房生活,對當時因豪強兼併而引起的社會危機,遠沒有王安石看得清楚,所以神宗初年王安石變法時,他上書反對,因此出任杭州通判,轉知密、徐、湖三州。元豐二年(1079),蘇軾因作詩諷刺新法,被捕下獄,出獄後,貶官黃州。哲宗即位,舊黨執政,蘇軾被召還朝,任翰林學士。多年地方官吏的經歷,使他對新法的看法有所改變。當舊黨要廢除一切新法時,他又上書反對,受到舊黨的攻擊,出知杭、穎、定三州。他五十九歲時,新黨再度執政,被貶官至嶺南的惠州和海南的瓊州。徽宗即位,他因大赦內徙,次年七月卒於常州。

　　蘇軾的思想比較複雜,儒家思想和佛老思想在他身上矛盾地交織在一起。他一生在政治上雖屢遭挫折,但在創作上始終孜孜不倦,保持着樂觀和開朗的態度。他是一位詩、詞、文均有很深造詣的全能作家。他的詞突破了"詞爲豔科"的局限,擴大了詞的題材,衝破了聲律的束縛。蘇軾在詞的創作上取得的成就是多方面的,他的創作實踐對詞的發展產生了廣泛而深遠的影響。

　　有《東坡樂府》傳世。

定 風 波

【題解】

　　《定風波》是唐教坊曲名,後用作詞調。這首詞作于宋神宗元豐五年三月七日蘇軾謫居黃州時,寫途中遇雨的一件小事。雖然這是極平常的生活細節,卻反映了作者胸懷開闊、豪放灑脫的一面,表達了他不避風雨、聽任自然的生活態度。全詞寄託着豐富的人生哲理。

　　三月七日,沙湖道中遇雨[1]。雨具先去,同行皆狼狽,余獨不覺。已而遂晴,故作此。

　　莫聽穿林打葉聲,何妨吟嘯且徐行[2]。竹杖芒鞋輕勝馬[3],誰怕?一蓑煙雨任平生。　　料峭春風吹酒醒,微冷,山頭斜照卻相迎。回首向來蕭瑟處[4],歸去,也無風雨也無晴。

【注釋】

(1) 沙湖:在今湖北黃岡縣東南三十里。
(2) 吟嘯:吟詩長嘯,形容意志閒適。
(3) 芒鞋:草鞋。
(4) 向來:方才。　蕭瑟:風雨吹打樹木之聲。

水 龍 吟

次韻章質夫楊花詞⁽¹⁾

【題解】

　　這首詠物詞作于宋哲宗元祐二年(1087)。其間作者好友章質夫有詠楊花詞《水龍吟》一首,盛傳一時,詩人因依原韻而了這首詞寄去,並囑"不以示人"。詞中通過豐富的想像和獨特的藝術構思,運用擬人化手法,把詠物和寫人有機地結合在一起,"即物即人,兩不能別"。全詞聲韻諧婉,情調幽怨纏綿,反映了蘇詞婉約的一面。

　　似花還似非花,也無人惜從教墜⁽²⁾。拋家傍路,思量卻是、無情有思⁽³⁾。縈損柔腸⁽⁴⁾,困酣嬌眼,欲開還閉⁽⁵⁾。夢隨風萬里,尋郎去處,又還被、鶯呼起⁽⁶⁾。
　　不恨此花飛盡,恨西園、落紅難綴。曉來雨過,遺蹤何在？一池萍碎⁽⁷⁾。春色三分,二分塵土,一分流水⁽⁸⁾。細看來,不是楊花,點點是離人淚。

【注釋】

　　(1) 次韻:依照別人的原韻和詩或詞。 章質夫:名楶(jié),字質夫,福建蒲城人,歷仕哲宗、徽宗兩朝,為蘇軾好友,其詠楊花詞《水龍吟》是傳誦一時的名作。
　　(2) 從教墜:任憑它凋零飄落。
　　(3) "思量"二句:意謂楊花看似無情,實際卻自有其愁思。
　　(4) 縈損:為愁思縈繞而損傷。 柔腸:由柳絮兼及柳枝,因其柔細,故比作思婦的柔腸。
　　(5) "困酣"二句:用美女困倦時眼睛欲開還閉之態來形容楊花的忽飄忽墜、時起時落。
　　(6) "夢隨風萬里"三句:唐人金昌緒《春怨》:"打起黃鶯兒,莫教枝上啼。啼時驚妾夢,不得到遼西。"此三句活用了這首詩的意思。
　　(7) 萍碎:蘇軾自注云:"楊花落水為浮萍,驗之信然。"
　　(8) "春色"三句:如果把整個春色算成三分的話,那麼二分委於塵土,一分委於流水。

江 城 子

乙卯正月二十日夜記夢

【題解】

　　此詞作于宋神宗熙寧八年(1075,乙卯年)蘇軾知密州(今山東省諸城縣)時,蘇軾當時四十歲。十年前,蘇軾原配夫人王弗卒,葬於眉山故里。這是蘇軾為悼念原配妻子而寫的一首悼亡詞,表現了綿綿不盡的哀傷和思念。上片寫詩人對亡妻深沈的思念,是寫實。下片記述夢境,抒寫了詩人對亡妻執着不舍的深情。全詞情意纏綿,字字血淚,淒涼哀婉,為膾炙人口的名作。

十年生死兩茫茫,不思量,自難忘。千里孤墳[1],無處話淒涼。縱使相逢應不識,塵滿面,鬢如霜。　夜來幽夢忽還鄉[2]。小軒窗[3],正梳妝。相顧無言,惟有淚千行。料得年年腸斷處,明月夜,短松岡[4]。

【注釋】

(1) 千里孤墳:時蘇軾知密州,而王弗葬於四川眉山,故云。
(2) 幽夢:夢境隱約,故云幽夢。
(3) 軒窗:門窗。
(4) 短松岡:此指墳墓。

前赤壁賦

【題解】

本文寫于宋神宗元豐五年(1082),當時蘇軾因"烏臺詩案"獲釋後貶官黃州,他曾於七月十六日和十月十五日兩次泛遊赤壁,寫下了兩篇《赤壁賦》——《前赤壁賦》和《後赤壁賦》。文中的赤壁實爲赤鼻磯,並非三國時赤壁之戰的舊址。蘇軾明知其誤,將錯就錯,藉以抒寫自己的懷抱,表達了欲從山水之樂及佛老思想中尋求精神解脫的人生態度。本文作爲一篇文賦,融寫景、抒情、說理於一爐,肆意揮灑,富有理趣之美。

壬戌之秋[1],七月既望[2],蘇子與客泛舟,遊於赤壁之下。清風徐來,水波不興。舉酒屬客,誦明月之詩[3],歌窈窕之章[4]。少焉,月出於東山之上,徘徊于斗牛之間[5]。白露橫江,水光接天。縱一葦之所如[6],凌萬頃之茫然。浩浩乎如馮虛御風[7],而不知其所止;飄飄乎如遺世獨立[8],羽化而登仙[9]。於是飲酒樂甚,扣舷而歌之。歌曰:"桂棹兮蘭槳[10],擊空明兮溯流光[11]。渺渺兮予懷[12],望美人兮天一方[13]。"客有吹洞簫者,倚歌而和之,其聲嗚嗚然:如怨如慕,如泣如訴;餘音嫋嫋,不絕如縷;舞幽壑之潛蛟[14],泣孤舟之嫠婦[15]。

蘇子愀然[16],正襟危坐而問客曰:"何爲其然也?"客曰:"'月明星稀,烏鵲南飛'[17],此非曹孟德之詩乎[18]?西望夏口[19],東望武昌[20]。山川相繆[21],鬱乎蒼蒼[22],此非孟德之困於周郎者乎[23]?方其破荆州[24],下江陵[25],順流而東也,舳艫千里[26],旌旗蔽空,釃酒臨江[27],橫槊賦詩,固一世之雄也,而今安在哉?況吾與子漁樵于江渚之上[28],侶魚蝦而友麋鹿,駕一葉之扁舟,舉匏樽以相屬[29]。寄蜉蝣于天地[30],渺滄海之一粟。哀吾生之須臾,羨長江之無窮。挾飛仙以遨遊,抱明月而長終。知不可乎驟得,托遺響於悲風。"

蘇子曰:"客亦知夫水與月乎?逝者如斯,而未嘗往也;盈虛者如彼,而卒莫消長也。蓋將自其變者而觀之,而天地曾不能以一瞬;自其不變者而觀之,則物與我皆無盡也。而又何羨乎?且夫天地之間,物各有主,苟非吾之所有,雖一毫而莫取。惟江上之清風,與山間之明月,耳得之而爲聲,目遇之而成色。取之無禁,用之不竭。是造物者之無盡藏也,而吾與子之所共適⁽³¹⁾。"客喜而笑,洗盞更酌。肴核既盡⁽³²⁾,杯盤狼藉。相與枕藉乎舟中⁽³³⁾,不知東方之既白。

【注釋】

(1) 壬戌:宋神宗元豐五年(1082)。
(2) 既望:農曆每月十五日爲"望",十六日爲"既望"。
(3) 明月之詩:此指《詩經·月出》。
(4) 窈窕之章:此指《詩經·月出》篇中"月出皎兮"一章,其中有"舒窈糾兮"的句子。窈糾,同"窈窕"。
(5) 斗牛:星座名,即斗宿(南斗)、牛宿。
(6) 一葦:喻指葦葉似的小船。
(7) 馮虛御風:在天空中乘風遨遊。馮,通"憑",靠,依托。虛,太虛,指天空。
(8) 遺世:脫離塵世。
(9) 羽化:道教稱成仙爲羽化。
(10) 桂櫂(zhào):桂樹做的櫂。劃船用具,長的叫櫂,短的叫楫。 蘭槳:木蘭樹做的槳。
(11) 空明:映照着月色的清澈透明的江水。 流光:江面上隨波浮動的月光。
(12) 渺渺:形容悠遠。 懷:心思,思緒。
(13) 美人:此指內心所思慕的人。
(14) 幽壑:深淵。
(15) 嫠(lí)婦:寡婦。
(16) 愀(qiǎo)然:神色嚴肅的樣子。
(17) "月明"二句:曹操《短歌行》中的句子。
(18) 孟德:曹操的字。
(19) 夏口:古城名,在今湖北武漢。
(20) 武昌:今湖北鄂城。
(21) 繆(liáo):通"繚",盤繞。
(22) 鬱乎:繁茂的樣子。 蒼蒼:深青色。
(23) 孟德之困於周郎:漢獻帝建安十三年(208),曹操在赤壁之戰中被吳將周瑜擊敗。周郎,周瑜當時才二十四歲,故稱周郎。
(24) 荆州:今湖北襄樊。
(25) 江陵:今湖北江陵。
(26) 舳(zhú)艫:戰船。
(27) 釃(shī)酒:斟酒。
(28) 漁樵:捕魚打柴。 江渚(zhǔ):水中小塊陸地。
(29) 匏(páo)樽:用匏作的酒杯。
(30) "寄蜉蝣"句:像蜉蝣一樣寄生於天地之間。蜉蝣,一種昆蟲,夏秋之交生於水邊,生命短促,只能活幾個小時。

(31)適:享用。

(32)肴核:菜肴和果品。

(33)枕藉(jiè):交錯地枕靠着躺在一起。

文與可畫篔簹谷偃竹記[1]

【題解】

本文寫于宋神宗元豐二年(1079),文與可已去世。蘇軾在這年七月七日曬所藏書畫時,又見到文與可贈送的名畫《篔簹谷偃竹》,悲痛失聲,便以此畫爲綫索著文,追記兩人交游的情誼,表述了文與可作畫的理論和高超技藝,同時表達了蘇軾的文藝觀點。文如行雲流水,自然流暢,文筆疏密有致,充滿激情。

　　竹之始生,一寸之萌耳,而節葉具焉。自蜩蝮蛇蚹[2],以至於劍拔十尋者[3],生而有之也。今畫者乃節節而爲之,葉葉而累之[4],豈復有竹乎?故畫竹必先得成竹於胸中,執筆熟視,乃見其所欲畫者,急起從之,振筆直遂[5],以追其所見,如兔起鶻落[6],少縱則逝矣。與可之教予如此。予不能然也,而心識其所以然。夫既心識其所以然,而不能然者,內外不一,心手不相應,不學之過也。故凡有見於中,而操之不熟者,平居自視了然,而臨事忽焉喪之[7],豈獨竹乎?

　　子由爲《墨竹賦》[8],以遺與可,曰:"庖丁,解牛者也,而養生者取之[9];輪扁,斫輪者也,而讀書者與之[10]。今夫夫子之託于斯竹也,而予以爲有道者則非耶?"[11]子由未嘗畫也,故得其意而已。若予者,豈獨得其意,并得其法。

　　與可畫竹,初不自貴重。四方之人,持縑素而請者,足相躡於其門。與可厭之,投諸地而罵曰:"吾將以爲襪。"士大夫傳之,以爲口實[12]。及與可自洋州還,而余爲徐州[13]。與可以書遺余曰:"近語士大夫:'吾墨竹一派,近在彭城[14],可往求之。'襪材當萃於子矣[15]。"書尾復寫一詩,其略曰:"擬將一段鵝溪絹[16],掃取寒梢萬尺長[17]。"予謂與可:"竹長萬尺,當用絹二百五十匹。知公倦於筆硯,願得此絹而已。"與可無以答,則曰:"吾言妄矣,世豈有萬尺竹哉?"余因而實之[18],答其詩曰:"世間亦有千尋竹,月落庭空影許長[19]。"與可笑曰:"蘇子辯矣。然二百五十匹絹,吾將買田而歸老焉。"因以所畫《篔簹谷偃竹》遺予,曰:"此竹數尺耳,而有萬尺之勢。"篔簹谷在洋州,與可嘗令予作《洋州三十詠》,《篔簹谷》其一也。予詩云:"漢川修竹賤如蓬,斤斧何曾赦籜龍[20]。料得清貧饞太守,渭濱千畝在胸中[21]。"與可是日與其妻游谷中,燒筍晚食,發函得詩,失笑噴飯滿案。

　　元豐二年正月二十日,與可沒於陳州[22]。是歲七月七日,予在湖州曝書畫,見此竹,廢卷而哭失聲。昔曹孟德祭橋公文,有"車過腹痛"之語[23],而予亦載與可疇昔戲笑之言者⁽²⁴⁾,以見與可於予親厚無間如此也。

【注釋】

(1) 文與可(1018—1079):名同,字與可,四川梓潼人。北宋著名畫家,擅長畫竹。宋仁宗皇祐元年(1049)進士,曾任洋州(今陝西省洋縣)和湖州(今江蘇省吳興縣)知州,因稱"文湖州",乃蘇軾的表兄弟,著有《丹淵集》。 篔簹(yún dāng)谷:在陝西洋州西北,谷中多生竿粗節長的篔簹竹,故名。文與可知洋州時,曾在谷中築亭以觀遊。 偃竹:風中仰斜的竹子。

(2) "自蜩蝮"句:這是以蟬殼、蛇鱗形容竹子初生時的形狀。蜩(tiáo)蝮,蟬殼。蛇蚹(fù),蛇腹下的橫鱗。

(3) 尋:古代八尺為一尋。

(4) 累:加,積。

(5) 直遂:徑直完成。

(6) 兔起鶻(hú)落:兔子一跑出來,鶻鳥就馬上從空中俯衝下來抓住它。這裏形容畫畫運筆神速。鶻,一種猛禽,又名隼(sǔn)。

(7) 忽焉喪之:忽然不見了,忘記了。喪,喪失。

(8) 子由:蘇軾的弟弟蘇轍,字子由。

(9) "庖丁"三句:庖丁是宰牛的,而講求養生之道的人可以從中得到養生的道理。語出《莊子·養生主》。庖,廚師。丁,廚師之名。養生者,指梁文惠君。取,取法。

(10) "輪扁"三句:輪扁,是個善於斲輪的工匠,(他所講的道理)卻得到了讀書人的贊許。語出《莊子·天道》。斲,砍,削。

(11) "今夫夫子"二句:如今,從您寄託在竹子上的意蘊來看,我認為您是深知物理的人,難道不是嗎?夫子,對文與可的尊稱。託,寄託。

(12) 口實:話柄。

(13) 余為徐州:蘇軾於熙寧十年(1077)十二月任徐州知州。

(14) 近在彭城:近在彭城(即徐州)做官的蘇軾已經掌握了文與可畫竹的技法,能畫出同樣好的畫。

(15) 萃:聚集。

(16) 鵝溪:在今四川省鹽亭縣西北八十里,此地產絹,負有盛名。唐、宋用它做貢品,是繪畫的珍貴材料。

(17) 掃:此指用筆作畫。 寒梢:竹是"歲寒三友"之一,不怕寒冷,故名"寒梢"。

(18) 實:證實。

(19) 影許長:影子有這麼長。許,這樣。

(20) 籜(tuò)龍:竹筍的別名。

(21) "渭濱千畝"句:文與可把渭水岸邊千畝竹筍都吞下去了,喻文與可胸中裝有豐富的竹子形象,是一種詼諧的說法。渭濱,渭川之濱,《史記·貨殖列傳》有讚語稱:"渭川千畝竹。"作者以此比喻洋州多竹。

(22) 沒於陳州:在陳州(今河南淮陽縣)去世,文與可於元豐元年十月除知湖州,從開封出發赴任,次年正月,走到陳州宛丘驛病逝,年六十一歲。沒,通"歿",去世。

(23)"昔曹孟德"二句:《三國志·魏志·武帝紀》裴松之注:曹操年輕的時候,不被人重視,惟橋玄器重他。橋玄死後,建安七年(202)春,曹操路過故鄉譙郡,令人持太牢祭橋玄,並作《祀故太尉橋玄文》:"又承從容約誓之言:'殂逝之後,路有經由,不以斗酒只雞相沃酹,車過三步,腹痛勿怪。'雖臨時戲笑之言,非至親之篤好,胡肯爲此辭乎?"本篇引此典故,說明曹操與橋玄之間親密的關係,從而表白自己和文與可之間親密的關係。

(24)疇昔:從前,往昔。

秦　觀

秦觀(1049—1100),字少游,又字太虛,號淮海居士,北宋揚州高郵(屬江蘇)人。他出身於一個中落的地主家庭,田園收入不足以自養。少年時客遊汴京、揚州、越州等處,曾經和當地一些歌妓往來,爲她們寫了不少詞。宋神宗元豐八年(1085)進士,調定海主簿、蔡州教授。哲宗時,除太學博士,兼國史院編修官。文才爲蘇軾賞識,是"蘇門四學士"之一。在新舊黨爭中屢遭貶謫,被貶斥到遙遠的西南,最後死於放還途中。

秦觀的詞風格接近李煜和柳永,在婉約詞中成就最高。他善於以長調抒寫柔情,語言淡雅,委婉含蓄,富有餘韻。他的詞作多爲男女離愁別恨及身世傷感之作。

有《淮海集》。

滿 庭 芳

【題解】

《苕溪漁隱叢話》引《藝苑雌黃》曰:"程公辟(師孟)守會稽,少游客焉,館之蓬萊閣。一日,席上有所悅,自爾眷眷,不能忘情,因賦長短句,所謂'多少蓬萊舊事,空回首、煙靄紛紛'也。"元豐二年(1079)冬,秦觀離開會稽,詞當作於此時。這首詞寫詩人與他所眷戀的一個女子的離別情景,充滿了低沈婉轉的感傷情調。全詞把淒涼秋色、傷別之情融爲一體,通過對淒涼景色的描寫,用婉轉語調表達傷感的情緒,是這首詞的主要藝術特色。

山抹微雲,天粘衰草,畫角聲斷譙門(1)。暫停征棹,聊共引離尊。多少蓬萊舊事(2),空回首、煙靄紛紛(3)。斜陽外,寒鴉數點,流水繞孤村(4)。　　消魂,當此際(5),香囊暗解,羅帶輕分(6)。謾贏得青樓、薄倖名存(7)。此去何時見也?襟袖上、空惹啼痕。傷情處,高城望斷,燈火已黃昏。

233

【注釋】

(1) 畫角：古代軍中吹奏樂器。 譙門：譙樓下城門。譙樓是瞭望敵陣之樓。
(2) 蓬萊舊事：男女愛情的往事。蓬萊，本指海上仙山，此指會稽。
(3) 煙霭：雲霧。
(4) "寒鴉"二句：楊廣詩(失題)："寒鴉飛數點，流水繞孤村。"此用其語。數點，一作"萬點"。
(5) 消魂：形容離別時的愁苦之情。
(6) 羅帶輕分：古人用結帶象徵相愛，羅帶輕分表示離別。羅帶，絲帶。輕，輕易。
(7) "謾贏得青樓"句：杜牧《遣懷》："十年一覺揚州夢，贏得青樓薄幸名。"謾，徒然。薄倖，薄情。

李 清 照

李清照(1084—1155)，號易安居士，山東歷城(濟南市)人。父李格非爲著名學者，母王氏亦工文章。李清照自幼受文學藝術熏陶，年輕時便有詩名，她和太學生趙明誠結婚後，家庭生活平靜美滿。趙明誠知青、萊二州，政事之餘，夫妻共同致力於金石書畫的搜集、整理和研究，作《金石錄》。靖康之難後，經歷了離亂，丈夫趙明誠病逝，李清照流落異地，無依無靠，在孤寂淒苦中度過了晚年，死於金華。

李清照是詩、詞、散文都有成就的作家，以詞的成就最高。她的詞在藝術上具有獨創性，善於以新穎的形象抒發情感，語言清新明快、流轉如珠，不依傍古人，自出機杼。

有《漱玉詞》。

聲 聲 慢

【題解】

毛先舒《填詞名解》卷三："詞以慢名者，慢曲也。拖音嫋娜，不欲輒盡。"本詞爲李清照晚年所作。全詞通過乍暖還寒、晚來風急、黃昏細雨、雁過花落等一連串形象，與獨自守著窗兒的詩人自己相映襯，組成了一幅清婉淒涼的畫面，吐露了難以排解的愁情。開篇連用十四個疊字，細膩地展現出孤獨無依、淒苦的心境。這首詞情調低沈，氣氛悲涼，表達了許多不幸的婦女在動蕩時代裏苦難的遭遇。

尋尋覓覓,冷冷清清,淒淒慘慘戚戚。乍暖還寒時候,最難將息[1]。三杯兩盞淡酒,怎敵他、晚來風急。雁過也,正傷心,卻是舊時相識。　滿地黃花堆積,憔悴損,如今有誰堪摘。守著窗兒,獨自怎生得黑[2]。梧桐更兼細雨,到黃昏、點點滴滴。這次第[3],怎一個、愁字了得[4]。

【注釋】

(1) 將息:將養休息。
(2) 怎生得黑:怎樣才能挨到天黑。怎生,怎麼,怎樣。
(3) 這次第:這一連串的情形。
(4) 了得:概括得了。

武陵春

【題解】

這是詞人避亂金華時所作。由於詞人歷盡亂離之苦,所以詞情極為悲戚,全詞充滿"物是人非事事休"的痛苦。這首詞構思新穎,想像豐富,通過暮春景物勾出內心活動,以舴艋舟載不動愁的藝術形象表達悲愁之多,寫得新穎奇巧、深沈哀婉,遂為絕唱。

風住塵香花已盡[1],日晚倦梳頭。物是人非事事休,欲語淚先流。　聞說雙溪春尚好[2],也擬泛輕舟。只恐雙溪舴艋舟[3],載不動,許多愁。

【注釋】

(1) 塵香:塵土裏有落花的香氣。
(2) 雙溪:江名,在浙江金華城南。
(3) 舴(zé)艋舟:小船。

張 孝 祥

張孝祥(1132－1169),字安國,號於湖居士,曆陽烏江(今安徽省和縣)人。宋高宗紹興二十四年(1154),以廷試第一及第。歷任中書舍人、直學士院兼都督府參贊軍事,領建康留守,荊南荊湖北路安撫使等職。他主強抗金,極力贊助張浚的北伐計劃,曾因此被免官。詞風接近蘇軾,但兼有辛棄疾的悲壯。

有《於湖詞》。

六州歌頭

【題解】

此詞當作於宋高宗紹興三十二年(1162)初。三十一年(1161)，金主完顏亮大舉南侵，宋軍於采石截擊金兵，大獲全勝。作此詞時戰事尚未結束。詞中對紹興和議簽訂二十年來的歷史作了回憶和概括，試圖用這段恥辱的歷史來激勵將士們的鬥志和雪恥之心。全詞氣勢磅礴，慷慨悲涼，具有強烈的政論色彩。

長淮望斷[1]，關塞莽然平[2]。征塵暗，霜風勁，悄邊聲[3]。黯銷凝[4]！追想當年事，殆天數，非人力。洙泗上，弦歌地，亦羶腥[5]。隔水氈鄉[6]，落日牛羊下[7]，區脫縱橫[8]。看名王宵獵[9]，騎火一川明[10]，笳鼓悲鳴，遣人驚。　念腰間箭，匣中劍，空埃蠹[11]，竟何成！時易失，心徒壯，歲將零，渺神京[12]。干羽方懷遠[13]，靜烽燧[14]，且休兵。冠蓋使[15]，紛馳鶩，若爲情？聞道中原遺老，常南望、翠葆霓旌[16]。使行人到此，忠憤氣填膺，有淚如傾。

【注釋】

(1) 長淮：即淮河，宋高宗紹興十一年(1141)，岳飛被殺，南宋投降派與金國簽訂了屈辱投降條約，規定宋、金兩國國界爲東起淮河中流，西至大散關(今陝西省寶雞市)。

(2) "關塞"句：草木莽然，齊及關塞，可見邊備之鬆弛。莽然，草木茂盛的樣子。

(3) 悄邊聲：邊聲悄然，不聞號角、戰馬等聲音。

(4) 黯銷凝：因感傷而無語出神的樣子。黯，心神沮喪。

(5) "洙泗上"三句：連孔子的故鄉也陷於敵手。洙泗，魯國二水名，流經曲阜，孔子曾在此講學。弦歌地，禮樂文化之邦。《論語·陽貨》："子之武城，聞弦歌之聲。"

(6) 隔水氈鄉：淮河北面就是敵人的氈帳。

(7) 落日牛羊下：《詩經·君子于役》："日之夕矣，牛羊下來。"

(8) 區(ou)脫：匈奴語，稱守邊的土室。《漢書·蘇武傳》："區脫捕得雲中生口。"顏師古注引服虔曰："區脫，土室。"

(9) 名王：諸王中著名者。《漢書·宣帝紀》：神爵二年，"單于遣名王奉獻"。顏師古注："名王者，謂有大名以別諸小王也。"

(10) 騎火：舉着火把的馬隊。

(11) 埃蠹：塵掩蟲蛀。

(12) 渺神京：神京可望而不可即。神京，此指汴京，北宋時的京城。

(13) "干羽"句：用禮樂文化感化遠方民族，實指對金妥協。《尚書·大禹謨》："帝乃誕敷文德，舞干羽於兩階。七旬有苗格。"干羽，干盾和翟羽，都是供樂舞的器具。

(14) 靜烽燧：平靜無戰事。烽燧，即烽火，古時邊防用以報警的信號。

(15) 冠蓋使：奉命求和的使臣。

(16)翠葆霓旌:皇帝的車駕儀仗。翠葆,以翠鳥羽毛爲飾的車蓋。霓旌,皇帝出行時的一種儀仗。

辛 棄 疾

辛棄疾(1140—1207),字幼安,號稼軒,南宋歷城(今山東省濟南市)人。他出生時,濟南已在金兵統治下。紹興三十一年(1161),金主完顔亮率兵南下,濟南農民耿京聚衆起義,他也組織了二千多人參加義軍,並在軍中任掌書記。完顔亮南侵失敗後,辛棄疾代表義軍到建康去見宋高宗,在北歸途中,得到叛徒張安國謀害了耿京並投降金人的消息,便和部下五十人馳騎直入張安國大營,縛張安國置馬上,並號召了上萬士兵反正,直奔向南宋。辛棄疾南歸的第二年,張浚出兵北伐,南宋王朝又要和金議和。辛棄疾這時不顧自身官職的低微,寫成《美芹十論》獻給宋孝宗。後來虞允文作宰相,他又寫了《九議》獻給他。淳熙八年(1181),辛棄疾因言官彈劾落職,退居江西上饒的帶湖,自號稼軒。開禧年間(1201—1207),韓侂胄當權,他想對金用兵以提高自己在朝廷中的威望,這時已六十四歲的辛棄疾又出任浙東安撫使、鎮江知府等官。辛棄疾積極爲北伐作準備時,韓侂胄又輕易把他罷免了。開禧二年(1206),韓侂胄率兵北伐,結果大敗。辛棄疾在開禧北伐失敗的第二年秋天溘然長逝。

辛棄疾是南宋最偉大的愛國詞人,滿腔愛國熱情無處發泄,便在他的詞中強烈地表現出來。劉克莊在《辛稼軒集序》中曾說:"公所作,大聲鞺鞳,小聲鏗鎗,橫絕六合,掃空萬古,自有蒼生以來所無。其穠纖綿密者,亦不在小晏、秦郎之下。"辛詞除了豪放蒼涼的基調外,兼有清麗明快或纏綿嫵媚的風格。

有《稼軒長短句》,存詞六百餘首。

永 遇 樂

京口北固亭懷古

【題解】

此詞作於嘉泰五年(1205),辛棄疾時年六十六歲,正在鎮江知府任上,爲北伐作準備。北固亭在鎮江(京口)北固山上,又名"北固樓","下臨長江,三面濱水,回嶺陡絕,勢最險固"(顧祖禹《讀史方輿紀要》)。詞中緬懷了古代抵抗外侮、收復中原的英雄,援引了歷史教訓,對草率用兵的決策者提出警告,並抒發了壯志難酬的感慨。全詞聲調激越,風格沈鬱蒼涼。

千古江山,英雄無覓、孫仲謀處⁽¹⁾。舞榭歌臺,風流總被、雨打風吹去。斜陽草樹,尋常巷陌,人道寄奴曾住⁽²⁾。想當年,金戈鐵馬,氣吞萬里如虎⁽³⁾。
　　　元嘉草草⁽⁴⁾,封狼居胥⁽⁵⁾,贏得倉皇北顧⁽⁶⁾。四十三年⁽⁷⁾,望中猶記,烽火揚州路⁽⁸⁾。可堪回首,佛狸祠下⁽⁹⁾,一片神鴉社鼓⁽¹⁰⁾。憑誰問,廉頗老矣,尚能飯否⁽¹¹⁾?

【注釋】

　　(1) 孫仲謀:孫權,字仲謀,三國時爲吳帝,曾創設京口鎮,並多次打敗曹魏的入侵。
　　(2) 寄奴:南朝宋武帝劉裕的小名。劉裕生於京口,早年在京口起兵北伐,曾滅燕、後秦,並一度收復洛陽、長安等地,後來推翻東晉的統治,做了皇帝。
　　(3) "金戈"二句:形容劉裕軍隊兵馬強壯,士氣旺盛,軍威遠震。
　　(4) 元嘉:宋文帝劉義隆的年號。
　　(5) 狼居胥:山名,在今內蒙古自治區西北部。據《史記·霍去病傳》載:元狩四年春,上令大將軍衛青、驃騎將軍霍去病各率五萬騎兵,深入匈奴腹地。霍去病追擊匈奴至狼居胥,然後封山勒石而回。
　　(6) 倉皇北顧:據《南史·宋文帝紀》載:元嘉二十七年,王玄謨北伐失敗,後魏軍隊追至長江邊,揚言要渡江南下。劉宋朝庭震恐萬分,宋文帝登峰火樓北望,後悔莫及。
　　(7) 四十三年:辛棄疾於紹興三十一年(1161)奉耿京之命到江南接洽歸正事,次年正式返回南宋,至作此詞時正好四十三年。
　　(8) 路:宋行政區劃名,揚州屬淮南東路。
　　(9) 佛狸祠:北魏太武帝打敗王玄謨軍隊後,追至長江北岸的瓜步山(今江蘇省六合縣東南),在山上建行宮,後稱"佛狸祠"。佛狸,北魏太武帝的小名。
　　(10) 神鴉:吃廟中祭品的烏鴉。 社鼓:社日祭神的鼓聲。
　　(11) "憑誰問"三句:借戰國時趙國名將廉頗事自喻雖年老而雄心猶在,但不爲朝廷所重用。《史記·廉頗藺相如列傳》:"廉頗居梁,久之,魏不能信用。趙以數困於秦兵,趙王思復得廉頗,廉頗亦思復用於趙。趙王使使者視廉頗尚可用否。廉頗之仇郭開多與使者金,令毀之。趙使既見廉頗,廉頗爲之一飯斗米,肉十斤,被甲上馬,以示尚可用。趙使還報王曰:'廉將軍雖老,尚善飯,然與臣坐,頃之三遺矢矣。'趙王以爲老,遂不召。"

南　鄉　子

登京口北固亭有懷

【題解】

　　此詞作於嘉泰五年(1205),與《永遇樂》均爲同年、同地且同爲懷古之作,追懷三國東吳的孫權。作者稱頌孫權不畏強敵、堅決抵抗、戰而勝之的壯舉,借古諷今,立意鮮明。全詞以問答體構成,風格明快,一氣呵成,富於變化。

何處望神州？滿眼風光北固樓。千古興亡多少事？悠悠,不盡長江滾滾流(1)。　　年少萬兜鍪(2),坐斷東南戰未休(3)。天下英雄誰敵手？曹劉,生子當如孫仲謀(4)。

【注釋】

(1) 不盡句:杜甫《登高》:"無邊落木蕭蕭下,不盡長江滾滾來。"
(2) 兜鍪:戰具,這裏借指士兵。
(3) 坐斷:佔據。
(4) 生子當如孫仲謀:《三國志·孫權傳》注引《吳曆》:"公(曹操)見舟船、器仗、軍伍整肅,喟然歎曰:'生子當如孫仲謀,劉景升兒子(劉琮)若豚犬耳。'"

摸　魚　兒

淳熙己亥,自湖北漕移湖南,同官王正之置酒小山亭,爲賦。

【題解】

宋孝宗淳熙六年(1179),辛棄疾四十歲,由湖北轉運副使調任湖南轉運副使,接替他任湖北轉運副使的是他的好友王正之,王正之在官署裏的小山亭治酒爲他餞行,辛棄疾寫下這首詞,這是他詞作中的抒情名篇。全篇用比興手法,抒發自己的憂國之情,同時流露出對南宋朝廷的不滿情緒。據說宋孝宗看到這首詞,雖然沒有加罪於他,可是很不愉快(見羅大經《鶴林玉露》)。

更能消、幾番風雨(1),匆匆春又歸去。惜春長怕花開早,何況落紅無數。春且住,見說道(2)、天涯芳草無歸路。怨春不語。算只有、殷勤畫簷蛛網,盡日惹飛絮(3)。　　長門事(4),准擬佳期又誤(5)。蛾眉曾有人妒(6)。千金縱買相如賦,脈脈此情誰訴？君莫舞,君不見、玉環飛燕皆塵土(7)。閑愁最苦。休去倚危欄(8),斜陽正在,煙柳斷腸處。

【注釋】

(1) 更能消:怎能經得起。
(2) 見說道:聽說。
(3) "算只有"三句:算起來只有屋檐下的蜘蛛網,還在整天殷勤地沾惹着飛揚的柳絮,好像要把春天網住似的。
(4) 長門事:司馬相如《長門賦序》:"孝武皇帝陳皇后,時得幸,頗妒。別在長門宮,愁悶悲思。聞蜀郡成都司馬相如天下工爲文,奉黃金百斤,爲相如、文君取酒,因於解悲愁之辭,而相如爲文以悟主上,陳皇后復得幸。"長門,長門宮,漢宮殿名。
(5) 准擬:獲准約定。　佳期:皇帝親幸之期。
(6) 蛾眉:借指美人。

（7）玉環：即楊貴妃，小名玉環，爲唐玄宗所寵，安史亂起，被迫自縊於馬嵬坡。 飛燕：即趙飛燕，漢成帝的皇后，成帝死後，被迫自殺。

（8）危欄：高樓上的欄杆。

陸　　游

陸游（1125—1210），字務觀，號放翁，南宋越州山陰（浙江紹興）人，出身於一個有文化傳統的官僚地主家庭。紹興二十三年（1153），陸游二十九歲，赴臨安應進士試，主考官取爲第一，因名居秦檜孫秦塤之前，又"喜論恢復"，以致觸怒秦檜，竟遭黜落。孝宗繼位之初，抗戰派稍得擡頭，他被賜進士出身。但隨着北伐的失利，在鎮江通判任上的陸游，也以"鼓唱是非，力說張浚用兵"的罪名罷官家居。乾道八年（1172），四川宣撫使王炎邀請他襄贊軍務，他從夔州到了南鄭。一年後，王炎調離川陝，陸游也改除成都安撫使參議官。甯宗嘉泰二年，他爲了實現團結救國的理想，不顧朝野的非難，毅然接受了韓侂冑的推薦，主修孝宗、光宗兩朝實錄。嘉定二年（1210），八十五歲的老詩人抱着滿腔的遺恨與世長辭。

陸游是南宋著名愛國詩人、中國文學史上的大詩人。詞作雖不多，但風格多樣，既有充滿愛國激情的豪放之作，又有婉麗飄逸、感情深摯的詞篇。

有《渭南文集》、《劍南詩稿》等。

訴　衷　情

【題解】

這首詞寫作年代不詳。從詞意推測，當爲宋孝宗淳熙十六年（1189）陸游退居山陰以後所作。全詞抒發了金兵未滅、壯志未酬而英雄已老的悲憤。上片是對過去求功建業、立馬邊關的追念；下片抒情，調子較爲低沈，但它所顯示的決非個人得失之感，而是詩人關懷國家前途、斥責投降派的心聲。

當年萬里覓封侯(1)，匹馬戍梁州(2)。關河夢斷何處(3)，塵暗舊貂裘(4)。胡未滅，鬢先秋，淚空流。此生誰料，心在天山(5)，身老滄洲(6)。

【注釋】

（1）當年：此指四十八歲到五十一歲在漢中軍中任職事。 萬里覓封侯：《後漢書·班超傳》："嘗輟業投筆歎曰：'大丈夫無他志略，猶當效傅介子、張騫立功異域，以取封侯，安能久

(2) 梁州:治所在今陝西漢中。
(3) 關河:關塞,河防。這裏指大散關、渭河一帶前線。
(4) 塵暗舊貂裘:《戰國策·秦策》載:蘇秦"說秦王,書十上而不行,黑貂之裘敝,黃金百斤盡,資用乏絕,去秦而歸"。
(5) 天山:在今新疆維吾爾自治區内,這裏借指前線。
(6) 滄州:泛指隱居地。

姜　夔

姜夔(1155?—1221?),字堯章,别號白石道人,饒州鄱陽(屬江西)人。他一生不曾做官,卻曾漫遊過長江中下游的兩湖和江、浙一帶,交遊廣,生活經歷豐富。他擅長詩詞,精通音律與書法,是南宋詞壇上成就較高、較有影響的作家。他以離别相思、紀遊詠物或慨歎身世爲詞的主要題材,也有關心國事、同情人民疾苦的部分作品。他的詞音律和諧、造語凝煉、想像豐富、意境清幽,尤擅長托物比興和景物描寫,工麗精致,在宋詞發展史上有重要地位。

有《白石道人詩集》、《白石道人歌曲》。

揚　州　慢

【題解】

鄭文焯校《白石道人歌曲》說:"紹興三十年,完顏亮南寇。江淮軍敗,中外震駭。亮尋爲其臣下殺於瓜州。此詞作於淳熙三年,寇平已十有六年,而景物蕭條,依依有廢池喬木之感。此與《淒涼犯》當同屬江淮亂後之作。"此詞是作者路過揚州時的憑吊之作,描繪了這座歷史名城在遭受兵火之後的荒敗景象,表達了南宋人民渴望和平安定生活的普遍感情。

淳熙丙申至日(1),予過維揚(2)。夜雪初霽,薺麥彌望(3)。入其城則四顧蕭條,寒水自碧,暮色漸起,戍角悲吟(4)。予懷愴然,感慨今昔,因自度此曲(5)。千巖老人以爲有《黍離》之悲也(6)。

淮左名都(7),竹西佳處(8),解鞍少駐初程。過春風十里(9),盡薺麥青青。自胡馬窺江去後(10),廢池喬木,猶厭言兵。漸黄昏,清角吹寒,都在空城。　　杜郎俊賞(11),算而今,重到須驚。縱豆蔻詞工(12),青樓夢好(13),難賦深情。二十四橋仍在(14),波心蕩、冷月無聲。念橋邊紅藥(15),年年知爲誰生。

【注釋】

(1) 淳熙丙申：宋孝宗淳熙三年(1176)。至日：冬至日。

(2) 維揚：即揚州。

(3) 薺麥彌望：滿眼都是野生的麥子。

(4) 戍角：軍營的號角聲。

(5) 自度此曲：自己創制了這首曲調。自度曲，與一般詞作按詞譜填詞不同。

(6) 千巖老人：南宋著名詩人蕭德藻的別號。姜夔是他的姪女婿。《黍離》之悲：《詩經‧黍離》寫周大夫看到故都長滿黍稷，心生悲哀。

(7) 淮左：揚州屬淮南東路，古人方位坐北朝南，以東爲左，故稱揚州所在爲淮左。

(8) 竹西：亭名。揚州城東禪智寺側有竹西亭。杜牧《題揚州禪智寺》："誰知竹西路，歌吹是揚州。"

(9) 春風十里：寫揚州以前的繁華景象。杜牧《贈別》："春風十里揚州路，卷上珠簾總不如。"

(10) 胡馬窺江：宋高宗建炎三年(1129)，金兵進入揚州，大肆焚掠。紹興三十一年(1161)，金兵又破滁、揚諸州。

(11) 杜郎：此指杜牧。俊賞：高超的鑒賞能力。

(12) 豆蔻詞工：杜牧《贈別》："娉娉嫋嫋十三餘，豆蔻梢頭二月初。"寫幼年歌女。

(13) 青樓夢好：杜牧《遣懷》："十年一覺揚州夢，贏得青樓薄幸名。"寫自己的聲色享樂生活。青樓，歌妓的住處。

(14) 二十四橋：杜牧《寄揚州韓綽判官》："二十四橋明月夜，玉人何處教吹簫？"沈括在《補筆談》裏指出，揚州在唐代最盛時確有二十四橋，但到北宋時已不全存。

(15) 橋邊紅藥：二十四橋又名"紅藥橋"，橋邊盛產紅芍藥花。

文 天 祥

文天祥(1236—1283)，字履善，又字宋瑞，號文山，廬陵(今江西省吉安市)人。宋理宗寶祐四年(1256)進士第一，歷官湖南提刑、知贛州。宋恭帝德祐元年(1275)，元兵渡江，他奉詔起兵勤王。任右丞相時，他出使元軍被拘，脫險後至福建重新募集將士，攻江西，恢復州縣多處，最後終因衆寡懸殊，兵敗被俘。被俘後，元人軟硬兼施，迫其投降，但他正氣凜然，不爲所動，乃從容就義於大都(今北京市)。他後期的詩，不屑於文字聲調之工，多寫時事，直抒胸臆，慷慨悲壯，充溢着民族氣節和戰鬥精神，極爲感人。

有《文山先生全集》。

正 氣 歌

【題解】

　　此詩作於至元十八年(1281)作者被囚禁在元大都後兩年。這是一篇民族精神的頌歌。在危難中給予作者精神上最大支持的,是歷史上無數前哲先賢、仁人志士的所作所爲。他們大義凜然、捨身行道的行爲,是民族希望之所在,是中華精神的象徵。作者按照儒家的宇宙觀念,將這種精神想像爲一種充塞天地的正氣。此詩分序與正文兩部分,序以記事爲主,描繪了作者處於惡穢環境中而正氣凜然的形象;詩歌以論贊爲主,論述了正氣的本源與表現。

　　予囚北庭[1],坐一土室。室廣八尺,深可四尋[2]。單扉低小,白間短窄[3],汙下而幽暗。當此夏日,諸氣萃然:雨潦四集,浮動床几,時則爲水氣;塗泥半朝[4],蒸漚歷瀾[5],時則爲土氣;乍晴暴熱,風道四塞,時則爲日氣;簷陰薪爨[6],助長炎虐,時則爲火氣;倉腐寄頓[7],陳陳逼人[8],時則爲米氣;駢肩雜遝[9],腥臊汙垢,時則爲人氣;或圊溷[10],或毀屍,或腐鼠,惡氣雜出,時則爲穢氣。疊是數氣,當之者,鮮不爲厲。而予以孱弱,俯仰其間,於茲二年矣。幸而無恙,是殆有養致然[12]。然爾亦安知所養何哉[13]?孟子曰:"我善養吾浩然之氣[14]。"彼氣有七,吾氣有一。以一敵七,吾何患焉! 況浩然者,乃天地之正氣也。作《正氣歌》一首。

　　天地有正氣,雜然賦流形[15]。下則爲河嶽,上則爲日星。於人曰浩然,沛乎塞蒼冥[16]。皇路當清夷[17],含和吐明庭[18]。時窮節乃見,一一垂丹青[19]。在齊太史簡[20],在晉董狐筆[21]。在秦張良椎[22],在漢蘇武節[23]。爲嚴將軍頭[24],爲嵇侍中血[25]。爲張睢陽齒[26],爲顏常山舌[27]。或爲遼東帽[28],清操厲冰雪。或爲《出師表》[29],鬼神泣壯烈。或爲渡江楫[30],慷慨吞胡羯[31]。或爲擊賊笏[32],逆豎頭破裂。是氣所磅礴,凜烈萬古存。當其貫日月,生死安足論。地維賴以立[33],天柱賴以尊[34]。三綱實係命[35],道義爲之根。嗟予遘陽九[36],隸也實不力[37]。楚囚纓其冠,傳車送窮北[38]。鼎鑊甘如飴[39],求之不可得。陰房闃鬼火[40],春院閟天黑[41]。牛驥同一皂[42],雞棲鳳凰食。一朝濛霧露[43],分作溝中瘠[44]。如此再寒暑,百沴自辟易[45]。嗟哉沮洳場[46],爲我安樂園。豈有他繆巧[47],陰陽不能賊[48]。顧此耿耿在,仰視浮雲白。悠悠我心悲,蒼天曷有極[49]! 哲人日已遠[50],典刑在夙昔[51]。風簷展書讀,古道照顏色[52]。

【注釋】

　(1) 北庭:漢代稱匈奴所居地爲北庭,這裏指元大都。
　(2) 尋:古制八尺爲一尋。

(3) 白間：窗。何晏《景福殿賦》："皎皎白間。"
(4) 朝：通"潮"。
(5) 蒸漚：爲潮濕氣熏蒸漚爛。 歷瀾：猶言歷亂、凌亂。
(6) 簷陰薪爨(cuàn)：在房檐下燒火作飯。爨，炊。
(7) 倉腐：倉中腐敗的糧食。 寄頓：寄屯，存放。
(8) 陳陳逼人：《史記·平准書》："太倉之粟，陳陳相因。"謂陳穀逐年堆積。
(9) 駢肩：肩挨肩。 雜遝(tà)：紛亂。
(10) 圊溷(qīng hùn)：廁所。
(11) 厲：通"癘"，災疫。
(12) 有養：有修養，善保養。
(13) 然爾：同"然而"。
(14) "孟子"句：見《孟子·公孫丑上》。
(15) 雜然：紛然。 賦：賦予。 流形：各種物體的具體形態。
(16) 蒼冥：天空。
(17) 皇路：國運，國家的命數。 清夷：清平。
(18) 和：和諧，和氣。 吐明庭：顯露於、發揚於朝廷。明庭，古帝王祀神、朝諸侯之地。
(19) 丹青：史籍。古代以丹冊紀勳，青史紀事。
(20) "在齊"句：齊崔杼弑齊君，太史將其罪行記之史冊，崔杼殺太史。太史的兩個弟弟繼續這樣寫，崔杼又將其殺死。太史的另一個弟弟仍這樣寫，崔杼無法，只得任其去寫。見《左傳·襄公二十五年》。
(21) "在晉"句：晉靈公無道，欲殺大夫趙盾，趙盾出奔，趙穿殺靈公，趙盾回國而未加懲處。太史董狐書曰："趙盾弑其君。"以示於朝。孔子曰："董狐，古之良史也。書法不隱。"見《左傳·宣公二年》。
(22) "在秦"句：張良祖上累世相韓，秦滅韓後，張良爲復仇，募勇士在博浪沙以重椎襲擊秦始皇。見《史記·留侯世家》。
(23) "在漢"句：蘇武事見《蘇武傳》。
(24) 嚴將軍頭：東漢末，劉璋部將嚴顏守巴郡，張飛攻巴郡，俘嚴顏，張飛問嚴："大軍至，何以不降，而敢拒戰？"嚴曰："卿等無狀，侵奪我州，我州但有斷頭將軍，無有降將軍也！"見《三國志·蜀志·張飛傳》。
(25) 嵇侍中血：晉嵇紹官侍中，爲保衛惠帝而被殺，血濺帝衣。後亂平，左右欲洗衣，惠帝曰："此嵇侍中血，勿去。"見《晉書·嵇紹傳》。
(26) 張睢陽齒：唐張巡爲睢陽太守，安史之亂中堅守睢陽，每督戰必大呼，嚼齒皆碎。見《新唐書·張巡傳》。
(27) 顏常山舌：唐顏杲卿爲常山太守，安史之亂中常山陷落，顏被俘，拒降大罵，被敵斷舌而死。見《新唐書·顏杲卿傳》。
(28) 遼東帽：三國時管寧避亂遼東，拒絕徵聘，"常着皂帽，布襦袴"。見《三國志·管寧傳》。
(29) 出師表：三國時諸葛亮爲蜀相，力主出兵北伐，以定中原，上表後主劉禪，稱《出師表》。見《三國志·蜀志·諸葛亮傳》。

(30) 渡江楫:晉祖逖統兵北伐,渡江中流擊楫而誓:"祖逖不能清中原而復濟者,有如大江!"見《晉書·祖逖傳》。

(31) 胡羯(jié):此指當時佔據北中國的北方遊牧民族。

(32) 擊賊笏:見《段太尉逸事狀》注(38)。

(33) 地維:古人以爲地是方的、四角以繩維繫,稱地維。

(34) 天柱:神話中的頂天之柱。《淮南子·天文訓》:"共工與顓頊爭帝位,怒觸不周山,天柱折,地維絕。"

(35) 三綱:君爲臣綱,父爲子綱,夫爲妻綱。

(36) 遘(gòu)陽九:遭遇不幸。陽九,厄運。

(37) 隸也實不力:蘇軾《莊子祠堂記》:"楚公子微服出亡,而門者難之。其僕操箠罵曰:'隸也不力。'門者出之。"隸,奴隸,僕役,此指南宋群臣。

(38) "楚囚"二句:楚人鍾儀被俘後,南冠而系,以示不忘舊國。見《左傳·成公九年》。纓,冠系,此用如動詞。傳車,驛車。這兩句是說,自己被俘,押往大都。

(39) 鼎鑊(huò):大鍋,古代用以將人煮死,是酷刑之一。

(40) 陰房:此指囚室陰暗。闃(qù):寂靜,幽暗。

(41) 閟(bì):閉門,關閉。

(42) 皂:牛馬食槽。

(43) 瀸霧露:此指感疾生病。

(44) 分作:理當,命定。溝中瘠:棄屍野外。

(45) 沴(lì):沴氣,災害不祥之氣。辟易:退避。

(46) 沮洳(rù):地低濕。

(47) 繆巧:智謀詐術。

(48) 賊:傷害。

(49) "悠悠"二句:《詩經·鴇羽》:"悠悠蒼天,曷其有極。"此用以形容憂思無盡。

(50) 哲人:智人,賢人。

(51) 典刑:模範,典範,均指前面所述先賢。刑,通"型"。夙昔:前夜,又作"往昔"解。

(52) 古道:傳統道德、美德。

謝 翱

　　謝翱(1249—1295),字皋羽,號晞髮子,自稱粵人,出生於長溪(今福建霞浦縣南),是宋末著名的愛國志士。他爲人耿介,嫉惡如仇。元軍南下,文天祥在福建起兵,他散盡家財募集鄉兵數百人,投入文天祥部下,任諮議參軍。宋亡後,他流匿民間,用"皋父"、"晞髮子"、"晞髮道人"等化名,繼續進行抗元活動。

其後,他北行至浙江,登嚴子陵釣臺北望吊祭,慟哭泣下,哀痛欲絕。四十七歲時,謝翱病死於杭州,葬嚴子陵釣臺南。

有《晞發集》、《晞發遺集》。

登西臺慟哭記

【題解】

元世祖至元十九年十二月初九(1283年初),民族英雄文天祥英勇就義。謝翱是文天祥的部下,和他一起轉戰閩、粵、贛各地,對他的人格和氣節深爲景仰。元世祖至元二十七年(1290),謝翱登西臺(富春江畔嚴子陵釣魚臺有東、西二臺)祭奠文天祥。在這篇登臺哭祭的文章中,作者的悲憤抑鬱之情勃勃於言表。當時元朝的統治已漸趨穩定,所以這篇文章在某些地方不免隱約其辭,這就更加重了深沈的氣氛。

始,故人唐宰相魯公開府南服[1],余以布衣從戎。明年,別公漳水湄[2]。後明年,公以事過張睢陽廟及顏杲卿所嘗往來處[3],悲歌慷慨,卒不負其言而從之遊[4]。今其詩具在[5],可考也。

余恨死無以藉手見公[6],而獨記別時語,每一動念,即於夢中尋之。或山水池榭,雲嵐草木[7],與所別之處,及其時適相類,則徘徊顧盼,悲不敢泣。又後三年,過姑蘇[8]。姑蘇,公初開府舊治也,望夫差之臺而始哭公焉[9]。又後四年,而哭之於越臺[10]。又後五年,及今,而哭於子陵之臺[11]。

先是一日,與友人甲、乙若丙約,越宿而集[12]。午,雨未止,買榜江涘[13]。登岸謁子陵祠,憩祠旁僧舍,毀垣枯甃[14],如入墟墓。還與榜人治祭具。須臾雨止,登西臺,設主於荒亭隅[15],再拜跪伏,祝畢,號而慟者三,復再拜起。又念余弱冠時[16],往來必謁拜祠下。其始至也,侍先君焉[17]。今余且老,江山人物睠焉若失[18],復東望泣拜不已。有雲從西南來,潝㴸浡鬱[19],氣薄林木,若相助以悲者。乃以竹如意擊石,作楚歌招之曰[20]:"魂朝往兮何極,暮歸來兮關塞黑[21],化爲朱鳥兮有咪焉食[22]?"

歌闋,竹石俱碎。於是相向感唶[23],復登東臺,撫蒼石,還憩於榜中。榜人始驚余哭,云:"適有邏舟之過也,盍移諸[24]?"遂移榜中流,舉酒相屬,各爲詩以寄所思。薄暮,雪作風凓,不可留,登岸宿乙家,夜復賦詩懷古。明日,益風雪,別甲于江,余與丙獨歸。行三十里,又越宿乃至。其後,甲以書及別詩來,言:"是日風帆怒駛,逾久而後濟。既濟,疑有神陰相,以著茲遊之偉。"余曰:"嗚呼!阮步兵死[25],空山無哭聲且千年矣。若神之助固不可知,然茲遊亦良偉。其爲文詞,因以達意,亦誠可悲已!"

余嘗欲仿太史公著《季漢月表》,如秦楚之際[26]。今人不有知余心,後之人必有知余者。於此宜得書⁽²⁷⁾,故紀之,以附季漢事後。時先君登臺後二十六年也。先君諱某,字某,登臺之歲在乙丑云⁽²⁸⁾。

【注釋】

(1) 唐宰相魯公:即文天祥,他官至宰相,這裏稱"唐宰相",是假托唐朝。明徐賁民云,家中有此文手抄本,篇首稱"宰相信公",不稱"故人唐宰相",信公是文天祥的封號,可證魯公指文天祥。 開府南服:文天祥在景炎元年(1276)從海路至福建,任樞密使都督諸路軍馬,於延平開府治事,傳令各州縣發兵勤王。南服,南方。

(2) 漳水:江西贛州市南的漳水。 湄:河岸。 景炎二年(1277),文天祥率軍由福建進入江西,屢戰失利,妻子女兒皆被俘,文天祥僅與其子及幕客數人免於難。

(3) 後明年:指祥興二年(1279)。祥興元年(1278)十二月文天祥在廣東兵敗被俘,祥興二年被解往大都。 以事:暗指文天祥被俘北行。 張睢陽廟:張巡廟。參見《〈張中丞傳〉後敘》注(3)、注(20)。 顔杲卿:見《正氣歌》注(27)。

(4) 從之遊:此指文天祥追隨張巡、顔杲卿,壯烈殉國。

(5) 其詩:文天祥被俘北上途中,曾作有《許遠》、《顔杲卿》等詩,吊唁張巡、顔杲卿。

(6) 無以藉手見公:找不到機會見到文天祥。藉手,憑藉。

(7) 雲嵐:山上水蒸氣聚結成的雲彩。

(8) 又後三年:此指元世祖至元二十年(1283)。文天祥就義於至元十九年末,作者得其就義消息當在此年。 姑蘇:今江蘇省吴縣。

(9) 初開府舊治:德祐元年(1275)文天祥被委任浙西、江東制置使兼知平江府事,守吴縣。 夫差之臺:即姑蘇臺,在蘇州姑蘇山上,春秋時吴王夫差所築。

(10) 越臺:即越王臺,春秋時越王勾踐所築,在今浙江省紹興市。

(11) 子陵之臺:即嚴子陵釣魚臺。嚴光,字子陵,東漢光武帝朋友,隱居不仕。

(12) 友人甲、乙若丙:據黄宗羲考證,此指謝翱的朋友吴思齊、嚴侣、馮桂芳,在元朝殘酷統治之下爲避迫害,謝翱常以甲、乙、丙代稱人名。若,及,與。 越宿:過了一夜。即陰曆十二月初九日,文天祥的忌日。

(13) 買榜:僱舟。榜,槳,代指船。 江涘:江邊。

(14) 毁垣:倒塌的牆壁。 枯甃(zhòu):枯井。

(15) 主:牌位。

(16) 弱冠:見《秋日登洪府滕王閣餞別序》注(48)。

(17) 先君:已去世的父親,謝翱之父名謝鑰。

(18) 瞻:通"眷",懷念,眷戀。

(19) 渰浥(yǎn yì)浡(bó)鬱:雲氣蒸騰的樣子。

(20) 如意:原爲搔背的用具,後流變爲供玩賞之物,用竹、玉等製成,頭部作成靈芝草或雲葉形,柄稍微彎曲。 作楚歌:模仿《楚辭》。 招:招魂。

(21) "魂朝往"二句:化用杜甫《夢李白》:"魂來楓林青,魂返關塞黑"。何極,到達何處。

(22) 化爲朱鳥兮有咮(zhòu)焉食:(文天祥的靈魂)化成南方的朱鳥星歸來卻無處得

食,言外之意宋朝已亡,不能爲文天祥立廟祭祀。朱鳥,南方七個星宿的總稱,形狀如鳥。咮,鳥嘴。

（23）感喟(jiè):感歎。

（24）邏舟:元軍的巡邏船。 盍移諸:何不將船移往別處。

（25）阮步兵:阮籍,魏晉時詩人,曾任步兵校尉。參見《秋日登洪府滕王閣餞別序》注(46)。

（26）季漢:漢末,不說"季宋"而稱"季漢",也是假託前朝。 秦楚之際:司馬遷《史記》裏有《秦楚之際月表》,按月記秦末大事。謝翱想仿效《史記》作《季宋月表》,記述宋末大事。

（27）宜得書:應該記錄下來。

（28）乙丑:謝翱在宋度宗咸淳元年(1265,乙丑年)隨其父謝鑰第一次登西臺,與這次登臺吊祭相距二十六年。

話　本

錯斬崔寧

【題解】

本篇選自《京本通俗小說》。《錯斬崔寧》是宋話本公案小說中的優秀作品,它通過對一起殺人案的審查,譴責了封建官吏草菅人命、枉殺無辜的罪行,抨擊了封建司法制度的腐朽和黑暗。馮夢龍《醒世恒言》中的《十五貫戲言成巧禍》就是據此加工改編而成的,明末朱素臣又據此改編成傳奇《雙熊夢》,亦名《十五貫》。

　　　　　聰明伶俐自天生,懵懂癡呆未必真。
　　　　　嫉妒每因眉睫淺;戈矛時起笑談深。
　　　　　九曲黃河心較險,十重鐵甲面堪憎。
　　　　　時因酒色亡家國,幾見詩書誤好人。

這首詩單表爲人難處。只因世路窄狹,人心叵測⁽¹⁾;大道既遠,人情萬端。熙熙攘攘,都爲利來;蚩蚩蠢蠢⁽²⁾,皆納禍去。持身保家,萬千反復。所以古人云:"顰有爲顰⁽³⁾,笑有爲笑。顰笑之間,最宜謹慎。"

這回書單說一個官人,只因酒後一時戲笑之言,遂至殺身破家,陷了幾條性命。且先引下一個故事來,權做個得勝頭回。

我朝元豐年間⁽⁴⁾,有一個少年舉子,姓魏,名鵬舉,字沖霄,年方一十八歲,娶得一個如花似玉的渾家。未及一月,只因春榜動,選場開⁽⁵⁾,魏生別了妻子,收拾行囊,上京應取。臨別時,渾家分付丈夫⁽⁶⁾:"得官不得官,早早回來,休拋

宋　代

閃了恩愛夫妻。"魏生答道:"功名二字,是俺本領前程,不索賢卿憂慮。"別後登程到京,果然一舉成名,榜上一甲第九名,除授京職,到差甚是華艷動人。少不得修了一封家書,差人接取家眷入京。書上先敘了寒溫及得官的事,後卻寫下一行,道是:"我在京中早晚無人照管,已討了一個小老婆,專候夫人到京,同享榮華。"

家人收拾書程,一徑到家,見了夫人,稱說賀喜,因取家書呈上。夫人拆開看了,見是如此如此,這般這般,便對家人道:"官人直恁負恩!甫能得官[7],便娶了二夫人。"家人便道:"小人在京,並沒見有此事,想是官人戲謔之言。夫人到京便知端的,休得憂慮。"夫人道:"恁地說,我也罷了。"卻因人舟未便,一面收拾起身,一面尋覓便人,先寄封平安家信到京中去。那寄書人到了京中,尋問新科魏進士寓所,下了家書,管待酒飯,自回不題。

卻說魏生接書,拆開來看了,並無一句閒言閒語,只說道:"你在京中娶了一個小老婆,我在家中也嫁了一個小老公,早晚同赴京師也。"魏生見了,也只道是夫人取笑的說話,全不在意。未及收好,外面報說有個同年相訪。京邸寓中,不比在家寬轉,那人又是相厚的同年,又曉得魏生並無家眷在內,直至裏面坐下。敘了些寒溫,魏生起身去解手。那同年偶翻桌上書帖,看見了這封家書寫得好笑,故意朗誦起來。魏生措手不及,通紅了臉,說道:"這是沒理的事。因是小弟戲謔了他,他便取笑寫來的。"那同年呵呵大笑道:"這節事卻是取笑不得的。"別了就去。

那人也是一個少年,喜談樂道,把這封家書一節,頃刻間遍傳京邸。也有一班妒忌魏生少年登高科的,將這樁事只當做聞風言事的一個小小新聞[8],奏上一本,說這魏生年少不檢,不宜居清要之職[9],降處外任。魏生懊恨無及。後來畢竟做官蹭蹬不起[10],把錦片也似一段美前程等閒放過去了。這便是一句戲言,撒漫了一個美官[11]。

今日再說一個官人,也只為酒後一時戲言,斷送了堂堂七尺之軀,連累二三個人枉屈害了性命。卻是為著甚的?有詩為證:

　　世路崎嶇實可哀,旁人笑口等閒開。
　　白雲本是無心物,又被狂風引出來。

卻說高宗時,建都臨安,繁華富貴,不減那汴京故國。去那城中箭橋左側,有個官人姓劉名貴,字君薦。祖上原是有根基的人家,到得君薦手中,卻是時乖運蹇,先前讀書,後來看看不濟,卻去改業做生意。便是半路上出家的一般,買賣行中一發不是本等伎倆[12],又把本錢消折去了。漸漸大房改換小房,賃得兩三間房子[13]。與同渾家王氏,年少齊眉;後因沒有子嗣,娶下一個小娘子,姓陳,是陳賣糕的女兒,家中都呼為二姐。這也是先前不十分窮薄的時做下的勾當[14]。至親三口,並無閒雜人在家。那劉君薦極是為人和氣,鄉裏見愛,都稱他:"劉官人,你是一時運限不好[15],如此落寞,再過幾時,定時有個亨通的日子。"說便是這般說,哪得有些些好處?只是在家納悶,無可奈何。

卻說一日閒坐家中,只見丈人家裏的老王,年近七旬,走來對劉官人說道:"家間老員外生日[16],特令老漢接取官人、娘子去走一遭。"劉官人便道:"便是。我日逐愁悶過日子,連那泰山的壽誕也都忘了!"便同渾家王氏,收拾隨身衣服,打疊個包兒,交與老王背了,分付二姐看守家中:"今日晚了,不能轉回;明晚須索來家[17]。"說了就去。

離城二十餘里,到了丈人王員外家,敘了寒溫。當日座間客衆,丈人、女婿不好十分敘述許多窮相。到得客散,留在客房裏歇宿。直到天明,丈人卻來與女婿攀話,說道:"姐夫[18],你須不是這等算計。'坐吃山空,立吃地陷';'咽喉深似海,日月快如梭'。你須計較一個常便[19]。我女兒嫁了你,一生也指望豐衣足食,不成只是這等就罷了!"劉官人歎了一口氣,道是:"泰山在上,道不得個'上山擒虎易,開口告人難'。如今的時勢,再有誰似泰山這般憐念我的?只索守困[20]。若去求人,便是勞而無功。"丈人便道:"這也難怪你說!老漢卻是看你們不過,今日齎助你些少本錢[21],胡亂去開個柴米店,賺得些利息來過日子,卻不好麼?"劉官人道:"感蒙泰山恩顧,可知是好。"當下吃了午飯,丈人取出十五貫錢來,付與劉官人道:"姐丈,且將這些錢去收拾起店面。開張有日,我便再應付你十貫。你妻子且留在此過幾日,待有了開店日子,老漢親送女兒到你家,就來與你作賀。意下如何?"

劉官人謝了又謝,馱了錢,一徑出門。到得城中,天色卻早晚了。卻撞着一個相識,順路在他家門首經過。那人也要做經紀的人[22],就與他商量一會,可知是好。便去敲那人門時,裏面有人應諾[23],出來相揖,便問:"老兄下顧,有何見教?"劉官人一一說知就裏[24]。那人便道:"小弟閒在家中,老兄用得着時,便來相幫。"劉官人道:"如此甚好。"當下說了些生意的勾當,那人便留劉官人在家,現成杯盤,吃了三杯兩盞。劉官人酒量不濟,便覺有些朦朧起來,抽身作別,便道:"今日相擾,明早就煩老兄過寒家計議生理[25]。"那人又送劉官人至路口,作別回家,不在話下。若是說話的同年生[26],並肩長,攔腰抱住,把臂拖回,也不見得受這般災晦,卻教劉官人死得不如:

《五代史》李存孝[27],《漢書》中彭越[28]。

卻說劉官人馱了錢,一步一步捱到家中敲門,已是點燈時分。小娘子二姐獨自在家,沒一些事做,守得天黑,閉了門,在燈下打瞌睡。劉官人打門,他哪里便聽見?敲了半晌,方才知覺,答應一聲:"來了!"起身開了門。

劉官人進去,到了房中,二姐替劉官人接了錢,放在桌上,便問:"官人何處挪移這項錢來?卻是甚用?"那劉官人一來有了幾分酒,二來怪他開得門遲了,且戲言嚇他一嚇;便道:"說出來,又恐你見怪;不說時,又須通你得知。只是我一時無奈,沒計可施,只得把你典與一個客人[29]。又因捨不得你,只典得十五貫錢。若是我有些好處,加利贖你回來;若是照前這般不順溜,只索罷了!"那小娘子聽了,欲待不信,又見十五貫錢堆在面前;欲待信來,他平白與我沒半句言語,大娘子又過得好,怎麼便下得這等狠心辣手?疑惑不決,只得再問道:"雖然如此,也須通知我爹娘一聲。"劉官人道:"若是通知你爹娘,此事斷然不成。你明日且到了人家,我慢慢央人與你爹娘說通,他也須怪我不得。"小娘子又問:"官人今日在何處吃酒來?"劉官人道:"便是把你典與人,寫了文書,吃他的酒才來的。"小娘子又問:"大姐姐如何不來?"劉官人道:"他因不忍見你分離,待得你明日出了門才來。這也是我沒計奈何,一言爲定。"說罷,暗地忍不住笑,不脫衣裳,睡在床上,不覺睡去了。

那小娘子好生擺脫不下:"不知他賣我與甚色樣人家?我須先去爹娘家裏說知。就是他明日有人來要我,尋到我家,也須有個下落。"沈吟了一會,卻把這十五貫錢,一垛兒堆在劉官人腳後邊。趁他酒醉,輕輕的收拾了隨身衣服,款款的開了門出去,拽上了門,卻去左邊一個相熟的鄰舍叫做朱三老兒家裏,與朱三媽借宿了一夜,說道:"丈夫今日無端賣我,我須先去與爹娘說知。煩你明日對他說一聲,既有了主顧,可同我丈夫到爹娘家中來討個分曉,也須有個下落。"那鄰舍道:"小娘子說得有理。你只顧自去,我便與劉官人說知就裏。"過了一宵,小娘子作別去了,不提。正是:

鼇魚脫卻金鉤去,擺尾搖頭再不回。

放下一頭。卻說這裏劉官人一覺直至三更方醒,見桌上燈猶未滅,小娘子不在身邊,只道他還在廚下收拾傢夥,便喚二姐討茶吃。叫了一回,沒人答應,卻待掙紮起來,酒尚未醒,不覺又睡了去。不想卻有一個做不是的[30],日間賭輸了錢,沒處出豁[31],夜間出來掏摸些東西,卻好到劉官人門首。因是小娘子出去了,門兒拽上不關,那賊略推一推,豁地開了。捏手捏腳,直到房中,並無一人知覺。到得床前,燈火尚明,周圍看時,並無一物可取。摸到床上,見一人朝着裏床睡去,腳後卻有一堆青錢,便去取了幾貫。不想驚覺了劉官人,起來喝道:"你須不盡道理!我從丈人家借辦得幾貫錢來養身活命,不爭你偷了我的去,卻是怎的計結[32]?"那人也不回話,照面一拳。劉官人側身躱過,便起身與這人相持。那人見劉官人手腳活動,便拔步出房。劉官人不捨,搶出門來,一徑趕到廚房裏,恰待聲張鄰舍起來捉賊。那人急了,正好沒出豁,卻見明晃晃一把劈柴斧頭,正在手邊。也是人急計生,被他綽起一斧,正中劉官人面門,撲地倒了。又復一斧,斫倒一邊。眼見得劉官人不活了,嗚呼哀哉,伏惟尚饗[33]!那人便道:"一不做,二不休。卻是你來趕我,不是我來尋你索命。"翻身入房,取了十五貫錢,扯條單被包裹得停當,拽紮得爽俐,出門,拽上了門就走,不提。

次早鄰舍起來,見劉官人家門也不開,並無人聲息,叫道:"劉官人!失曉了⁽³⁴⁾！"裏面沒人答應。挨將進去，只見門也不關。直到裏面，見劉官人劈死在地。他家大娘子兩日前已自往娘家去了，小娘子如何不見？免不得聲張起來。卻有昨夜小娘子借宿的鄰家朱三老兒說道："小娘子昨夜黃昏時到我家歇宿，說道劉官人無端賣了他，他一徑先到爹娘家裏去了。教我對劉官人說，既有了主顧，可同到他爹娘家中，也討得個分曉。今一面着人去追他轉來，便有下落；一面着人去報他大娘子到來，再作區處。"衆人都道："說得是。"

先着人去到王老員外家報了兇信。老員外與女兒大哭起來，對那人道："昨日好端端出門，老漢贈他十五貫錢，教他將來作本⁽³⁵⁾，如何便恁的被人殺了？"那去的人道："好教老員外、大娘子得知：昨日劉官人歸時，已自昏黑，吃得半酣，我們都不曉得他有錢沒錢，歸遲歸早。只是今早劉官人家門兒半開，衆人推將進去，只見劉官人殺死在地；十五貫錢一文也不見，小娘子也不見蹤跡。聲張起來，卻有左鄰朱三老兒出來，說道他家小娘子昨夜黃昏時分，借宿他家。小娘子說道劉官人無端把他典與人了，小娘子要對爹娘說一聲；住了一宵，今日徑自去了。如今衆人計議，一面來報大娘子與老員外，一面着人去追小娘子。若是半路裏追不着的時節，直到他爹娘家中，好歹追他轉來，問個明白。老員外與大娘子須索去走一遭，與劉官人執命⁽³⁶⁾。"老員外與大娘子急急收拾起身，管待來人酒飯；三步做一步，趕入城中。不提。

卻說那小娘子清早出了鄰舍人家，挨上路去，行不上一二里，早是腳疼走不動，坐在路旁。卻見一個後生，頭帶卍字頭巾，身穿直縫寬衫，背上馱了一個搭膊⁽³⁷⁾，裏面卻是銅錢，腳下絲鞋淨襪，一直走上前來。到了小娘子面前，看了一眼，雖然沒有十二分顏色，卻也眉明皓齒，蓮臉生春，秋波送媚，好生動人！正是：

　　野花偏豔目，村酒醉人多。

那後生放下搭膊，向前深深作揖："小娘子獨行無伴，卻是往哪里去的？"小娘子還了萬福，道："是奴家要往爹娘家去。因走不上⁽³⁸⁾，權歇在此。"因問："哥哥是何處來？今要往何方去？"那後生叉手不離方寸⁽³⁹⁾："小人是村裏人，因往城中賣了絲帳，討得些錢，要往褚家堂那邊去的。"小娘子道："告哥哥則個⁽⁴⁰⁾，奴家爹娘也在褚家堂左側，若得哥哥帶挈奴家同走一程，可知是好。"那後生道："有何不可？既如此說，小人情願伏侍小娘子前去。"

兩個廝趕着⁽⁴¹⁾，一路正行，行不到三二里田地，只見後面兩個人腳不點地趕上前來，趕得汗流氣喘，衣服拽開，連叫："前面小娘子慢走！我卻有話說知！"小娘子與那後生看見趕得蹊蹺，都立住了腳。後邊兩個趕到跟前，見了小娘子與那後生，不容分說，一家扯了一個，說道："你們幹得好事！卻走往哪里去？"小娘子吃了一驚，舉眼看時，卻是兩家鄰舍，一個就是小娘子昨夜借宿的主人。小娘子便道："昨夜也須告過公公得知，丈夫無端賣我，我自去對爹娘說知。今日趕來，卻有何說？"朱三老道："我不管閑帳。只是你家裏有殺人公事，你須回去對理。"

小娘子道:"丈夫賣我,昨日錢已馱在家中,有甚殺人公事?我只是不去。"朱三老道:"好自在性兒!你若真個不去,叫起地方(42):有殺人賊在此,煩爲一捉。不然,須要連累我們,你這裏地方也不得清淨!"

那個後生見不是話頭,便對小娘子道:"既如此說,小娘子只索回去。小人自家去休(43)。"那兩個趕來的鄰舍,齊叫起來,說道:"若是沒有你在此便罷;既然你與小娘子同行同止,你須也去不得!"那後生道:"卻又古怪!我自半路遇見小娘子,偶然伴他行一程,路途上有甚皂絲麻線(44),要勒揹我回去(45)?"朱三老道:"他家有了殺人公事,不爭放你去了,卻打沒對頭官司?"當下怎容小娘子和那後生做主。看的人漸漸立滿,都道:"後生,你去不得!你'日間不作虧心事,半夜敲門不吃驚',便去何妨?"那趕來的鄰舍道:"你若不去,便是心虛。我們卻和你罷休不得!"四個人只得廝挽着一路轉來。

到得劉官人門首,好一場熱鬧!小娘子入去看時,只見劉官人斧劈倒在地死了,床上十五貫錢,分文也不見,開了口合不得,伸了舌縮不上去。那後生也慌了,便道:"我憑的晦氣!沒來由和那小娘子同走一程,卻做了幹連人。"眾人都和鬧着,正在那裏分豁不開(46),只見王老員外和女兒一步一攧走回家來,見了女婿屍身,哭了一場,便對小娘子道:"你卻如何殺了丈夫,劫了十五貫錢逃走出去?今日天理昭然,有何理說?"小娘子道:"十五貫錢委是有的。只是丈夫昨晚回來,說是無計奈何,將奴家典與他人,典得十五貫身價在此,說過今日便要奴家到他家去。奴家因不知他典與甚色樣人家,先去與爹娘說知。故此趁夜深了,將這十五貫錢一垛兒堆在他腳後邊,拽上門,到朱三老家住了一宵,今早自去爹娘家裏說知。我去之時,也曾央朱三老對我丈夫說,既然有了主兒,便同到我爹娘家裏來交割。卻不知因甚殺死在此?"那大娘子道:"可又來(47)!我的父親昨日明明把十五貫錢與他馱來作本,養贍妻小,他豈有哄你說是典來身價之理?這是你兩日因獨自在家,勾搭上了人,又見家中好生不濟,無心守耐,又見了十五貫錢,一時見財起意,殺死丈夫,劫了錢,又使見識,往鄰舍家借宿一夜,卻與漢子通同計較,一處逃走。現今你跟着一個男子同走,卻有何理說,抵賴得過?"眾人齊聲道:"大娘子之言,甚是有理!"又對那後生道:"後生!你卻如何與小娘子謀殺親夫?卻暗暗約定在僻靜處等候,一同去逃奔他方,卻是如何計結?"那人道:"小人自姓崔名寧,與那小娘子無半面之識。小人昨晚入城賣得幾貫絲錢在這裏,因路上遇見小娘子,小人偶然問起往哪里去的,卻獨自一個行走。小娘子說起是與小人同路,以此作伴同行。卻不知前後因依(48)。"

眾人哪里肯聽他分說,搜索他搭膊中,恰好是十五貫錢,一文也不多,一文也不少!眾人齊發起喊來道:"天網恢恢,疏而不漏!你卻與小娘子殺了人,拐了錢財,盜了婦女,同往他鄉。卻連累我地方鄰里打沒頭官司!"當下大娘子結扭了小娘子,王老員外結扭了崔寧,四鄰舍都是證見,一哄都入臨安府中來。

253

那府尹聽得有殺人公事，即便升堂，便叫一干人犯逐一從頭說來。先是王老員外上去告說："相公在上。小人是本府村莊人氏，年近六旬，只生一女，先年嫁與本府城中劉貴爲妻；後因無子，娶了陳氏爲妾，呼爲二姐。一向三口在家過活，並無片言。只因前日是老漢生日，差人接取女兒、女婿到家住了一夜，次日因見女婿家中全無活計，養贍不起，把十五貫錢與女婿作本開店養身。卻有二姐在家看守，到得昨夜，女婿到家時分，不知因甚緣故，將女婿斧劈死了；二姐卻與一個後生，名喚崔寧，一同逃走，被人追捉到來。望相公可憐見老漢的女婿身死不明，姦夫淫婦，贓證現在，伏乞相公明斷！"府尹聽得如此如此，便叫："陳氏上來！你卻如何通同姦夫殺死了親夫，劫了錢，與人一同逃走？是何理說？"二姐告道："小婦人嫁與劉貴，雖是個小老婆，卻也得他看承得好，大娘子又賢慧，卻如何肯起這片歹心？只是昨晚丈夫回來，吃得半酣，馱了十五貫錢進門。小婦人問他來歷，丈夫說道爲因養贍不周，將小婦人典與他人，典得十五貫身價在此。又不通我爹娘得知，明日就要小婦人到他家去。小婦人慌了，連夜出門，走到鄰舍家裏借宿一宵，今早一徑先往爹娘家去。教他對丈夫說：既然賣我有了主顧，可到我爹媽家裏來交割。才走得到半路，卻見昨夜借宿的鄰家趕來，捉住小婦人回來。卻不知丈夫殺死的根由。"那府尹喝道："胡說！這十五貫錢，分明是他丈人與女婿的，你卻說是典你的身價，眼見的沒巴臂的說話了[49]。況且婦人家如何黑夜行走？定是脫身之計！這椿事須不是你一個婦人家做的，一定有姦夫幫你謀財害命。你卻從實說來！"

那小娘子正待分說，只見幾家鄰舍，一齊跪上去告道："相公的言語，委是青天！他家小娘子昨夜果然借宿在左鄰第二家的，今早他自去了。小的們見他丈夫殺死，一面着人去趕，趕到半路，卻見小娘子和那一個後生同走，苦死不肯回來。小的們勉強捉他轉來；卻又一面着人去接他大娘子與他丈人。到時，說昨日有十五貫錢付與女婿做生理的，今者女婿已死，這錢不知從何而去。再三問那小娘子時，說道他出門時，將這錢一垜兒堆在床上。卻去搜那後生身邊，十五貫錢分文不少。卻不是小娘子與那後生通同謀殺！贓證分明，卻如何賴得過？"

府尹聽他們言言有理，就喚那後生上來道："帝輦之下，怎容你這等胡行！你卻如何謀了他小老婆，劫了十五貫錢，殺死他親夫，今日同往何處？從實招來！"那後生道："小人姓崔名寧，是鄉村人氏。昨日往城中賣了絲，賣得這十五貫錢。今早偶然路上撞着這小娘子，並不知他姓甚名誰，那裏曉得他家殺人公事？"府尹大怒，喝道："胡說！世間不信有這等巧事，他家失去了十五貫錢，你卻賣的絲恰好也是十五貫錢。這分明是支吾的說話了。況且他妻莫愛，他馬莫騎，你既與那婦人沒甚首尾[50]，卻如何與他同行同宿？你這等頑皮賴骨，不打如何肯招？"

當下衆人將那崔寧與小娘子死去活來拷打一頓。那邊王老員外與女兒並一干鄰右人等，口口聲聲咬他二人。府尹也巴不得了結這段公案。拷訊一回，可憐崔寧和小娘子受刑不過，只得屈招了，說是一時見財起意，殺死親夫，劫了十五貫錢，同姦夫逃走是實。左鄰右舍都指畫了十字，將兩人大枷枷了，送入死囚牢裏。將這十五貫錢給還原主，也只好奉與衙門中人做使用，也還不夠哩！

府尹疊成文案(51)，奏過朝廷。部覆申詳(52)，倒下聖旨，說崔寧不合奸騙人妻，謀財害命，依律處斬；陳氏不合通同姦夫殺死親夫，大逆不道，凌遲示眾(53)。當下讀了招狀，大牢內取出二人來，當廳判一個"斬"字，一個"剮"字，押赴市曹行刑示眾。兩人渾身是口，也難分說。正是：

　　　　啞子漫嘗黃蘗味(54)，難將苦口對人言。

看官聽說：這段公事，果然是小娘子與那崔寧謀財害命的時節，他兩人須連夜逃走他方，怎的又去鄰舍人家借宿一宵，明早又走到爹娘家去，卻被人捉住了？這段冤枉，仔細可以推詳出來。誰想問官糊塗，只圖了事，不想捶楚之下，何求不得！冥冥之中(55)，積了陰騭(56)，遠在兒孫近在身，他兩個冤魂也須放你不過。所以做官的切不可率意斷獄，任情用刑，也要求個公平允當。道不得個死者不可復生，斷者不可復續，可勝歎哉！

閒話休提。卻說那劉大娘子到得家中，設個靈位，守孝過日。父親王老員外勸他轉身(57)，大娘子說道："不要說起三年之久，也須到小祥之後(58)。"父親應允自去。

光陰迅速，大娘子在家巴巴結結，將近一年。父親見他守不過，便叫家裏老王去接他來，說："叫大娘子收拾回家，與劉官人做了周年，轉了身去罷。"大娘子沒計奈何，細思父言，亦是有理，收拾了包裹，與老王背了，與鄰舍家作別，暫去再來。一路出城，正值秋天，一陣烏雲猛雨，只得落路往一所林子去躲。不想走錯了路，正是：

　　　　豬羊走屠宰之家，一腳腳來尋死路。

走入林子裏去，只聽他林子背後大喝一聲："我乃靜山大王在此！行人住腳，須把買路錢與我！"大娘子和那老王吃那一驚不小，只見跳出一個人來：

頭帶幹紅凹面巾，身穿一領舊戰袍，腰間紅絹搭膊裹肚(59)，腳下蹬一雙烏皮皂靴。手執一把樸刀，舞刀前來。那老王該死，便道："你這剪徑的毛團(60)！我須是認得你。做這老性命着與你兌了罷(61)！"一頭撞去，被他閃過空，老人家用力猛了，撲地便倒。那人大怒道："這牛子好生無禮(62)！"連搠一兩刀，血流在地，眼見得老王養不大了(63)。那劉大娘子見他兇猛，料道脫身不得，心生一計，叫做脫空計。拍手叫道："殺得好！"那人便住了手，睜圓怪眼，喝道："這是你甚麼人？"那大娘子虛心假氣的答道："奴家不幸，喪了丈夫，卻被媒人哄誘，嫁了這個老兒，只會吃飯。今日卻得大王殺了，也替奴家除了一害。"那人見大娘子如此小心，又生得有幾分顏色，便問道："你肯跟我做個壓寨夫人麼？"大娘子尋思，无计可施,便道:"情愿伏侍大王。"那人回嗔作喜,收拾了刀杖,将老王尸首擡入涧中;领了刘大娘子到一所庄院前来,甚是委曲(64)。只见大王向那地上拾些土块,抛向屋上去,里面便有人出来开门,到得草堂之上,分付杀羊备酒,与刘大娘子成亲。两口儿且是说得着。正是:

明知不是伴,事急且相随。

不想那大王自得了刘大娘子之后,不上半年,连起了几注大财,家间也丰富了。大娘子甚是有识见,早晚用好言语劝他:"自古道:'瓦罐不离井上破,将军难免阵中亡。'你我两人,下半世也够吃用了,只管做这没天理的勾当,终须不是个好结果。却不道是'梁园虽好(65),不是久恋之家'。不若改行从善,做个小小经纪,也得个养身活命。"那大王早晚被他劝转,果然回心转意,把这门道路撇了,却去城市间赁下一处房屋,开了一个杂货店。遇闲暇的日子,也时常去寺院中念佛赴斋。

忽一日在家闲坐,对那大娘子道:"我虽是个剪径的出身,却也晓得冤各有头,债各有主。每日间只是吓骗人东西,将来过日子;后来得有了你。一向不大顺溜,今已改行从善。闲来追思既往,正会枉杀了两个人,又冤陷了两个人,时常挂念,思欲做些功德超度他们,一向不曾对你说知。"大娘子便道:"如何是枉杀了两个人?"那大王道:"一个是你的丈夫,前日在林子里的时节,他来撞我,我却杀了他。他须是个老人家,与我往日无仇,如今又谋了他老婆,他死也是不肯甘心的。"大娘子道:"不恁的时,我却哪得与你厮守?这也是往事,休提了。"又问:"杀那一个又是甚人?"那大王道:"说起来这个人,一发天理上放不过去,且又带累了两个人,无辜偿命。是一年前,也是赌输了,身边并无一文,夜间便去掏摸些东西。不想到一家门首,见他门也不闩,推进去时,里面并无一人。摸到门里,只见一人醉倒在床;脚后却有一堆铜钱,便去摸他几贯,正待要走,却惊醒了那人,起来说道:'这是我丈人家与我做本钱的,不争你偷去了,一家人口都是饿死!'起身抢出房门,正待声张起来。是我一时见他不是话头,却好一把劈柴斧头在我脚边,这叫做人急计生,绰起斧来,喝一声道:'不是我,便是你!'两斧劈倒。却去房中将十五贯钱尽数取了。后来打听得他,却连累了他家小老婆,与那一个后生,唤做崔宁,冤枉了他谋财害命,双双受了国家刑法。我虽是做了一世强人,只有这两桩人命是天理人心打不过去的。早晚还要超度他,也是该的。"

那大娘子听说,暗暗地叫苦:"原来我的丈夫也吃这厮杀了!又连累我家二姐与那个后生无辜受戮。思量起来,是我不合当初做弄他两人偿命。料他两人阴司中也须放我不过!"当下权且欢天喜地,并无他说。明日捉个空,便一径到临安府前叫起屈来。

那时,换了一个新任府尹,才得半月,正值升厅,左右捉将那叫屈的妇人进來。劉大娘子倒于階下,放聲大哭。哭罷,將那大王前後所爲,怎的殺了我丈夫劉貴,問官不肯推詳,含糊了事,卻將二姐與那崔寧朦朧償命;後來又怎的殺了老王,奸騙了奴家。"今日天理昭然,一一是他親口招承,伏乞相公高擡明鏡,昭雪前冤!"說罷又哭。

府尹見他情詞可憫,即着人去捉那靜山大王到來,用刑拷訊,與大娘子口詞一些不差,即時問成死罪,奏過官裏。待六十日限滿,倒下聖旨來:"勘得靜山大王謀財害命,連累無辜,准律殺一家非死罪三人者斬加等[66],決不待時[67];原問官斷獄失情,削職爲民;崔寧與陳氏枉死可憐,有司訪其家,量行優恤;王氏既系強徒威逼成親,又能伸雪夫冤,着將賊人家產一半沒入官,一半給與王氏,養贍終身。"

劉大娘子當日往法場上看決了靜山大王,又取其頭去祭獻亡夫,並小娘子及崔寧,大哭一場。將這一半家私舍入尼姑庵中。自己朝夕看經念佛,追薦亡魂,盡老百年而終。有詩爲證:

> 善惡無分總喪軀,只因戲語釀災危。
> 勸君出語須誠實,口舌從來是禍基。

【注釋】

(1) 叵測:不可測。

(2) 蚩蚩:愚昧無知的樣子。 蠢蠢:混亂擾動。

(3) 顰(pín):皺眉頭。

(4) 元豐:宋神宗年號(1078—1085)。

(5) 春榜:古代科舉考試一般在春天進行。

(6) 渾家:古代丈夫對妻子的稱呼。

(7) 甫能:剛剛。

(8) 聞風言事:把傳聞奏報皇帝。

(9) 清要之職:很好的職位。

(10) 蹭蹬(cèng dèng):不得意,遭遇挫折。

(11) 撒漫:白白丟了。

(12) 一發:越發。 本等伎倆:原來所學的技能本領。

(13) 賃:租借。

(14) 勾當:事。

(15) 運限:時運。

(16) 員外:本來是正員之外的官職名稱,大多是用錢捐來的,後來變成對一般有錢有勢的士紳的通稱。

(17) 須索:必定。

(18) 姐夫:丈人對女婿的客氣稱呼。下文"姐丈"同義。

(19) 計較一個常便:打一個長遠的主意。

(20) 只索:只得。 守困:過窮日子。

(21) 齎(jī)助:資助。 些少:少許。

(22) 經紀:買賣,生意。

(23) 應諾:答應。

(24) 就裏:底細。

(25) 寒家:寒舍。 生理:生意。

(26) 說話的:說書人自稱。

(27) 李存孝:後唐李克用的養子,死於車裂。

(28) 彭越:劉邦手下名將,後被處以醢(hǎi)刑(剁成肉醬)。

(29) 典:賣,但期滿可贖。

(30) 做不是的:不務正業的,這裏指小偷。

(31) 沒處出豁:找不到出路。下文"沒出豁"同義。

(32) 計結:了結。

(33) 伏惟尚饗:這是古代祭文中的套語,此處借用說劉官人死了,是句俏皮話。

(34) 失曉:(早晨)睡過頭了。

(35) 將來:拿來。後文"每日間只是嚇騙人東西,將來過日子"中的"將來"同義。

(36) 執命:為這性命關天的事作主。

(37) 搭膊:即搭褳,一種搭在肩上或束在腰間的袋子。此處的"搭膊"是搭在肩上的。後文"腰間紅絹搭膊裏肚"中的"搭膊"是束在腰上的。

(38) 走不上:走不動。

(39) 叉手不離方寸:是宋元時習慣用語,即恭敬地行叉手禮。叉手,男子所行的禮節;方寸,心。

(40) 告:央告,求。 則個:語末助詞,表希望口氣。

(41) 廝趕:相趕著。

(42) 地方:地保。

(43) 休:句末語氣詞,算了,罷了。

(44) 皂絲麻線:關連,牽扯。

(45) 勒掯(kèn):強迫。

(46) 分豁:分辯,解釋。

(47) 可又來:表示一種反駁語氣,和現在"虧你說的"這類話語義相近。

(48) 前後因依:前因後果。

(49) 巴臂:根據。

(50) 沒甚首尾:沒什麼關係。

(51) 疊成文案:作成公文。

(52) 部覆申詳:刑部衙門批覆了上報的判決。

(53) 凌遲:即剮刑,先砍肢體,後斷咽喉。

(54) 黃蘗(bò):一種很苦的藥。

(55) 冥冥:陰間。

(56) 陰騭(zhì):陰德。積了陰騭,這裏是反話,等於說"欠了陰債"。
(57) 轉身:再嫁。
(58) 小祥:死人的周年祭。
(59) 裹肚:圍裙。
(60) 剪徑:劫道的。 毛團:長毛的東西,猶言"畜牲"。
(61) 兊:同歸於盡。
(62) 牛子:宋元時強盜的黑話,是"畜生"的意思。
(63) 養不大:活不了。
(64) 委曲:幽深曲折。
(65) 梁園:漢文帝子劉武(梁王)在今河南商丘修建的園林。
(66) 准律:按照法律。
(67) 決不待時:立即處決。

練 習 五

一、解釋下列各詞在句中的詞義

於 1. 愈嘗從事於汴、徐二府。(《〈張中丞傳〉後敘》)
2. 大叔又收貳以爲己邑,至於廩延。(《鄭伯克段于鄢》)
3. 亟請於武公,公弗許。(《鄭伯克段于鄢》)
4. 太尉曰:"無傷也,請辭於軍。"(《段太尉逸事狀》)
5. 子苟赦越國之罪,又有美於此者將進之。(《句踐滅吳》)
6. 禍莫憯於欲利,悲莫痛於傷心,行莫醜於辱先,詬莫大於宮刑。(《報任安書》)
7. 徐衍負石入海,不容於世。(《獄中上梁王書》)
8. 其觀於人,不知其非笑之爲非笑也。(《答李翊書》)

遂 9. 秦軍解去,遂救邯鄲,存趙。(《魏公子列傳》)
10. 言既遂矣,至於暴矣。(《氓》)
11. 根之茂者其實遂,膏之沃者其光曄。(《答李翊書》)

誠 12. 是輸濟衆之誠,允叶分憂之政。(《丁爲郡專命之判》)
13. 公誠以都虞侯命某者,能爲公已亂。(《段太尉逸事狀》)
14. 公子誠一開口請如姬,如姬必許諾。(《魏公子列傳》)
15. 淮西寓軍帥尹少榮,剛直士也,入見諶,大罵曰:"汝誠人耶?"(《段太尉逸事狀》)
16. "訟結不知何年,又累他人,誠不忍耳。"(《胭脂》)
17. 彼逾牆鑽隙,固有玷夫儒冠;而僵李代桃,誠難消其冤氣。(《胭脂》)

既 18. 既食,曰:"吾疾作,願留宿門下。"(《段太尉逸事狀》)
　　19. 既見復關,載笑載言。(《氓》)
　　20. 言既遂矣,至於暴矣。(《氓》)
　　21. 既無叔伯,終鮮兄弟。(《陳情表》)
過 22. 用王生計,卒見謝,景帝不過也。(《張釋之列傳》)
　　23. 久之,以爲行已過,即出,見乘輿車騎,即走耳。(《張釋之列傳》)
　　24. 臣有客在市屠中,願枉車騎過之。(《魏公子列傳》)
　　25. 過蒙拔擢,寵命優渥。(《陳情表》)

二、標點下文

1. 有童子數人竊瓜事主獲于案下乃不呈告竊瓜而謂盜其錢三十千童子不服余詰事主曰錢藏何所曰瓜棚余曰瓜棚一隙地耳焉有不藏於家而置之野田草露中乎曰窖之也余頷之次日公幹下鄉迂道過其地猝傳地保勘窖弗得余曰窖且烏有焉得有錢童子竊瓜則有之盜錢則未也昨以其口饞掌責之今爾誣栽奈何杖之於野夫天下可疑之事非躬親之不可若我以爲可疑而彼或果有其事是以疑人者誤人矣故余昨者明見爲可疑而未敢徑斷也必躬親其地而後斷之然早告以往勘則窖早僞爲之而疑終不能釋矣(《夢談隨錄》卷上)

2. 禁強必先禁竊究盜不若究窩涓涓不息流爲江河小偷弗懲其勢必爲大盜故於穿窬之獲究之務盡其法無論贓多證確刺配無疑即使偶犯贓輕亦必痛懲幽系令親屬具結保其改過而後釋之倘以饑寒所迫一語橫踞於中草草發落是種大盜之根愛之適以害之矣至於窩盜之罪更浮於盜寧縱十盜勿漏一窩無深山不聚豺狼無巨窩不來賊盜窩即盜之源也(《資治新書》卷首)

3. 禁宰耕牛一事是弭盜良方不知者僅以爲修福是實政而虛談之矣蓋大盜必始於穿窬而穿窬之發軔又必以盜牛爲事何也民間細軟之物盡在臥榻之旁非久於竊盜者鮮不爲其所覺惟耕牛畜之廊廡且不善鳴牽而出之甚易盜牛入手即售於屠宰之家一殺之後即無贓可認是天下之物最易盜者是牛而民間被盜之物最難獲者亦是牛盜風之熾未有不階於此者彼屠牛之家明知爲盜來之物而購之惟恐不速者貪其賤耳從來宰牛之場即爲盜賊化贓之地禁此以熄盜風實是端本澄源之法而重農止殺又有資於民生不淺爲民上者亦何憚而弗力爲哉(《資治新書》卷首)

元 明 清

元雜劇的興盛

我國戲曲藝術經歷了漫長的孕育過程。根據一些殘餘的文獻記載考查,原始社會已出現反映農牧業生產的歌舞。此後,隨着巫風盛行,這些歌舞中出現了處於萌芽狀態的戲劇因素。西漢以後,以競技爲主的百戲開始盛行。南北朝時期,出現了"撥頭"、"代面"、"踏搖娘"、"參軍"等具有一定故事情節的表演藝術形式。至唐代,參軍戲更爲盛行,而且已有歌唱和音樂伴奏。唐代中葉以後,伴隨着城市經濟的繁榮,城市中開始出現集中的遊藝場所。與此同時,變文與傳奇小說的產生和流行,爲後來的戲曲提供了豐富的題材。宋金院本雜劇是戲劇的雛形,元雜劇正是在金院本和諸宮調的影響之下,融合各種表演藝術因素而形成的一種新的戲劇形式。

元前期,除關漢卿、王實甫外,還出現了康進之、紀君祥、石君寶、白樸、馬致遠等著名雜劇作家,形成了這一時期劇壇的繁榮景象。康進之《李逵負荊》是現傳元人水滸戲裏最優秀的作品。紀君祥《趙氏孤兒》演述春秋晉靈公時趙盾與屠岸賈兩個家族的矛盾鬥爭,構成一部表現忠臣義士和權奸鬥爭的壯烈悲劇。石君寶現傳有雜劇《秋胡戲妻》等三種,《秋胡戲妻》事見劉向《列女傳》,作品的語言本色潑辣,接近關漢卿。

白樸今存雜劇《牆頭馬上》、《梧桐雨》二種。《牆頭馬上》是反映封建社會男女愛情問題的優秀作品之一,歌頌了青年男女對自由婚姻的合理要求。《梧桐雨》寫李隆基和楊貴妃的愛情故事,第四折根據《長恨歌》"春風桃李花開日,秋雨梧桐葉落時"詩意,寫安史叛亂平定後,李隆基夢見楊貴妃在長生殿設宴,請他赴席,梨園子弟正準備演出,但卻被窗外一陣陣打在梧桐上的雨聲驚醒。當時的歡會帶來今日的淒涼,這正是《梧桐雨》的主題思想。

馬致遠今存雜劇《漢宮秋》等七種。《漢宮秋》寫昭君出塞的故事,但馬致遠把劇情改爲毛延壽因求賄不遂,醜化王昭君的畫像,事發叛國,勾引匈奴兵犯境,昭君被迫出塞和番,行至漢匈交界的黑江,投江自殺。《漢宮秋》雜劇的產生和流傳,是元滅金、滅宋的歷史轉折時期民族矛盾在戲曲舞臺上的集中反映,表現了作者愛國主義的思想傾向。

偉大的戲劇家關漢卿

關漢卿是我國戲劇史上最偉大的戲劇作家,他一生創作了六十多種雜劇,現傳《感天動地竇娥冤》、《趙盼兒風月救風塵》等八種見於《元曲選》,《關大王單刀會》等四種見於《元刻古今雜劇三十種》。

關漢卿現存的雜劇,大致可分為三類:第一類是歌頌人民的反抗鬥爭,揭露社會的黑暗和統治者的殘暴,反映當時尖銳的階級矛盾的作品,如《竇娥冤》等。《竇娥冤》原本是講述漢代東海孝婦的故事,關漢卿在民間傳說的基礎上,結合元代的現實生活,寫出了一部動人心魄的悲劇。第二類主要是描寫下層婦女的生活和鬥爭,突出她們在鬥爭中的勇敢和機智,其中《救風塵》最有代表性。《救風塵》是一部喜劇,劇中主角趙盼兒是個機智、老練而富有義氣的妓女。她曾有過幻想,但長期風塵生活使她看透了紈袴子弟所慣用的伎倆。當趙盼兒知道結拜姊妹宋引章要嫁給周舍時,便再三忠告她要小心。但宋引章沒有接受勸告,結果一進門便吃了五十殺威棒,只得寫信向趙盼兒求救。趙盼兒接信後挺身而出,抓住周舍喜新厭舊的弱點,制服了這個流氓,收到大快人心的喜劇效果。第三類是歌頌歷史英雄的雜劇,以《單刀會》為代表。單刀會上,關羽以自己的威武和正義懾服了魯肅,保衛了蜀漢的利益。

關漢卿塑造典型人物的成就非常突出,我國古典戲劇作家中還沒有一個人能像他那樣塑造出如此眾多而性格鮮明的人物形象。關漢卿在雜劇的場面安排和關目處理上也很有特點,場面安排緊湊、集中而富有典型性,與主題思想無關的描寫都被略去了,因此關劇往往通過幾個重要場面就能把元代複雜的社會生活面貌展現出來。

西廂記

《西廂記》是我國較早的一部以多本雜劇連演一個故事的劇本。宋金時期,說唱崔鶯鶯、張生故事的作品,有趙令寺《商調·蝶戀花》鼓子詞和董解元《西廂記諸宮調》。董解元《西廂記諸宮調》從根本上改變了《鶯鶯傳》的主題思想,王實甫《西廂記》更以同情的態度,寫崔、張的愛情多次遭到老夫人的阻撓和破壞,揭露了封建禮教對青年人追求自由幸福的阻撓,並通過他們的美滿結合,表達了"願天下有情人終成眷屬"的美好願望。

崔鶯鶯是個幽靜、美麗的少女,卻由於"父母之命,媒妁之言",許給了"花花公子"鄭恒。當她遇到青年書生張珙時,一見鍾情。在老夫人賴婚之後,作者細緻地描繪了她的心理矛盾。她請求紅娘為她帶信,但當她看到張生的回信時,又向紅娘發起脾氣來。當張生應約而來時,她又翻臉不認賬。經過幾次波折之後,她終於與張生私訂終身。作者通過一連串的戲劇衝突,既善意地嘲笑她身上的弱點,又細緻地描繪出了她性格裏深沈、謹慎的一面。

劇中男主人公張生,在作品裏以一個窮書生的身份出現。作者洗刷了張生在董解元《西廂記諸宮調》裏過多的輕狂、庸俗的表現,突出了他對愛情的執着和專一。他一見鶯鶯便深深地愛上了她,並通過聯吟、請兵、琴挑等多種努力,以期獲得鶯鶯的愛情。他為了鶯鶯而寧願拋棄功名、廢寢忘餐,甚至身染沈痾,仍對鶯鶯始終一往情深。

紅娘是劇中另一主要人物,她是崔家的婢女,性格爽朗,聰明而勇敢,不論和鶯鶯的衝突或和老夫人、鄭恒的鬥爭,都顯得特別機警和老練。她是幫助崔、張克服自身弱點並在對老夫人的鬥爭中取得勝利的關鍵人物,是作品裏最閃耀着性格光輝的人物形象。

《西廂記》在藝術上最突出的成就是根據人物的性格特徵,展開了錯綜複雜的戲劇衝突。崔、張的愛情故事實際上有兩條互相關聯的情節線索,一是崔、張、紅和老夫人之間的矛盾衝突,一是崔、張、紅三人之間的誤會性衝突。作者根據現實生活中人物的不同性格,把人物性格和情節發展高度地融合在一起,一波未平,一波又起,五本二十一折,一氣呵成。其次,作者善於描摹景物、醞釀氣氛,場面描寫充滿了詩情畫意,形成了作品獨特的優美風格。

雜劇的南移和衰微

大約從大德末年開始,雜劇創作活動中心逐漸由大都移向杭州,從此進入了元雜劇發展的後期階段。後期除了鄭光祖、宮天挺和秦簡夫的個別作品略有可觀之外,大都缺乏前期雜劇的深刻性和現實性,在藝術上也缺少動人的力量。

鄭光祖是元雜劇後期的重要作家,今存《迷青瑣倩女離魂》等八種。《迷青瑣倩女離魂》是他的代表作,也是元後期雜劇中最優秀的作品。該雜劇本事出於唐人傳奇《離魂記》,王文舉和張倩女原是"指腹為親"的未婚夫妻,文舉上京應試後,倩女相思成疾,致靈魂離開軀體,追趕文舉赴京。文舉得官後和倩女回到家中,她的靈魂和臥病在床的軀體又合而為一。作者以浪漫主義的手法,成功地塑造了一個熱烈追求自由幸福生活的女性形象。鄭光祖雜劇的主要特徵是情致淒婉,詞曲清麗。

宮天挺今存雜劇《死生交范張雞黍》等二種,風格和馬致遠的雜劇相近,可以看出馬致遠對他的影響。《死生交范張雞黍》寫後漢范式和張劭的故事,作品在歌頌朋友間真摯感情的同時,抨擊了仕途的黑暗。

秦簡夫今存雜劇《東堂老勸破家子弟》等三種。《東堂老勸破家子弟》是他的代表作,作品的說教意圖很明顯,他想通過揚州奴這一形象使剝削階級子弟引以為戒。

元後期,雜劇創作受到南方社會風氣和文風的影響,滋長了脫離現實的傾向,較多地反映家庭內部的矛盾,藝術上也偏向追求曲詞的工麗華美和情節的曲折離奇。這最終導致了雜劇走向衰亡,爲南戲所替代。

元代散曲

詞在元代文人手裏得到了高度發展。同時,民間詞經過長期醞釀,吸收了民間曲詞和女真、蒙古等少數民族樂曲,逐漸形成了一種新的詩歌形式——散曲,因主要在北方流傳,也稱北曲。散曲包括小令和套數兩種主要形式。小令是獨立的只曲,類似一首單調的詞。套數沿自諸宮調,是由兩首以上同一宮調的曲子聯綴而成的組曲。

元代散曲的發展大致可分爲前後兩期。前期著名作家有關漢卿、馬致遠等,他們的作品與民間歌曲比較接近,風格質樸自然。關漢卿的代表作〈南呂·一枝花〉《不伏老》通過生動的比喻和潑辣的語言,描繪了一個書會才人的生活道路,流露了及時行樂的思想。他的散曲裏描寫男女戀情的作品最多,如〈雙調·新水令〉《題情》等。馬致遠是散曲中最有影響的一家,風格豪放瀟脫,語言本色清俊,現存輯本《東籬樂府》一卷。他的散曲的主要內容是懷才不遇的悲哀、對隱逸生活的歌頌和自然景物的描寫,最能表現他的思想感情和生活面貌的是〈雙調·夜行船〉《秋思》。馬致遠擅長于描寫自然景物,如被前人稱爲"秋思之祖"的〈天淨沙〉《秋思》,借景抒情,寓情於景,表達了舊時失意文人所共有的情緒。

散曲發展到後期,許多作家的作品內容遠離現實,語言也愈來愈典雅工麗,這方面的代表作家是張可久和喬吉。張可久專力寫散曲,著有《今樂府》等四種,近人輯爲《小山樂府》六卷。喬吉除雜劇外還有《夢符散曲》,他自稱"江湖醉仙"、"江湖狀元"。比之張可久,喬吉帶有更多的江湖遊士習氣。這一時期比較重要的作家還有睢景臣和張養浩。睢景臣的代表作是〈般涉調·哨遍〉《高祖還鄉》套曲,其新奇之處在於掀開了統治者尊嚴的外衣,顯示出他們無賴的本質,並加以無情的嘲諷和鞭撻。

明代小說

明代各種文學體裁所達到的成就是相當不平衡的,散文、詩詞比起以往各時期來說處於一種衰退的狀態,而適應當時社會經濟和文化思想的通俗文學則開始興起,特別是小說,展現了以往所不曾有過的輝煌成就,產生了大量優秀的作品,成爲明代文學的主流。

《三國演義》是我國章回小說的開山之作。三國故事晚唐時已在民間流傳,以此爲題材的平話小說,可能很早就產生了。今存最早的一部《三國志平話》是元代至治年間刊刻的《全相三國志平話》。從平話的內容和結構看,此書已初具

《三國演義》的規模。羅貫中在民間傳說及民間藝人創作的話本、戲曲的基礎上,又運用陳壽《三國志》和裴松之注的正史材料,結合自己豐富的生活經驗,寫成了這部影響深遠的長篇歷史小說。《三國演義》集中描繪了三國時代各封建統治集團之間軍事、政治、外交上的種種鬥爭,表達了人民大衆反對分裂、要求統一的願望。《三國演義》繼承了《全相三國志平話》"擁劉反曹"的傳統,把劉、關、張、諸葛亮當作小說的中心人物。在《三國演義》中,充滿了"揚劉抑曹"的描寫。劉備寬仁待民,知人善任,對士推心置腹。而曹操殘酷、喜怒無常的性格和劉備形成了鮮明的對照,"寧教我負天下,休教天下人負我"是他一生做人的準則。在《三國演義》中,作者還極力宣揚了劉、關、張的義氣。關羽在小說中是義氣的化身,許田射獵時,他拍馬提刀,欲斬曹操,是激於忠義之氣。華容道關羽義釋曹操,作者讚揚的是"拚將一死酬知己,致令千秋仰義名"的壯舉。關羽被害後,劉備、張飛旦夕號泣,誓死復仇,也是爲了表現他們重義氣、輕生死的態度。在《三國演義》裏,作者還善於通過三國之間錯綜複雜的鬥爭,把歷史上各種鬥爭的經驗和智慧形象生動地表現出來。而諸葛亮這個光照全書的人物,正集中地表現了這種驚人的智慧、絕世的才能。諸葛亮在小說中是一個政治、軍事、外交無所不能、無所不精的人物,他的治國才能和他"鞠躬盡瘁,死而後已"的忠誠結合在一起,成爲封建時代人民理想中"賢相"的典型。《三國演義》以蜀漢爲中心,抓住三國矛盾鬥爭的主線,井然有序地展開故事情節,前後照應,脈絡分明,構成了一個完美的藝術整體。《三國演義》的藝術成就在中國小說發展史上是一個重要的里程碑。但是,《三國演義》在藝術上也有比較明顯的缺點,人物性格缺少發展,在運用誇張手法上有時也不免過分,就如魯迅所說:"欲顯劉備之長厚而似僞,狀諸葛之多智而近妖。"

《水滸傳》的故事源於北宋末年的宋江起義,其事在《宋史》之《徽宗本紀》、《侯蒙傳》、《張叔夜傳》以及其他一些史料中有簡略的記載。宋末元初的《大宋宣和遺事》是現傳講說水滸故事的最早話本,而元雜劇中也有相當數量的水滸戲。施耐庵、羅貫中在宋元以來民間藝人集體創作的基礎上,創作了這部反映農民起義的作品。《水滸傳》通過生動的藝術描寫,深刻地挖掘了起義的社會根源,成功地塑造了起義英雄的群像,並通過他們不同的反抗道路展現了起義如何由零星的復仇發展到燎原大火的全過程。《水滸傳》雖然沒有正面從經濟關係上廣泛描寫階級矛盾,但對於作爲起義英雄對立面的封建統治階級作了深刻的揭露。小說把高俅"發迹"和徽宗皇帝寵信他的一段故事放在作品的開端來寫,以表明"亂自上作"。小說不僅寫了那些處於社會底層深受壓迫的勞動人民如李逵、阮氏三雄等,奮起反抗,投身到起義隊伍中來;同時也寫了那些處於社會中上層和一些原屬封建營壘中的人物,因遭受迫害而紛紛參加義軍隊伍,甚至像藏有"丹書鐵券"的世襲大貴族柴進和將門後裔楊志等也都先後進入了起義隊伍的行列。《水滸傳》開始寫的多是個別英雄人物如魯智深、林沖、武松等對社會惡勢力的個人反抗，這些鬥爭雖然驚心動魄，但畢竟只是個人的反抗，不能形成對統治階級的致命威脅。隨着形勢的發展，鬥爭由個人反抗逐漸走嚮聯合反抗。智取生辰綱可以說是聯合鬥爭的萌芽，參加鬥爭的有漁民、貧民、下層文人，也有道士、地主等。封建社會裏，農民起義是歷史發展的動力，但其結局總是以失敗而告終，《水滸傳》中義軍接受招安的結局反映的正是這一歷史進程。《水滸傳》的作者對宋江追求招安的結局在態度上是矛盾的。作者認爲宋江受招安是惟一正確的道路。但從具體描寫看，作品對"被招安"的結局似乎又有所批判，作者反復描寫了李逵、魯智深等人的反招安、反投降鬥爭，也寫了義軍在受招安後的種種悲劇，使小說在七十回後充滿了悲劇的氣氛，這又在客觀上告訴人們：接受招安是不會有好結果的。

《金瓶梅詞話》是我國第一部以家庭日常生活爲素材的長篇小說，也是我國第一部由文人獨立創作的長篇小說。《金瓶梅詞話》以北宋末年爲背景，但它所描繪的社會面貌、所表現的思想傾向，卻有着鮮明的晚明時代的特徵。小說主人公西門慶是一個暴發戶式的富商，是新興的市民階層中的顯赫人物，他依仗金錢的巨大力量，勾結官府並獲得地方官職，恣意妄爲，縱情享樂，尤其在男女之欲方面追逐永無休止的滿足。他以一種邪惡而又生氣勃勃的姿態，侵蝕着明末封建政治的肌體，使之愈益墮落破敗；而他那種肆濫宣泄的生命力和他最終的縱欲身亡，也喻示着他所代表的社會力量在當時難以得到健康的成長。值得注意的是，《金瓶梅詞話》描寫了官商關係和金錢對封建政治的侵蝕。如位極人臣的蔡太師，因收受了西門慶的厚禮，就送給他一個五品銜的理刑千戶之職（第三十回）。在揭示政治腐敗、社會黑暗方面，《金瓶梅詞話》的涉及面是十分廣泛而又非常深刻的。在書中，我們看到許多無告的沈冤、難雪的不平：西門慶毒死武大，娶了潘金蓮，逍遙法外，即使英雄武松也無可奈何；宋惠蓮被害死後，她父親想給女兒報仇，結果也被迫害而死。這種無辜者受盡煎熬、悲慘而死、毫無抵償的冤案在小說中比比皆是。《金瓶梅詞話》不僅反映了社會政治的黑暗，還大量描寫了那個時代中人性的普遍弱點和醜惡，尤其是金錢對人性的扭曲。小說有很多地方寫到西門慶在佔有各色女子時，一面尋歡作樂，一面商談財物的施予，兩性關係在這裏成爲赤裸裸的金錢交易。《金瓶梅詞話》受後人批評最多的，是小說中存在大量的性行爲的描寫。這種粗鄙的描寫幾乎完全未從美感上考慮，這使小說的藝術價值受到一定的削弱。一般認爲，當時社會中從最高統治階層到士大夫和普通市民都不以談房闈之事爲恥，小說中的這種描寫正是當時社會風氣的產物。

清代小說

蒲松齡《聊齋志異》近五百篇作品，體裁並不一致。一部分作品篇幅短小，還是筆記小說的體制。大部分作品則是具有完整的故事、曲折的情節、鮮明的人物形象的短篇小說，是我國文言小說中的珍品，也是《聊齋志異》思想藝術成就最高的部分。描寫愛情主題的作品，在全書中數量最多，它們表現了強烈的反封建禮教的精神。其中一些作品，通過花妖狐魅和人的戀愛，表現了作者理想的愛情。例如，《嬰寧》、《香玉》寫出了青年男女自由相愛的故事；《鴉頭》、《宦娘》揭露了封建勢力對青年男女愛情的阻撓，表現了他們的反抗鬥爭。《聊齋志異》的另一個重要主題，是抨擊科舉制度的腐敗。《葉生》飽含感情地揭露了科舉制度埋沒人才的罪惡，葉生"文章詞賦，冠絕當時"，卻屢試不中，鬱悶而死，最後只能讓自己的鬼魂幫助一個邑令之子考中舉人。《司文郎》則有力地抨擊了考官的有目無珠，一個能從燒成灰的文章中嗅出其好壞的瞎和尚，在嗅過王生的文章後說："君初法大家，雖未逼真，亦近似矣。"再嗅余杭生的文章，則咳逆數聲。可是榜發之後，余杭生高中，而王生落第。和尚聞訊歎道："僕雖盲於目，而不盲於鼻；簾中人並鼻盲矣！"《聊齋志異》還有一個重要主題，是揭露政治的腐敗和統治階級對人民的殘酷壓迫。《席方平》寫席廉得罪富豪羊某，被羊死後買通冥間的獄吏拷掠而死。席方平代父申冤，魂赴冥司告狀，可是從城隍到郡司直至冥王都受了羊某的賄賂，不僅冤屈莫申，反遭種種毒刑。《聊齋志異》還有不少作品揭露了貪官蠹役、土豪劣紳種種壓迫人民的暴行。《潞令》中的潞令"貪暴不仁，催科尤酷，到任不過百天，便杖殺五十八人"。從創作方法來說，《聊齋志異》既繼承了六朝志怪小說的浪漫主義傳統，又吸取了唐人傳奇的現實主義手法，正如魯迅先生所說，"用傳奇法，而以志怪"（《中國小說史略》），從而使志怪創作別開生面。從思想內容和文學語言的運用來說，《聊齋志異》在反映現實生活的廣度和深度上，在語言精練、辭彙豐富、句法多變、描寫委曲詳盡上，大大超出了它以前和同時代的所有文言小說。《聊齋志異》代表了我國文言小說的高峰，在文學史上受到了高度的評價。

《紅樓夢》原名《石頭記》，是一部以個人和家族的歷史為背景的長篇小說，它不僅以其藝術上的精致完美達到了中國古典小說的巔峰，而且以其深刻的人生主題打動了後世無數讀者。《紅樓夢》描寫了封建貴族青年賈寶玉、林黛玉、薛寶釵之間的戀愛和婚姻悲劇。小說巨大的社會意義在於它不是孤立地去描寫這個愛情悲劇，而是以這個戀愛、婚姻悲劇為中心，寫出了賈、王、史、薛四大家族的興衰史。在《紅樓夢》描寫的各種各樣的矛盾和衝突中，最主要的矛盾是以封建階級叛逆者所代表的進步勢力和以賈母、賈政、王夫人等封建家長們為代表的封建勢力之間的衝突，它實質上反映了初步民主主義思想和傳統的封建主義思想之間的矛盾。貴族叛逆者反對科舉功名,反對禮教綱常,反對封建統治階級給他們規定的生活道路,要求婚姻自由、男女平等、尊重個性;而封建家長們從自己的階級利益出發,對叛逆者進行了無情的壓制。小說的核心人物賈寶玉從小生長在錦衣玉食的環境中,一生下來,家庭就給他安排下一條功名富貴、光宗耀祖的道路,但特殊的生活經歷最終卻使他背棄了這條道路。賈寶玉把他的全部熱情和理想寄託在那些被侮辱、被損害的女孩子身上,他認爲"天地間靈淑之氣只鍾於女子,男兒們不過是些渣滓濁物而已"。賈政要他刻苦攻讀,結交官場人物,把重振家業的希望寄託在他身上,可是他偏偏看不起科舉仕宦,認爲這只是"鬚眉濁物"、"國賊祿蠹"之流用以沽名釣譽的手段。寶黛的愛情是建立在反對封建主義人生道路的基礎上的,帶有鮮明的叛逆性質。因此,這種愛情愈發展,和封建勢力的矛盾就愈尖銳。寶玉遭了一頓毒打之後,非但沒有屈服,他的叛逆性格反而更爲堅定。但寶黛愛情最終還是在封建勢力的迫害下成了悲劇,這不僅是愛情的悲劇,也是一個社會的悲劇。《紅樓夢》在小說藝術上進行了多方面的創新,使它成爲我國古典小說藝術發展的頂峰。作者善於把人物放在特定的藝術氣氛裏,以烘托出人物的內心情緒;並善於用環境來烘托人物性格,如瀟湘館的竹林、垂地的湘簾、悄無人聲的繡房和透着幽香的碧紗窗,組成了一個富有詩情畫意的境界。這個境界不僅和黛玉的氣質完全相吻合,而且反過來又把黛玉的形象襯托得更加優美動人。我國古典小說向來不大重視人物的內心描寫,但在《紅樓夢》中則有許多地方對人物的精神世界和內心活動描寫得極爲深入、細膩。《紅樓夢》的藝術結構也是別具匠心的。爲了表現豐富、複雜的社會生活以及人物性格發展的需要,全書以寶黛愛情和賈府的由盛而衰爲線索,把衆多人物和複雜、紛繁的事件組織在一起,這些人物、事件交錯發展、彼此制約,構成了一個巨大的藝術結構。這個結構的內部筋絡相連,縱橫貫通,但又主次分明,有條不紊。

關 漢 卿

關漢卿,號已齋叟,大都(今北京市)人,約生於金末,卒于元成宗大德年間,曾官太醫院尹。關漢卿一生大部分時間從事戲劇創作,是元雜劇的奠基人。他一生不求仕進,作爲玉京書會的"才人",創作了六十餘種雜劇,而且"躬踐排揚,面敷粉墨",親自參加藝術實踐,有着豐富的藝術實踐經驗,是元代劇壇的領袖。明人賈仲明稱他是"驅梨園領袖,總編修帥首,撚雜劇班頭"。關漢卿長期生活在大都,晚年曾遠遊杭州等地,交遊廣泛。

關漢卿的雜劇作品,內容豐富,真實地反映了元代社會生活,塑造了衆多舞臺形象。今存關漢卿創作的五十七首小令和十四套套數。

[南呂]一枝花

不伏老(節選)

【題解】

這套套曲由【梁州】、【隔尾】、【尾】組成。作者在曲中十分坦蕩地表露了自己的個性和愛好,毫不隱諱風流放蕩的生活以及自己的多才多藝,自稱"普天下郎君領袖,蓋世界浪子班頭",凸現出關氏堅強不屈、張揚個性、一往無前的人生態度。此曲是瞭解這位元代偉大作家的重要資料。本書限於篇幅,僅節錄【尾】。

【尾】我是個蒸不爛、煮不熟、搥不匾、炒不爆、響璫璫一粒銅豌豆[1],恁子弟每誰教你鑽入他鋤不斷[2]、斫不下[3]、解不開、頓不脫、慢騰騰千層錦套頭[4]。我玩的是梁園月[5],飲的是東京酒[6],賞的是洛陽花[7],攀的是章臺柳[8]。我也會圍棋、會蹴踘[9]、會打圍[10]、會插科[11]、會歌舞、會吹彈、會嚥作[12]、會吟詩、會雙陸[13]。你便是落了我牙、歪了我嘴、瘸了我腿、折了我手,天賜與我這幾般兒歹症候[14],尚兀自不肯休[15]。則除是閻王親自喚[16],神鬼自來勾,三魂歸地府,七魄喪冥幽,天哪,那其間才不向煙花路兒上走。

【注釋】

(1) 銅豌豆:宋元勾欄中對老狎客的戲稱,比喻老門檻、風月老手,此處暗含"堅定"、"頑強"的意思。

(2) 恁:你,您。 每:們。

(3) 斫:用刀斧砍。

(4) 錦套頭:美麗的圈套,多指妓女迷惑嫖客的手段。

(5) 梁園:即兔園,漢時梁孝王于大梁(今河南開封市)營建的范圍,日與賓客遊樂其中,後世稱梁園。

(6) 東京:漢時以洛陽爲東京,五代至宋則以汴京(今河南開封市)爲東京。這裏指後者。

(7) 洛陽花:牡丹花。洛陽栽種牡丹歷史悠久,花之繁盛甲天下。

(8) 章臺柳:據唐傳奇《柳氏傳》載,韓翃與妓女柳氏相戀,有婚姻之約。韓翃之官,置柳氏于長安,一別三載。韓翃念之,"遣使間行求柳氏,以練囊盛麩金,題之曰:'章臺柳,章臺柳,昔日青青今在否……'"語義雙關,實指柳氏。這裏代指妓女。章臺,戰國時秦國所建宮室名,漢代長安有章臺街,即在章臺之下,多妓院。

(9) 蹴踘(jū):古人的一種踢球遊戲。

(10) 打圍:即打獵,原指打獵時的合圍。

(11) 插科:滑稽的語言、動作。雜劇中的滑稽表演,亦稱"插科打諢"。

(12) 嚥(yān)作:不詳,可能指道家修煉方法之一嚥唾。

(13) 雙陸:古代的一種博戲,又稱"雙鹿"。一說陸即六,擲骰子若得兩個六,則必勝,故稱雙陸。一說下鋪特製棋盤,雙方各以十六(或十五)子置於己方,擲骰,按點數各占步數,先到對方者爲勝。此博戲由天竺傳入中土,盛于南北朝、隋、唐。

(14) 歹症侯:壞毛病,惡疾,惡癖。

(15) 兀自:還是,還。

(16) 則除是:除非是。則,只。

馬 致 遠

馬致遠,號東籬,大都(今北京市)人,生卒年不詳,"元曲四大家"之一。早年追求功名,曾任江浙省務提舉,但社會黑暗和仕途艱險,使他憤懣不平,採取了消極避世的人生態度。

馬致遠是著名的元貞書會的重要成員,一生創作了十五種雜劇,今存《漢宫秋》等七種,其曲詞清麗典雅,被喻爲'朝陽鳴鳳'(《太和正音譜》),是公認的元雜劇文采派的代表。馬致遠的作品所表達的思想較爲複雜,特別是神仙道化之作,既表現了追求神仙境界的隱居出世的思想,也表達了知識分子對現實絕望的情緒。馬致遠所作散曲現存小令一百零四首,套數十七套,其風格深沈宏麗、放達豪邁。

[越調]天淨沙

秋　思

【題解】

馬致遠的小令《天淨沙・秋思》一問世,便震動了文壇,他的同時代人周德清稱讚此令爲"秋思之祖"。這首小令的構思頗具匠心:前面三句,每句各寫三種景物;接着,通過後兩句的敘寫,即通過一個行人的感受,將九種景物有機地聯繫起來,構成一幅蕭瑟蒼涼的暮秋行旅圖。作品情景交融,意境深遠。

枯藤老樹昏鴉(1),小橋流水人家,古道西風瘦馬。夕陽西下,斷腸人在天涯(2)。

【注釋】

(1) 昏鴉:黃昏時歸巢的烏鴉。

（2）斷腸人：此指漂泊孤寂的旅人。斷腸，形容極度思念或悲痛。

［雙調］夜行船

秋　思

【題解】

　　這套散曲被世人譽爲元人散曲中的壓卷之作。它以奇異的歷史聯想和深沈的人生感悟，寫出了對塵俗名利的厭棄、對解脫歸隱的向往。雖然過分宣揚了人生短暫的消極思想，但潔身自好的高潔之氣、憤世嫉俗的激越之情，無疑是作品的主基調。語言自然奔放，形象空靈灑脫。

　　【夜行船】百歲光陰一夢蝶[1]，重回首往事堪嗟。今日春來，明朝花謝，急罰盞夜闌燈滅[2]。

　　【喬木查】想秦宮漢闕，都做了衰草牛羊野。不恁麼漁樵沒話說[3]。縱荒墳斷碑，不辨龍蛇[4]。

　　【慶宣和】投至狐蹤與兔穴[5]，多少豪傑。鼎足雖堅半腰裏折，魏耶？晉耶[6]？

　　【落梅風】天教你富，莫太奢，沒多少好天良夜。富家兒更做道你心似鐵，爭辜負了錦堂風月[7]。

　　【風入松】眼前紅日又西斜，疾似下坡車。不爭鏡裏添白雪[8]，上床與鞋履相別。休笑巢鳩計拙[9]，葫蘆提一向裝呆[10]。

　　【撥不斷】利名竭，是非絕。紅塵不向門前惹，綠樹偏宜屋角遮，青山正補牆頭缺；更那堪竹籬茅舍。

　　【離亭宴煞】蛩吟罷一覺才寧貼[11]，雞鳴時萬事無休歇。爭名利何年是徹？看密匝匝蟻排兵，亂紛紛蜂釀蜜，急攘攘蠅爭血。裴公綠野堂[12]，陶令白蓮社[13]。愛秋來那些：和露摘黃花，帶霜分紫蟹，煮酒燒紅葉。想人生有限杯，渾幾個重陽節[14]？人問我頑童記者[15]：便北海探吾來[16]，道東籬醉了也！

【注釋】

　　（1）夢蝶：《莊子·齊物論》："昔者莊周夢爲蝴蝶，栩栩然蝴蝶也，……俄然覺，則蘧蘧然周也。不知周之夢爲蝴蝶與，蝴蝶之夢爲周與？"這句是說人生就像一場夢。
　　（2）罰盞：罰酒。　夜闌：夜深，夜盡。
　　（3）不恁麼：如不是這樣。
　　（4）龍蛇：此指刻在碑上的文字。
　　（5）投至：此指屍骨投入、安置於墳中。
　　（6）"鼎足"句：魏、蜀、吳三國鼎立的形勢到中途就夭折了，最後的勝利者到底是魏呢，還是昏呢?

(7) 錦堂風月:富貴人家的繁華生活。錦堂,即畫錦堂,爲北宋宰相韓琦建於故鄉安陽的建築。

(8) 不爭:沒想到。 添白雪:添白髮。

(9) 巢鳩計拙:此指不善於經營生計。《詩經·召南·鵲巢》:"維鵲有巢,維鳩居之。"相傳斑鳩性拙,不會築巢,借喜鵲巢產卵,因而"鵲巢鳩佔"亦成爲成語。

(10) 葫蘆提:糊塗,此爲曲中常用語。

(11) 蛩(qióng):蟋蟀。 寧貼:安穩。

(12) 裴公綠野堂:唐代的裴度憲宗時以功封晉國公,一身系天下安危者二十年,眼見宦官當權,國事衰敗,便在洛陽建了一棟別墅"綠野堂",與白居易、劉禹錫等在那裏飲酒賦詩。

(13) 陶令白蓮社:陶淵明曾做過彭澤令,所以稱爲陶令,相傳他曾經參加晉代廬山東林寺慧遠法師組織的白蓮社。

(14) 渾:總共。

(15) 頑童記者:頑童你要記着。頑童,本指頑皮淘氣的小男孩,這裏指供主人役使的小童。

(16) 北海:即東漢的孔融,他曾出任北海太守,後世稱其爲孔北海。他曾說:"座上客常滿,樽中酒不空,平生願足。"

睢 景 臣

睢景臣,字景賢,元揚州(今江蘇省揚州市)人,生卒年不詳。睢景臣所作雜劇三種《鶯鶯牡丹記》、《千里投人》、《屈原投江》,詞一卷,均失傳,今存套數三支及殘曲一支。

[般涉調]哨遍

高祖還鄉

【題解】

《高祖還鄉》是睢景臣的代表作,收在《朝野新聲太平樂府》中。漢高祖劉邦做了皇帝之後曾還鄉一行,排場很大,這是有歷史記載的。劉邦自己說:"吾人衆多,父兄不能給。"(《漢書·高帝紀》)可見,此次還鄉給人民帶來的負擔是很重的。這支套曲通過一個假設的鄉鄰的旁觀和回憶,撕開了最高統治者尊嚴的外衣,對劉邦的驕橫和無賴,予以辛辣的諷刺和無情的鞭撻,這在文學史上是很少見的。描寫細膩逼真,語言詼諧潑辣。

社長排門告示[1]，但有的差使無推故[2]。這差使不尋俗[3]，一壁廂納草除根[4]，一邊又要差夫，索應付。又言是車駕，都說是鑾輿，今日還鄉故。王鄉老執定瓦臺盤[5]，趙忙郎抱着酒葫蘆[6]。新刷來的頭巾[7]，恰糨來的綢衫[8]，暢好是妝么大戶[9]。

　　【耍孩兒】瞎王留引定火喬男女[10]，胡踢蹬吹笛擂鼓[11]。見一彪人馬到莊門[12]，匹頭裏幾面旗舒[13]。一面旗白胡闌套住個迎霜兔[14]，一面旗紅曲連打着個畢月烏[15]，一面旗雞學舞[16]，一面旗狗生雙翅[17]，一面旗蛇纏葫蘆[18]。

　　【五煞】紅漆了叉，銀錚了斧[19]。甜瓜苦瓜黃金鍍[20]。明晃晃馬鐙槍尖上挑，白雪雪鵝毛扇上鋪[21]。這幾個喬人物，拿着些不曾見的器仗，穿着些大作怪衣服。

　　【四煞】轅條上都是馬，套頂上不見驢。黃羅傘柄天生曲[22]。車前八個天曹判[23]，車後若干遞送夫[24]。更幾個多嬌女[25]，一般穿着，一樣妝梳。

　　【三煞】那大漢下的車，眾人施禮數。那大漢覷得人如無物。眾鄉老展腳舒腰拜，那大漢挪身着手扶。猛可裏擡頭覷[26]，覷多時認得，險氣破我胸脯。

　　【二煞】你須身姓劉，你妻須姓呂。把你兩家兒根腳從頭數：你本身做亭長耽幾盞酒[27]，你丈人教村學讀幾卷書。曾在俺莊東住，也曾與我喂牛切草，拽耙扶鋤[28]。

　　【一煞】春採了桑，冬借了俺粟，零支了米麥無重數。換田契強秤了麻三秤[29]，還酒債偷量了豆幾斛。有甚胡突處[30]？明標着冊曆[31]，見放着文書。

　　【尾】少我的錢差發內旋撥還[32]，欠我的粟稅糧中私准除[33]。只道劉三，誰肯把你揪摔住[34]，白甚麼改了姓、更了名喚做漢高祖[35]。

【注釋】

(1) 社長：一社之長，古代農村以二十五戶或五十戶(元代)為一社，置社長，負責賦稅農桑之事。　排門告示：挨戶通知。

(2) "但有"句：只要有差使，都不准藉故推托。

(3) 不尋俗：不尋常，不一般。

(4) 一壁廂：一邊，一面。

(5) 鄉老：農村中年高有威望的人。　瓦臺盤：陶製的托盤。

(6) 忙郎：年輕農民，小夥子。

(7) 刷：洗。

(8) 恰：剛剛。　糨：亦作"漿"，把洗乾淨的衣服再放在米漿或粉汁中浸泡，晾乾後，較平整。

(9) "暢好"句：真像個裝模作樣的財主。暢好，正好。妝么，裝模作樣。

(10) 瞎王留：瞎胡鬧的王留。王留，雜劇中對一般農民的通稱。　火：同"夥"。　喬：裝模作樣，有"狡猾"、"無賴"的意思。　男女：此指一群不三不四的人。

(11) 胡踢蹬：胡鬧，瞎折騰。

(12) 一彪(diū)人馬：一隊人馬。彪，三百匹或五百匹馬聚合在一起，稱一彪。

(13) "匹頭"句：最前面有幾面旗展開、飄動。匹頭，當頭。舒，展開。

(14) 白胡闌套住個迎霜兔：月旗，白色圓圈中畫有一隻白兔。胡闌，"環"的複音，即圓圈，如滿月。迎霜兔，白色的兔，神話中月亮上有搗藥的玉兔。

(15) 紅曲連打着個畢月烏：日旗，紅圈中畫有一雙烏鴉。曲連，"圈"的複音，即圓圈。畢月烏，即烏鴉，傳說中日中有三足金烏。

(16) 雞學舞：鳳旗。

(17) 狗生雙翅：飛虎旗。

(18) 蛇纏葫蘆：雙龍戲珠旗。

(19) 銀錚了斧：皇帝儀仗中的銀斧。銀錚，鍍銀。

(20) "甜瓜"句：皇帝儀仗中的臥瓜、立瓜等金瓜錘，即衛士手執的一種兵杖，杖端為金瓜形。

(21) "明晃晃"二句：皇帝儀仗中的朝天鐙和鵝毛宮扇。

(22) "黃羅傘"句：皇帝儀仗中的曲蓋，樣子似傘，把柄自然彎曲。

(23) 天曹判：天上的判官。這裏是以寺廟中泥塑的判官形象比喻八面威風的開路清道官員。

(24) 遞送夫：本為押送犯人的差役，這裏比喻皇帝的侍從。

(25) 多嬌女：此指隨侍的宮女。

(26) 猛可裏：猛然間，忽然間。

(27) 亭長：秦制，十里為亭(十亭為鄉)，置亭長，劉邦曾作泗水亭長。耽：愛好。

(28) 耙：牛耕工具。

(29) 麻三秤：三十斤麻。古代農村習以十斤為一秤。

(30) 胡突：即"糊塗"。

(31) 冊曆：賬簿。

(32) "少我的"句：欠我的錢，你要在差發內扣還我。差發，當時百姓要被征當官差，有錢人可以出錢頂替。旋，立即。

(33) 私准除：私下裏抵除。准，抵算。

(34) 揪摔(zuò)住：緊抓住。

(35) 白甚麼：平白無故地屬什麼。漢高祖："高祖"系劉邦死後的廟號，"還鄉"時不可能有此稱謂，但在戲曲小說等俗文學中，往往不予深究。

張　養　浩

張養浩(1269—1329)，字希孟，號雲莊，元山東歷城(今濟南市)人。仁宗延祐年間，官至禮部尚書。元英宗至治元年(1321)，因上書諫元夕內廷張燈，得罪辭官,回鄉隱居。元文宗天曆二年(1329),關中大旱,應召出任陝西行台中丞,賑濟災民,到官四月,積勞成疾,死于任所。張養浩的散曲以隱居樂道爲主要內容,也有部分作品反映了對人民疾苦的關心和對黑暗政治的不滿。他著有《雲莊休居自適小樂府》一卷傳世,爲元人散曲流傳下來爲數極少的別集之一。

[中呂]山坡羊

潼關懷古

【題解】

這首小令是元文宗天曆二年(1329),張養浩出任陝西行台中丞時目睹人民苦難而寫下的,是他的代表作。作者從渲染地勢的險要,聯想到它所拱衛的古都長安是秦漢以來許多王朝的統治中心,朝代縱然興廢不疊,但不管誰興誰亡,百姓遭殃的情況卻仍然不變。本篇基調雄渾沈鬱,頗有氣勢,結語尤爲警拔。

峰巒如聚,波濤如怒,山河表裏潼關路[1]。望西都[2],意躊躕[3],傷心秦漢經行處[4],宮闕萬間都做了土[5]。興,百姓苦;亡,百姓苦。

【注釋】

(1) 表裏:內外。潼關外有黃河,內有華山,互爲表裏。 潼關:關名,在今陝西省潼關縣東南,關城雄踞山腰,下臨黃河,地勢險要,是長安的屏障。

(2) 西都:即長安。

(3) 躊躕:猶豫,徘徊,此指思潮起伏不平。

(4) 秦漢經行處:泛指秦漢以來一些王朝的統治中心。

(5) 宮闕:宮殿。

張 可 久

張可久(1270?—1348),字小山,慶元路(今浙江寧波)人。曾以路吏轉首領官,後又曾任桐廬典史和昆山幕僚。他的足跡曾遍及湘、贛、閩、皖、蘇、浙各省,晚年久居杭州西湖,以山水自娛。張可久是元代後期重要的散曲作家,其作品有一種清而不麗、華而不豔的風格。他和喬吉的散曲,一直爲當時及後世文人所推重。張可久傳下來的散曲,計有小令八百五十餘首,散套九套,數量爲元散曲作家之冠。

有《蘇堤漁唱》、《小山樂府》等。

[中呂]賣花聲

懷　古

【題解】

此曲以歷史上三件悲壯的戰事開頭,抒發了作者對戰爭給人民帶來災難的感慨,是小山散曲中關注人生的代表作。

美人自刎烏江岸[1],戰火曾燒赤壁山[2],將軍空老玉門關[3]。傷心秦漢,生民塗炭,讀書人一聲長歎。

【注釋】

(1) 美人:此指項羽愛妾虞姬。秦末楚漢相爭,最後項羽被困烏江,虞姬自刎。
(2) 赤壁:山名,在蒲圻縣(今湖北赤壁市)長江南岸。漢末,曹操率軍追擊劉備至赤壁山下,孫劉聯軍火燒曹軍戰船,大獲全勝。
(3) "將軍"句:東漢名將班超,在西域與匈奴戰三十餘年,年老思歸,上疏曰:"臣不敢望到酒泉郡,但願生入玉門關。"(《後漢書·班超傳》)玉門關,在今甘肅敦煌縣西,是歷史上內地與西域的交通要道。

蒲　松　齡

蒲松齡(1640—1715),字留仙,一字劍臣,號柳泉居士,世稱聊齋先生,清山東淄川(今淄博)人。早歲即有文名,十九歲時以縣、府、道三個第一名補博士弟子員,深爲山東學政施閏章、王士禎所器重,但後屢應省試皆落第,七十一歲才援例成爲貢生。除中年一度應同鄉好友寶應縣知縣孫蕙之邀充任幕客外,大部分時間在家鄉爲塾師。

蒲松齡才華出衆卻終身潦倒,因而對不合理的社會現實和封建科舉制度的弊端深惡痛絕。他積數十年之力,才完成了文言短篇小說集《聊齋志異》的創作,他要以這部"孤憤之書"寫盡"仕途黑暗,公道不彰"。《聊齋志異》借狐妖鬼仙的幽冥世界影射現實,歌頌了衝破封建禮教束縛的男女間真誠的愛情,對受壓迫的人民的反抗鬥爭予以深切的同情。它繼承了六朝志怪小說的浪漫主義傳統,又融合了唐人傳奇現實主義的創作手法,把我國文言小說的創作推到了一個新高峰。

有《聊齋文集》。

胭　脂

【題解】

《胭脂》是《聊齋志異》中著名的疑難案件之一,案情錯綜複雜,情節跌宕突兀,案中有案。官吏在審案過程中,先後錯判了兩人爲殺人兇手,後經施愚山移案再審,才抓到了真正的殺人兇手。作者寫作此案的目的是爲了警示世人:"聽訟之不可以不愼也。"小說語言麗而不豔,精練傳神。

東昌卞氏[1],業牛醫者,有女小字胭脂,才姿慧麗。父實愛之,欲占鳳於清門[2],而士族鄙其寒賤,不屑締盟,以故及笄未字[3]。

對戶龔姓之妻王氏,佻脫善謔[4],女閨中談友也。一日,送至門,見一少年過,白服裙帽,丰采甚都[5]。女意似動,秋波縈轉之。少年俯其首,趨而去。去既遠,女猶凝眺。王窺其意,戲之曰:"以娘子才貌,得配若人,庶可無恨。"女暈紅上頰,脈脈不作一語。王問:"識得此郎否?"答云:"不識。"王曰:"此南巷鄂秀才秋隼,故孝廉之子[6]。妾向與同里,故識之。世間男子,無其溫婉。今衣素,以妻服未闋也[7]。娘子如有意,當寄語使委冰焉[8]。"女無言,王笑而去。數日無耗,心疑王氏不暇即往,又疑宦裔不肯俯拾,邑邑徘徊,縈念頗苦,漸廢飲食,寢疾惙頓[9]。王氏適來省視,研詰病因,答言:"自亦不知。但爾日別後,即覺忽忽不快,延命假息[10],朝暮人也。"王小語曰:"我家男子負販未歸,尚無人致聲鄂郎。芳體違和[11],非爲此否?"女赬顏良久[12]。王戲之曰:"果爲此,病已至是,尚何顧忌?先令夜來一聚,彼豈不肯?"女歎息曰:"事至此,已不能羞。但渠不嫌寒賤[13],即遣冰來,疾當愈,若私約,則斷斷不可。"王領之,遂去。

王幼時與鄰生宿介通,既嫁,宿偵夫他出,輒尋舊好。是夜宿適來,因述女言爲笑,戲囑致意鄂生。宿久知女美,聞之竊喜,幸其機之可乘也。將與婦謀,又恐其妒,乃假無心之詞,問女家閨闥甚悉[14]。次夜,逾垣入,直達女所,以指叩窗。內問:"誰何?"答以鄂生。女曰:"妾所以念君者,爲百年,不爲一夕。郎果愛妾,但宜速倩冰人[15];若言私合,不敢從命。"宿姑諾之,苦求一握纖腕爲信。女不忍過拒,力疾啓扉。宿遽入,即抱求歡。女無力撐拒,仆地上,氣息不續。宿急曳之。女曰:"何來惡少,必非鄂郎。果是鄂郎,其人溫馴,知妾病由,當相憐恤,何遂狂暴如此!若復爾爾,便當鳴呼,品行虧損,兩無所益!"宿恐假迹敗露,不敢復強,但請後會。女以親迎爲期[16]。宿以爲遠,又請之。女厭糾纏,約待病癒。宿求信物,女不許。宿捉足,解繡履而去。女呼之返,曰:"身已許君,復何吝惜?但恐畫虎成狗[17],致貽汙謗。今褻物已入君手[18],料不可反。君如負心,但有一死!"宿既出,又投宿王所。既臥,心不忘履,陰揣衣袂,意已烏有。急起篝燈[19]，振衣冥索。詰之不應，疑婦藏匿，婦故笑以疑之。宿不能隱，實以情告。言已，遍燭門外，竟不可得，懊恨歸寢。竊幸深夜無人，遺落當猶在途也。早起尋之，亦復杳然。

先是，巷中有毛大者，遊手無籍[20]。曾挑王氏不得，知宿與洽，思掩執以脅之。是夜，過其門，推之未扃[21]，潛入。方至窗外，踏一物，軟若絮綿；拾視，則巾裹女舃[22]。伏聽之，聞宿自述甚悉，喜極，抽身而出。逾數夕，越牆入女家，門戶不悉，誤詣翁舍。翁窺窗，見男子，察其音迹，知爲女來者。心忿怒，操刀直出。毛大駭，反走。方欲攀垣，而卞追已近，急無所逃，反身奪刀。媼起大呼，毛不得脫，因而殺之。女稍痊，聞喧始起。共燭之，翁腦裂不復能言，俄頃已絕。於牆下得繡履，媼視之，胭脂物也。逼女，女哭而實告之。但不忍貽累王氏，言鄂生之自至而已。天明，訟於邑。邑宰拘鄂，鄂爲人謹訥，年十九歲，見客羞澀如童子。被執，駭絕。上堂不知置詞，惟有戰慄。宰益信其情真，橫加桎梏。書生不堪痛楚，以是誣服。既解郡，敲撲如邑。生冤氣填塞，每欲與女面相質，及相遇，女輒詬詈[23]，遂結舌不能自伸，由是論死。往來覆訊，經數官，無異詞。

後委濟南府覆案。時吳公南岱守濟南[24]，一見鄂生，疑其不類殺人者。陰使人從容私問之，俾得盡其詞。公以是益如鄂生冤，籌思數日，始鞫之[25]。先問胭脂："訂約後，有知者否？"答言："無之。""遇鄂生時，別有人否？"亦答："無之。"乃喚生上，溫語慰之。生自言："曾過其門，但見舊鄰婦王氏與一少女出，某即趨避，過此並無一言。"吳公叱女曰："適言側無他人，何以有鄰婦也？"欲刑之。女懼曰："雖有王氏，與彼實無關涉。"公罷質，命拘王氏。數日已至，又禁不與女通，立刻出審。便問王："殺人者誰？"王對："不知。"公詐之曰："胭脂供言，殺卞某汝悉知之，胡得隱匿？"婦呼曰："冤哉！淫婢自思男子，我雖有媒合之言，特戲之耳。彼自引姦夫入院，我何知焉！"公細詰之，始述其前後相戲之詞。公呼女上，怒曰："汝言彼不知情，今何以自供撮合哉？"女流涕曰："自己不肖，致父慘死，訟結不知何年，又累他人，誠不忍耳。"公問王氏："既戲後，曾語何人？"王供："無之。"公怒曰："夫妻在床，應無不言者，何得云無？"王供："丈夫久客未歸。"公曰："雖然，凡戲人者，皆笑人之愚，以炫己之慧，更不向一人言，將誰欺？"命桎十指。婦不得已，實供曾與宿言。公於是釋鄂拘宿。宿至，自供："不知。"公曰："宿妓者必無良士！"嚴械之。宿自供："賺女是真。自失履後，未敢復往，殺人實不知情。"公怒曰："逾牆者何所不至！"又械之。宿不任凌藉[26]，遂以自承。招成報上，無不稱吳公之神。鐵案如山，宿遂延頸以待秋決矣。

然宿雖放縱無行，故東國名士[27]，聞學使施公愚山賢能稱最[28]，又有憐才恤士之德，因以一詞控其冤枉，言詞愴惻。公討其招供，反復凝思之，拍案曰："此生冤也！"遂請于院、司[29]，移案再鞫。問宿生："鞋遺何所？"供言："忘之。但叩婦門時，猶在袖中。"轉詰王氏："宿介之外，姦夫有幾？"供言："無有。"公曰：

"淫亂之人,豈得專私一人?"供言:"身與宿介稚齒交合,故未能謝絕。後非無見挑者,身實未敢相從。"因使指其人以實之。供云:"同里毛大,屢挑而屢拒之矣。"公曰:"何忽貞白如此?"命榜之[30]。婦頓首出血,力辯無有,乃釋之。又詰:"汝夫遠出,寧無有托故而來者?"曰:"有之。某甲、某乙皆以借貸餽贈,曾一二次入小人家。"蓋甲、乙皆巷中遊蕩子,有心於婦而未發者也。公悉籍其名,並拘之。既集,公赴城隍廟,使盡伏案前,便謂:"曩夢神人相告,殺人者不出汝等四五人中。今對神明,不得妄言。如肯自首,尚可原宥。虛者,廉得無赦[31]!"同聲言無殺人之事。公以三木置地[32],將並加之。括髮裸身[33],齊鳴冤苦。公命釋之,謂曰:"既不自招,當使鬼神指之。"使人以氍毹悉幛殿窗,令無少隙。祖諸囚背,驅入暗中,始授盆水,一一命自盥訖[34]。繫諸壁下,戒令:"面壁勿動!殺人者,當有神書其背。"少間,喚出驗視,指毛曰:"此真殺人賊也!"蓋公先使人以灰塗壁,又以煙煤濯其手。殺人者恐神來書,故匿背於壁而有灰色;臨出,以手護背而有煙色也。公固疑是毛,至此益信。施以毒刑,盡吐其實。

判曰:"宿介:蹈盆成括殺身之道[35],成登徒子好色之名[36]。只緣兩小無猜[37],遂野鶩如家雞之戀;爲因一言有漏,致得隴興望蜀之心[38]。將仲子而逾牆[39],便如鳥墮;冒劉郎而至洞口[40],竟賺門開。感帨驚尨[41],鼠有皮胡若此[42]?攀花折樹,士無行其謂何[43]!幸而聽病燕之嬌啼,猶爲玉惜;憐弱柳之憔悴,未似鶯狂。而釋么鳳於羅中[44],尚有文人之意;乃劫香盟於襪底,寧非無賴之尤!蝴蝶過牆,隔窗有耳;蓮花卸瓣,墮地無蹤。假中之假以生,冤外之冤誰信?天降禍起,酷械至於垂亡;自作孽盈,斷頭幾於不續。彼逾牆鑽隙,固有玷夫儒冠;而僵李代桃[45],誠難消其冤氣。是宜稍寬笞撲,折其已受之慘;姑降青衣[46],開其自新之路。

若毛大者:刁猾無籍,市井凶徒。被鄰女之投梭[47],淫心不死;伺狂童之入巷[48],賊智忽生。開戶迎風[49],喜得履張生之迹;求漿值酒[50],妄思偷韓掾之香[51]。何意魄奪自天,魂攝於鬼。浪乘槎木,直入廣寒之宮[52];徑泛漁舟,錯認桃源之路[53]。遂使情火息焰,欲海生波。刀橫直前,投鼠無他顧之忌[54];寇窮安往,急兔起反噬之心。越壁入人家,止期張有冠而李借;奪兵遺繡履,遂教魚脫網而鴻罹[55]。風流道乃生此惡魔,溫柔鄉何有此鬼蜮哉!即斷首領,以快人心。

胭脂:身猶未字,歲已及笄。以月殿之仙人,自應有郎如玉;原霓裳之舊隊[56],何愁貯屋無金[57]?而乃感關雎而念好逑[58],竟繞春婆之夢[59];怨摽梅而思吉士[60],遂離倩女之魂[61]。爲因一線纏縈,致使群魔交至。爭婦女之顏色,恐失'胭脂'[62];惹鷙鳥之紛飛,並托'秋隼'。蓮鉤摘去[63],難保一瓣之香;鐵限敲來[64],幾破連城之玉[65]。嵌紅豆於骰子[66],相思骨竟作厲階[67];喪喬木於斧斤[68],可憎才真成禍水[69]。葳蕤自守[70],幸白璧之無瑕;縲絏苦爭[71],喜錦衾之可覆[72]。嘉其入門之拒,猶潔白之情人;遂其擲果之心[73],亦風流之雅事。

仰彼邑令⁽⁷⁴⁾,作爾冰人。"案既結,邇邇傳誦焉。

　　自吳公鞠後,女始知鄂生冤。堂下相遇,靦然含涕⁽⁷⁵⁾,似有痛惜之詞,而未可言也。生感其眷戀之情,愛慕殊切;而又念其出身微賤,且日登公堂,爲千人所窺指,恐娶之爲人姍笑。日夜縈回,無以自主。判牒既下,意始安帖。邑宰爲之委禽⁽⁷⁶⁾,送鼓吹焉⁽⁷⁷⁾。

　　異史氏曰:"甚哉! 聽訟之不可以不慎也! 縱能知李代爲冤,誰復思桃僵亦屈! 然事雖暗昧,必有其間,要非深思研察,不能得也。嗚呼! 人皆服哲人之折獄明⁽⁷⁸⁾,而不知良工之用心苦矣。世之居民上者,棋局消日,綢被放衙⁽⁷⁹⁾,下情民艱,曾不肯一勞方寸;至鼓動衙開,巍然高坐,彼曉曉者直以桎梏靖之⁽⁸⁰⁾,何怪覆盆之下多沈冤哉⁽⁸¹⁾!"

【注釋】

　　(1) 東昌:府名,治所在今山東聊城。
　　(2) 占鳳:許婚。春秋時,陳大夫懿仲想把女兒嫁給陳敬仲,懿妻占卦,卦辭上有"鳳凰於飛,和鳴鏘鏘"的話,認爲吉利,就把女兒許給陳,事見《左傳·莊公二十二年》。後人因以許婚爲占鳳。清門:一般指沒有官爵的封建文人家庭。
　　(3) 及笄:女子以簪結髮如成人,相當於男子的冠禮。古代女子許婚者十五而笄,未許婚者二十則笄。笄,簪。字:女子許嫁爲字。
　　(4) 佻(tiāo)脫:輕薄。 善謔:愛開玩笑。
　　(5) 都:優美的樣子。
　　(6) 孝廉:明清時稱舉人爲孝廉。
　　(7) 妻服:丈夫爲已故妻子穿的喪服。 闋:期滿。
　　(8) 委禽:托人做媒。冰,冰人,指媒人。《晉書·索紞傳》:"孝廉令狐策夢立冰上,與冰下人語,紞曰:'冰上爲陽,冰下爲陰,陰陽事也。……君在冰上與冰下人語,爲陽語陰,媒介事也。君當爲人作媒'。"後世以"冰"喻媒人。
　　(9) 寢疾惙(chuò)頓:病倒在床上,困頓疲乏。惙,疲乏。
　　(10) 延命假息:氣息奄奄,苟延性命。假,借。息,氣息。
　　(11) 違和:不舒服。
　　(12) 赬(chēng)顔:紅着臉。赬,赤色。
　　(13) 渠:他。
　　(14) 閨闥:閨房。闥,小門。
　　(15) 倩:請,使。
　　(16) 親迎:男子親自到女家迎接新娘。古代男女結婚必須遵循六禮,六禮爲納采、問名、納吉、納徵、請期、親迎。
　　(17) 畫虎成狗:即"畫虎不成反類狗",本指學得不好變了樣,這裏是說把好事做壞了。
　　(18) 褻物:貼身的衣物,這裏指繡花鞋。
　　(19) 籠燈:點燈。籠,竹籠,這裏用作動詞。

(20) 無籍:沒有固定的職業。
(21) 扃(jiōng):門閂,這裏用作動詞。
(22) 舃(xì):鞋。
(23) 詬詈(lì):責駡。
(24) 吳公南岱:江蘇武進人,進士,順治年間任濟南知府。
(25) 鞠(jū):審問。
(26) 凌藉:酷刑的折磨。凌,侵犯。藉,踐踏。
(27) 東國:此指山東。
(28) 學使:學政使。 施公愚山:施閏章(1618—1683),字尚白,號愚山,安徽宣城人,清順治六年進士,曾任刑部主事,順治十三年任山東提學僉事。
(29) 院:巡撫。 司:臬司,主管一省司法的官員。
(30) 搒(bàng):笞打。
(31) 廉得:查出。
(32) 三木:木制的枷、銬、鐐三種刑具。
(33) 括髮裸身:對犯人施刑前的準備。括髮,把頭髮束起來。裸身,又稱"裸裎",露身。
(34) 盥(guàn):洗。
(35) 盆成括:人名,此人小有才而不懂大道理,因此殺身。事見《孟子·盡心下》。
(36) 登徒子:戰國時楚大夫,好色。宋玉有《登徒子好色賦》,諷刺楚大夫登徒子好色。
(37) 兩小無猜:形容男女從小相處融洽,不避嫌疑。語出李白詩《長幹行》。
(38) 得隴興望蜀之心:《後漢書·岑彭傳》載:漢光武帝劉秀在大將岑彭攻下隴右後,又要他進兵攻蜀,劉秀在給岑的信中說:"人苦不知足,既平隴,復望蜀。"後來因以"得隴望蜀"比喻人的不知足。
(39) 將仲子而逾牆:《詩經·鄭風·將仲子》:"將仲子兮,無逾我牆。"原指仲子逾牆求愛爲女方所拒,此指宿介逾牆到胭脂家。將,請求。
(40) 冒劉郎而至洞口:傳說東漢時書生劉晨和阮肇進天臺山采藥,遇見兩個仙女,迎接他們進山洞,同居了半年才回來。這裏指宿介冒充鄂生,騙得胭脂開門。
(41) 感帨(shuì)驚尨(máng):《詩經·召南·野有死麕》:"舒而脫脫兮,無感我帨兮,無使尨也吠。"詩意爲:一個女子思春,一個男子追求她,她勸男子說:"你得慢慢地、好好地來呀,不要動我的佩巾,不要使狗叫出聲。"這裏藉以形容宿介對胭脂的粗暴。感,通"撼",掀動。帨,佩巾。尨,長毛狗。
(42) 鼠有皮胡若此:《詩經·鄘風·相鼠》:"相鼠有皮,人而無儀。人而無儀,不死何爲?"諷刺那種不顧禮儀、不要臉皮的人比老鼠都不如。這裏藉以斥責宿介不顧羞恥。
(43) 謂何:奈何。
(44) 釋么鳳於羅中:借喻宿介終於放開了胭脂。么鳳,一種五色的小鳥。
(45) 僵李代桃:《古樂府·雞鳴篇》:"桃生露井上,李樹生桃旁;蟲來齧桃根,李樹代桃僵。"後以喻代人受過。這裏指宿介代毛大受罪。
(46) 降青衣:對秀才的降級處罰,即由著藍衫改着青衫,並不准應當年的科考。因科考是鄉試的預選,所以等於取消一次鄉試資格。

(47) 被鄰女之投梭:《晉書·謝鯤傳》載:謝鯤挑逗調戲鄰家女子,被她用織布的機梭打掉兩顆牙齒。後人稱女子拒絕男子挑逗爲"投梭"。這裏指毛大挑逗王氏被拒絕。

(48) 狂童:輕薄少年,這裏指宿介。 入巷:疑爲"入港",用以指男女發生曖昧關係。

(49) 開戶迎風:唐元稹《鶯鶯傳》中,崔鶯鶯約張生相見,有《明月三五夜》詩:"待月西廂下,迎風戶半開,拂牆花影動,疑是玉人來。"這裏指胭脂期待鄂生。

(50) 求漿值酒:求漿卻得到了酒。漿,湯水。求漿的故事出自唐傳奇《裴航傳》:書生裴航途經藍橋驛,口渴求飲,一老婦命少女雲英捧湯水給他,湯水甘如玉液。裴航見雲英豔麗絕美,向她求婚。老婦說:"我有仙藥,需用玉杵臼去搗,你若能找到它作聘禮,我就答應你的要求。"後來,裴航果然找到了玉杵臼,便與雲英成了親。

(51) 偷韓掾之香:《世說新語·惑溺》載:晉賈充的女兒愛上了韓壽,把賈充給她的西域奇香偷贈給韓壽。後來,賈充把女兒嫁給了他。韓壽是賈充的屬官司空掾,故稱韓掾。這裏指毛大企圖誘姦胭脂。

(52) "浪乘槎(chá)木"二句:張華《博物志》引神話傳說:天河與海相通。每年八月,海渚上的居民乘浮木而去,二十多天後便隱隱約約看見天上的宮殿。浪,隨意。槎木,水中浮木。廣寒宮,傳說中的月宮,這裏借指胭脂的住處。

(53) "徑泛漁舟"二句:借用《桃花源記》中漁人泛舟誤入桃花源的故事,指毛大錯認胭脂房門,誤闖到卞翁窗外。

(54) 投鼠無他顧之忌:即"投鼠忌器"。《漢書·賈誼傳》:"欲投鼠而忌器,鼠近於器,尚憚不投,恐傷其器。"後稱做事有所顧忌。

(55) 魚脫網而鴻雁:《詩經·邶風·新台》:"魚網之設,鴻則離之。"意謂設網捕魚,鴻雁卻遭了殃。這裏指毛大漏網而鄂生遭殃。

(56) 原霓裳之舊隊:原是霓裳隊裏的人,這裏喻胭脂美若仙女。霓裳,此指霓裳羽衣舞。

(57) 何愁貯屋無金:哪里還愁沒有富貴人家娶她。貯屋無金用"金屋藏嬌"故事,事見《漢武故事》。

(58) 感關雎而念好逑:《詩經·周南·關雎》:"關關雎鳩,在河之洲。窈窕淑女,君子好逑。"關關,雎鳩雌雄相呼應的聲音。好逑,好的配偶。這裏借指胭脂見鄂生而生情。

(59) 春婆之夢:宋趙令畤《侯鯖錄》載:蘇軾貶官海南昌化時,一日行歌田野,有個老婦對他說:"你昔日富貴,乃一場春夢。"當時人稱此婦爲春夢婆。這裏借喻胭脂的夢想。

(60) 怨摽(biào)梅而思吉士:《詩經·召南·摽有梅》:"摽有梅,其實七兮,求我庶士,迨其吉兮。"摽梅,落梅,以梅子快要落完比喻婚姻不能及時。這裏指胭脂成年未婚,對男子產生愛慕之情。

(61) 離倩女之魂:唐陳玄祐《離魂記》載:張倩娘因思念書生王宙而得病後,倩娘離魂追王宙而成婚,五年後兩人歸家,臥病在床的倩娘聞聲出見,兩女合爲一體。這裏指胭脂因思念鄂生而成病。

(62) 恐失"胭脂":古樂府有"失我胭脂山,使我婦女無顏色"句,這裏借指宿介、毛大爭奪胭脂。

(63) 蓮鈎:即繡鞋。

(64) 鐵限:鐵門檻。《書法要錄》載:南朝陳智永禪師住吳興永欣寺,人來覓書者如市,所居戶限爲穿穴,乃用鐵葉裹之,謂之鐵門限。這裏"鐵限"句和上句"蓮鉤"對舉,喻指被宿介敲開門。

(65) 連城之玉:戰國時,趙惠文王得到楚國的和氏璧,秦昭王願以十五座城來換它。這裏借指胭脂的貞操。

(66) 紅豆:又名相思子,相思木所結之子,色紅,常用來比喻愛情和相思。王維《相思》:"紅豆生南國,春來發幾枝?願君多採擷,此物最相思。" 骰(shǎi)子:一種骨做的玩具,一般叫做色子。溫庭筠《楊柳枝》:"玲瓏骰子安紅豆,入骨相思知不知?"

(67) 厲階:禍端。

(68) 喬木:此指胭脂父親卞翁。

(69) 可憎才:極度相愛的反語,這裏指胭脂。

(70) 葳蕤(wēi ruí):草名,《本草綱目》曰:"此草根長多須,如冠纓下垂之緌而有威儀,故以名之。"這裏指胭脂雖遇挑引,卻能嚴正自守,不爲所犯。

(71) 縲紲:捆綁犯人的繩子,引申爲牢獄。

(72) 錦衾之可覆:即宋元以來的俗語"一床錦被遮了羞",表示過去的種種差錯,在有了較高的地位或美好的結局時,就都被遮蓋了。衾,大被子。

(73) 擲果:《晉書·潘岳傳》載:洛陽婦女見潘岳年輕貌美,向他擲果,後以"擲果"表示婦女對美男子的愛慕。

(74) 仰:古時公文用語,在下行公文中表示命令。

(75) 覥(tiǎn)然:羞愧的樣子。

(76) 委禽:送聘禮。禽,指雁,古代訂婚用的禮物。

(77) 鼓吹:迎親的樂隊。

(78) 折獄:斷案。

(79) 綢被放衙:形容當官的只知睡覺不幹公事。放衙,原指免去屬吏早晚兩衙的參見,引申爲官吏不幹公事。

(80) 嘵嘵(xiāo)者:此指在官府叫冤的百姓。嘵嘵,爭辯之聲。

(81) 覆盆:覆蓋的盆,比喻黑暗籠罩,沈冤莫白。

紀　　昀

紀昀(1724—1805),字曉嵐,一字春帆,清直隸獻縣(今屬河北省)人。乾隆年間進士,官至禮部尚書、協辦大學士,死後諡"文達"。紀昀學問淵博,長於考證訓詁,曾任四庫全書館總纂官,纂定《四庫全書總目提要》。

紀昀的詩文多爲應制奉和、歌功頌德之作,他在創作上的成就,主要見於筆記小說集《閱微草堂筆記》。這部書包括《灤陽消夏錄》、《如是我聞》、《槐西雜誌》、《姑妄聽之》、《灤陽續錄》五種,是紀昀晚年自乾隆五十四年(1789)至嘉慶三年(1798)陸續寫成。《閱微草堂筆記》繼承了六朝筆記小說的傳統而有所發展,內容豐富博雜,並不局限於志怪,敘述故事簡明質樸而又富於理趣,文筆簡約精粹,敘事委曲周至,說理明暢透闢,有些文章可以稱得上是意味雋永的小品;缺點是議論較多,削弱了作品的文學性。另有《紀文達公遺集》。

賣花養親

【題解】

本篇選自《閱微草堂筆記》卷三《灤陽消夏錄(三)》。這則筆記小說刻畫了一個賣身供養公婆的節婦形象,但作者刻畫這一形象的目的在於宣揚封建節烈觀念,這是我們在閱讀時應當予以關注的。

郭六,淮鎮農家婦,不知其夫氏郭,父氏郭也,相傳呼為郭六云爾。雍正甲辰、乙巳間(1),歲大饑。其夫度不得活,出而乞食于四方,瀕行(2),對之稽顙曰(3):"父母皆老病,吾以累汝矣。"婦固有姿,里少年瞰其乏食(4),以金錢挑之,皆不應,惟以女工養翁姑(5)。既而必不能贍,則集鄰里叩首曰:"我夫以父母托我,今力竭矣。不別作計,當俱死。鄰里能助我,則乞助我;不能助我,則我且賣花,毋笑我。"(俚語以婦女倚門為賣花。)鄰里趑趄囁嚅(6),徐散去。乃慟哭白翁姑,公然與諸蕩子遊。陰蓄夜合之資,又置一女子,然防閑甚嚴,不使外人覿其面(7)。或曰,是將邀重價,亦不辯也。越三載餘,其夫歸,寒溫甫畢,即與見翁姑,曰:"父母並在,今以還汝。"又引所置女見其夫曰:"我身已污,不能忍恥再對汝。已為汝別娶一婦,今亦付汝。"夫駭愕未及答,則曰:"且為汝辦餐。"已往廚下自剄矣(8)。

縣令來驗,目炯炯不瞑(9)。縣令判葬于祖塋,而不祔夫墓(10),曰:"不祔墓,宜絕於夫也;葬于祖塋,明其未絕于翁姑也。"目仍不瞑,其翁姑哀號曰:"是本貞婦,以我二人故至此也。子不能養父母,反絕代養父母者耶?況身為男子不能養,避而委一少婦,途人知其心矣。是誰之過而絕之耶?此我家事,官不必與聞也。"語訖而目瞑。

時人議論頗不一。先祖寵予公曰:"節孝並重也,第節孝又不能兩全也。此一事非聖賢不能斷,吾不敢置一詞也。"

【注釋】

(1) 雍正甲辰、乙巳:雍正二年(1724)、三年(1725)。
(2) 瀕(bīn)行:將要走。瀕,迫近。

(3) 稽顙(sǎng):古時一種跪拜禮,屈膝下拜,以額觸地,表示極度的悲痛和感謝。
(4) 瞰:偷看。
(5) 翁姑:公婆。
(6) 越趄(zī jū):猶豫不前。 囁嚅(niè rú):想說又不敢說的樣子。
(7) 覿(dí):見。
(8) 自剄:自殺。
(9) 炯炯不瞑:睜大了雙眼不閉。瞑,閉眼。
(10) 祔(fù):合葬。

假雷殺人

【題解】

本篇選自《閱微草堂筆記》卷四《灤陽消夏錄(四)》。這則筆記小說敘述了偵破一起因奸殺人案,縣令明公晟善於透過雷擊殺人的表象,對反常之處深入調查分析,揭開了案件的真相。這實際是一篇古代推理小說。

雍正壬子六月[1],夜大雷雨,獻縣城西有村民為雷擊死。縣令明公晟往驗,飭棺殮矣[2]。越半月餘,忽拘一人訊之曰:"爾買火藥何為?"曰:"以取鳥。"詰曰:"以銃擊雀[3],少不過數錢,多至兩許,足一日用矣。爾買二三十斤,何也?"曰:"備多日之用。"又詰曰:"爾買藥未滿一月,計所用不過一二斤,其餘今藏何處?"其人詞窮。刑鞫之,果得因奸謀殺狀,與婦並伏法。

或問:"何以知為此人?"曰:"火藥非數十斤不能偽為雷。合藥必以硫黃。今方盛夏,非年節放爆竹時,買硫黃者可數。吾陰使人至市,察買硫黃者誰多,皆曰某匠。又陰察某匠賣藥于何人,皆曰某人,是以知之。"又問:"何以知雷為偽作?"曰:"雷擊人,自上而下,不裂地。其或毀屋,亦自上而下。今苫草屋梁皆飛起,土炕之面亦揭去,知火從下起矣。又此地去城五六里,雷電相同。是夜雷電雖迅烈,然皆盤繞雲中,無下擊之狀。是以知之。爾時其婦先歸寧[4],難以研問,故必先得是人,而後婦可鞫。"此令可謂明察矣。

【注釋】

(1) 雍正壬子:雍正十年(1732)。
(2) 飭:命令。
(3) 銃(chòng):鳥銃,舊時一種火器。
(4) 歸寧:回娘家。

練 習 六

一、解釋下列各詞在句中的詞義

固　1. 侯生笑曰："臣固知公子之還也。"(《魏公子列傳》)
　　2. 公固疑是毛,至此亦信。(《胭脂》)
　　3. 尚書固負若屬耶？副元帥固負若屬耶？(《段太尉逸事狀》)
　　4. 彼逾牆鑽隙,固有玷夫儒冠；而僵李代桃,誠難消其冤氣。(《胭脂》)
　　5. 及過,泚固致大綾三百匹。(《段太尉逸事狀》)
　　6. 固知"一死生"爲虛誕,"齊彭殤"爲妄作。(《蘭亭集序》)

將　7. 快然自足,不知老之將至。(《蘭亭集序》)
　　8. 將在外,主令有所不受。(《魏公子列傳》)
　　9. 魏王使將軍晉鄙將十萬衆救趙。(《魏公子列傳》)
　　10. 抑不知生之志,蘄勝於人而取於人邪？將蘄至於古之立言者邪？(《答李翊書》)
　　11. 將蘄至於古之立言者,則無望其速成,無誘於勢利。(《答李翊書》)
　　12. 將子無怒,秋以爲期。(《氓》)

就　13. 臣具以表聞,辭不就職。(《陳情表》)
　　14. 今棄擊甕叩缶而就《鄭》、《衛》,退彈箏而取《韶虞》,若是者何也？(《諫逐客書》)
　　15. 僕雖怯懦,欲苟活,亦頗識去就之分矣。(《報任安書》)
　　16. 然嬴欲就公子之名,故久立公子車騎市中。(《魏公子列傳》)
　　17. 河海不擇細流,故能就其深。(《諫逐客書》)
　　18. 優旃欲漆之郭,雖復難周；張儀覆錦之城,於焉易就。(《吳淳造城妨農作之判》)
　　19. 以人從欲,傾宮就而紂亡；以欲從人,露臺休而漢盛。(《吳淳造城妨農作之判》)

即　20. 安釐王即位,封公子爲信陵君。(《魏公子列傳》)
　　21. 匪來貿絲,來即我謀。(《氓》)
　　22. 但渠不嫌寒賤,即遣冰來,病當愈。(《胭脂》)
　　23. 公子即合符,而晉鄙不授公子兵而復請之,事必危矣。(《魏公子列傳》)

286

二、標點下文

1. 仁義禮智，人性皆全，特爲嗜欲蒙蔽，日漸月深。如火在石中，不擊不發；泉在山下，不鑿不流，終不得謂石中無火、山下無泉也。記在甘州時，有兄弟白首構訟，心甚惡之。兄訴弟不法種種，予曰：「是當立斃杖下。」即命爾自行杖，庶快爾心。命隸取杖付之。其兄盡力一揮，直欲立死其弟。余意正怫然，故語之曰：「須三杖了卻爾弟命也。」其弟從階下忽仰首望兄，呼一聲哥。其兄勃然良心觸發，急舍杖趨前抱弟而起。弟攬兄足，兄拊弟背，放聲大哭。予亦爲泣下。旁觀吏卒，至不能仰視。當其赴訴咆哮，直有不可解之怨毒，即其舉杖之時，亦未見有半點之憐惜也。問官含怒嚄呵，亦未嘗示一言之解勸也。只其弟仰首一呼，不知其兄從前怨恨銷歸何處？胥徒府史，抑豈盡皆仁人孝子，爲其兄弟感觸，亦各含辛墮淚？斯時堂上無官司，兩旁無役卒，堂下亦無罪人，只有賢兄悌弟，藹然仁孝之意，充滿戶庭。若使人人刻刻此念，此心真可刑措不用，其去三代不遠矣。信乎子輿氏之言曰：「如火始然，如泉始達，擴而充之，足以保四海。」其奈不能擴充何哉！（《託素齋文集》卷6）

2. 劉宰，字平國，金壇人，爲泰興令。鄰邑有租牛縣境者，租戶於主連姻，因喪會，竊券而逃。它日主之子征租，則曰：「牛鬻久矣。」子累訟於官，無券可質，官又以異縣置不問。至是訴於宰，宰曰：「牛失十載，安得一旦復之？」乃召二丐者，勞而語之，故托以它事系獄鞫之。丐者自詭盜牛以賣，遣詣其所驗視。租戶曰：「吾牛因某氏所租。」丐者辭益力，因出券示之。相持以來，盜券者憮然，爲歸牛與租。（《宋史》卷401）

3. 成化中，南郊事竣，撤器，亡一金瓶。時有庖人侍其處，遂執之。官備加考掠，輒誣服。及索瓶無以應，迫之。漫云：「在壇前某地。」如其言掘地，不獲，仍系獄。無何，竊瓶者持瓶上金繩鬻於市。有疑之者，質於官，竟得其竊瓶狀。問曰：「瓶安在乎？」亦云：「在壇前某地。」如其言掘地，竟獲。蓋比庖人所指掘之地下數寸耳。假令庖人往掘時而瓶獲，或竊瓶者不鬻金繩於市，則庖人之死百口不能解。然則嚴刑之下，何求不得？國家開矜疑一路，所全活冤民多矣。（《寄園寄所寄》卷上《焚麈寄》）（成化：明憲宗年號）

附錄一　歷代判詞選

張　鷟

張鷟(660？—740？)，字文成，唐深州(今河北深縣人)。高宗調露初進士，頗有文名。歷任長安尉、鴻臚丞、御史等職。所著有《遊仙窟》、《朝野僉載》、《龍筋鳳髓判》等書。

吳淳造城妨農作之判

【題解】

本篇選自《龍筋鳳髓判》卷二。《龍筋鳳髓判》是供當時選人取備程試而用的虛擬判牘，全書共四卷，均採用駢文。本篇對大匠吳淳"貪功"而"非時"興建大型工程一案，以歷史事實說明以人從欲則亡，以欲從人才盛。判詞認爲，興建大型工程，除了要注意工程選址的地理環境、發揮民工特長外，更要考慮這項工程該不該興建、興建的時間是不是恰當。

　　大匠吳淳掌造東都羅城[1]，牆高九仞，隍深五丈[2]。正屬農時，妨農作。百姓訴至秋收後，淳自求功，抑而不許。御史彈非時興造，付法，不伏。
　　九卿分統[3]，漢朝開土木之官[4]；百工惟時[5]，《周禮》置梓材之職[6]。斧斤動役，測之以寒暑[7]；版築興功[8]，揆之以日星[9]。以人從欲[10]，傾宮就而紂亡[11]；以欲從人，露臺休而漢盛[12]。吳淳任居大匠，職重繕工[13]，踐李固之前規[14]，躡曹褒之舊迹[15]。建都河洛[16]，起役伊瀍[17]，百堵所以雲興[18]，九仞由其岳立。畚簣魚貫，強脊者使之負持，鍬杵雁行，長脛者使之踏插[19]。優㳺欲漆之郭，雖復難周[20]，張儀覆錦之城，於焉易就[21]。九重之邑，無勞走馬之形[22]；萬家之都，自有臥龍之異[23]。理須候隙啓閉，務在從時。下不奪於三農[24]，上不虧於八部[25]。倉庚遷木[26]，殊非濬洫之辰[27]；戴勝降桑[28]，豈是營都之日？寧有自求微效，廣棄人功？既廢春疇，宜從霜典[29]。

288

【注釋】

(1) 大匠:這裏指將作大匠,職掌宮室、宗廟、陵園的土木營建。 東都:即洛陽。 羅城:為加強防守而在城牆外加建的凸出形小城圈。

(2) 隍:護城河。有水為池,無水為隍。

(3) 九卿:古時中央政府的九個高級官職。漢時稱將作大匠等官為九寺大卿。

(4) "漢朝"句:秦已設將作少府,漢景帝時才改稱將作大匠。開,設。

(5) 百工惟時:語見《書·皋陶謨》。

(6) 梓:《周禮·考工記》稱攻木之工七,其一為梓人。《書·梓材·釋文》:"治木器曰梓。"後稱建築師為梓人。

(7) "斧斤"二句:古人用土圭測日影長度以正四時。《周禮·地官·大司徒》:"以土圭之灋……正日景以求地中。日南則景短,多暑;日北則景長,多寒。"

(8) 版築:原指築牆時將泥置兩板之間,再用杵舂實,這裏泛指土木營建時的各項工作。

(9) 揆:測度。《詩·鄘風·定之方中》:"定之方中,作于楚宮。揆之以日,作于楚室。"定,定星,即營室星。方中,正中,即南天之中。《定之方中》唐孔穎達疏:"毛以為言定星之昏正四方而中,取則視之以正南,因准極以正其北,作為楚丘之宮也。度以日影,度日出之影與日入之影以知東西,以作為楚丘之室也。東西南北皆既正方,乃為宮室。"春秋戰國時,營室星黃昏時出現在正南方的季節,正是農事結束、營造房屋的時候。又《淮南子·時則訓》:"仲秋之月……是月可以築城郭,建都邑。"

(10) 以人從欲:語出《左傳·僖公二十年》:"以欲從人則可,以人從欲鮮濟。"

(11) 傾宮:高巍的宮殿。傾,形容宮殿高聳欲傾。《三國志·楊阜傳》:"紂為傾宮、鹿臺,以喪其社稷。"鹿臺,古臺名,"其大三里,高千尺",相傳為紂所築。武王伐紂時,紂登臺自焚而死。又,據《淮南子·墜形訓》漢高誘注,"傾宮"指"宮滿一頃"。

(12) 露臺:高臺。漢文帝時,"嘗欲作露臺,召匠計之,直百金。上曰:'百金,中民十家之產也……何以臺為?'"事見《史記·孝文本紀》。

(13) 繕工:"將作大匠"在唐龍朔二年改為"繕工監"。

(14) 李固:東漢人,漢順帝永和年間曾任將作大匠。事見《後漢書·李杜列傳》。

(15) 曹褒:東漢人,漢和帝永元年間曾任將作大匠。事見《後漢書·張曹鄭列傳》。

(16) 建都河洛:班固《東都賦》:"遂超大河,跨北嶽,立號高邑,建都河洛。"大河,黃河。北嶽,恒山。立號高邑,東漢光武帝劉秀於鄗(今河北柏鄉北)即位,改鄗名為高邑。河洛,黃河和洛河,這裏指洛陽。

(17) 伊瀍(chán):伊河、瀍河,均在洛陽附近流入洛河。

(18) 堵:土牆。其長度說法不一,一般以為一堵之牆長高各一丈。

(19) "舂簣"四句:語出《淮南子·齊俗訓》:"伊尹之興土功也,脩脛者使之蹠钁,強脊者使之負土。"漢高誘注:"長脛以蹠插者,使入深;脊強者任負重。"蹠、蹋,均為"踏"義。钁,依高注為插(通"鍤"),鍬類農具。

(20) 優旃(zhān):秦樂伎,侏儒,善用笑言諷諫。秦二世欲用漆塗城,優旃曰:"漆城雖使百姓愁怨靡費,但畢竟是件大好事。把城牆漆得漂亮闊氣,光滑得讓敵寇爬也爬不上。只是塗漆容易辦到,但要找一所大房子,把漆過的城牆擱進去陰乾,卻是件難事啊!""於是二世笑之,以其故止。"事見《史記·滑稽列傳》。 郭:城牆。 復:反復多次。 周:成全。

(21)張儀:戰國時魏人,縱橫家。相傳錦城爲張儀所築。 覆:蓋。 錦之城:即錦官城,又稱錦里,在今成都南。後人泛稱成都爲錦官城。《水經注》:"錦工織錦則濯之江流,而錦至鮮明,濯以他江,則錦色弱矣,遂命之爲錦里也。" 於焉:猶言"於此"。

(22)九重:即城邑,極言其深廣。古代神話謂崑崙山有層城九重。層城,又作"曾城"、"增城"。《淮南子·墜形訓》:"掘崑崙虛以下地,中有增城九重,其高萬一千里百一十四步二尺六寸。" 走馬之形:傳說秦人在某地(今山西)築城,數崩不成,有馬來此周旋馳走,即依馬跡築城,遂成,因名"馬邑"。事見《搜神記》卷十三《馬邑城》。

(23)臥龍:傳說涼州城有臥龍形,故名"臥龍城"。

(24)三農:住在三類地區的農民。《周禮·天官·大宰》:"以九職任萬民。一曰三農,生九穀。"東漢鄭玄注:"鄭司農云:'三農,平地、山、澤也。'……玄謂三農,原、隰及平地。"

(25)八部:似指天象,未詳。

(26)倉庚遷木:黃鶯出來活動的時間,這裏代指春天。《淮南子·時則訓》:"仲春之月……倉庚鳴。"漢高誘注:"倉庚……至此月而鳴。"《詩經》常把倉庚與春天聯繫在一起。如《詩·豳風·七月》:"春日載陽,有鳴倉庚。"又《詩·小雅·出車》:"春日遲遲,卉木萋萋,倉庚喈喈,采蘩祁祁。"倉庚,黃鶯的別名。遷木,《詩·小雅·伐木》"遷於喬木"的省文。

(27)濬:通"浚"。 洫:護城河,這裏指吳湊營建東都羅城時掘的"隍",見前注(2)。

(28)戴勝:鳥名。"戴勝降桑"指春天。《禮·月令》:"季春之月……戴勝降於桑。"《淮南子·時則訓》亦曰:"季春之月……戴鵀降于桑。"漢高誘注:"戴鵀,戴勝鳥也。"

(29)霜典:曆法。霜,歷年。

白 居 易

丁爲郡專命之判

【題解】

白居易的生平介紹見正文部分。在法律思想方面,白居易在強調法制作用的同時,更強調治理國家不能依靠"猛政"、"嚴刑",而應依靠君主"勤政令以撫之,推誠信以奉之"。他認爲要減少犯罪,就要大行教化、大興廉恥。他極力主張"理大罪赦小過",反對片面講求"刑煩"或"刑寬"。

本篇選自《白氏長慶集》卷六十六。該書卷六十六、六十七共收白居易虛擬的判詞一百零一則。白居易在這則虛擬的判詞中,從郡守主觀動機、賑災客觀效果、郡守的職責、遭災後的危急情況分析,又引歷史上越權專命而皇上"賢而釋之"的例子爲根據,得出"宥自專之過"、"旌共理之心"的結論。判詞說理透徹,行文流暢。

得丁爲郡⁽¹⁾,歲凶,奏請賑給百姓;制未下⁽²⁾,散之。本使科其專命⁽³⁾。丁云:恐人困。

臨邦匡乏⁽⁴⁾,情本由衷;爲國救災,美終歸上。丁分條出守⁽⁵⁾,求瘼居心⁽⁶⁾;歲不順成,人既憂於二鬴⁽⁷⁾;公有滯積⁽⁸⁾,戶將餼於一鍾⁽⁹⁾。是輸濟衆之誠⁽¹⁰⁾,允叶分憂之政⁽¹¹⁾。然以事雖上請,恩未下流。稍違主守之文,遽見職司之舉⁽¹²⁾。使以未有君命,何其速歟？郡以苟利國家,專之可也。恤貧振廩,鄧攸雖見免官⁽¹³⁾;矯制發倉,汲黯不聞獲罪⁽¹⁴⁾。請宥自專之過,用旌共理之心。

【注釋】

(1) 得:審得,查得。

(2) 制:皇帝詔命。

(3) 使:此指按察使。唐代設按察使,分察各地。 科:斷,判。

(4) 匡:救。一本作"賑"。

(5) 分條:分派的枝條,此指丁爲中央派出的地方官。 守:郡守。

(6) 求:救。 瘼:病,引申爲疾苦。 居心:存心。

(7) 二鬴:《周禮·地官·廩人》:"人四鬴,上也;人三鬴,中也;人二鬴,下也。"東漢鄭玄注:"此皆謂一月食米也。六斗四升曰鬴。"鬴,古代量器。

(8) 滯積:多年不流通的儲存之穀。滯,滯留,不流通。積,積聚,儲存。

(9) 餼(xì):被贈送。 鍾:古代容量單位,十鬴爲一鍾。

(10) 輸:獻納。

(11) 允叶:同"允協",和洽、和美而無異議。

(12) 職司:主管其事的官員。

(13) 振:通"賑"。 鄧攸:晉元帝時任吳郡太守,清廉自持。"時郡中大饑,攸表賑貸,未報,乃輒開倉救之",散騎常侍桓彝等"乃劾攸以擅出穀,俄而有詔原之"。事見《晉書·良吏傳》。

(14) 汲黯:漢武帝時爲謁者。河內失火,武帝使其視之,汲黯持節發倉粟賑河南貧民,還報曰:"家人失火,屋比延燒,不足憂也。臣過河南,河南貧人傷水旱萬餘家,或父子相食,臣謹以便宜,持節發河南倉粟以振貧民。臣請歸節,伏矯制之罪。"上賢而釋之。事見《史記·汲鄭列傳》。

王　回

王回(1049—1101),字景深,宋仙游(今屬福建)人。登進士第後調松滋(今屬湖北)令。當地風俗用人祭鬼,王回"捕治甚嚴,其風遂革"。官終監察御史。

出妻告甲之判

【題解】

出妻,被遺棄的妻子。本篇選自《文體明辨》卷三十。唐人判詞全用駢體,王回則一反傳統,開始用平實質樸的散體擬寫判詞。明徐師曾在《文體明辨》中稱贊王回的判詞"脫去四六,純用古文,庶乎能起二代之衰"。

甲爲出妻乙告其在家嘗出不遜語[1],指斥乘輿[2]。有司言雖出妻而所告者未出時事也。或疑薄君臣之禮,隆夫婦之恩,律不應經[3]。指斥乘輿[4],臣民之大禁,至死者斬;而旁知不告者,猶得徒一年半。所以申天子之尊于海内,使雖遐邈幽陋之俗[5],猶無敢竊言訕侮者[6]。然《書》稱商周之盛,王聞小人怨罵,乃皇自恭德[7]。不以風俗既美,而臣民儼然戴上,不待刑也。則此律所禁,蓋出於秦漢之苛耳。若妻爲夫服斬衰[8],其義甚重,傳禮已來未之有改也。且挾虐犯法,既許自訴;而七出、義絕、和離之類豈有宿怨[9]?顧恬然藉衽席之所知,喜爲路人擠之死地,其惡憝矣。宜如有司所論已。若夫減所告罪一等,甲同自首[10],以律附經。竊謂非薄君臣之禮而隆夫婦之恩也。

【注釋】

(1) 不遜:不恭敬。

(2) 乘輿:皇帝乘坐的車子或使用的器物,這裏用作皇帝的代稱。

(3) 律不應經:引用法律不合經典。

(4) 指斥乘輿:《宋刑統》卷十《職制律》:"諸指斥乘輿,情理切害者,斬;非切害者,徒貳年。"

(5) 遐:遠。 邈:遠。

(6) 訕:譭謗,譏刺。

(7) "王聞"二句:語出《書·無逸》:"小人怨汝詈汝,則皇自敬德。"

(8) 斬衰(cuī):舊時五種喪服中最重的一種。喪服用粗麻布製成,其左右和下邊都不縫。如子、未嫁女對父母,妻對夫,都服斬衰。斬,喪服不縫衣旁和下邊。衰,通"縗"(cuī)。

(9) 七出:古代社會丈夫遺棄妻子的七種藉口:一、無子,二、淫佚,三、不事舅姑,四、口舌,五、盜竊,六、妒忌,七、惡疾。見《儀禮·喪服》注。"七出"又叫"七去"、"七棄"。 義絕:此指夫妻一方對另一方一定範圍的親屬有毆、殺等情事者,必須強制離異。見《唐律疏議》卷十四《户婚》。 和離:雙方議定的離異。

(10) "若夫"二句:《宋刑統》卷五《名例律》:"諸犯罪未發而自首者,原其罪。"且《唐律》、《宋刑統》俱將家屬告發視同自首。

李 清

李清(1602—1683),字映碧,一字心水,明末興化(今屬江蘇)人。崇禎四年(1631)進士,授寧波府推官。後任刑科給事中,轉吏、工科給事中,大理寺丞等職。明亡後隱居著述,所著有《南北史合注》、《澹寧齋史話》、《折獄新語》等。其中,《折獄新語》是我國現存惟一的一部明代判詞專集,是李清任寧波府推官時審理各類民刑案件的判詞,共二百一十篇,分爲婚姻、承襲、産業、詐偽、淫奸、賊情、錢糧、失誤、重犯、冤犯等十卷。

佔產之判

【題解】

本篇選自《折獄新語》卷二《承襲》"佔產事"。折獄,即斷獄、判案。折,通"制"。這是一起遺產分割案。因爲義子王煬生前孝敬王榮,所以王榮在分割家產時,將四十畝田產分給王煬的兒子大英、大傑。餘下的二十畝田產,王榮給了只想咒他早死、以便早日搶奪田產的嗣子王恩。王恩亡故後,王恩之子大相先後到縣、府上告,認爲其父王恩是嗣子,理當多得田產。縣、府先後判大英、大傑將八畝地給大相。李清認爲,縣、府已作出的判決,應該執行,而大相和大英、大傑兄弟不該"同室操戈",今後大相不可得寸進尺,大英兄弟也不能索討判給大相的八畝地。李清的做法,客觀上支持了"多盡贍養義務者有權多得遺產"的看法。

審得先故王煬,乃王榮義男;而後故王恩,則榮繼子也。今取分書閱之[1],猶煬故恩存時,於是舉置田六十畝,作三股均分,而煬子大英、大傑得二,恩僅得一,此豈有說乎?則謂煬子兩,而恩止一子大相耳。夫是舉也,榮有三失:以猶子承祧[2],又以螟子樹敵[3],則有非我族類之嫌,一失也;不以子之多寡爲豆判[4],而以孫之贏縮爲瓜分,則有"不揣其本,而齊其末"之誚[5],二失也;且猶子之子,僅一隅短割[6],而螟蛉之子,反半壁長截,則有"其所厚者薄而其所薄者厚"之疑[7],三失也。雖然,此非正理,獨無隱情乎?夫世所謂繼子者,生安知懷橘爲何物[8],死安知刻木爲何形[9]?想口不禱松鶴[10],而心欲咒菌蟦[11],惟眈眈於一塊土之入掌耳!若義子者,雖曰寄生,不作飛花,故爲之父若母,反有"飛鳥依人,人自憐之"之意[12]。而未可曰:彼視予猶父也,予不得視彼猶子也[13]。榮之厚畀英、傑,無乃爲是乎?迨死肉未寒,生戈已起[14]。而恩子大相始控之縣,則斷出二畝;繼控之府,則斷出六畝。浸淫而進之[15],如食桑之蠶,葉不盡不止矣!

大英等之告,非求收覆水[16],但欲保故疆耳。今讀大相詞內,猶以房屋灘園未經均分爲言,而築薛不休,又思逼滕也[17]。無乃有以召大英輩之呶呶乎[18]？恐爲大英兄弟者,未可作"齊歸魯侵"之說[19];而爲大相者,亦難作"伐虢取虞"之計也[20]。王大英、王大相同室操戈,各杖以儆。其所分田產,仍照原斷行。雖然,不平而偏,王榮實召兵矣！若問首禍,當罪老奴。杖不及死,亦幸矣哉！

【注釋】

(1) 分書:家產分割文書。

(2) 猶子:兄弟之子,此指繼子王恩。 承祧:繼承祖廟的祭祀。祧,遠祖廟。

(3) 螟子:養子,此指王場。

(4) 豆判:同"豆剖",瓜分。

(5) "不揣其本"二句:語出《孟子·告子下》。

(6) 短割:分割得少。

(7) "其所厚者薄"句:語出《禮記·大學》。

(8) 懷橘:漢末,陸績六歲時到九江見袁術,私取橘於懷。告辭時,懷裏的橘子掉落地上。袁術問其故,陸績答要帶回家給母親吃。事見《三國志·吳志·陸績傳》。

(9) 刻木:丁蘭幼失父母,長大後思親不已,乃刻木作雙親像奉之。事見元代郭居敬《廿四孝》。

(10) 禱松鶴:猶言祝人長壽。禱,祝求。松鶴,均爲長壽之物。

(11) 欲咒菌蠓:此指王恩作爲王榮嗣子,心中卻只想咒王榮早死,以早些把田產搶到手。菌,一種朝生夕死的植物。蠓,蜉蝣,壽命極短的小蟲。

(12) 憐:愛。

(13) "彼視予"二句:養子把我當作親生父親,難道我就不能把他當作繼子？

(14) 死:此指剛死去的王榮。 生:此指大相和大英、大傑兄弟。

(15) 浸(qīn)淫:逐漸接近,原指水向周圍漫漬。

(16) 覆水:已倒在地上的水,此指已判給大相的田地。

(17) 築薛不休,又思逼滕:薛、滕是相鄰的小國,齊滅薛築城後,滕甚感恐慌。事見《孟子·梁惠王下》。

(18) 呶呶(náo):嘮叨。

(19) 齊歸魯侵:齊國歸還侵魯取得的田地。事見《左傳·定公十年》。此指判給大相的田地,原非大英所有,不能說大相"侵佔",也不能叫大相"歸還"。

(20) 伐虢取虞:晉侯假道于虞以伐虢,滅虢後即取虞。事見《左傳·僖公五年》。此指大相不該想出"伐虢取虞"的辦法進逼大英。

于 成 龍

于成龍(1617—1684),字北溟,清山西永寧(今山西方山縣)人。順治年間任廣西羅城知縣,累擢江南江西總督。曾被康熙皇帝譽爲"天下廉吏第一"。

欠債誣陷之判

【題解】

本篇選自《清朝名吏判牘選》。本案是清順治十三年(1656)發生在廣西羅城縣的民、刑合併案件:先由陳敏生告呂思義欠債不還,再由呂思義告陳敏生勾結亡命圖謀不軌。判詞爲陳敏生辯誣,又治誣陷者呂思義以應得之罪,有理有據,剖析詳細。

　　審得陳敏生呈控呂思義一案。本縣研鞫數四[1],真相業已明白。此事呂思義實有不是:欠債不還,一罪也;圖謀誣陷,二罪也。在呂思義意,以爲欠債一事,尚在前朝,今國家已易大清,前朝所有之區區債事,何能再行索討?自應銷滅。在陳敏生意,欠債事雖在明代,而欠債者仍是呂姓之人物,不能因國家更易大清,即可置債事於不問。

　　查例載:順治十一年,福建按察使曾詳請總督移文刑部[2],詢問前朝私人事務辦法。據刑部復文,謂前代所有私人間一切糾葛,仍應執法審斷,不能以事屬前代,即可妄謂銷滅,致細民吞聲受害等語[3]。憲諭煌煌[4],仰見大部公忠無私,洞悉民隱。本案呂莘耕欠陳景山錢八十千文,雖在前明萬曆二十二年[5],而契紙尚在,又經呂莘耕之孫呂思義承認屬實,則欠債一事,當非虛僞。既非虛僞,遵照順治十一年刑部復浙閩總督移文,呂思義即應如數償出,不得有所藉口而妄思狡賴。此欠債不還一事,呂思義實不能逃厥咎也[6]。再從呂思義投牒攻訐陳敏生勾結江湖亡命圖謀不軌言之[7],陳敏生之父陳應龍在前明時曾任桂林都尉,是明代之臣子,非國朝之庶民,其抗拒王師,矢志不屈,是正臣子所應爲。吾大清定鼎後[8],於順治九年曾下諭獎恤明代殉難諸臣子,賜謚立傳,以昭激勸。該民何得借此告訐,欲以朝廷所褒揚激賞者,轉爲誣陷扳害之資[9]?不唯不忠不孝,抑亦無父無君。至陳敏生前在順治二、三、四等年,確曾隨父從戎,服兵明代。然是時吾大清雖定鼎燕京,而桂林仍在明手,仍爲大明之臣子,不得以叛逆論。桂林攻克,天下一統。陳敏生亦即歸順國朝,還至家鄉,耕田自活。七年以來,並未稍有不法情事,致勞官廳督責。此次因向呂思義索償不遂,稍加斥辱,即被藉端誣陷,謂爲叛逆。本縣三搜其宅,五詢其鄰,均無實迹可得。而原告人呂思義亦改變其辭,遊移莫定。謂爲勾結亡命,所謂亡命者何人?謂爲圖謀不軌,所謂不軌者又何據?本縣五次查訊陳敏生鄰人,均云七年以來,從未見有外來客民來村與陳敏生來往。陳敏生亦從不出外。搜查陳敏生家中,亦未發現有何種可疑之處。是呂思義之控陳敏生勾結亡命,圖謀不軌,均屬誣妄虛僞。不過以狡賴債款未遂,致被斥責,故老羞成怒,出此毒手。其心思之陰險,手腕之刻毒,實所罕有。本縣審問至此,目眥欲裂。

須知,吾國家開基之正,得民之盛,夐絕千古⁽¹⁰⁾,莫與倫比。吾皇上又以忠孝治國,仁厚撫民。凡前明臣子,甘心殉難守節者,無不予以褒榮。即今日隱逸山林,甘食夷齊之薇蕨而不願出佐盛世者⁽¹¹⁾,亦不加以督責,一任其心之所安。順治十二年三月又特頒上諭,禁止人民借明代之事,爲嫌挾攻訐。並重申其說:凡曾爲明朝臣子者,自應有追念故國故君之思。人情之常,不足駭異。其願歸順朝廷,祼將膚敏者⁽¹²⁾,固爲吾大清之赤子;即恥食周粟,隱逸山林者,亦不失爲勝國之頑民。苟無狂悖情事,足以擾亂王章者,概不得妄事吹求。綸音天語⁽¹³⁾,仁聖莫加。凡爲大清臣民,或曾服官前代今亦爲大清赤子者,應如何感激涕零! 乃呂思義妄言攻訐,藉端誣陷,其居心之不可問,實爲人類中所罕有。

按律:誣告人叛逆者,即以叛逆罪治之。姑念呂思義於大清入關時,首先歸順,轉戰兩粵,持弓十年,應特予寬恩,免其一死。杖二百,流三千里,妻孥發配,家資入官。所欠陳敏生錢八十千,由公家在呂思義資產中分出,撥歸完案。除詳報撫臬憲外⁽¹⁴⁾,此判。

【注釋】

(1) 鞫:審訊,查問。

(2) 按察使:明清時爲一省的司法長官。 詳:古文書名,上行公文。 總督:清代地方最高長官,綜管一至三省的軍事和政治。 移文:以公文發往平級機關。

(3) 細民:小民,平民。

(4) 憲:封建社會屬吏稱其上級官員爲憲,如大憲、憲台等。這裏當指刑部。

(5) 明萬曆二十二年:即1594年。

(6) 厥:其。

(7) 牒:訟辭。 攻訐:攻擊揭發。

(8) 定鼎:傳說夏禹鑄九鼎以象徵九州,九鼎一直作爲傳國重器置於國都。後稱建立王朝或定都爲定鼎。

(9) 扳:通"攀"。

(10) 夐(xiòng):遠。

(11) 夷齊:伯夷、叔齊。 薇蕨:野菜名。

(12) 祼(guàn)將膚敏:語出《詩·大雅·文王》:"殷士膚敏,祼將於京。"意謂品德優美、言行敏捷的殷士,在周朝舉行的酹灌地以降神的祭祀時,還幫助周朝。後以此爲喻,指前朝臣民歸順後朝且爲後朝竭力辦事的行爲。祼,古代祭禮,在神主前鋪白茅,把酒澆茅上,像神在飲酒。將,行。膚敏,品德優美,言行敏捷。

(13) 綸音:皇帝詔諭。《禮·緇衣》:"王言如絲,其出如綸。"綸,比絲粗的青絲帶。

(14) 撫臬:巡撫、臬司。清代巡撫爲一省的行政長官,總管一省軍事、吏治、刑獄、民政等。臬司主管一省刑名之事。

清刑部審結楊乃武案奏摺

【題解】

　　本篇選自清刑部奏摺。原件藏中國第一歷史檔案館(北京故宮)。本案是清末著名的冤案，從同治十二年(1873)十月餘杭縣受理開始到光緒三年(1877)二月刑部審結爲止，費時長達三年有餘。這篇刑部奏摺詳敘了本案事實及冤案產生緣由，提出了請旨定奪的處理意見，客觀上反映了清官署審理草率、刑訊逼供、主觀武斷的辦案作風，也反映了封建司法制度的黑暗腐朽。

　　爲閱讀方便，文末附"刑部奏摺人物介紹"。

```
刑部摺
        浙江民人葛品連身死案審明定擬由
   奏　　隨
   旨交
                            二月十六日
```

　　頭品頂戴刑部尚書臣皂保等謹奏[1]：爲訊明相驗不實，枉坐人罪之承審各員，並妄行控驗之屍親人等，按律分別定擬具奏事。

　　竊臣部欽奉諭旨[2]，交審浙江餘杭縣民婦葛畢氏毒斃本夫一案，經該撫將人犯卷宗陸續解部[3]，楊乃武之妻詹氏亦自行投到，旋經臣等訊出縣官相驗草率，奏提葛品連屍棺及原驗之知縣劉錫彤等到京，驗明葛品連屍骨委係無毒，因病身死，當經據實覆奏。

　　光緒二年十二月十六日[4]，奉上諭："刑部奏承審要案覆驗明確一摺，浙江餘杭縣民人葛品連身死一案，該縣原驗葛品連屍身係屬服毒殞命，現經該部覆驗，委係無毒因病身死，所有相驗不實之餘杭縣知縣劉錫彤，著即革職[5]，即著刑部提集案證，訊明有無故勘情弊，及葛品連何病致死，葛畢氏等因何誣認各節，按律定擬具奏。欽此。"

　　臣部正在審辦間，是月二十七日，復奉上諭："御史王昕奏大吏承審要案，任意瞻徇[6]，請予嚴懲一摺。據稱浙江餘杭縣民人葛品連身死一案，原審之巡撫楊昌濬、覆審之學政胡瑞瀾瞻徇枉法，捏造供詞，請旨嚴懲等語。人命重案，承審

297

疆吏及派審大員,宜如何認真研鞫,以成信讞[7]。各省似此案件甚多,全在聽斷之員悉心研究,始得實情。豈可意存遷就,草菅人命?此案業經刑部覆驗,原訊供詞半屬無憑。究竟因何審辦不實之處,著刑部徹底根究,以期水落石出,毋稍含混。楊昌濬、胡瑞瀾等應得處分,著俟刑部定案時,再降諭旨。欽此。"

遵即督飭遴派司員提集全案犯證[8],悉心研讞。緣葛品連籍隸浙江餘杭縣,于同治十一年三月[9],娶喻敬添繼妻王氏前夫之女畢氏爲妻,四月搬入(已革)癸酉科舉人楊乃武家同住。葛品連在豆腐店幫夥,時宿店中。其母沈喻氏即葛喻氏,先因夫故改適沈體芢[10],並不同居。七八月間,葛品連因屢見葛畢氏與楊乃武同坐共食,疑有奸私,潛在門外簷下竊聽數夜,僅聞楊乃武教葛畢氏經卷,未經撞獲姦情,曾向沈喻氏、喻敬添告述。沈喻氏至葛品連家,亦見葛畢氏與楊乃武同食,懷疑莫釋,每向外人談論,遂致閭巷徧傳。適楊乃武欲增房租,沈喻氏等均勸令葛品連遷居避嫌。十二年閏六月,移往喻敬添表弟王心培間壁居住。王心培留心察看,楊乃武並無來往。八月二十四日,葛品連因醃菜遲誤,將葛畢氏責打。葛畢氏情急,自將頭髮剪落,欲爲尼僧。喻王氏及沈喻氏聞鬧踵至,與王心培等詢悉情由。喻王氏氣忿,稱係小事,何至如此?沈喻氏當向伊子斥罵。葛品連被罵,始有爲楊乃武前事藉此出氣之語。十月初七日,葛品連身發寒熱,膝上紅腫。葛畢氏因伊夫素有流火瘋疾[11],勸其央人替工,不聽。初九日早晨,葛品連由店回家,沈體芢在大橋茶店見其行走遲慢,有發冷情形。地保王林在點心店前見其買食粉團,即時嘔吐,面色發青。喻敬添聞素識朱大告說[12],在學宮字紙爐前,見其又復嘔吐。到家時,王心培之妻在門首跕立[13],見其兩手抱肩,畏寒發抖,問係有疾。葛品連走進家門,上樓即睡,時欲嘔吐,令葛畢氏蓋被兩床,向稱連日身軟發冷,兩腿無力,恐係疾發氣弱之故。囑葛畢氏攜錢一千文,托喻敬添代買東洋參、桂圓煎湯服食。喻王氏往視,葛品連臥床寒抖,又復作嘔,詢悉病狀,旋即還家。葛畢氏因葛品連喉中痰響,忙向查問,口吐白沫,不能言語。葛畢氏情急喊嚷,王心培等趨至,葛畢氏告知情由,央其將沈喻氏、喻王氏等喚來。見葛品連咽喉起痰,不能開口。延醫診視,料是痧症[14]。用萬年青、蘿蔔子灌救,不效,申時身死[15]。沈喻氏爲之易衣,查看屍身,毫無他故,亦謂痧脹致死,初無疑意。此葛品連疑奸遷居後,染患痧症病死之原委也。

葛品連年少體肥,死雖孟冬,南方氣暖,至初十日夜間,屍身漸次發變,口鼻內有淡血水流出。葛品連義母馮許氏揚言速死可疑,沈喻氏心惑,又見面色發青,恐係中毒,盤詰葛畢氏,堅稱無故。沈喻氏諗知葛畢氏素性輕狂[16],慮有別情,遂以伊子身死不明,懇求相驗,鳴保王林赴縣喊告。囑代書繕就呈詞[17],于十一日黎明投遞。

該縣劉錫彤接閱後,正擬訪查情由,適生員陳湖即陳竹山來署醫病[18]。提及葛畢氏曾與楊乃武同居,因不避嫌疑,外人頗多談論,搬家後夫妻吵鬧剪髮,今葛品連暴亡，皆說被葛畢氏謀毒。劉錫彤覆加察聽，所聞無異。午刻，帶領門丁、仵作親詣屍場相驗[19]。彼時屍身胖脹，已有發變情形，上身作淡青黑色，肚腹腋胈起有浮皮蛉皰數個[20]，按之即破，肉色紅紫。仵作沈詳辨驗不真，因口鼻內有血水流入眼耳，認作七竅流血；十指十趾甲灰黯色，認作青黑色；用銀針探入咽喉，作淡青黑色，致將發變顏色誤作服毒；因屍身軟而不僵，稱似煙毒[21]。門丁沈彩泉惑於陳竹山之說，謂煙毒多係自行吞服，顯有不符，因肚腹青黑起皰，稱係砒毒。互相爭論，未將銀針用皂角水擦試[22]。沈詳不能執定何毒，含糊報稱"服毒身死"。劉錫彤當場訊問屍親鄰佑人等，均不知毒從何來。當將葛畢氏帶回縣署審問，供不知情，加以刑訊，葛畢氏受刑不過，因伊夫屍身驗係服毒，難以置辯，遂誣認從前與楊乃武同住通姦。移居後，楊乃武於初五日授與砒毒，謀斃本夫。隨傳到楊乃武質對，不認。十二日詳請將其舉人斥革[23]。

十六日，楊乃武堂弟增生楊恭治並妻弟詹善政等[24]，各以"楊乃武初五日正在南鄉詹家，何由交給砒毒？葛畢氏所供顯係虛捏"赴縣稟訴。批准提犯察奪。葛畢氏畏刑，照前供說，楊乃武仍不承認。劉錫彤詳報驗訊各情，捏稱銀針已用皂角水擦洗，青黑不去。稟准，將人犯于二十日解省。

經杭州府陳魯督審，率用刑訊，楊乃武畏刑誣服。因追究砒毒來歷，憶及伊由餘杭進省，路經倉前地方，有錢姓愛仁堂藥鋪，隨口供認"初三日假稱毒鼠，買得錢寶生鋪內紅砒四十文[25]，交給葛畢氏"等語。二十七日，陳魯飭令劉錫彤回縣傳訊錢寶生賣砒情由。

劉錫彤恐其畏累不認，當懇府署幕友倉前人訓導章睿即章掄香[26]，致函錢寶生，囑其到案供明，不必害怕。及錢寶生到縣，供無其事，且稱名喚錢坦，並無寶生名字。劉錫彤給閱章掄香書信，又向開導，誓不拖累，令其退下思想。適錢寶生之弟錢墢聞伊兄犯案，素諗陳竹山與劉錫彤熟識，央其代達誣扳冤情。陳竹山遂偕錢墢進縣，甫至門房，探知劉錫彤已在花廳訊供，不便謁見，向沈彩泉索閱楊乃武供單。正值錢寶生退出花廳門外，陳竹山趨問，錢寶生訴說縣官強令承認賣砒。陳竹山詳述楊乃武供詞，並稱買砒毒鼠，不知害人，不過枷杖罪名，勸其盡可應承。錢寶生依從，隨照楊乃武所供，出具賣砒甘結[27]。劉錫彤恐解省拖累，寫給無干諭帖[28]，未令錢寶生與楊乃武質對，僅將甘結送府。陳魯即據縣訊甘結定案。

其時葛畢氏隨口混供：有八月二十四日楊乃武在房內頑笑，被伊夫撞見責打，及伊夫死後，經沈喻氏盤問，說出商同楊乃武謀毒各情。沈喻氏因葛畢氏供認謀毒伊子，雖知情節不符，急欲爲子復讎，即照依混供，致與控縣原呈歧異。王心培不知底細，亦隨同沈喻氏供說。陳魯等率憑現供敘入詳稿，未經照顧該縣初詳。劉錫彤又因詳稿內錄取犯供皆稱口鼻流血，與屍格不符[29]，慮被駁斥，遂盡行塗改"七竅流血"字樣，將葛畢氏、楊乃武擬以凌遲、斬決，錢寶生擬以杖責，於十一月初六日詳經(已故)按察使蒯賀蓀審解巡撫楊昌濬親鞫。葛畢氏、楊乃武因供認在先,勢難翻異,均各畫供。

楊昌濬復派候補知縣鄭錫滜赴縣密查。錢寶生先已聞知,商從陳竹山仍照原結承認。鄭錫滜並不訪察確實,竟以"無冤無濫"會同劉錫彤稟覆。楊昌濬遂依陳魯等原擬罪名勘題[30]。此沈喻氏懷疑控驗,沈詳誤報服毒,陳魯、劉錫彤等刑求勒供、草率定案,以及陳湖、章睿勸囑錢寶生出結,委員訪查不確之緣由也[31]。

臣部正在覈題間,十三年四月楊乃武自作親供,以葛畢氏串誣、問官刑逼,並捏稱有何春芳在葛家頑笑,餘杭縣長子劉子翰令阮德索詐等情,囑胞姐葉楊氏具呈,遣抱王廷南赴都察院衙門呈控[32]。咨解回浙[33],楊昌濬委原問官覆審,添傳王林、沈體芢等到案。皆因囚已伏罪,亦隨同沈喻氏混供,盤出謀毒、報驗等情。陳魯仍照原詳擬結,尚未咨部,楊乃武之妻楊詹氏又以前情於六七月間赴巡撫臬司衙門具控[34]。歸案訊辦,楊乃武未能申訴。九月,楊詹氏復遣抱姚士法赴步軍統領衙門續控[35]。奏奉諭旨:交楊昌濬督同臬司親提嚴訊[36],劄委湖州府知府錫光等詳鞫[37]。楊乃武、葛畢氏均稱冤抑,翻異前供,未能訊結。

光緒元年四月[38],給事中王書瑞以覆訊重案意存瞻徇參奏。特旨派學政胡瑞瀾審辦。調委寧波府知府邊葆誠、嘉興縣知縣羅子森、候補知縣顧德恒、龔世潼隨同研鞫。楊乃武剖訴冤情,堅稱八月二十四日委係何春芳與葛畢氏頑笑,被葛品連撞見責打等語。胡瑞瀾因訊係虛誣,徒以餘杭縣原驗葛品連毒死為憑,未究件作,未加覆驗,晝夜熬審。楊乃武、葛畢氏仍復誣認,雖屢經質對,率多遷就成供。迨訊有八月二十四日楊乃武未到葛家,及初三買砒改移初二,並沈喻氏盤問葛畢氏僅稱楊乃武交給流火藥等情,與原題迥不相符。並查出縣詳所敘沈喻氏報驗呈詞,一稱葛畢氏言語支吾,一稱向葛畢氏盤出聽從楊乃武謀毒情由,先後互相歧異,仍未徹底根究,竟依原擬罪名奏結。奉旨:交議。

復因給事中邊寶泉奏稱案情未協。又奉諭,令臣部詳細研求。嗣經查覈,現訊情節與原題多有不合,逐層指駁,奏請飭令胡瑞瀾再行確審。十二月,浙江紳士汪樹屏等,以"覆審疑獄跡涉迴護[39]",遣抱聯名赴都察院呈控。奉旨:提交臣部秉公審訊。旋據胡瑞瀾將駁查各節分晰奏覆,聲明"楊乃武又復翻供,錢寶生已經病故,遽難定讞"。此楊乃武家屬兩次京控未能辯理,胡瑞瀾草率覆奏,致多疑竇之情形也。

臣等自提到犯證卷宗,先將全招詳加綜覈,因思:謀毒本夫,事雖秘密,總由戀姦情熱而起,何以學政訊取王心培供詞,堅稱未見楊乃武到過葛家?且沈喻氏控縣原呈亦未提及楊乃武一字。錢寶生賣砒既係楊乃武在杭州府供出,自當提到錢寶生與楊乃武質審,何以僅在餘杭縣傳訊取結,即行開釋?葛品連果係毒發身死,沈喻氏當時即應看出情形,何以事隔兩日始行喊控?案情種種可疑,虛實亟應根究。

隨提集犯證逐款詳鞫,訊出銀針顏色未經擦洗,仵作、門丁互執屍毒,則縣官之相驗未真;錢寶生出結,係幕友函囑,生員勸誘,則砒毒之來歷未確;當經奏提葛品連屍棺到京,覆加檢驗,骨殖黃白[40],係屬病死,並無青黑顏色,委非中毒;取具原驗知縣、仵作甘結,聲稱從前相驗時,屍已發變,致辨認未確,誤將青黑起皰、口鼻流血認作服毒。訊據屍親鄰佑人等,僉稱"屍身發變,由於天氣晴暖",檢查學政七月間訊取沈體芢供詞,亦有天熱之語,是原驗官、仵作稱因發變錯誤等情尚可憑信。復經提犯環質[41],得悉全案顛末,歷歷如繪。

臣等誠恐原審各員有懷挾私讎、勒索教供情事,訊據楊乃武堅稱:伊與知縣及吏役人等素無干涉事件,毫無嫌怨;研詰劉錫彤、阮德,均供與楊乃武無讎,實係葛畢氏自行誣扳;且楊乃武十一日夜間甫經到案,次日即行詳革,如果意在索詐,自必緩辦詳文;既欲挾案詐贓,斷不肯未及十日,即行解府審辦,委無勒詐重情。質之楊乃武,亦稱前供阮德串誣索詐等情,係因圖脫己罪,捏詞妄訴,並無其事實,不能指出詐贓確據。傳訊楊詹氏,供無異詞。並據葛畢氏供,因縣官刑求與何人來往謀毒本夫,一時想不出人,遂將從前同住之楊乃武供出,委非挾嫌陷害,亦非官役教令誣扳。並據劉錫彤供稱,賣砒之錢寶生係憑楊乃武所供傳訊,如果是伊串囑,斷無名字不符之理;現經錢寶生之母錢姚氏供稱,伊子名喚錢坦,向無寶生名字;鋪夥楊小橋供亦相同,可為楊乃武畏刑妄供之證。至原題據陳魯、劉錫彤會詳,有沈喻氏向葛畢氏盤出聽從楊乃武謀毒情由報驗一節,檢查沈喻氏控縣初呈,並無是語。復恐問官有改造口供情弊,嚴鞫劉錫彤,供稱因沈喻氏在杭州府供有是語,率謂該氏原報不實,遂憑現供情節敘入詳稿,致與原呈不合,委無捏造供詞情事。提質沈喻氏,供認府讞時曾妄供有盤出謀毒報驗之語,與劉錫彤所供尚屬相符,反覆推究,矢口不移。是此案劉錫彤因誤認屍毒而刑逼葛畢氏,因葛畢氏妄供而拘拿楊乃武,因楊乃武妄供而傳訊錢寶生,因錢寶生被誘捏結而枉坐葛畢氏、楊乃武死罪,以致陳魯草率審詳,楊昌濬照依題結,胡瑞瀾遷就覆奏。歷次審辦不實,皆由輕信劉錫彤驗報服毒,釀成冤獄,情節顯然。先後承審各員尚非故勘故入[42],原驗官、仵作亦無有心捏報情事。

至楊乃武與葛畢氏同住通姦等情,檢閱浙江案卷,供吐明晰,似非無因。屢經詳審,楊乃武、葛畢氏堅不承認。質訊沈喻氏、喻敬添等,僉稱葛品連僅見楊乃武與葛畢氏不避嫌疑,教經同食,料有奸私,並未撞破等語。既無奸所捕獲確據,《律》有不准指奸明文,應毋庸追究,照律勿論。

葉楊氏呈內牽控沈體芢容留已故逃徒倪錦雲即倪八金在家,訊未滋事。何春芳並未與葛畢氏通姦。劉錫彤長子劉海昇,並無子翰其名,亦未干預公事。飭驗楊乃武、葛畢氏,刑傷均已平復,確無損傷筋骨情事。陳湖在監病斃,業經查監御史驗無凌虐情弊。沈喻氏到部後身上搜出住址名條二紙,訊係慮京中人地生疏，欲找令浙江糧道如山家丁劉殿臣並餘杭縣家丁姜位濤之舊主、臣部主事文超資助旅費，委無別情。案無遁飾，應即擬結。

查《例》載[43]：州縣承審逆倫罪關凌遲重案，如有失入[44]，業經定罪招解者，按《律》定擬。又《律》載：檢驗屍傷不實，罪有增減者，以"失入人罪"論。又斷罪失於入者，減三等，並以吏典爲首，首領官減吏典一等；囚未決，聽減一等。又《例》載：承審官草率定案，證據無憑，枉坐人罪者革職。又《律》載：誣告人死罪未決，杖一百，流三千里，加徒役三年。又《例》載：地方官長隨倚官滋事[45]，慫令妄爲，累及本官罪至流者，與同罪。又《律》載：制書有違者，杖一百。又不應爲而爲之者笞四十，事理重者杖八十各等語。此案仵作沈詳率將病死發變屍身誤報服毒，致入凌遲重罪，殊非尋常疏忽可比，合依檢驗不實，失入死罪未決，照《律》遞減四等，擬杖八十，徒二年。已革餘杭縣知縣劉錫彤，雖訊無挾讎索賄情事，惟始則任聽仵作草率相驗，繼復捏報擦洗銀針，塗改屍狀，及刑逼葛畢氏等誣服，並囑令章睿函致錢寶生誘勒具結，羅織成獄，僅依失入死罪未決本《律》擬徒，殊覺輕縱，應請從重發往黑龍江效力贖罪，年逾七十，不准收贖。杭州知府陳魯，於所屬州縣相驗錯誤毫無覺察，及解府督審，率憑刑訊混供，具詳定案，復不親提錢寶生究明砒毒來歷，實屬草菅人命；寧波府知府邊葆誠，嘉興縣知縣羅子森，候補知縣顧德恒、龔世潼，經學政委審此案，未能徹底根究，依附原題；候補知縣鄭錫滜，係巡撫派令密查案情，並不詳細訪察，率以"無冤無濫"會同原問官含糊稟覆。"厥咎維均[46]"，俱應依承審官草率定案，證據無憑，枉坐人罪例各擬以革職。

巡撫楊昌濬據詳具題，不能查出冤情，京控覆審不能據實平反，意涉瞻徇；學政胡瑞瀾，以特旨交審要案，所訊情節既有與原題不符之處，未能究詰致死根由，詳加覆驗，草率奏結，幾致二命慘罹重辟。惟均係大員，所有應得處分，恭候欽定。

按察使蒯賀蓀失入死罪，本干律議，業已病故；湖州府知府錫光等覆審此案，尚未擬結，均免置議。

劉錫彤門丁沈彩泉在屍場與仵作爭論，堅執砒毒，實屬任意妄爲，合依"長隨倚官滋事，慫令妄爲，累及本官罪至流者，與同罪"律，擬杖一百，流二千里。沈喻氏因伊子速死可疑，喊求相驗，並未指控何人謀毒，與誣告人謀死人命不同，其府讞時妄供，盤出謀毒各情，係由痛子情切所致，應於"誣告人死罪未決，滿流加徒"律上量減一等，擬杖一百，總徒四年。王心培、王林、沈體芢不知底細，輒隨同沈喻氏混供，亦屬非是，惟到案即將實情供明，尚非始終誣證。訓導章睿即章掄香，係杭州府幕友，輒爲劉錫彤向同村藥鋪錢寶生函囑，亦有不合[47]。葛畢氏捏供楊乃武商令謀毒本夫，訊因畏刑所致，惟與楊乃武同居時，不避嫌疑，致招物議[48]，衆供僉同，雖無奸私實據，究屬不守婦道，應與王心培等各依"不應"重

302

律擬杖八十[49]。章睿革去訓導。楊乃武訊無與葛畢氏通姦確據，但就同食教經而論，亦屬不知遠嫌，又復誣指何春芳在葛家頑笑，雖因圖脫己罪，並非有心陷害，究係獄囚誣指平人，有違定制，律應杖一百。業已革去舉人，免其再議。姜位滌、劉殿臣寫給沈喻氏字帖，訊爲資助旅費起見，殊屬多事，各依"不應"輕律，擬笞四十[50]。

此案情節較重，雖事犯在光緒元年正月二十日恩詔以前[51]，所有應得罪名，均請不准援免，以昭懲戒。

陳湖即陳竹山勸令錢寶生誣認賣砒，本干律擬，業經監斃，應與在籍病故之錢寶生，均無庸議。沈體芢容留親戚逃徒倪錦雲在家，本有不合，業已擬杖，免其重科，應與訊無爲本縣長子索詐之阮德，並未在葛家頑笑之何春芳，並未干預公事之劉海昇，並未與舊僕書信來往之主事文超，及並無不合之錢姚氏等亦毋庸議。

提到葛品連屍棺，現經覆驗明確，屍屬並無爭論，仍交浙江原解委員知縣袁來保等，連件作沈詳、門丁沈彩泉並全卷解交浙江巡撫分別定地發配，飭屬領埋。其律應收贖之沈喻氏、葛畢氏，並罪應笞杖之王心培、王林、沈體芢、姜位滌、劉殿臣等，均由臣部分別折責追取贖銀。將全案人證連陳湖屍棺，飭坊遞籍保釋、埋葬。未到免提，省累所有。

臣等審明定擬緣由，謹恭摺具奏請旨。

光緒三年貳月拾陸日　　頭品頂戴尚書臣皂　保
　　　　　　　　　　　尚　　　　書臣桑春榮
　　　　　　　　　　　左　　侍　　郎臣紹　祺
　　　　　　　　　　　左　　侍　　郎臣袁保恒
　　　　　　　　　　　　　　場差
　　　　　　　　　　　右　　侍　　郎臣宗室麟書
　　　　　　　　　　　右　　侍　　郎臣錢寶廉

【注釋】

（1）頂戴：清朝以官員帽子上頂珠的色質來區別官品。官吏等階分一至九品，各品又分正從。頭品頂戴相當於正一品官員。

（2）欽：敬。

（3）撫：此指浙江巡撫。　部：此指刑部。

（4）光緒二年：1876年。

（5）著(zhuó)：公文中常用的命令辭。

（6）大吏：與下文"疆吏"同，指封疆大吏。明清時稱總督、巡撫等爲封疆大吏。又因學政（"提督學政"的簡稱）與督、撫平行，故學政亦可稱"大吏"、"疆吏"。這裏指浙江巡撫楊昌濬、學政胡瑞瀾。　瞻徇：不負責任，曲從私情。瞻，本指向上看，形容兩眼向上，不負責任。

徇,順從,曲從。

(7) 鞫(jū):審訊,查問。 信讞:確鑿可信的結案報告。

(8) 飭:告誡。 遴:選。

(9) 同治十一年:1872年。

(10) 改適:改嫁。

(11) 流火:中醫指下肢丹毒,因其漫腫灼痛而名。

(12) 素識:向來熟悉的。

(13) 跕:同"站"。

(14) 痧症:中醫指霍亂、中暑等急性病。

(15) 申時:下午三至五時。

(16) 諗(shěn):知悉。

(17) 代書:官府衙門裏代人書寫訴訟狀紙的人。 呈詞:準備呈遞的訴狀。

(18) 生員:明清時經省裏考試而入府、州、縣學的,都稱生員,俗稱"秀才"。

(19) 午刻:晌午。 仵(wǔ)作:官署裏檢驗死傷的人。

(20) 肢:同"肢"。 軫:大。

(21) 煙毒:鴉片煙毒。

(22) 皂角:皂莢樹的果實,可用來去汙。

(23) 詳:一種文書,上行公文。

(24) 增生:生員的一種。明清時,一定數量的生員有月廩,每人米六斗,稱"廩膳生員"。後增加的名額稱增廣生員,簡稱"增生"。

(25) 紅砒:似爲砒霜的一個品種。 四十文:四十枚銅錢。

(26) 幕友:官署延聘協助官員工作的人員。 訓導:明清時在府、州、縣學設的學官。

(27) 甘結:寫給官府的保證書。

(28) 無干諭帖:與案獄沒有牽連的證明書。

(29) 屍格:驗屍單格。也稱驗狀、屍單。

(30) 勘題:勘驗並簽署審結文件。

(31) 委員:此指派去復查的官員、候補知縣鄭錫滐。

(32) 遣抱:委託抱着狀子去控告。 都察院:監察彈劾官吏、參加審理重大案件的官署。

(33) 咨:一種文書,平行公文。

(34) 臬司:即明清時的提刑按察司,掌一省刑獄。

(35) 步軍統領:又稱九門提督,掌京城警衛,亦理刑獄詞訟。

(36) 臬司:即隸於總督、巡撫的臬臺、按察使,此指浙江按察使蒯賀蓀。

(37) 劄(zhá):一種文書,下行公文。

(38) 光緒元年:1875年。

(39) 迴護:袒護。

(40) 骨殖:屍骨。

(41) 環質:人犯環跪對質。

(42) 故入:故意將罪狀強加於人,即將無罪判成有罪、輕罪判成重罪。

(43) 例:此指《大清律例·條例》。
(44) 失入:錯誤地將無罪判有罪或將輕罪重判。
(45) 長隨倚官滋事:長期侍從官吏的下屬借官吏的威勢胡作非爲。
(46) 厥咎維均:其罪狀相等。《尚書·泰誓上》原作"厥罪惟鈞"。鈞,通"均",相等,相同。
(47) 不合:不當。
(48) 物議:衆人議論。
(49) "不應"重律:即"不應爲而爲之者笞四十,事理重者杖八十"。
(50) "不應"輕律:即"不應爲而爲之者笞四十"。
(51) 恩詔:此指光緒皇帝即位後的大赦令。

附:刑部奏摺人物介紹

(奏摺中僅出現一次的人名均未列入,前一部分爲案件當事人和證人,後一部分爲審案人員)

葛畢氏:葛品連之妻畢秀姑,因日常喜穿綠色衣服,繫白色圍裙,長得清秀動人,街坊鄰居就叫她"小白菜"。
楊乃武:癸酉科(1873)舉人。
詹　氏(楊詹氏):楊乃武之妻。
葛品連:葛畢氏之夫,豆腐店夥計,與葛畢氏婚後曾租住楊乃武家。
喻敬添:葛畢氏繼父。
王　氏(喻王氏):葛畢氏之母。
沈喻氏(葛喻氏):葛品連之母,先夫亡故後改嫁沈體芢。
沈體芢:葛品連繼父。
王心培:喻敬添表弟,葛品連鄰居。
錢寶生(錢坦):倉前愛仁堂藥舖店主。
何春芳:楊乃武指其"在葛家頑笑",與葛畢氏通姦。
劉子翰(劉海昇):餘杭縣知縣劉錫彤長子。
阮　德:楊乃武指其聽劉子翰之命,到楊乃武處"索詐"。
葉楊氏:楊乃武之姐。
錢姚氏:錢寶生之母。
倪錦雲(倪八金):逃犯,沈體芢親戚,沈曾留其在家。
劉殿臣:浙江糧道如山家丁。
姜位瀠:餘杭知縣劉錫彤家丁。

(劉、姜爲沈喻氏寫條,請文超資助旅費)
文　超:刑部主事,劉殿臣、姜位灤以前的主子。

劉錫彤:餘杭縣知縣。
楊昌濬:浙江巡撫,楊乃武案原審。
胡瑞瀾:浙江學政,楊乃武案覆審。
王　林:地保。
陳　湖(陳竹山):生員,與餘杭縣知縣劉錫彤很熟,曾勸錢寶生作證,指認楊乃武在藥鋪買砒霜。
沈　詳:餘杭縣仵作。
沈彩泉:餘杭縣門丁。
陳　魯:杭州府知府,楊乃武案督審。
章　睿(章掄香):餘杭縣學訓導,倉前(愛仁堂藥鋪所在地)人。
蒯賀蓀:浙江按察使。
鄭錫滜:候補知縣,由巡撫派令密查案情。
錫　光:湖州府知府,楊乃武案覆審。
邊葆誠:寧波府知府,隨學政審辦此案。
羅子森:嘉興縣知縣,隨學政審辦此案。
顧德恒:候補知縣,隨學政審辦此案。
龔世潼:候補知縣,隨學政審辦此案。

附錄二 古代漢語通論

第一章 文　字

第一節　"六書"理論的形成

"文字"是什麼？東漢許慎在中國最早的、對後代影響極大的字典《說文解字》的《敘》中是這樣解說的："倉頡之初作書，蓋依類象形，故謂之文。其後形聲相益，即謂之字。字者，言孳乳而浸多也。"許慎把"文"說成"依類象形"，即只有一個單個形體的獨體字；把"字"說成"形聲相益"，即由兩個或兩個以上的形體組成的合體字。當然，許慎這裏提到的"倉頡造字"說只是不足信的傳說，因爲文字絕不可能是一個人獨創的。準確地說，文字是語言的書寫符號。文字是在社會文化發展到一定階段，需要有文字記事的時候，人們逐漸創造的與語言中某個詞的音、義相對應且形狀又基本固定的符號。

漢字是漢族祖先創造的記錄漢語、交流思想的工具。漢字開始產生的時間現在還難以斷定。今天我們能見到的最古的文字是商代刻在甲骨上和鑄在青銅器上的文字。這些文字已經是很成熟、很發達的文字了，距原始漢字的產生肯定有一段相當長的時間。據專家們推測，漢字產生在夏代甚至更早，即公元前3000年以前的新石器時代。

在漢字的創造、使用和教學過程中，人們對漢字的形體結構和使用方式不斷地進行分析、歸納、總結。先是對個別漢字作零星的分析，如"皿蟲爲蠱"（《左傳·昭公元年》）、"止戈爲武"（《左傳·宣公十二年》）、"自環者謂之私，背私謂之公"（《韓非子·五蠹》），之後便逐漸形成了"六書"說的系統理論。

"六書"一詞首見於《周禮》。《周禮·地官·保氏》曰："保氏掌諫王惡，而養國子以道，乃教之六藝：一曰五禮，二曰六樂，三曰五射，四曰五馭，五曰六書，六曰九數。"《周禮》提到了"六書"，但未列出"六書"的具體名目，也未對其內容作一解釋。

最早列出"六書"名目的是《漢書·藝文志》，鄭衆《周禮解詁》也列出了"六書"的名目,而許慎首次在《說文解字敘》中對"六書"下了定義並列舉了例字。其《敘》曰:"周禮八歲入小學,保氏教國子先以六書。一曰指事,指事者,視而可識,察而見意,上、下是也;二曰象形,象形者,畫成其物,隨體詰詘,日、月是也;三曰形聲,形聲者,以事爲名,取譬相成,江、河是也;四曰會意,會意者,比類合誼,以見指撝,武、信是也;五曰轉注,轉注者,建類一首,同意相受,考、老是也;六曰假借,假借者,本無其字,依聲託事,令、長是也。"

　　班固、鄭眾、許慎三家所列"六書"名目及排列次序並不相同:
　　班固:象形　象事　象意　象聲　轉注　假借　（見《漢書·藝文志》）
　　鄭眾:象形　會意　轉注　處事　假借　諧聲　（見鄭玄注《周禮·保氏》）
　　許慎:指事　象形　形聲　會意　轉注　假借　（見《說文解字敘》）

　　在班固所列的"六書"名目中,象形、象事、象意、象聲指的是文字的形體結構,轉注、假借指的是文字的使用方式,而轉注重在字義、假借重在字音,這在中國文字學史上是一個很大的貢獻。但問題是,"四象"之名在語言或書寫上容易混淆。所以,鄭眾把"四象"改爲象形、會意、處事、諧聲。而許慎更是大大前進了一步,他修正了"四象"之名,使其意義更明顯;他第一次具體闡述了六書理論,並在《說文解字》中運用這一理論分析字形結構。從此,六書成爲專門之學,對我國近兩千年來的語言文字學研究產生了深刻的影響。

　　清代以後,"六書"的名稱一般採用許慎的("形聲"也有稱作"諧聲"的),而排列次序則採用《漢書·藝文志》的。這樣,"六書"的名稱和排列次序便定爲:
　　象形　指事　會意　形聲　轉注　假借

第二節　"六書"例釋

一、象形

《說文敘》曰:"象形者,畫成其物,隨體詰詘,日、月是也。"(詰詘,屈曲)象形是一種描摹實物形狀的造字法。

　　木　上象枝,下象根,本義爲樹。
　　魚　《說文》:"水蟲也。象形。"
　　燕　燕子的象形,張嘴,布翼,尾分叉。《說文》:"玄鳥也。……象形。"
　　瓜　《說文》:"㼌也。象形。"㼌,即瓜類等蔓生植物的果實。
　　舟　《說文》:"船也。象形。"
　　齊　《說文》:"禾麥吐穗上平也。象形。"段玉裁注:"從二者,象地有高下也。禾麥隨地之高下爲高下,似不齊而實齊。"現字上部變成"亦",已失原意。

《說文》一般將象形字注明爲"象形",如:"戶……半門曰戶。象形。""斤,斫木斧也。象形。""車,輿輪之總名也。象形。"

二、指事

《說文敘》曰:"指事者,視而可識,察而見意,上、下是也。"指事這種造字法實際上可分成兩類:一是在象形字的基礎上增加符號以表其義,如下面所列舉的本、至、厷;二是純粹用符號來表義,如下面所列舉的回、丩。

本　在"木"的根部加一指示符號,其本義爲樹根。《說文》:"木下曰'本',從'木','一'在其下。"

至　《說文》:"鳥飛從高下至地也。從一,一猶地也。象形。"段玉裁注:"象形,謂㞢也。"不過,羅振玉《雪堂金石文字跋尾》則認爲,此字像矢遠來降至地之形,不像鳥形。

厷　肱的初文,指手臂從肘到腕的部分,後泛指手臂。"厶"可看做是指示符號。

回　以迴旋的線條示意。

丩　糾的初文,以兩條曲線相鉤連示意。

三、會意

《說文敘》曰:"會意者,比類合誼,以見指撝,武、信是也。"(比:並。誼:義。指撝:同"指麾"。)會意即一字之義由兩字或三字之義合起來構成。

及　一隻手抓住前面一個人。《說文》:"逮也。從又,從人。"

出　下部的"凵"像洞口,一雙腳從"凵"往外,顯"外出"之義。孫詒讓《名原》:"古出字取足形出入之義。"後來,"止"字變得像一蓬草,這才成了由"屮"和"凵"合成的"出"字。

各　下部的"口"原爲洞穴,而上部的"止"指向"口",表從洞外入內,即"到達"之義。後來多借"格"表示此義。《書·舜典》"光被四表,格於上下"中的"格",就是"來"、"至"的意思。

射　甲骨文、金文的"射"字像拉弓射箭,後來小篆把"弓"誤成"身",又省去手形變成"矢"或"寸"。

宿　此字從宀從人從丙(簟),表示人睡在屋裏的簟席上。

寇　容庚《金文編》:"從人從攴在宀下,會意。"表示有人持棍棒闖進屋內打擊人的頭,其本義是"侵犯"。

《說文》一般將會意字注明爲"從××"或"從×從×",如:"美,甘也。從羊大。""輂,輂車也。從車共。""暴(《說文》作'曓'),晞也。從日从出,从廾从米。""賏,見也。從貝,從氼。""俔,譬也。從人,從見。"有時在分析字形時還略作解釋,如:"閃,闚頭門中也。從人在門中。""北,乖也。從二人相背。"

四、形聲

《說文敘》曰:"形聲者,以事爲名,取譬相成,江、河是也。"(譬:譬況字音)形聲字是由形符(或稱意符、形旁)和聲符(或稱音符、聲旁)兩部分構成的。段玉裁《說文解字注》云:"其別於指事、象形者:指事、象形獨體,形聲合體。其別於會意者:會意合體主義,形聲合體主聲。"

漢字中形聲字最多,《說文》中形聲字佔了百分之八十以上,而現代漢字中形聲字則佔到百分之九十以上。這充分說明,形聲字的結構形式是最具優勢的。形聲字所佔的比重不斷上升,其產生途徑大致有以下幾種:

其一,在表意字上加注聲符而成。如"雞",原是象形字,後加注聲符"奚"成了形聲字。

其二,在表意字上加注形符而成。如"臭",原是會意字,《說文》:"禽走臭而知其跡者,犬也。從犬自。"段玉裁注:"走臭猶言逐氣。"後加注形符"口"成了形聲字。

中國歷史上幾次整理古籍,"飛禽即須安鳥,水族便應着魚,蟲屬要作蟲旁,草類皆從兩屮"(《經典釋文·條例》),這又產生了不少形聲字。

其三,也有形聲字再加聲符或形符成了新的形聲字。如"圍",原是形聲字(《說文》:"從囗,韋聲"),後加形符"水"成了新的形聲字"潿"(積聚的污水。《說文》:"從水,圍聲")。

其四,把表意字一部分改換成聲符。如"何",原是會意字,"負荷"之義,後將負荷之物移到邊上改成形近的"可",於是成了形聲字。《說文》:"何,擔也。從人,可聲。"

隨着社會的發展,新產生的字往往都採用形聲這一造字方法。如"气"是象形字,《說文·气部》除"气"外,僅有一個字,即形聲字"氛"。而現在《辭海·气部》中的"氘、氙、氚、氦、氟、氫、氬、氤、氮、氧、氨、氪、氰、氮、氯",全是形聲字。現在的簡化字,採用會意簡化的極少,如塵—尘,從—从,衆—众之類;絕大多數簡化字是用一個筆畫少的聲符取代原來筆畫多的聲符,即造一個新的形聲字,如遷—迁,墳—坟,憶—忆,極—极,劇—剧,艦—舰,認—认,嚇—吓,構—构,遼—辽,等等;有的簡化字不僅改了聲符,甚至把形符也改掉了,如籲—吁,護—护;還有的則是把原來的非形聲字簡化爲形聲字,如郵—邮(《說文》:"郵,從邑垂。")、畢—毕(《說文》:"畢,從田從華。")、華—华(《說文》:"華,從艸䔢。")(嚴格說來,"從"、"衆"、"籲"、"郵"四字的簡化方式只是採用另一個古字而已,因爲《說文》中已有"从"、"众"、"吁"、"邮"四個字)。

形聲字中形符和聲符沒有固定位置,它們各自所處的位置有六種可能的形式：
  左形右聲：詁 誹 搞 祺 銹 吟 治
  左聲右形：胡 荆 敲 斯 錦 欽 斫
  上形下聲：罟 罪 蒿 箕 容 髡 笞
  上聲下形：辜 悲 膏 基 券 含 梟
  外形內聲：固 匪 　　 病 衙 閣
  外聲內形：　　　　　　　床 篡 聞
  這幾種形式中以"左形右聲"爲最常見。
  形聲字形符和聲符位置的不固定，使人不易辨認聲符。而字體的楷化演變，使一些形聲字的聲符辨認不出了。如：
  更　《說文》："改也。從攴，丙聲。"後隸變作"更"。
  布　《說文》："枲織也。從巾，父聲。"
  寺　《說文》："廷也。……從寸，屮聲。"後來聲符"屮"訛作"土"。
  在　《說文》："存也。從土，才聲。"
  既然聲符是用來表音的，那麼聲符與字的讀音在最初造字時應該是相同或相近的。但時間長了，字音和聲符的讀音往往產生差異，於是形聲字聲符的表音作用就不顯著了。如："赴"的聲符"卜"、"廢"的聲符"發"、"移"的聲符"多"、"蔡"的聲符"祭"、"貪"的聲符"今"等等。
  另外，有的聲符兼有表意功能，它也可表明該字的意義範疇（參見第二章第五節）。利用這一點，對於理解形聲字的字義具有輔助作用。
  形符是用來表意的，但它在表意方面只是一種粗疏的區別。例如，犬是一種動物，狐、狼、猴從犬，獅、獐等大獸從犬，傳說中的狽、猩犴、獬也從犬；犬獸的習性猛、狠、狂從犬，一般指人的狎、獨、默也從犬；捕獲動物的狩、獵、獲從犬，宗廟祭祀時進獻的獻也從犬。
  同一聲符的字讀音常常不一致，同一形符的字意義往往有距離。
  《說文》一般將形聲字注明爲"從×，×聲"。很明顯，"從×"指明該字的形符，"×聲"則指明其聲符。如："惶，恐也。從心，皇聲。""滋，益也。從水，兹聲。""牘，書版也。從片，賣聲。"

五、轉注

  《說文敘》曰："轉注者，建類一首，同意相受，考、老是也。"
  歷來對"轉注"的解釋，各家意見分歧最大，大致可分爲形轉、音轉、義轉和形義雙轉四說。
  形轉說認爲，"一首"指字形上屬同一部首，如"考"、"老"在《說文》中同屬老部。

音轉說認爲，"一首"指詞源上同韻或同聲，如"考"、"老"屬同一韻，"顛"、"頂"屬同一聲。

義轉說認爲，"一首"指同一主要意義可以互訓，如《說文》："考，老也。""老，考也。"

形義雙轉說認爲，"建類一首"指部首，"同意相受"指互訓，所以必須同部互訓才是轉注。

《說文》在說解"考"、"老"字形時曰："考，從老省，丂聲。""老，從人毛匕。"很明顯，《說文》把"考"看做形聲字，把"老"看做會意字。清儒戴震認爲，《說文》分析字形說這兩字是形聲字和會意字，而《說文敘》又將這兩字作爲"轉注"的例字，這並不矛盾。因爲，"六書"中的前四書和後面的轉注、假借不是一回事。象形、指事、會意、形聲是分析字形結構歸納出來的，這是造字的方法，即所謂"字之體"；而轉注、假借只是說明甲字與乙字的關係，這是用字的方法，即所謂"字之用"。戴震這種看法對後人影響很大。

六、假借

《說文敘》曰："假借者，本無其字，依聲托事，令、長是也。"

與《說文敘》"轉注"的例字"考"、"老"一樣，"令"、"長"在《說文》中被分別說成是會意字和形聲字（"令，從亼卪。""長，從兀從匕，亾聲。"）。"令"、"長"在《說文敘》中作爲"假借"的例字，照戴震的看法，說明"假借"只是用字的方法。假借是用一個同音的字來表示原本沒有文字的事物或概念。很多學者認爲，"令"、"長"兩字並不符合許慎對"假借"所下的定義。

其　本是簸箕的象形，後借用作同音的代詞，回指上文提過的事或人，於是再加形符"竹"，造一個形聲字"箕"以表示"簸箕"義。

易　原是蜥蜴的象形，《說文》："蜥易，蝘蜓，守宮也。象形。"後來蜥蜴象形的頭變"日"，身變"勿"，成了"易"字。這個字被借用來表"難易"的易，於是再加形符"虫"，造一個形聲字"蜴"來作"蜥蜴"的"蜴"。

能　本是熊的象形，有頭、臉、口、兩足和短尾。《國語·晉語八》："今夢黃能入於寢門。"韋昭注："能，似熊。"《說文》："能，熊屬。"段玉裁注："《左傳》、《國語》'能'作'熊'者，皆淺人所改也。"後因音同假借爲"賢能"、"才能"和"能夠"的"能"，於是再加聲符"炎省聲"，造一個形聲字"熊"（一說熊性耐寒，故在"能"字下加"火"表耐寒的熊）。

我　從字形看，"我"本應該是一種似斧的兵器。李孝定《甲骨文字集釋》："契文'我'象兵器之形。"後因音同借用作人稱代詞"我"。而那種似斧的兵器早已失傳，所以沒有必要再去造字了。

難　《說文》："鸛，鸛鳥也。從鳥，堇聲。鸛或從隹。"段玉裁注："今爲難易字，而本義隱矣。"

萬　《說文》："萬，蟲也。"段玉裁注："假借爲十千數名。而十千無正字，遂久假不歸，學者昧其本義矣。"

從"依聲托事"的角度看，不僅"本無其字"的詞可以假借，"本有其字"的詞也可以假借。本來有這個字卻不用(我們稱這個字爲"本字")，書寫時借用另一個音同或音近的字(我們稱這個字爲"借字"或"通假字")來代替它，後來相沿成習，一些借字和本字之間的假借關係便基本固定下來。爲與"本無其字"的假借相區別，一般把"本有其字"的假借稱作"通假"。又因爲借字與本字之間的"音同或音近"只是指古音而言，所以叫"古音通假"(參見第四章第一節)。這種古音通假現象在古漢語中相當普遍。正如清儒王引之所說："字之聲同聲近者，經傳往往假借。學者以聲求義，破其假借之字而讀以本字，則渙然冰釋。如其假借之字而強爲之解，則詰詘爲病矣。"(《經義述聞·序》)

借字與本字的關係，大致有以下幾種類型：

(1) "聲旁字"和"形聲字"相替代

畜——蓄："國無九年之畜曰不足，無六年之畜曰急。"(《穀梁傳·莊公二十八年》)

奉——俸："位尊而無功，奉厚而無勞。"(《戰國策·趙策四》)

卒——猝："群臣驚愕，卒起不意，盡失其度。"(《戰國策·燕策三》)

奄——淹："敵迫而不動，名之曰奄遲。"(《淮南子·兵略訓》)

(2) 同聲旁的"形聲字"相替代

政——征："諸侯力政，不朝于天子。"(《大戴禮記·用兵》)

畔——叛："公山弗擾以費畔。"(《論語·陽貨》)

被——披："微管仲，吾其被髮左衽矣。"(《論語·憲問》)

簡——僩："簡兮簡兮，方將萬舞。"(《詩·邶風·簡兮》)

(3) 其他音同或音近的字相替代

熙——嬉："含哺而熙，鼓腹而遊。"(《莊子·馬蹄》)

倍——背："倍道而妄行，則天不能使之吉。"(《荀子·天論》)

萌——氓："國中之人，四鄙之萌人聞之，皆競爲義。"(《墨子·尚賢上》)

簡——諫："《詩》曰：'猶之未遠，是用大簡。'"(《左傳·成公八年》)(按：今本《詩·大雅·板》作"諫"。)

概而言之，借字與本字只是在語音上有聯繫，即它們的古音相同或相近，而上述(1)、(2)兩種類型只是幫助我們從字形着手來識別通假字而已。

值得注意的是，我們在講古音通假時，不能把通假字與古今字、異體字混爲一談。古今字如莫—暮、然—燃、采—採、止—趾、暴—曝、益—溢之類，異體字如

313

迹—跡、唇—脣、褲—袴、鎚—錘、泪—淚、群—羣、概—槩之類。

第三節 "六書"理論的一些問題

　　許慎對文字學研究的貢獻是毋庸置疑的,"前修未密,後出轉精"也是學術研究的必然規律。漢代的六書理論,是以小篆爲標準字體進行分析後歸納總結出來的。現在我們能見到的最古的文字——商代甲骨文,許慎並沒有看到。許慎所依據的文字資料僅僅是秦漢時期的篆書。雖然採用了一些先秦時期的秦國籀文和儒家壁中經上的古文,但畢竟時代不算很早,而且字形時有訛變。再加上許慎本人受當時陰陽五行、儒家尊君思想影響匪淺,這樣,六書理論本身的不夠精密,許慎對字形的分析、對字義的說解或有失誤,或有附會,也就不足爲怪了。

　　就許慎對"六書"各名目所下的定義而言,各定義僅有短短八個字,又用韻語說解(如"象形"的定義"畫成其物,隨體詰詘",物、詘押韻;"指事"的定義"視而可識,察而見意",識、意押韻。其餘名目定義皆類此),有的定義語焉不詳,以致後人爭論不休(如"轉注");有的定義與例字不一致(如"假借");有的定義範圍似有交叉,說"指事"字"視而可識,察而見意","視而可識"與象形相近,"察而見意"與會意類似(區別之處在於象形的形體是實,指事的事理爲虛;會意字分拆開是兩個或更多的字,指事字分拆開有的便不成字);還有的定義客觀依據不足,如會意字是表意字,雖然造字者可以有造字的意圖,但學字者揣摩出的字義未必與造字者的意圖合拍,如甲骨文的"武"字確有"止"、"戈"兩字,但怎麼能猜出"止戈爲武"的意思?正如當代古文字家唐蘭指出的,"六書"說的不足在於:"第一,它從來就沒有過明確的界說,各人可有各人的說法。其次,每個文字如用六書來分類,常常不能斷定它應屬哪一類。"(《中國文字學》)

　　丩　本章第二節將該字列爲"指事"的例字,《說文》卻把它說成是象形字。

　　元　該字特別強調人的頭,當是象形字。《左傳·僖公三十三年》"狄人歸其元"用的就是該字的本義。古代把君主稱爲"元首",把科舉考試第一名稱爲"狀元",都是"頭"的引申義。《說文》卻把該字說成是"從一,兀聲"的形聲字。

　　宿　本章第二節將該字列爲"會意"的例字,《說文》卻說它是"從宀,佰聲"的形聲字。

　　叔　該字的左邊是豆子的象形,指豆梗、豆莢或掉落的豆粒;右邊是手的象形,本是"拾豆"之義。按此,"叔"應是會意字。但《說文》卻說它是"從又,尗聲"的形聲字。

得　原字從又、貝會意,後"貝"訛作"見",成了《說文》上的"𢽤"字。再後来加上"彳"("行"的一半,"行"在甲骨文中像四達之衢)成"得"。《說文》:"得,行有所得也。""得"應該是會意字,《說文》卻說它是"從彳,𢽤聲"的形聲字。

另外,許慎說解字義時,穿鑿附會、曲爲之說的錯誤也有不少。

爲　許慎根據小篆,錯誤地將此字解釋成:"爲,母猴也。其爲禽好爪……下腹爲母猴形。"羅振玉《增訂殷墟書契考釋》指出:"(爲)從爪,從象,絕不見母猴之狀,卜辭作手牽象形……意古者役象以助勞,其事或尚在服牛乘馬以前。"

衣　上像領口,兩旁像袖筒,底下像兩襟左右交覆。《說文》卻將此字說成:"上曰衣,下曰裳,像覆二人之形。""覆二人"之說,叫人不知所云。(段玉裁《説文解字注》云:"何以云'覆二人'也？云'覆二人',則貴賤皆覆。"也難以服人。)

再如,許慎將"一"解爲"惟初大極,道立於一,造分天地,化成萬物",將"王"解爲"天下所歸往也"等等,都是其思想受陰陽五行、儒家尊君觀念束縛而作出的誤說。

由於大量古文字資料的發掘出土,以及對各種古文字研究的逐漸深入,學者們已不滿足於"六書"理論,對許慎分析字形、說解字義的錯誤也指出得更多了。唐蘭在《古文字學導論》中提出了象形、象意、形聲"三書"說,陳夢家在《殷墟卜辭綜述》中提出了象形、象聲、假借"三書"說。雖然"三書"說吸收了"六書"理論的合理內核,擯棄了其不足之處,有簡化、提高的地方,但其影響遠不及"六書"理論。所以,只要討論漢字結構,仍離不開"象形"、"指事"、"會意"、"形聲"等術語。

總之,許慎的成就是偉大的。時間過去了將近兩千年,現在我們有甲骨文、商周金文、戰國秦漢竹簡帛書等大量資料,對漢字的產生和發展有一些新認識,回過頭來發現許慎六書說中的一些問題,應該是情理之中的事。

第二章　詞　彙

第一節　單音詞和複音詞

詞是語言中能獨立運用並具有聲音、意義和語法功能的基本單位。從詞的語音形式看,古代漢語和現代漢語一樣,既有只具備一個音節的單音詞(如

"天"、"地"等),也有具備兩個或兩個以上音節的複音詞(如"社稷"、"崢嶸"、"不律"、"浮屠"、"羅伽甸"、"波羅末陀"等)。所不同的是,古代漢語中單音詞的數量和使用頻率大大超過了複音詞(據有些學者的定量分析,先秦文獻中單音詞與複音詞的比例約爲三比一)。而在現代漢語詞彙中,複音詞(特別是雙音詞)占絕大多數。

因爲古籍中大量使用的是單音詞,因此有時當古籍中兩個單音詞結合着使用而又恰好與現代漢語使用的雙音詞相同時,我們特別要注意仔細辨別文義。

妻子 《孟子·梁惠王下》:"吾王之好田獵,夫何使我至於此極也?父子不相見,兄弟妻子離散。"(我們國家這樣愛好打獵,爲什麼使我苦到這般地步呢?父子不能見面,兄弟妻子東逃西散。——譯文見楊伯峻:《孟子譯注》,中華書局1981年版)

楊伯峻把這句中的"妻"當作名詞,即"妻"是個單音詞,指男子的配偶;"子"也被當作一個名詞,即也是一個單音詞,指兒女。(見《孟子譯注》後附的《孟子詞典》)。

《孟子·萬章上》:"人少,則慕父母;知好色,則慕少艾;有妻子,則慕妻子;仕則慕君,不得於君則熱中。"(人在幼小的時候,就懷戀父母;懂得喜歡女子,便想念年輕而漂亮的人;有了妻子,則迷戀妻室;做了官,便討好君主;得不着君主的歡心,便內心焦急得發熱。——譯文出處同前)

與前一例句不同,這一例句中的"妻子"不是指"妻"和"子",不是指男子的配偶和兒女,而僅僅是指男子的配偶,即"妻子"是個雙音詞,"子"只是構詞後綴。這一例句中"妻子"的用法與現代漢語的用法完全相同。

據楊伯峻《孟子詞典》統計,《孟子》全書中"妻子"這一雙音詞共出現四次,而"妻"這一單音詞(包括"妻子"連用而實際上是兩個單音詞的情況)共出現三十六次,這也可以說明古代文獻中單音詞出現的頻率比雙音詞高得多。

具體 《孟子·公孫丑上》:"子夏、子遊、子張皆有聖人之一體,冉牛、閔子、顏淵則具體而微。"

朱熹《孟子集注》:"具體而微,謂有其全體,但未廣大耳。"也就是說,"具體"是兩個單音詞,指具備大體,即大體相似。所以,楊伯峻《孟子譯注》將這兩句話譯作:"子夏、子遊、子張都各有孔子的一部分長處,冉牛、閔子、顏淵則大體接近孔子,卻不如他那樣博大精深。"而在現代漢語中,"具體"是相對"抽象"而言的一個哲學名詞,"具體措施"的"具體"表示能被人直接感知、有實際內容且細節明確、不籠統。

專利 《左傳·僖公七年》:"(楚)文王將死,與之(申侯)璧,使行,曰:'唯我知女,女專利而不厭,予取予求,不女疵瑕也……我死,女必速行。'"(文王將要死的時候,把玉璧給申侯,讓他走,說:"只有我瞭解你。你壟斷財貨而永不滿足,從我這裏取,從我這裏求,我不挑剔你……我死,你一定快點出走。"——譯文見沈玉成:《左傳譯文》,中華書局1981年版)

"專"是"專擅、獨斷獨行"之義。這裏,"專利"是兩個單音詞,指壟斷財貨,專權擅利。這與現在所說的特指"某項發明創造成果的發明創造人或其權利受讓人對該項發明創造成果在一定期限內依法享有的專有權"完全是兩回事。現在所說的"專利"是"專利權"的簡稱,是一個雙音詞。

規矩 《孟子·離婁上》:"不以規矩,不能成方圓。"
《楚辭·離騷》:"固時俗之工巧兮,偭規矩而改錯。"(庸人本來善於投機取巧,背棄規矩而又改變政策。——譯文見黃壽祺、梅桐生:《楚辭全譯》,貴州人民出版社1984年版)

"規"和"矩"是校正圓形和方形的兩種工具,當然是衡量圓形、方形的標準。推而廣之,"規矩"的引申義就成了衡量某一事物的標準、法度、準則。在古代漢語中,"規矩"既有用如兩個單音詞的書證(如《孟子·離婁》例),也有用如一個雙音詞、與現代漢語語義相同的書證(如《楚辭·離騷》例)。

除了上文所列舉的現代漢語雙音節的實詞在古代漢語中往往用作兩個單音詞外,現代漢語雙音節的虛詞在古代漢語中一般也用作兩個單音詞。

然而 《孟子·梁惠王下》:"樂以天下,憂以天下,然而不王者,未之有也。"
這裏,"然"是代詞,"而"是轉折連詞,楊伯峻《孟子譯注》譯成"這樣卻"。而現代漢語中的"然而"是表轉折的連詞,不能分開解釋。

雖然 韓愈《原毀》:"雖然,為是者有本有原,怠與忌之謂也。"
這裏,"雖"是"雖然"、"雖說"之義,"然"是代詞,相當於"這樣",兩個單音詞連在一起是"雖說如此"之義,這與現代漢語中"雖然"作一個連詞的用法是不同的。所以,《現代漢語詞典》特別寫明:"注意:文言裏'雖然'承接上文,稍微停頓,等於白話'雖說如此'的意思。"

於是 《史記·項羽本紀》:"於是張良至軍門見樊噲。"
這裏,"於"是介詞,相當於"在","是"為代詞,指代"這個時候",兩個單音詞連用表示"在這時候"。而在現代漢語中,"於是"是一個雙音節的連詞。

第二節 單純詞和合成詞

語言中在意義上不能再分析的最小構詞單位是詞素。由一個詞素構成的詞是單純詞,由兩個或兩個以上詞素構成的詞是合成詞。

天 從意義上說不可能再分解為更小的構詞單位,也就是說,它只由一個詞素構成,是單純詞。

錕鋙 《列子·湯問》:"西戎獻錕鋙之劍……用之切玉如切泥焉。"

"錕鋙"是劍名,從意義上說也不能再分解爲更小的構詞單位。無論是"錕"或者"鋙",都沒有其單獨的意義,所以《辭源》在"錕"或"鋙"字下都不作任何解釋,而只是寫上見"錕鋙"。

由此可見,"錕鋙"只具有一個詞素,是單純詞。"錕鋙"在古籍中又可寫作"昆吾"、"琨珸",雖然"昆"、"琨"、"吾"、"珸"在古籍中都可作爲單純詞使用,但在"昆吾"、"琨珸"中只具有語音形式而不是意義單位,所以"昆吾"、"琨珸"也是單純詞。

社稷 "社"和"稷"是兩個單純詞,而"社稷"在古籍中可能是單純詞,也可能是合成詞。

"社"是土地神,《說文》:"社,地主也。"《荀子·禮論》:"故社,祭社也。"楊倞注:"社,土神。"

"稷"是穀神,《說文》:"稷,齊也,五穀之長。"《荀子·禮論》:"稷,祭稷也。"楊倞注:"稷,百穀之神。"

古人爲這兩個神立廟祭祀。《禮記·王制》:"天子祭天地,諸侯祭社稷。"這裏,"社"和"稷"顯然是兩個單純詞。

因爲"社"和"稷"是國家的重要標誌,所以"社稷"又用作國家的代稱。《孟子·盡心下》:"民爲貴,社稷次之,君爲輕。"這裏的"社稷"不是指土地神和穀神,而是指國家,是一個合成詞。據楊伯峻《孟子詞典》統計,在《孟子》中出現的五例"社稷"都是具有兩個詞素("社"、"稷")的合成詞。

單純詞中特別要注意的是聯綿詞。所謂聯綿詞,是指由兩個音節聯綴成義而不能分割的詞。這兩個音節的古音在語音上往往有某種聯繫,或是雙聲(兩個音節的聲母相同或相近),或是疊韻(兩個音節的韻部相同或相近),或是疊音(兩個音節同音重複。有些學者把疊音詞區別於聯綿詞而另立一類)。現舉例如下:

雙聲聯綿詞:參差、倉猝、玲瓏、猶豫、蕭瑟、匍匐、容與。

疊韻聯綿詞:崔嵬、從容、逍遙、崢嶸、尷尬、窈窕、逶迤。

疊音聯綿詞:斤斤、關關、丁丁、蹲蹲、栗栗、秩秩、依依。

此外,還有既非雙聲又非疊韻,即兩個音節在語音上沒有聯繫的聯綿詞,如"滂沱"、"跋扈"等。

疊音聯綿詞與單音詞的重疊使用不是一回事。儘管它們的語音形式相類似,但從詞義上說,疊音聯綿詞的詞義與記錄它的單字的字義無關,如《〈張中丞傳〉後敘》"巡就戮時,顏色不亂,陽陽如平常"句用"陽陽"表"安詳的樣子",《詩經·氓》"淇水湯湯,漸車帷裳"句用"湯湯"表"水勢盛大的樣子","信誓旦旦,不思其反"句用"旦旦"表"誠懇的樣子",這些雙音單純詞都不可拆開分析,"陽陽"、"湯湯"、"旦旦"與"陽"、"湯"、"旦"的詞義完全不同。而單音詞重疊使用時的詞義則與單音詞詞義有關。如《荀子·勸學》"無冥冥之志者,無昭昭之明"句,"冥冥"、"昭昭"與"冥"、"昭"的詞義是有關係的,重疊使用只是在語義上有所加重,以增强感染力。

從詞義的角度看,因爲聯綿詞只具有一個詞素,所以在解釋詞義時不能將聯綿詞的兩個音節分拆開來而穿鑿附會地曲爲之解。

猶豫 《漢書·高后紀》:"計猶豫未有所決。"

顏師古注:"猶,獸名也……此獸性多疑慮,常居山中,忽聞有聲,即恐有人且來害之,每豫(預先)上樹,久之無人,然後敢下。須臾又上,如此非一,故不決者稱猶豫焉。一曰隴西謂犬子曰猶,犬隨人行,每豫在前,待人不得,又來迎候,故云猶豫也。"其實,"猶豫"是聯綿詞,又可寫作"猶與"、"由與"、"尤與"、"猶夷"、"夷猶"、"夷由",顏師古的解釋是不足取的。

望洋 《莊子·秋水》:"於是焉河伯始旋其面目,望洋向若而歎。"

原來自以爲了不起的河伯看到北海後自愧弗如,對着海神"若"而感歎。"望洋"是疊韻聯綿詞,唐代陸德明《經典釋文》卷二十七《莊子音義》引司馬崔本作"盳洋",云:"猶望羊,仰視貌。"如果把"望洋"望文生義地解作"望着海洋",那麼"望洋"在古籍中又寫作"望羊"、"望陽",難道又分別說成是"望着羊群"、"望着太陽"嗎?

輾轉 《詩·周南·關雎》:"求之不得,寤寐思服,悠哉悠哉,輾轉反側。"

輾轉,形容心有所思、臥不安席的樣子。"輾轉"這個聯綿詞既是雙聲(兩字上古都爲端母字),又是疊韻(兩字上古都屬元部),但鄭玄卻單釋"輾"爲"臥而不周",朱熹更是發揮說:"輾者轉之半,轉者輾之周",真令人如墮雲裏霧裏。顯然,他們都沒有科學、準確地解釋這一聯綿詞。

雙聲、疊韻聯綿詞以聲取義,本無定字,所以一個詞往往有多種寫法。除前文所舉"猶豫"、"望洋",又如"逶迤"可寫作"逶移"、"逶蛇"、"委移"、"委蛇"、"委佗"、"逶遲"、"威遲"、"威夷"等等。

伴奐 這是個疊韻聯綿詞,"伴奐"、"伴換"、"判渙"、"畔換"、"畔援"、"叛渙"、"叛換"是同一個詞的不同寫法,其詞義是"輕鬆、鬆弛、沒有約束"。但是,前人註疏往往忽略了這一點。

《詩·大雅·卷阿》"伴奐爾遊矣"句,毛傳曰:"伴奐,廣大有文章也。"《詩·周頌·訪落》"繼猶判渙"句,毛傳曰:"判,分;渙,散也。"《詩·大雅·皇矣》"帝謂文王,無然畔援"句,鄭箋云:"畔援,猶跋扈也。"毛、鄭各說各的。

馬瑞辰在《毛詩傳箋》中指出,《詩·訪落》的"判渙"是疊韻詞,當與《詩·卷阿》"伴奐爾遊矣"的"伴奐"同。這無疑是正確的。毛傳將"判渙"這一疊韻聯綿詞拆開釋義,其誤顯然。但馬瑞辰又說,"判渙"、"伴奐"應訓作"廣大"。

這可能是同時受了《卷阿》毛傳和《說文》的影響(《說文》:"判,大貌。""奐……一曰大也。"但《說文》都無書證)。《辭源》將"伴奐"釋爲"大",而"奐"釋義又有"散貌,見'伴奐'"。同一書證的詮釋也沒注意前後照應。《詩·卷阿》鄭箋云:"伴奐,自縱弛之義。"看來,這是較正確的。

古漢語合成詞的組合方式,有並列式的"道路"、"商賈",偏正式的"匹夫"、"門人",動賓式的"司寇"、"執事",主謂式的"膽怯"、"秋分"等等。並列式合成詞除了有詞素義相同、相近而組合的形式(如"道路"、"爪牙"、"朋友"等)外,也有詞素義相對、相反而組合的形式(如"春秋"、"乾坤"、"陰陽"等)。

並列式合成詞中有些詞的詞義只落在其中一個詞素上,即組成該合成詞的兩個詞素中,一個詞素只是起陪襯作用而沒有實際意義,而另一個詞素的本來意義則成爲這一合成詞的意義。有人把這種偏義的合成詞稱爲"偏義複詞"。

園圃 園,本是種樹的地方。《詩·鄭風·將仲子》:"將仲子兮,無逾我園。"毛傳:"園,所以樹木也。"圃,本是種菜的地方。《說文》:"種菜曰圃。"段玉裁注:"玄應引倉頡《解詁》云:'種樹曰園,種菜曰圃。'"而在《墨子·非攻上》"今有一人,入人園圃,竊取桃李"句中,既說偷桃李,"園圃"的意義顯然偏在"園",而"圃"僅僅是陪襯。

得失 得,得到、成功;失,失去、失敗。在《史記·老子韓非列傳》"觀往者得失之變"句中,"得"和"失"是兩個單純詞;而在《史記·刺客列傳》"多人,不能無生得失"句中,"得失"只有"失"義而無"得"義,是個意義偏於"失"的偏義複詞。

緩急 緩,遲緩、寬鬆;急,疾速、危急。在《漢書·食貨志》"歲有凶穰,故穀有貴賤;令有緩急,故物有輕重"句中,"緩"和"急"是兩個單純詞;而在《漢書·刑法志》"生子不生男,緩急非有益"句中,"緩急"的意義只是指"急"。

利害 在《周禮·山師》"山師掌山林之名,辨其物與其利害"句中,"利"指功用和給人帶來的利益、好處,"害"指毒蛇、猛獸之類給人造成的傷害、禍患,"利害"是兩個單純詞;而在《列子·楊朱》"趨走不足以逃利害"句中,"利害"的"利"只是陪襯而無實義。

異同 在《漢書·朱云傳》"少府五鹿充宗貴幸,爲梁丘易……元帝好之,欲考其異同,令充宗與諸易家論"句中,"異同"是指相異和相同;而在《三國志·蜀書·諸葛亮傳》"宮中府中,俱爲一體,陟罰臧否,不宜異同"(宮廷和相府中的官員都是屬於一個整體,提拔、懲罰、表彰好的、批評壞的,標準不應該不同。——譯文見周大璞等:《古文觀止注譯》,湖北人民出版社 1984 年版)句中,"異同"只有"異"義。

大部分合成詞都經歷過單純詞臨時組合的階段。在這一過渡階段,並列式合成詞兩個並列詞素的先後次序在習慣上還沒有形成相對固定的組合,如

"人民"也可說成"民人","介紹"也可說成"紹介","困乏"也可說成"乏困",等等。

第三節 古今詞義的異同

在漢語發展的漫長歷史中,有些詞語的詞義從古到今幾乎沒有什麽變化。這些詞語便是漢語詞彙中的基本詞彙,主要是涉及自然現象、時令方位、動植物名稱、人體器官、親屬稱謂以及生產生活資料等方面的一些詞語,如天、山、春、東、牛、粟、手、耳、父、子、田、斧等。

還有些詞的古今詞義相差極大。

叔 《詩‧豳風‧七月》:"九月叔苴。"毛傳:"叔,拾也。"《說文》:"叔,拾也。"段玉裁注:"叔之本義鮮知之者,惟見於毛詩而已。"即使在集唐代以前經傳子史註疏及訓詁書詮釋之大成的《經籍籑詁》中,"叔"訓"拾"義也僅《詩‧七月》毛傳一例。"叔"訓"拾"義,與現在所指的"叔父"、"跟父親輩分相同而年紀較小的男子"、"丈夫的弟弟"等義(《現代漢語詞典》)相去甚遠(古代也有"叔父"、"丈夫的弟弟"等義,如《爾雅‧釋親》有"父之昆弟……後生爲叔父"、"夫之弟爲叔"。王力《同源詞典》稱"叔父"的"叔"與"少"同源)。

該 古代是"具備、完備、具全"的意思。《管子‧小問》:"四言者該焉,何爲其寡也?"唐代尹知章注:"該,備也。"《楚辭‧招魂》:"招具該備。"王逸注:"該,亦備也。"唐代白行簡《李娃傳》"二歲而業大就,海內文籍,莫不該覽"句中的"該",也是"完全"的意思。《辭源》收錄了四個有關"該"字的詞語,其解釋分別如下:(1)該洽——詳備,廣博。(2)該富——完備豐富。(3)該博——博學多識。(4)該贍——同"該富"。這四個詞語無一不是"完備"的意思。至於"該"字現代通用的"應該、應當"義,《經籍籑詁》中找不到書證,《辭源》的書證已是明清時代的《西遊記》、《紅樓夢》了。

犧牲 《周禮‧牧人》:"凡祭祀,共其犧牲。"鄭玄注:"犧牲,毛羽完具也。"犧,指色純。《禮記‧曲禮下》:"天子以犧牛,諸侯以肥牛。"鄭玄注:"犧,純毛也。"牲,指體全。《說文》曰:"牲,牛完全也。"《辭源》的解釋如下:"供祭祀用的純色全體牲畜……引申稱爲公而捐棄生命財產等爲犧牲。"《辭海》的解釋與《辭源》略有不同:"犧牲,古時祭祀用牲的通稱……今用爲捨棄、捐棄之義,如犧牲生命、爲國犧牲。"

在上述三個例子中,"叔"古代有"拾"和"叔父"兩義,現代已完全不用"拾"義;"該"古義是"具備、完備"等,現代義是"應該、應當";"犧牲"古義是"祭祀用牲","捨棄"、"捐棄"究竟是古代已有的引申義(如《辭源》所說。可惜《辭源》未列出書證,《經籍籑詁》也無此義的書證),還是現代才有的詞義(如《辭海》所說),尚缺乏深入研究。一般來說,我們可以把這些詞看做是古今詞義相差很大的實例,在閱讀古籍時較容易加以分辨。

由於語言的繼承性,大多數詞的古今詞義往往是有聯繫的;又由於語言的發展性,古今詞義之間總還存在着一些區別。因爲每個詞的繼承發展不盡相同,所以古今詞義的區別有大小之分、聯繫有鬆緊之異。"天"、"牛"、"斧"一類基本詞彙的詞,古今詞義完全相同;"叔"、"該"、"犧牲"一類詞,古今詞義相去頗遠;而大多數詞的古今詞義既有相同的一面,也有相異的一面。我們可以從古今詞義的包含内容、使用範圍和古今詞義的感情色彩兩方面來分析。

其一,從古今詞義的包含内容、使用範圍看,一般有三種情況。

1. 古義包括的範圍狹窄,今義的範圍則相對寬泛,一般稱爲"詞義擴大"

江、河 古代專指長江、黃河。《說文》:"江,江水。出蜀湔氏徼外岷山,入海。"《詩·周南·漢廣》:"漢之廣矣,不可泳思;江之永矣,不可方思。"《荀子·子道》:"昔者,江出於岷山。"這裏,"江"都是指長江。《說文》:"河,河水。出敦煌塞外昆侖山,發原注海。"《詩·衛風·河廣》:"誰謂河廣?一葦杭之。"《左傳·成公十六年》:"晉師濟河。"這裏,"河"都是指黃河。到了漢代,"江"、"河"已經擴大成了通名,泛指一切江河,如《史記·項羽本紀》上有了"烏江"。而黃河也特別加上"黃",以與其他河流區別,如《漢書·功臣表》上已出現了"黃河"。

病 古代只是指重病,而小病叫"疾"。《說文》:"病,疾加也。"段玉裁注:"苞咸注《論語》曰:'疾甚曰病。'"《說文》:"疾,病也。"段玉裁注:"析言之則病爲'疾加',渾言之則疾亦病也。"《儀禮·既夕禮》:"疾病,外内皆埽。"鄭玄注:"疾甚曰病。"《呂氏春秋·知接》:"管仲有疾,桓公往問之,曰:'仲父之疾病矣,將何以教寡人?'"這裏,"疾"與"病"之間的輕重差異是很顯然的。《左傳·宣公十五年》載,魏武子患"疾"時囑咐兒子魏顆在他死後將其嬖妾嫁出去,後"疾病"時又吩咐魏顆要將嬖妾殉葬。魏武子病卒後,魏顆將魏武子的嬖妾都嫁出去了。魏顆認爲,魏武子"疾病則亂",即病重、病危時說的胡話是靠不住的(參見《陳情表》注(36))。這也證實,古代"疾"與"病"是有區別的,而現在"患病"的意思要寬泛得多。《辭海》釋"病"爲"失去健康的狀況",所以傷風感冒之類當然也可列入"病"的範疇。

2. 古義包括的範圍寬泛,今義的範圍則相對狹窄,一般稱爲"詞義縮小"

臭 古代泛指一切氣味。從文字學的角度看,"臭"是由"自"和"犬"組成的合體字。"自"是鼻子的象形,《說文》:"自,鼻也,象鼻形。"狗的嗅覺靈敏,"臭"指聞到的一切氣味無疑。楊倞在《荀子·正名》注中指出:"奇臭,衆臭之異。氣之應鼻者爲臭。"孔穎達也在《尚書·盤庚中》注中指出:"臭是氣之別名。古者香氣穢氣皆名爲臭。《易》云'其臭如蘭',謂香氣爲臭也;《晉語》云'惠公改葬申生,臭徹於外',謂穢氣爲臭也。"《論語·鄉黨》:"色惡不食,臭惡不食。"楊伯峻《論語譯注》譯爲:"食物顏色難看,不吃;氣味難聞,不吃。"而現代漢語中,"臭"只是指"(氣味)難聞"(《現代漢語詞典》)。成語"臭味相投"的"臭"雖然在一些成語詞典及《辭海》注音中還念作"xiù","臭味"釋作"氣味,比喻同類",但在《現代漢語詞典》中已念成"chòu",並解作"思想作風、興趣等相同,很合得來(專指壞的)"。

蟲 古義是動物的通名。徐灝《說文解字注箋》曰:"蟲者,動物之通名。"《說文》把"魚"釋爲"水蟲",《大戴禮記·曾子天圓》中的"蟲"也泛指動物:"毛蟲之精者曰麟,羽蟲之精者曰鳳,介蟲之精者曰龜,鱗蟲之精者曰龍,倮蟲之精者曰聖人。"陸德明還認爲"獸是毛蟲總號"(見其《經典釋文》卷三十《爾雅音義下》"釋畜")。而現在,"蟲"只是昆蟲的通稱。

3. 古義和今義的範圍互不包容,但兩者之間又存在某種聯繫,一般稱爲"詞義轉移"

年 《說文》作"秊",云:"穀熟也。從禾,千聲。"在《穀梁傳·宣公十六年》"五穀大熟爲大有年"句、《詩·大雅·雲漢》"祈年孔夙,方社不莫"(祈年祭禮,早早舉行;方祭、社祭,從未延遲)句及《詩·周頌·桓》"綏萬邦,婁豐年"(安定天下萬邦,屢獲豐收之年)句中,"年"都是"穀熟、豐收、年成"的意思。因爲五穀每年一熟,所以"年"的意義由"穀熟"轉爲"時令"是很自然的。《爾雅·釋天》"夏曰歲,商曰祀,周曰年"句,宋代邢昺疏曰:"年者,禾熟之名,每歲一熟,故以爲歲名。"在現代漢語中,"年"除了在"豐年"、"歉年"中還遺留有"年成"的意思外,一般只用來表示時間。

應該指出,前文提及的古今詞義相差極大的詞語中,有一些詞語實際上也可歸入"古義和今義的範圍互不包容,但兩者之間又存在某種聯繫"這一類情況,如"犧牲"即是。

其二,從古今詞義感情色彩的差異看,可分成兩種情況。

1. 古代含貶義的詞現代成了褒義詞

鍛煉 古義指羅織罪名。《尚德緩刑書》:"上奏畏卻,則鍛練而周内之。"(官吏擔心上報囚犯的罪狀被上司批駁退回,於是就羅織罪名,故入人於罪)這裏,"鍛練"同"鍛煉",意指羅織罪名,入人於罪;好比工匠陶鑄鍛煉,使之成熟(周内,即周納,使之周密而無遺漏)(參見《尚德緩刑書》注(24)),"鍛煉"是一個含貶義的詞。而現在所說的"鍛煉身體"、"勞動鍛煉"是指在不斷實踐中增強體質或提高思想,"鍛煉"成了褒義詞。

2. 古代含褒義的詞現代成了貶義詞

爪牙 古義指得力的助手、親信、武臣。《詩·小雅·祈父》"祈父!予王之爪牙",《句踐滅吳》"夫雖無四方之憂,然謀臣與爪牙之士,不可不養而擇也",

《三國志·蜀書·先主傳》"先主復領益州牧,諸葛亮爲股肱……關羽、張飛、馬超爲爪牙"等句中,"爪牙"都是褒義詞。而現在,"爪牙"成了貶義詞,"比喻壞人的黨羽"(《現代漢語詞典》)。

需要指出的是,含褒貶義的詞原本多數爲不帶明顯感情色彩的中性詞。如"鍛煉"本是冶煉金屬,"爪牙"本指猛獸的鋭爪利牙,"走狗"本指獵犬,"無賴"本指沒有才能(如《史記·張釋之列傳》中"吏不當若是邪?尉無賴!"句),顯然無所謂感情色彩。但在用這些詞的比喻義時,往往帶有感情色彩,而今人的取捨不盡同於古人,於是便形成了一個詞古今詞義感情色彩的差異。

第四節　詞的本義和引申義

一個詞往往不是只具有一個意義,而當其具有兩個或兩個以上的意義時,其中便有一個是詞的本義,其他則是詞的引申義(或假借義)。

所謂本義,是指一個詞在最初産生時所具有的意義。單音詞寫出來是一個漢字,由於漢字造字時字形與其反映的意義總有一些聯繫,所以單音詞的本義是指一個漢字由最初書寫的字形上所反映出來的本來意義。一般來説,我們可以利用《説文》這本中國古代最早的分析字形結構、進而確定其本義的字典來查找單音詞的本義;同時,也可以在古代文獻中找到足夠的佐證。例如,"莫"篆書從日從茻,是個會意字。茻是衆草,日沒於衆草之中,表"日暮"之義。《説文》:"莫,日且冥也。"段玉裁注:"且冥者,將冥也。"《禮記·文王世子》"文王……及日中又至……及莫又至……"句中的"莫"用的是其本義。

因爲古代典籍散佚而不傳後世的頗多,所以《説文》分析某字的本義在現存典籍中找不到佐證的情況並非鮮見。例如,《説文》釋"媄"的本義是女奴("女隸也"),釋"秝"的本義是稀疏而均匀排列之貌("稀疏適秝也"),這在現存典籍中已找不到佐證。

衆所周知,許慎受陰陽五行、讖緯之學影響很深,説解中夾雜了不少迷信和忠君思想;加之他對古文字認識有限,對文字的分析難免有穿鑿附會之處。文字學家們根據甲骨文、金文的資料,對一些字的本義作了正確的詮釋。如,《説文》説"奚"的本義是"大腹",而文字學家們考定其本義是"奴隸",並指出《周禮·天官·冢宰》"奚三百人"用的正是該字的本義。困難的是,從分析古文字探求出的字的本義有時在現存典籍中找不到書證。

由於漢字數量極大,除一小部分表意字外,我們很難知道其餘絕大部分漢字最初的意義到底是什麼。這樣,要瞭解一個字(單音詞)的本義,或者是進一步深入研究古文字(這主要是指探求表意字的本義。能找到書證當然就具有説服力,否則,探求本義更需謹慎);或者是退而求其次,只能是像《中國大百科全書

·語言文字》上說的那樣,實際上把通過現存典籍所探求出的一個詞"最早使用的意義"當作該詞的本義。

至於複音詞,當然只能把現存古籍中探求出的"最早使用的意義"當作其本義。

從《辭源》的編寫體例來說,"多義詞的解釋一般以本義、引申、通假爲先後"(《辭源修訂本體例》)。但因種種原因,列在最前面的未必就是一個詞的本義。如"莫",義項①便是"無、沒有",而其"日且冥"的本義被列爲義項⑪"同'暮'"。不過,《辭源》在"暮"字下明確地寫道:"本作'莫'。①日落時,傍晚……②遲,晚……"

引申義是從本義引申發展而來的,同時,由本義引申發展而來的引申義本身當然也可再引申發展出多個新的引申義。詞義的引申方式,可歸納爲鏈條式引申、輻射式引申以及綜合式引申三種類型。

1. 鏈條式引申:即由甲義引申爲乙義,又由乙義引申爲丙義,一環一環地引申發展。

兵 《說文》:"兵,械也。"本義是"兵器"。《左傳·僖公十八年》:"鄭伯始朝于楚,楚子賜之金,既而悔之,與之盟曰:'無以鑄兵'。"此例"兵"用的是本義。由"兵器"引申爲"執兵器的士兵",《左傳·隱公四年》:"諸侯之師,敗鄭徒兵。""徒兵"即不用戰車的步兵。衆多的士兵組成軍隊,所以"兵"又引申出"軍隊"義,《戰國策·西周策》:"進兵而攻周。""軍隊"從事戰爭,於是又引申出"戰爭"義,《孫子·兵篇》:"兵者,國之大事,死生之地,存亡之道,不可不察也。"又《史記·秦始皇本紀》:"天下初定,又復立國,是樹兵也,而求其寧息,豈不難哉!"這兩句中,"兵"正是"戰鬥"、"戰爭"義。

"兵"諸義項的引申方式可圖示如下:

$$兵器\longrightarrow 士兵\longrightarrow 軍隊\longrightarrow 戰爭$$

2. 輻射式引申:即由甲義引申出乙義,而甲義又同時引申出丙義,呈輻射狀引申發展。

節 《說文》:"節,竹約也。"本義是"竹節"。左思《吳都賦》"竹則……苞筍抽節"句中"節"用的即是本義。由這個本義,引申出下列諸義:

用於樹木,則指木節。《易·序卦》:"其於木也,爲堅多節。"

用於動物骨骼銜接處,則指關節。《莊子·養生主》:"彼節者有間,而刀刃者無厚。"

用於時日,則爲節氣。《史記·太史公自序》:"夫陰陽四時、八位、十二度、二十四節各有教令。"

用於音樂、詩歌,則爲節奏、節拍。《楚辭·九歌·東君》:"展詩兮會舞,應律兮合節。"

用於社會政治,則爲法度。《禮記·中庸》:"喜怒哀樂……發而皆中節,謂之和。"

用於交往,則爲禮節。《論語·微子》:"長幼之節,不可廢也。"

用於道德,則爲節操、操守。《左傳·成公十五年》:"聖達節,次守節,下失節。"

用於動作開支,則爲節制、減省。《荀子·天論》:"彊本而節用,則天不能貧。"

"節"諸義項的引申方式可圖示如下:

3. 綜合式引申:一個詞詞義的引申變化途徑往往不能簡單地用"鏈條式"或"輻射式"加以概括。上述兩種詞義引申方式的交叉綜合,就可稱爲"綜合式引申"。

繩 《說文》:"繩,索也。"本義是"繩索"。黑色的墨線是木匠用來畫直線的工具,《莊子·逍遙遊》:"吾有大樹,人謂之樗,其大本擁腫而不中繩墨。"因爲木匠畫直線的工具"繩"必須筆直、不歪曲,所以"繩"又引申出"正、直"之義,《廣雅·釋詁》:"繩,直也。"《淮南子·說林訓》:"出林者不得直道,行險者不得履繩。"漢代高誘注:"繩亦直也。"木匠用"繩"這種工具使製作的產品方方正正、合乎標準,於是"繩"又引申出"按一定標準衡量"之義,《禮記·樂記》:"以繩德厚。"孔穎達疏:"繩猶度也。""按一定標準衡量"就是"糾正",即"糾謬使正",《書·囧命》:"繩愆糾謬。"孔穎達疏:"木不正者,以繩正之,繩謂彈正。""懲辦"也是"糾謬",所以"繩"又引申出"懲辦"之義,《史記·秦始皇本紀》:"今上皆以重法繩之"(現在您皇上對儒生都用重刑來懲辦他們)。還有,"按一定標準衡量"、"糾正"都是動詞性用法,如果用作名詞,即由"正、直"之義向另一角度引申,則有"標準"、"規矩"、"法度"之義,《史記·老子韓非列傳》中"韓子引繩墨,切事情,明是非"就是這個意思。《後漢書》注釋中還有"繩墨謂法律也"(見《寇榮傳》注)、"繩墨喻禮法也"(見《張衡傳》注)、"繩墨喻章程也"(見《蔡茂傳》注)等等。另外,"按一定標準衡量",不合標準的要"糾正",合乎規範的當然要"讚譽"了,《左傳·莊公十四年》:"(蔡哀侯)繩息媯以語楚子。"(蔡哀侯讚譽息媯並告訴楚子)晉杜預注:"繩,譽也。"

"繩"諸義項的引申方式可圖示如下：

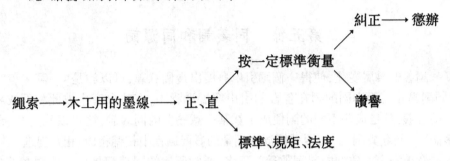

解 本義是"剖開"。從文字學的角度看，"解"是個會意字，《說文》："解，判也，從刀判牛角。"《莊子·養生主》"庖丁爲文惠君解牛"用的就是"解"的本義。從"剖開"義引申出"解開"、"脫去"義，揚雄《解嘲》"叔孫通起於枹鼓之間，解甲投戈"用的就是這個意思。用在具體的東西叫"解開"，用到抽象的事物上成了"解釋"，《史記·呂太后本紀》："君知其解乎？"經過解釋，聽的人由不懂到懂，"解釋"義於是又引申出"明白"、"知道"義，《荀子·正論》："今子宋子不能解人之惡侮，而務說人以勿辱也。"一般性的"瞭解"、"知道"再深入下去就變爲"通達"，《莊子·秋水》："無南無北，奭然四解。"另外，從"解開"、"脫去"產生的結果看，必然會引申出"分裂"、"渙散"之義，《漢書·陳餘傳》"恐天下解也"、成語"土崩瓦解"都是這個意思。"渙散"又可說是"鬆懈"，《詩·大雅·烝民》"夙夜非解，以事一人"的"解"，在《說苑》引《詩》時便作"懈"。"分裂"義還可引申出"消除"、"去除"之義，《列子·周穆王》"焉能解人之迷哉"及現在說的"解約"、"解渴"、"解毒"都是這個意思。"去除"義與"排泄"義同，所以又稱大小便爲"大解"、"小解"等等。

"解"諸義項的引申方式可圖示如下：

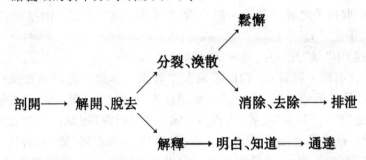

還要指出的是，"解"通"蟹"（《呂氏春秋·恃君》："大解陵魚。"）、通"嶰"（地名）、通"澥"（勃解，渤海的古稱）、通"邂"（"解后"即"邂逅"）、通"獬"（解豸，神獸名），由這些假借而產生的假借義與本義是沒有關係的。"解"具有這些意義,與由本義引申發展而來的引申義顯然是不同的。

第五節　同義詞和同源詞

　　詞義的發展變化,使得一個詞引申發展出幾個意義,可以說是"一詞多義"、"同詞異義";而不同的詞在各自的引申發展過程中,有時會產生彼此相同或相近的意義,於是這些不同的詞便成了在某一意義上的同義詞,這可以說是"一義多詞"、"同義異詞"。這兩種情況在詞彙的發展過程中相輔相成、相互促進。

　　意義完全一致的同義詞數量並不多,通常所說的同義詞是指一些詞在部分意義上的相同或相近。"同義"這一概念在意義上是相對的,不是絕對的。我國古代最早的訓詁學專書《爾雅》中互訓的同義詞就是這樣。《書·盤庚上》"重我民,無盡劉"的"劉",漢代張衡《西京賦》"白日未及移其晷,已獮其十七八"的"獮",《國語·吳語》"斬有罪者以徇"的"斬",《公羊傳·僖公二十八年》"殺之,則曷爲謂之刺之?內諱殺丈夫,謂之刺之也"的"刺",都是"殺"的意思,所以《爾雅》把這些字全放在一起:"劉、獮、斬、刺,殺也。"(《釋詁上》)但這些詞除"殺"之外還有其他詞義,"劉"還有"兵器"、"枝葉剝落"等義,"獮"另有"秋獵"義,"斬"又指"喪服不縫衣旁和下邊","刺"有"採取、探詢"等義。儘管有這些相異之處,但並不妨礙它們在"殺"這一意義上成爲同義詞。

　　同義詞相同、相近義以外的相異之處,正是我們學習古漢語時要引起注意並掌握的同義詞辨析的重點。

　　獄—囹圄　《辭源》:"囹圄,牢獄。"這兩個詞是同義詞。但先秦時這兩個詞並不是同義詞,"獄"作爲"監獄"的意思,比"囹圄"要晚。先秦時,"獄"一般是"打官司"、"案件"的意思。《說文》:"獄,確也。"段玉裁注:"《召南》傳曰:'獄,埆也。'埆同確,堅剛相持之義。"許慎說"獄"字"從狀,從言",段玉裁注:"獄字'從狀'者,取相爭之義。"從這一點來說,先秦時"獄"與"訟"倒是同義詞(《說文》:"訟,爭也。")。

　　《詩經》中"獄"凡三見,無一爲"監獄"義。

　　其中,《召南·行露》二章出現兩次:"誰謂女無家?何以速我獄?雖速我獄,室家不足。"毛傳:"獄,埆也。"孔穎達疏引盧植曰:"(獄、埆)相質觳爭訟者也。"(觳通"角","較量"之義)古書多同義互文,《行露》三章:"誰謂女無家?何以速我訟?雖速我訟,亦不女從!"二章用"獄"處三章正用"訟"來替代。

　　"獄"還在《小雅·小宛》中出現一次:"哀我填寡,宜岸宜獄?"毛傳:"岸,訟也。""岸"通"犴",而《廣雅·釋宮》:"獄,犴也。"王念孫《廣雅疏證》卷七曰:"《漢書·刑法志》云'獄犴不平',是字異而義同。"《小宛》中,"獄"與"岸"同義互文,故亦爲"訟"義。

《論語》、《左傳》等古籍中的"獄"也不作"監獄"解。《論語·顏淵》："片言可以折獄者,其由也與?"楊伯峻《論語譯注》即譯爲："根據一方面的語言可以判決案件的,大概只有仲由吧!"《左傳·襄公十年》"王叔之宰與伯輿之大夫瑕禽,坐獄于王庭,士匄聽之"句中的"坐獄于王庭",如釋成"坐在王庭上的監獄裏",豈不要貽笑大方?沈玉成《左傳譯文》是這樣譯的:"王叔的家臣頭子和伯輿的大夫瑕禽在周天子的朝廷上爭論曲直,士匄聽取他們的訴訟。"

漢代蔡邕《獨斷》曰:"夏曰均臺,殷曰牗里,周曰囹圄,漢曰獄。"《史記·李斯列傳》中已有"李斯乃從獄中上書"。"獄"作爲"監獄"義起於漢代(學術界有不同看法),在先秦時與"囹圄"還不是同義詞。

歲—祀—年　《爾雅·釋天》:"夏曰歲,商曰祀,周曰年。"

校—序—庠　《孟子·滕文公上》:"夏曰校,殷曰序,周曰庠;學則三代共之,皆所以明人倫也。"(《漢書·儒林傳序》曰:"鄉里有教,夏曰校,殷曰庠,周曰序。")

我們在辨析同義詞時,除了要注意這些詞在什麼歷史時期同義外,還可以從以下幾方面加以辨析:

1. 所指事物形狀、質地不同

柴—薪　《禮記·月令》鄭玄注:"大者可析謂之薪,小者合束謂之柴。"

皮—革—膚　"膚"專指人體表皮,而不指禽獸的皮。《孟子》中講到上天要將重任授予某人時,就要"勞其筋骨,餓其體膚",用的正是"膚"。"皮"、"革"是獸皮。《儀禮》賈公彥疏:"有毛則曰皮。"《周禮》賈公彥疏:"皮去毛曰革。"只有把所憎恨的人當作禽獸看時,才用"皮"來指他的皮膚,如《左傳·襄公二十一年》:"然二子者,譬於禽獸,臣食其肉而寢處其皮矣。"

2. 行爲方式、對象不同

驕—傲　《楚辭·離騷》王逸注:"倨簡曰驕,侮慢曰傲。"驕是自滿,是一種心理狀態;傲是傲慢、沒禮貌,是一種行爲表現。

治—理　"治"原指治水,《孟子·告子下》:"禹之治水,水之道也。""理"原指治玉,《戰國策·秦策》:"鄭人謂玉未理者璞。"

琢—磨　《爾雅·釋器》:"玉謂之琢,石謂之磨。"

3. 詞義輕重、程度不同

疾—病　《說文》:"病,疾加也。"《儀禮》鄭玄注:"疾甚曰病。"

饑—餓　《淮南子·說山訓》:"寧一月饑,無一旬餓。"(無,通"毋")

盟—誓　《周禮》鄭玄注:"大事曰盟,小事曰誓。"

4. 褒貶、貴賤不同

比—周　《論語·爲政》:"君子周而不比,小人比而不周。"漢代孔安國注:"忠信爲周,阿黨爲比。"

崩—薨—卒—不祿—死 《禮記·曲禮上》："天子死曰崩,諸侯曰薨,大夫曰卒,士曰不祿,庶人曰死。"

辟雍—頖宮 《禮記·王制》："大學在郊,天子曰辟雍,諸侯曰頖宮。"

5. 語法上使用不同

畏—恐—懼 "畏"一般帶賓語,《論語·季氏》："君子有三畏:畏天命,畏大人,畏聖人之言。""恐"、"懼"一般不帶賓語。如"懼"用作及物動詞,往往用作使動,如《老子·七十四章》："民不畏死,奈何以死懼之?"或者,"懼"後的賓語是一個詞組,如《列子·湯問》："操蛇之神聞之,懼其不已也,告之於帝。"如"恐"用作及物動詞,後面所帶賓語往往較長,如《論語·季氏》："吾恐季孫之憂不在顓臾,而在蕭牆之內也。"

往—適 "往"不帶賓語,如《左傳·宣公二年》："晨往,寢門開矣。""適"則帶賓語,如《孟子·滕文公上》："雖使五尺之童適市,莫之或欺。"《報任安書》："昔衛靈公與雍渠同載,孔子適陳。"

同源詞是指兩個以上古音和詞義都相同相近且語源相同的詞。同源詞必定同義,同義詞未必同源。

例(1) **高、喬、僑、橋、嶠、鬲、驕、矯、撟、蹻**

從語音上看,這組詞上古屬同一韻部(宵部),其聲母都相近("高、驕、矯、撟"爲見母字,"喬、僑、橋、嶠、鬲"爲群母字,"蹻"爲溪母字,見、溪、群母"旁紐")。

從詞義上看,這些詞都有"高"義。

喬 《說文》："高而曲也。"《爾雅·釋詁》："喬,高也。"

僑 《說文》："高也。"《列子·說符》："昔有異技干寡人者。"晉代張湛注:"謂先僑人。"僑人,謂踩高蹺之人。

橋 《說文》："水梁也。"橋高於水面。

嶠 《爾雅·釋山》："山銳而高曰嶠。"

鬲 《說文》："似鼎而長足。"長即"高"之義。

驕 《說文》："馬高六尺曰驕。"《論語·學而》："富而無驕。"驕爲"高傲"義,即"自以爲了不起、高出衆人"之義。

矯 有"高舉"義,《辭源》釋"矯首"爲"舉頭"(又見《歸去來兮辭》注(24)),釋"矯亢"爲"故意與人違異,擡高自己的身份"。

撟 《說文》："舉手也。"

蹻 有"舉"、"擡"義。《辭源》釋"蹻足"爲"翹足"。

這組同源詞聲符俱同(喬,《說文》析其字形爲"從高省")。宋代王聖美"右文說"認爲"凡字,其類在左,其義在右",可謂同源詞研究之濫觴。但王聖美認爲形聲字聲旁都表義,有些學者進而認爲同聲符的形聲字(或音同音近的字)都同義,則有以偏概全之誤。如"屬、矯、繑",雖俱從"喬"得聲,但均無"高"義。

例(2) 分、半、片、判、泮、叛、班、別、辨、彬

從語音上看,這組詞上古韻部相近("分、彬"是文部字,"半、片、判、泮、叛、班、辨"是元部字,"別"是月部字。文、元部"旁轉",元、月部"對轉"),聲母也相近("分、半、班、彬"是幫母字,"片、判、泮"是滂母字,"叛、別、辨"是並母字,幫、滂、並母"旁紐")。

從詞義上看,這些詞都有"分"義。

分 《說文》:"別也。"《禮記·月令》鄭玄注:"分,猶半也。"

半 《說文》:"物中分也。"

片 《說文》:"判木也,從半木。"《廣韻》:"片,半也,判也,析木也。"

判 《說文》:"分也。"《公羊傳·定公八年》何休注:"判,半也。"

泮 《詩·魯頌·泮水》"思樂泮水"句,《釋文》:"泮,半也。"《玉篇》:"泮,散也,破也。"

叛 《說文》:"半反也。"

班 《說文》:"分瑞玉也。"

別 《說文》作"𠛱",曰"分解也。"

辨 《左傳·昭公元年》杜預注:"辨,別也。"

彬 《論語·雍也》:"文質彬彬,然後君子。"包咸注:"彬彬,文質相半之貌。"

這組同源詞字形不同,但並不妨礙它們成爲同源詞。同源詞的研究正是要擺脫字形的束縛,從語音和語義兩方面探求一組詞在語源上的聯繫。

一個詞的語音形式與其所表達的意義間沒有絕對聯繫,但人們往往會用相同或相近的語音形式來表達相似的事物。同源詞的研究能使我們看到古漢語詞彙的系統性,從而系統地而不是零星地研究古漢語詞彙,更準確地理解詞義。

第六節 文言文中的法律詞語

法律詞語,應該是指法學學科的術語(這裏不討論法規及法學學派、人物、著作等的專名)。文言文中哪些詞語應該被列入法律詞語,很難確定一個嚴格而又容易掌握的標準。例如,某些法學類詞典收錄了"車裂"、"梟首"、"棄市"等詞語,卻不收錄"腰斬"、"菹醢"等詞語;再如,"法"顯然應被看做是法學學科的術語,那麼"不法"、"不軌"、"不經"、"不刑"等《辭海》、《辭源》收錄的詞語能不能被列入"法律詞語"的範疇?又如,《周禮·地官·大司徒》曰:"以鄉八刑糾萬民,一曰不孝之刑,二曰不睦之刑,三曰不婣之刑,四曰不弟之刑,五曰不任之刑,六曰不恤之刑,七曰造言之刑,八曰亂民之刑。"這裏提到的諸刑之名,有些

法學類詞典只收錄了"不孝"、"不睦",《辭源》收錄了"不孝"、"不弟"、"亂民",那麼"不媚"、"不任"、"不恤"、"造言"能否也被列入"法律詞語"呢?

因爲"術語"(即某一門學科的專門用語)的外延較難界定,所以我們主張在教學中不妨把"法律詞語"的範圍劃得寬泛些。

從準確理解法律詞語詞義的角度說,法律詞語大致可分成三類:

第一類　只要明白組成該詞語的詞素義,則其詞義便不難理解,即詞義往往是詞素義的組合,如"車裂"、"腰斬"、"元惡"(首惡)、"元謀"(此非指雲南省縣名)、"梟首"(斬頭而懸挂木上示衆。梟:殺人而懸其頭於木上)、"辜磔"(肢解軀體並棄市。辜:分裂肢體。磔:陳屍或分裂肢體)等等。當然,有些詞語的詞義不是單一的。如"不刑",在《左傳·襄公五年》"君子謂楚共王於是不刑"句中指"用刑不當",在《孔叢子·論書》"一人不刑天下治"句中指"不用刑"。

第二類　詞素義是完全能夠理解的,但詞義卻使人茫無頭緒,如"三宥"、"五聽"、"六贓"、"七出"、"八議"、"九刑"、"十惡"等等。閱讀法律文獻時看到這些詞語,當然只能去查檢工具書了。

第三類　上述兩類法律詞語或者能直接從詞素義知道詞義,或者因根本說不出其詞義而必須查檢工具書,所以人們一般不會對這些詞語作出完全不沾邊的解釋。需要引起注意的是第三類詞語。這些詞語的詞素義淺顯易懂,因而其詞義似乎不言自明。這些詞語百科詞典(如《辭海》)或古漢語詞典(如《辭源》)都不收錄,但在法律上卻又有其特定意義。閱讀法律文獻時,對這些詞語要注意避免因望文生義而對其作出似是而非的解釋。

不直　《史記·秦始皇本紀》:"適治獄吏不直者,築長城及南越地。"

就像詞典把"歪"釋作"不正"、把"難"釋作"不易"、把"矮"釋作"與'高'相對"一樣,"不直"便是"歪"、"斜"的意思。這樣淺顯易懂的詞語,詞典根本就不收錄(從百科詞典的角度說,"不直"不能算是一個詞,就像"不高"不能算是一個詞一樣)。但是,"不直"在《秦始皇本紀》中該如何解釋呢?

據《秦簡·法律答問》:"罪當重而端輕之,當輕而端重之,是謂'不直'。"所以,這裏的"不直"是指獄吏故意將重罪輕判或將輕罪重判。

不應　《元典章·刑法雜例·碾死人移屍》:"止據閻喜僧不合移屍出碾,不告身死人本家得知,合從不應,爲事輕,合笞四十。"(標點據《××讀本》)

"不應"解作"不應該"似乎不會有疑問,但《元典章》此句照《××讀本》斷句則讀不通,所以編著者只能在"合從不應"後加注:"此句不可解,疑有誤。"

其實,"不應"在法律文獻中常是"不應得爲"即"不應得爲而爲之"("不應該去做的事卻偏偏去做了"或"做了法律上雖無明令禁止、但卻不合情理的事")的縮略語。《唐律疏議》"雜律六十二"有"不應得爲"條:"諸不應得爲而爲之者,笞四十;事理重者,杖八十。"唐後諸律因之。《清刑部審結楊乃武案奏摺》

稱:"葛畢氏……雖無奸私實據,究屬不守婦道。應與……等各依'不應'重律,擬杖八十。"這裏,"各依……"句就是"各按'不應得爲而爲之'中對情節重的處理方式,擬處杖刑八十板"。

所以,上引《元典章》句應標點爲:"……合從'不應爲'事輕,合笞四十。"意即:應按"不應得爲而爲之"中對情節輕的處理方式,處笞刑四十板。

義絕 宋王回《出妻告甲之判》:"而'七出'義絕,和離之類豈有宿怨?"(標點據《××文選》本)

某甲被其所休之妻告發,稱某甲曾在家出言不遜、指斥皇上。獄官認爲某甲所休之妻似有因宿怨而誣告之嫌,上引句即獄官判詞中的話。"七出",是封建社會丈夫遺棄妻子的七種藉口。《××文選》編著者注意到這一法律詞語的特定詞義,但接着卻說:"所謂義絕,當指夫妻離婚後恩義斷絕。"

其實,"義絕"也是個法律詞語,並不能簡單地解作"恩義斷絕",《唐律疏議》卷十四"戶婚"對其有詳細說明。簡言之,"義絕"指夫妻一方對另一方一定範圍的親屬有毆、殺等情事者,必須強制離異。所以,上引《出妻告甲之判》句應標點爲:"而七出、義絕、和離之類豈有宿怨?"

此外,有些詞語除了具有普通語詞的詞義外,同時還具有法律上的特定意義。這一點在閱讀法律文獻時也要引起注意。

不道 在《荀子·非相》"相人,古之人無有也,學者不道也"句中,"不道"是普通語詞,意謂"不說"、"不談"。

在《左傳·僖公二年》"今虢爲不道,……以侵敝邑之南鄙"句中,"不道"也是普通語詞,意謂"無道"、"不講道理"。

但"不道"還具有法律上的特定意義,《唐律疏議》卷一"名例"六指出,"不道"是"殺一家非死罪三人,及支解人,造畜蠱毒、厭魅"。("殺死同一家的都不當有死罪的三個人,分解被殺人的肢體,製造毒物或畜養毒蟲殺人,及暗中用邪惡的方法使人得病痛或死。"——譯文見錢大群:《唐律譯注》,江蘇古籍出版社1988年版)

第三章 語　　法

第一節　詞類活用和特殊的動賓關係

同一詞類的詞都具備共同的語法功能,這是古今漢語所共有的語法規律。所謂詞類活用,是指原屬甲類的詞在實際使用中越出了本詞類的功能範圍,臨時充當了乙類詞才能充當的結構成分。現代漢語也有詞類活用的現象,如"繁榮經濟"、"活躍氣氛"、"方便群衆"、"計劃經濟"等等。但因爲古代漢語的詞語遠不如現代漢語那麼豐富,不像現代漢語那樣要表示哪個意義就使用哪類詞,所以古代漢語中詞類活用的現象比現代漢語要多得多。判斷一個詞是不是由甲類詞活用爲乙類詞,主要看它是不是具備了乙類詞的語法特點。

古代漢語中的詞類活用現象,主要有以下四種:

一、名詞活用爲動詞

① 諸郡縣苦秦吏者,皆刑其長吏,殺之以應陳涉。——《史記·陳涉世家》
② 今京不度,非制也。——《左傳·隱公元年》
③ 假舟楫者,非能水也,而絕江河。——《荀子·勸學》
④ 於是乘其車,揭其劍,過其友曰:"孟嘗君客我。"——《戰國策·齊策》
⑤ 今我在也,而人皆藉吾弟。令我百歲後,皆魚肉之矣。
——《史記·魏其武安侯列傳》
⑥ 終無悛心,律以三尺,如此則訟源可清。——張養浩《牧民忠告》
⑦ 乃丹書帛曰"陳勝王",置人所罾魚腹中。——《史記·陳涉世家》
⑧ 孟嘗君怪其疾也,衣冠而見之。——《戰國策·齊策》
⑨ 縱江東父兄憐而王我,我何面目見之?——《史記·項羽本紀》

從語法上說,名詞活用爲動詞的主要標誌是:

(1) 名詞受副詞、助動詞修飾,如①②③;
(2) 名詞在句中帶賓語或補語,如④⑤⑥;
(3) 名詞在結構助詞"所"後,如⑦;
(4) 名詞前或後有表連接的連詞"而"("而"一般不連接名詞),如⑧⑨。

有時,一句中名詞活用爲動詞的語法標誌不止一個,如⑤"魚肉"前有副詞"皆",後又帶賓語"之";⑨"王"前有表連接的連詞"而",後又帶賓語"我"。

二、形容詞活用爲動詞

⑩ 楚令尹項伯者,項羽季父也,素善留侯張良。——《史記·項羽本紀》
⑪ 今先生儼然不遠千里而庭教之,願以異日。——《戰國策·秦策》
⑫ 大王必欲急臣,臣頭今與璧俱碎於柱矣。
——《史記·廉頗藺相如列傳》
⑬ 孔子登東山而小魯,登泰山而小天下。——《孟子·盡心上》
⑭ 故明主峭其法而嚴其刑也。——《韓非子·五蠹》
⑮ 彊本而節用,則天不能貧。——《荀子·天論》

形容詞活用爲動詞的主要語法標誌是:

(1) 形容詞在句中帶賓語,如⑩⑪⑫⑬⑭;
(2) 形容詞受助動詞修飾,如⑮。

三、普通名詞活用爲狀語

時間名詞和方位名詞用作狀語是古代漢語和現代漢語共有的語法功能。

時間名詞用作狀語,如"朝濟而夕設版焉"(《左傳·僖公三十年》),"良庖歲更刀,割也;族庖月更刀,折也"(《莊子·養生主》)。現代漢語中如"我明天动身""天天向上"。

方位名詞用作狀語,如"既東封鄭,又欲肆其西封"(《左傳·僖公三十年》)。現代漢語中如"馬駒前面奔"。

普通名詞用作狀語,如:

⑯ 豕人立而啼。——《左傳·莊公八年》
⑰ 秦孝公……有席捲天下,包舉宇內,囊括四海之意。——賈誼《過秦論》
⑱ 君爲我呼入,吾得兄事之。——《史記·項羽本紀》
⑲ 范、中行氏皆衆人遇我,我故衆人報之;至於智伯,國士遇我,我故國士報之。——《史記·刺客列傳》
⑳ 童子隅坐而執燭。——《禮記·檀弓上》
㉑ 秦王車裂商君以徇。——《史記·商君列傳》
㉒ 王色不許我。——《史記·商君列傳》

普通名詞用作狀語,可以表示狀態特徵,相當於"像……"、"如同……"一類比喻(如⑯⑰),有時很難用相當的詞來語譯(如㉒);可以表示態度,相當於"按照……"一類依據(如⑱⑲);可以表示處所、方式或工具(如⑳㉑)等等。

四、其他詞類的活用

古代漢語中,前三種詞類活用現象較爲常見,相對來說,第四種詞類活用現象較少。

㉓ 燕王吊死問生,與百姓同其甘苦二十八年。——《戰國策·燕策》
㉔ 溫故而知新,可以爲師矣。——《論語·爲政》
㉕ 女也不爽,士貳其行;士也罔極,二三其德。——《詩·衛風·氓》
㉖ 見公卿不爲禮,無貴賤,皆汝之。——《隋書·楊伯丑傳》
㉗ 若弗與,則請除之,無生民心。——《左傳·隱公元年》
㉘ 伯夷死名於首陽之下,盜跖死利於東陵之上。——《莊子·駢拇》

㉓是動詞活用爲名詞,㉔是形容詞活用爲名詞。從語法上看,這二例中的動詞("死"、"生")、形容詞("故"、"新")都在動詞後面,成了前面動詞的賓語。

㉕是數詞活用爲動詞,㉖是代詞活用爲動詞。從語法上看,這二例中的數詞

335

("貳"、"二三")、代詞("汝")後面都帶了賓語。

㉗、㉘是不及物動詞帶上了賓語,用作及物動詞。

漢語動詞與賓語間的關係多種多樣。古代漢語中有一些特殊的動賓關係:使動用法、意動用法、爲動用法。這些特殊的動賓關係往往與詞類活用有緊密聯繫。

使動用法是指動詞對賓語含有"使……"的意思,如前引例⑤⑨⑫⑭㉕㉗。

意動用法是指動詞對賓語含有"把……當作……"、"認爲……"的意思,如前引例④⑪⑬。

爲動用法是指賓語在句中不是動作行爲的受事者,而成了動作行爲的目的和對象,含有"爲……"的意思,如前引例㉘,又如:

㉙ 養生喪死無憾,王道之始也。　　　　　——《孟子·梁惠王上》
㉚ 所以去二國死兩君者,行合於志而慕義無窮也。　——《獄中上梁王書》

從結構上說,使動、意動和爲動這三種特殊動賓關係並沒有區別,所以我們只能根據上下文加以斷定。

第二節　判斷句和被動句

肯定判斷句中出現"是",大約在戰國後期。到了東漢,才開始普遍使用。

上古漢語中肯定判斷句的典型形式爲"……者,……也",有時可省去"者"或"也",有時乾脆"者"、"也"都不用。

陳勝者,陽城人也。　　　　　　　　　——《史記·陳涉世家》
天下者,高祖天下。　　　　　　　　　——《史記·魏其武安侯列傳》
都城過百雉,國之害也。　　　　　　　——《左傳·隱公元年》
秦,虎狼之國。　　　　　　　　　　　——《史記·屈原列傳》

上古漢語中否定判斷句的典型形式爲"……者,非……也"。同樣,"者"、"也"也可忽略。

堯舜者,非生而具也。　　　　　　　　——《荀子·榮辱》
今京不度,非制也。　　　　　　　　　——《左傳·隱公元年》
溥天之下,莫非王土。　　　　　　　　——《詩·小雅·北山》

上古漢語中的"是",一般用作指示代詞,相當於"此",如《論語·里仁》:"貧與賤,是人之所惡也。"

至於"是也",或者用作形容詞,相當於"對",如《論語·微子》:"'是魯孔丘與?'曰:'是也。'"或者復指上文,相當於"就是這樣",如《孟子·梁惠王下》:"臣聞七十里爲政於天下者,湯是也。"

古漢語中有些被動句沒有什麼表示被動的標誌,如:

夫離法者罪,而諸先生以文學取;犯禁者誅,而群俠以私劍養。("離"通"罹","觸犯"之意) ——《韓非子·五蠹》

拘禮之人,不足與言事;制法之人,不足與論變。 ——《商君書·更法》

多數被動句或者在動詞前加上介詞"見"、"爲"、"被",或者在動詞後加上介詞"于"、"於"。

汝可疾去矣,且見禽。 ——《史記·商君列傳》
女無美惡,入宮見妒;士無賢不肖,入朝見嫉。 ——《獄中上梁王書》
兔不可復得,而身爲宋國笑。 ——《韓非子·五蠹》
男兒死耳,不可爲不義屈! ——《〈張中丞傳〉後敘》
國一日被攻,雖欲事秦,不可得也。 ——《戰國策·齊策》
信而見疑,忠而被謗,能無怨乎? ——《史記·屈原賈生列傳》
有備則制人,無備則制於人。 ——《鹽鐵論·險固第五十》
卻克傷於矢。 ——《左傳·成公二年》
故智者作法,而愚者制焉;賢者更禮,而不肖者拘焉。("焉"是"於此"的合音詞) ——《商君書·更法》

"爲"和"見"常與"于"(於)組成"爲(見)……于(於)……"的句式,"爲"還與"所"組成"爲……所……"的句式。

胥之父兄爲僇于楚,欲自報其讎耳。 ——《史記·吳太伯世家》
吾長見笑於大方之家。 ——《莊子·秋水》
衛太子爲江充所敗。 ——《漢書·霍光傳》

第三節　古代漢語語序

漢語的語序,從古代漢語到現代漢語基本上是一致的,但基本一致並不是完全沒有變化。

古今漢語語序最大的差異表現在賓語的位置上。古漢語賓語前置的情況有以下幾種:

否定句中代詞賓語前置:
① 不患人之不己知,患不知人也。 ——《論語·學而》
② 我無爾詐,爾無我虞。 ——《左傳·宣公十五年》

疑問句中代詞賓語前置:
③ 良問曰:"大王來何操?" ——《史記·項羽本紀》
④ 吾誰敢怨? ——《左傳·昭公二十七年》

強調賓語時賓語可前置,一般用"之"或"是"作提前的標誌:

⑤ 諺所謂"輔車相依,唇亡齒寒"者,其虞虢之謂也。

——《左傳·僖公五年》

⑥ 去我三十里,唯命是聽。　　　　　——《左傳·宣公十五年》

以上是動詞賓語前置的情況,介詞賓語有時也可前置。

疑問句中介詞賓語是疑問代詞時,介詞賓語可前置:

⑦ 子歸,何以報我?　　　　　　——《左傳·昭公二十七年》

⑧ 君誰與守?　　　　　　　　　　　——《孟子·離婁下》

在強調介詞賓語時,也可用"之"或"是"作提前的標誌:

⑨ 我楚國之爲,豈爲一人行也?　　——《左傳·襄公二十八年》

⑩ 豈不穀是爲?先君之好是繼。　　　——《左傳·僖公四年》

應該指出,古漢語中賓語前置的情況不是絕對的。

否定句代詞賓語有前置的(如①②),但也有不前置的,如《詩·王風·黍離》:"不知我者,謂我何求。"

動詞賓語前置時,有用"之"或"是"作標誌的(如⑤⑥),也有不用的,如《莊子·至樂》:"夫以鳥養養鳥者,宜憩之深林。"

介詞賓語前置時,有用"之"或"是"作標誌的(如⑨⑩),也有不用的,如《左傳·僖公四年》:"楚國方城以爲城,漢水以爲池。"《論語·爲政》:"詩三百,一言以蔽之,曰思無邪。"

古漢語中有一些主謂倒序現象,如《列子·湯問》:"甚矣,汝之不惠!"《論語·子路》:"野哉,由也!"這與現代漢語感歎句有時改變"主語在前,謂語在後"這種基本語序的情況是一樣的(如"騰飛吧,我的祖國!")。

第四章　音　　韻

第一節　音韻知識的應用

如果我們用普通話朗讀唐詩,常常會覺得有些詩讀起來不順口,似乎並不押韻;而用普通話讀《詩經》,就會碰到更多不順口的地方。除了古代詩歌韻腳的位置和押韻的方式與現代詩歌不同之外(見本章第三節),語音的變化是一個極其主要的原因。隋唐時代的音韻系統與現代有異,而《詩經》時代由於距離現在的時間更爲久遠,語音的變化就更大。

遠在南北朝時代,人們已發現用當時的語音讀《詩經》,很多地方並不押韻。他們不知道古今音不同的道理,爲了使韻腳和諧,便臨時改變其中一個或幾個押韻字的讀音,於是產生了"叶音"說。宋代的朱熹更是將"叶音"說發展到頂峰。由於朱熹在其所著的《詩集傳》和《楚辭集注》中大量採用叶音,結果往往使同一個字讀成幾個不同的音。

明代陳第首先反對"叶音"說,他認爲"時有古今,地有南北,字有更革,音有轉移"。在這種正確歷史觀點的指引下,音韻學家們經過長期研究,已經發現了不少有關漢語語音演變的規律。

例如,《詩·周南·關雎》中,首章一、二、四句末字是"鳩"、"洲"、"逑",用普通話讀起來押韻順口;而第二章五、六、八句末字"得"、"服"、"側"(一說此是第三章一、二、四句),用普通話一讀就不押韻了。但這用音韻學的知識來解釋就很簡單,"鳩"、"洲"、"逑"三字上古都爲幽部字,"得"、"服"、"側"三字上古都爲職部字,同一韻部(有關"韻部"的知識見本章第二節)的字當然相互押韻。

杜甫五言律詩《天末懷李白》中,韻腳字"何、多、過、羅"按普通話語音並不押韻;他的七言律詩《登高》中,韻腳字"哀、回、來、臺、杯"按普通話語音也不押韻。但按照"平水韻"(見本章第二節),《天末懷李白》的韻腳字都是歌韻字,《登高》的韻腳字都是灰韻字,所以這幾個字都能通押。

詩、詞、曲要有韻律,介乎詩文之間的賦也很講究聲韻的美。如蘇軾《前赤壁賦》:"'月明星稀,烏鵲南飛',此非曹孟德之詩乎?……方其破荊州,下江陵,順流而東也,舳艫千里,旌旗蔽空,釃酒臨江,橫槊賦詩,固一世之雄也,而今安在哉?"這一段中,"稀、飛、詩"押韻,"東、空、雄"押韻。

即便是散文,古人也多用韻語,在講求句法結構對稱的基礎上講究音律和諧,從而使散文既有清新暢快的氣勢,又有節律音樂的美感。例如:

《易·蹇》:"蹇'利西南',往得中也;'不利東北',其道窮也;'利見大人',往有功也;當位'貞吉',以正邦也。"(蹇卦,"利西南",去那裏得到中意的;"不利東北",它的路是走不通的;"利見大人",去是有功效的;君臣各居適當的位子,"貞吉",用來治好邦國。——譯文見周振甫《周易譯注》,中華書局 1991 年版)這裏,"中"、"窮"押韻(上古都爲冬部字),"功"、"邦"押韻(上古都爲東部字)。

《老子》四十一章:"大器晚成,大音希聲,大象無形。道隱無名。夫唯道,善貸且成。"(貴重的器物總是最後製成,最大的聲音聽來反而稀聲,最大的形象看來反而無形。"道",它幽隱而無名。而只有"道",善於開始並使它完成。——譯文見任繼愈《老子新譯》,上海古籍出版社 1985 年版)這裏,"成"、"聲"、"形"、"名"、"成"押韻(上古都爲耕部字)。

《莊子·大宗師》:"堪坏得之,以襲崑崙;馮夷得之,以遊大川。"(堪坏得到它,可以掌管崑崙;馮夷得到它,就可以遊於大川。堪坏,指山神;馮夷,指河神;它,指"道"——譯文見陳鼓應《莊子今注今譯》,中華書局 1983 年版)這裏,

"侖"、"川"押韻(上古都爲文部字)。

《孟子·公孫丑上》:"出於其類,拔乎其萃。"這裏,"類"、"萃"押韻(上古都爲物部字)。

如果懂一些音韻知識,閱讀古籍時也有助於理解文義。

《戰國策·齊策·馮諼客孟嘗君》中寫馮諼寄食於孟嘗君門下,因未得孟嘗君賞識,故屢次彈鋏而歌,其歌詞曰:"長鋏歸來乎,食無魚!""長鋏歸來乎,出無車!""長鋏歸來乎,無以爲家!"如果知道"乎、魚、車、家"四個字上古都爲魚部字,因而馮諼的歌詞琅琅上口、富於韻味時,你一定會爲《戰國策》敍事之生動形象、故事之戲劇效果而擊節叫好。

《管子·小問》中記述了齊桓公和管仲閉門商議進攻莒國之事,尚未付諸行動卻"已聞於國矣"。原來,僕役東郭郵察言觀色,早已猜到了齊桓公的意圖。東郭郵依據之一,便是看到齊桓公和管仲議論時,"口開而不闔",即口張而不閉。從口形判斷,必是講"莒"。"莒"現代音"jǔ",發這個音怎麼會"口開而不闔"呢?"莒"上古是魚部字,據音韻學家的擬測,魚部字韻腹爲 a,發音時口腔當然是張開的。如果不懂音韻知識,讀到"口開而不闔"處就會茫然不知所以。

以上所述,足見音韻學與文學作品的關係是相當密切的。

從訓詁學的角度看,音韻學的知識也是不可或缺的。清儒戴震已指出:"夫《六經》字多假借,音聲失而假借之意何以得?訓詁、音聲相爲表裏,訓詁明,《六經》乃可明。"後段玉裁、王念孫、王引之等人進一步指明了以聲音通訓詁的重要性:"音均(韻)明而六書明,六書明而古經傳無不可通。"(段玉裁《寄戴東原先生書》)

矜 《禮記·禮運》:"使老有所終,壯有所用,幼有所長,矜寡孤獨廢疾者皆有所養。"此例"矜"非"自負賢能"、"憐憫"等義,而是"鰥"的假借字。矜,上古侵部見母字;鰥,上古文部見母字。兩字古音聲母相同、韻母相近(侵部和文部韻腹相同,只是韻尾發音部位不同,有些音韻學家稱之爲"通轉"),故得通假。

拂 《史記·秦始皇本紀》:"今陛下有海內,而子弟爲匹夫,卒有田常、六卿之臣,無輔拂,何以相救哉?"此例"拂"非"揮除"、"掠過"等義,而是"弼"的假借字。拂,上古物部滂母字;弼,上古物部並母字。兩字古音聲母相近(滂母和並母發音部位相同,只是發音方法不同,有些音韻學家稱之爲"旁紐")、韻母相同,故得通假。又,此例中"田常",即春秋末期齊國大夫陳恒。田、陳古音同,均爲真部定母字。《春秋》中的陳完和《史記》中的田完,實爲同一個人。

蚤 《孟子·離婁下》:"齊人有一妻一妾而處室者……其妻告其妾曰:'……吾將瞯良人之所之也。'蚤起,施從良人之所之。"此例"蚤"非指跳蚤,而是"早"的假借字。早、蚤,上古均爲幽部精母字,聲、韻俱同,故得通假。

第一章第二節中"假借"提到"音同或音近的字通假"諸例,如"熙、嬉"上古聲、韻俱同(兩字上古均爲之部曉母字),"倍、背"上古聲、韻俱近(倍,上古之部並母字;背,上古職部幫母字。之、職部"對轉",並、幫母"旁紐")。

至於聲符相同的形聲字能通假,當然也是因爲古音相同或相近的緣故。需要說明的是,兩字通假除了古音相同或相近外,還要在古代習慣上也通用,即假借字和本字間有個約定俗成的借用關係。如"矜",《禮記·王制》曰:"老而無妻者謂之矜。"《釋文》:"矜,本又作鰥。"《孟子·梁惠王下》有"老而無妻者鰥"。"矜"、"鰥"通假是古代通行的寫法。又如,與"早"古音相同的字很多,習慣上都用"蚤"通"早",所以"棗"雖與"早"古音相同,但古籍中從無"棗"通"早"的用例。

判斷雙聲聯綿詞和疊韻聯綿詞,當然更離不開音韻知識。

匍匐 按照現代語音系統,這兩個字聲母不同,韻母相同,應爲疊韻聯綿詞。其實恰恰相反,"匍"上古爲魚部並母字,"匐"上古爲職部並母字,兩字聲母相同而韻母相去頗遠,所以"匍匐"是雙聲聯綿詞。

崢嶸 按照現代語音系統,這兩個字既非雙聲,又非疊韻。"崢"上古爲耕部莊母字,"嶸"上古爲耕部日母字,兩字韻母相同,所以"崢嶸"是疊韻聯綿詞。

另外,音韻學與校讎學的關係也很密切。王念孫曰:"夫入韻之字或有訛脫,或經妄改,則其韻遂失。有因字誤而失其韻者,有因字脫而失其韻者,有因字倒而失其韻者,有因句倒而失其韻者……有錯簡而失其韻者,有改字而失其韻者,有改字以合韻而實非韻者,有改字以合韻而反失其韻者……。"(《讀書雜誌》卷九)如果不懂音韻知識,古籍中一些錯、衍、脫、倒之處便無由發現。

例如,《莊子·秋水》:"無東無西,始于玄冥,反於大通。"([莊子的道理]不分東西,起于幽深玄遠的盡頭,返回到無所不通的大道。——譯文見陳鼓應《莊子今注今譯》,中華書局1983年版)王念孫認爲此文已被後人妄改,《莊子·秋水》原文當作"無西無東","東"正與"通"押韻(兩字上古都爲東部字)。而後人對"東西"已口耳習熟,又不明古書多韻語之例,便妄改古書。我們還注意到,"無東無西"句上文爲"無南無北,奭然四解,淪於不測"([莊子的道理]不分南北,四面通達而毫無阻礙,進入到深不可測的境地。——譯文出處同上),"北"與"測"押韻(兩字上古都爲職部字),此正可證"無東無西"原當爲"無西無東"。

第二節 古代漢語的聲、韻、調

在漢語發展歷史上,語音的變化遠遠大於詞彙和語法的變化。所以,古代漢語和現代漢語在語音上的差別最大。古代人講話的聲音不可能保留到今天,要研究漢字古代的讀音,音韻學家們只能借助於古代詩歌的用韻、漢字諧聲系統、經籍異文、聲訓、反切和直音、韻書和韻圖、外語和古代漢語之間的音譯詞(如梵漢對音)、漢語和其他漢藏語系語言的比較(如漢藏對音)、漢語的現代方言等等。因爲材料殘缺零散,所以目前對古代漢語語音的研究只是有了一個基本的輪廓,各家對一些具體問題的看法很不一致。

漢語語音的發展一般可分爲四個時期:上古音時期,即周秦兩漢時期,以《詩經》韻腳和諧聲字所反映的語音系統爲代表;中古音時期,即魏晉到唐宋時期,以隋唐時期盛行的《切韻》類韻書、韻圖及韻文所反映的語音系統爲代表;近代音時期,即元明清時期,以元代周德清所編《中原音韻》及韻文所反映的語音系統爲代表;現代音時期,即以北京音爲標準音的普通話語音系統。

由於近代音的語音系統和現代音差別不大,所以一般所說的古代漢語語音主要指上古音和中古音。

傳統上把漢語一個音節分爲聲母、韻母和聲調三部分。

上古聲母共有三十個左右,每個聲母用一個漢字來代表,如"幫母"、"端母"等等。

上古韻母根據《詩經》用韻和諧聲字情況,歸併成三十個左右韻部。每個韻部同樣用一個漢字來代表,如"之部"、"魚部"等等。由於韻母可分成韻頭、韻腹、韻尾三部分,而同韻部的字只是韻腹、韻尾相同,所以每個韻部實際上包含不止一個韻母。根據韻尾的不同,上古韻部分爲陰聲韻部、陽聲韻部、入聲韻部三類。韻腹相同的陰聲韻部、陽聲韻部和入聲韻部之間可以互相押韻或諧聲,這種押韻現象傳統上稱爲"陰陽對轉"(當時入聲韻被看做是陰聲韻,或被看做是陰陽對轉的樞紐)。

人們對上古聲調的看法分歧最大。一種看法認爲,《詩經》時代已有平、上、去、入四個調類,絕大多數字的上古調類與中古相同。

中古聲母系統的代表是傳統的三十六字母,這可能是宋人在唐末和尚守溫編製的三十字母基礎上增補而成的。

中古韻部的代表是宋代《廣韻》的 206 韻。《廣韻》對《切韻》的語音系統並沒有作重大改動,只是因爲隋代陸法言所編《切韻》原本已佚,所以現在研究《切韻》音系只能以《廣韻》爲依據。《廣韻》分韻,把平、上、去、入四聲所有的韻都包括進去了。如果不考慮聲調,實際上只有六十一個韻。因分韻過細,文人也覺得不便使用,於是有江北(今山西)平水人劉淵將 206 韻歸併爲 106 韻。後來傳播開來,世稱"平水韻"的 106 韻成了文人應考作詩的依據,也成了《佩文韻府》、《經籍籑詁》等一些工具書排列字詞的韻目。

中古的聲調分平、上、去、入四聲,同時每一聲又根據其聲母的清濁分成陰、陽兩類。中古的陰平成了現代普通話的陰平聲(如"丁"),陽平成了陽平聲(如"陳");陰上成了現代的上聲(如"短"),陽上一部分成了上聲(如"老")、一部分成了去聲(如"坐");中古的陰去(如"灌")、陽去(如"浪")都成了現代的去聲。現代普通話已沒有入聲,中古的陰入歸於現代的陰平、陽平、上聲、去聲四聲(依次的例字如"說"、"竹"、"索"、"各"),中古的陽入歸於現代的陽平聲(如"食")或去聲(如"入")。簡言之,中古聲調中的平聲變爲普通話語音的陰平和陽平聲,中古上聲基本上變爲現代的上聲,中古的去聲變爲現代的去聲,中古的入聲則變爲現代的陰平、陽平、上聲、去聲四聲。

如果要利用工具書來確定一個漢字的古音,那麼查上古音可用《上古音手冊》(唐作藩編,江蘇人民出版社1982年版)。如"坎",《上古音手冊》注明"談、溪、上",即"坎"在上古爲談部溪母上聲字。查一個字的中古音可翻檢《辭源》(修訂本,商務印書館1988年版)。如"坎",《辭源》在字頭後注明"苦感切,上,感韻,溪",即"坎"在《廣韻》中的反切注音是苦感切,中古爲上聲感韻溪母字。

第三節　古代詩詞的格律

唐以前的詩是古體詩,不講究四聲平仄,韻腳位置及字數、句數不固定,沒有嚴格的對仗要求,所以也無所謂"格律"。唐以後的詩是近體詩(或稱今體詩),對押韻、平仄、字數、對仗都有嚴格的要求。之後產生的詞、曲,又各有其自身聲律的特點。

一、押韻

古體詩韻腳位置不固定。以《詩經》爲例,其押韻方式之多、用韻之密,都爲以後歷代詩歌所未及。

①《詩·周南·關雎》首章:"關關雎鳩,在河之洲。窈窕淑女,君子好逑。"韻腳是"鳩、洲、逑",即韻腳是一、二、四句末字("鳩、洲、逑"押韻)。

② 同詩三章:"參差荇菜,左右采之。窈窕淑女,琴瑟友之。參差荇菜,左右芼之。窈窕淑女,鐘鼓樂之。"韻腳是"采、友、芼、樂",即韻腳是二、四、六、八句倒數第二字("采、友"押韻,"芼、樂"押韻。一說前四句爲四章,後四句爲五章)。王力《詩經韻讀》將這種押韻方式稱爲"虛字腳",即句末虛字不作韻腳,而將該句倒數第二字作爲韻腳。據他統計,"虛字腳"用的虛字有"之、兮、矣、也、止……"等十四種。

③ 同詩二章:"參差荇菜,左右流之。窈窕淑女,寤寐求之。求之不得,寤寐思服。悠哉悠哉,輾轉反側。"韻腳是"流、求、得、服、側",即韻腳是二、四句倒數第二字,五、六、八句的末字("流、求"押韻,"得、服、側"押韻。一說前四句爲二章,後四句爲三章)。

④《詩·邶風·匏有苦葉》首章:"匏有苦葉,濟有深涉。深則厲,淺則揭。"

韻腳是一、二、三、四句的末字("葉、涉"押韻,"厲、揭"押韻)。

⑤《詩·周南·兔罝》首章:"肅肅兔罝,椓之丁丁;赳赳武夫,公侯干城。"韻腳是一、二、三、四句的末字("罝、夫"押韻,"丁、城"押韻)。

⑥《詩·周頌·思文》:"思文后稷,克配彼天。立我烝民,莫匪爾極。"韻腳是一、二、三、四句的末字"稷、天、民、極"("稷、極"押韻,"天、民"押韻)。

上述六例押韻的方式、用韻的疏密大不相同:

隔句爲韻的有①②③,其中①是首句入韻,②是首句不入韻。

句句爲韻的有④⑤⑥,其中⑤稱爲"交韻",即一、三句押韻,二、四句押韻;⑥稱爲"抱韻",即一、四句押韻,二三句押韻。

一韻到底的有①,其餘各例在一章中都換韻(若說②③各是二章,則其各章爲一韻到底)。

韻腳一般在詩句末字,而②的韻腳在詩句倒數第二字。

當然,《詩經》實際的押韻情況還要複雜,如"虛字腳"一般是詩句倒數第二字入韻,但也有倒數第三字入韻的;還有"虛字腳"和其他韻腳押韻的。《詩經》中還有無韻的"詩";換韻的情況除了一章中有兩韻外,還有三韻、四韻,甚至多達九韻的;等等。

其他古體詩的情況也大致如此。

古體詩可以押平聲韻,也可以押仄聲韻,鄰近的韻可以通押,也可換韻。如李白《宣州謝朓樓餞別校書叔雲》中,"留、憂、樓、愁、舟"押平聲韻尤韻,"發、月"押仄聲韻月韻。

近體詩韻腳位置固定,律詩是二、四、六、八句末字押韻,絕句是二、四句末字押韻,首句可入韻也可不入韻。近體詩押韻嚴格按照"平水韻",一韻到底而不與鄰韻通押,一般只押平聲韻。如王維《輞川閒居贈裴秀才迪》即一韻到底,押平聲韻先韻;李商隱《無題》也是一韻到底,押平聲韻東韻。

詞的韻腳位置疏密不一,但韻腳位置、押平聲韻還是仄聲韻或是平仄通押、是否要換韻,都要按規定的詞譜行事。詞韻基本上與詩韻相同。如李清照《武陵春》(風住塵香花已盡),韻腳是"頭、休、流、舟、舟、愁",一韻到底,押平聲韻尤韻。辛棄疾《摸魚兒》(更能消幾番風雨),韻腳是"去、數、路、語、絮、誤、妒、訴、土、苦、處",上、去通押,"去、絮、處"是去聲御韻字,"數、路、誤、妒、訴"是去聲遇韻字,"語"是上聲語韻字,"土、苦"是上聲虞韻字。

詞有詞牌,曲也有曲牌。北曲是曲的正宗,用韻和詩韻、詞韻不同,用的是當時北方話音韻。曲韻以平仄通押爲常規。曲的用韻很密,多數曲牌句句都押韻。無論是小令還是套數,曲韻都是一韻到底,中間不換韻。如馬致遠的小令《天淨沙·秋思》,韻腳"鴉、家、馬、下、涯"中,"鴉、家、涯"是平聲字,"馬、下"是仄聲字,一韻到底(在《中原音韻》中,這五字都是"家麻"韻)。

二、平仄

平仄是近體詩最重要的規則。近體詩中的平指平聲，仄指上、去、入聲。爲說明時方便，人們通常用"—"表示平聲，用"｜"表示仄聲。近體詩有平起式、仄起式之分。五言律詩平仄格式如下：

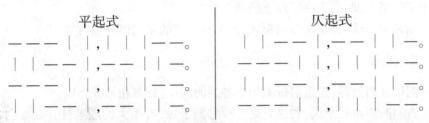

需要指出的是，四聯中一、二句稱首聯，三、四句稱頷聯，五、六句稱頸聯，七、八句稱尾聯；每一聯的上句稱出句，下句稱對句。從以上所列五言律詩的平仄譜，可以看出近體詩的平仄規律：

（1）每一聯出句和對句的平仄要相對，即出句是平聲字的地方，對句必須是仄聲字；同樣，出句是仄聲字的地方，對句必須是平聲字。這是律詩的重要特徵，叫"對"。

（2）因爲近體詩一般只押平聲韻，所以律詩對句末字必定是平聲字；而由於每一聯出句必須與對句"對"，所以出句末字必定是仄聲字。

（3）後聯出句二、四字的平仄必須與前聯對句二、四字的平仄相同。這也是律詩的重要特徵，叫"黏"。

（4）近體詩的平仄格式有可通融的地方，即所謂"一、三不論，二、四分明"，也就是五言近體詩每句一、三字的平仄可不拘，但二、四字的平仄必須依照格式。

七律是五律的擴充，其平仄格式只是在五律平起式前加兩個仄聲字，在五律仄起式前加兩個平聲字。當然，講"黏"指後聯出句和前聯對句二、四、六字，而可通融的地方指每句的一、三、五字。如杜甫《蜀相》頸聯，平仄應是｜｜———｜｜，——｜｜｜——。實際上，頸聯出句"三顧頻煩天下計"中的"三"爲平聲字，對句"兩朝開濟老臣心"的平仄是｜——｜｜——，即一、三字的平仄並不依照格式。

詞、曲的平仄由詞牌、曲牌規定，除規定可平可仄者外，其餘都不可變動。

三、字數

在《詩經》中，雖雜有三、五、七、八、九言之句，但基本上是四言體。西漢時在民間歌謠中出現五言體，東漢之後五言詩開始取代四言詩。古體詩句數、字數都不固定，句子可以整齊劃一爲四言、五言、六言、七言體，也可雜用長短句。

唐代形成的近體詩對字數、句數有了嚴格的規定。字數有五言、七言之分。四句的近體詩稱作絕句，八句的近體詩稱作律詩，十句以上的則稱作排律或長律。

詞的句式參差不齊，最短的是一字句，最長的是十一字句，常見的爲二字句至七字句。詞的字數由詞牌規定，一般把五十八字以內的稱爲小令，五十九字到九十字的稱中調，九十一字以上的稱長調。

曲和詞一樣，也是長短句形式，但可在規定的字句以外加襯字。

四、對仗

對仗又稱對偶，是指前後兩句中各詞的詞性、意義相類或相同。

古體詩不講究平仄，對仗只是一種修辭手段，有很大的隨意性。如李白《宣州謝朓樓餞別校書叔雲》中的"抽刀斷水水更流，舉杯銷愁愁更愁"。

近體詩規定頷聯和頸聯要對仗。由於近體詩有平仄的要求，所以對仗必定是平對仄、仄對平。如王維《山居秋暝》、劉禹錫《酬樂天揚州初逢席上見贈》、李商隱《無題》(相見時難別亦難)等律詩的中間兩聯都對仗。

詞的對仗沒有固定位置，只是在相連兩句字數相同時，才有配對可能。詞的對仗也不要求平仄相對。如李清照《一剪梅》中的"一種相思，兩處閒愁"，蘇軾《水調歌頭》中的"人有悲歡離合，月有陰晴圓缺"。

曲可有對仗，也可沒有對仗，有對仗時也無固定位置。

後　　記

　　"古代漢語基礎"是我院公共基礎課"漢語與寫作"中的重要組成部分,被列爲我院重點建設的精品課程。

　　經多年教學實踐,爲滿足我院各專業基礎課教學需要,同時爲適應人文素質教育的需求,在集體討論教材體例的基礎上,編成這部《古代漢語讀本》。

　　本書按時代順序,將文選分成先秦、秦漢、魏晉南北朝、隋唐五代、宋、元明清六個部分。各部分前有文學史概述,文選編排以作家時代先後爲序,文選之外另附有"歷代判詞選"及"古代漢語通論"。

　　本書在編選注釋中,吸取各家注本之長,在此謹致謝忱。

　　各位編寫者的執筆分工爲:

吳　橋　先秦文選

陳重業　秦漢、魏晉南北朝、隋唐五代文選

　　　　附錄一、附錄二

沈天水　宋、元明清文選

　　　　各部分文選前的文學史概述

編　者
2005 年 6 月

图书在版编目(CIP)数据

古代汉语读本/陈重业主编. —北京:北京大学出版社,2005.8
(人文素质教育教材系列)
ISBN 978-7-301-09393-1

Ⅰ.古… Ⅱ.陈… Ⅲ.汉语-古代-高等学校-教材 Ⅳ.H109.2

中国版本图书馆 CIP 数据核字(2005)第 080640 号

书　　　名：	古代汉语读本
著作责任者：	陈重业　主编
责任编辑：	朱　彦　顾妙恩　王业龙
标准书号：	ISBN 978-7-301-09393-1/G·1576
出版发行：	北京大学出版社
地　　　址：	北京市海淀区成府路 205 号　100871
网　　　址：	http://www.pup.cn　电子信箱:law@pup.pku.edu.cn
电　　　话：	邮购部 62752015　发行部 62750672　编辑部 62752027
	出版部 62754962
印　刷　者：	北京虎彩文化传播有限公司
经　销　者：	新华书店
	730 毫米×980 毫米　16 开本　22.5 印张　438 千字
	2005 年 8 月第 1 版　2021 年 10 月第 17 次印刷
定　　　价：	49.00 元

未经许可,不得以任何方式复制或抄袭本书之部分或全部内容。
版权所有,侵权必究
举报电话:010-62752024　电子信箱:fd@pup.pku.edu.cn